DIE BESTEN STELLPLÄTZE IN DER PROVENCE

Camping-Car Park, Moustiers 80
Der Parkplatz liegt etwas außerhalb des Orts auf einer Terrasse mit Ausblick. Was ihn zu einer Besonderheit macht, ist nicht der Platz selbst, sondern die fotogene Kulisse, vor der man hier steht (s. S. 141)!

200pr-rh

201pr-rh

87 Aire Privée Castellane Camping Cars
Ein sehr schöner und familiärer Privatplatz, der von einem Ehepaar liebevoll so angelegt wurde, wie sie es sich auf ihren Reisen immer gewünscht haben. Einer der besten Plätze der ganzen Provence (s. S. 150)!

Aire Communale, Fontvieille 106
Der Parkplatz bei der Moulin de Daudet ist inzwischen ein offizieller Stellplatz mit schattigen Bäumen, einer hohen Felsböschung, die vor Mistralwinden schützt, und sehr ruhigen Plätzen im hinteren Bereich (s. S. 178).

202pr-rh

203pr-rh

159 Stellplatz Roubion
Ein ruhiger und wunderschön gelegener Parkplatz mit Picknicktischen zwischen Wald und Bergen bei einem kleinen Skigebiet. Er liegt am Ende einer kleinen, kaum befahrenen Straße und ist einer der schönsten Plätze im weiten Umkreis (s. S. 292).

Aire le Lagopède, Valberg 160
Ein traumhaft gelegener Platz inmitten grandioser Bergnatur mit großartigem Panoramablick. Hier steht man wie auf einer Aussichtsplattform! Mit großzügig dimensionierten Stellplätzen und Picknicktischen (s. S. 293).

204pr-rh

DIE SCHÖNSTEN LANDSCHAFTEN

205pr-rh

Verdon-Schlucht

Die über 20 Kilometer lange und bis zu 700 Meter tiefe Verdon-Schlucht ist einer der größten Canyons Europas mit zahlreichen imposanten Aussichtspunkten. Der türkisblaue Lac de Sainte Croix am Ende der Schlucht ist ein beliebtes Badeparadies (s. S. 145).

115pr-rh

Alpilles

Das Miniaturgebirge der Alpilles steckt voller Entdeckungen und ist geprägt von typischer Provence-Atmosphäre: bizarre Kalkfelsen, Zypressen-Alleen, malerische Städtchen wie das weltberühmte Les Baux, knorrige Ölbäume und duftende Kräuterwiesen (s. S. 174).

206pr-rh

Luberon

Für viele ist der Luberon die Provence schlechthin: mediterrane Idylle wohin man blickt, pittoreske Bergdörfer, magische Lichtstimmungen, Burgen und Schlösser – eine Fundgrube für Kulturfreunde mit Postkartenmotiven hinter jeder Straßenbiegung (s. S. 97).

207pr-rh

Montagne Sainte Victoire

Das malerische Massiv, das unmittelbar vor den Toren von Aix mit weißen Zacken tausend Meter hoch in den blauen Himmel ragt, hat schon Cézanne begeistert, der es durchstreifte, um seine Farben, Formen und Lichtstimmungen auf die Leinwand zu bannen (s. S. 209).

208pr-rh

Seealpen

Nach Lavendel und Zypressen bilden die Seealpen ein atemberaubendes Kontrastprogramm: enge Schluchten, steile Passstraßen in der grandiosen Bergwelt, urige Talwälder, blumenübersäte Almwiesen und die weite Wildnis des Mercantour-Nationalparks (s. S. 281).

DIE SEHENSWERTESTEN ORTE

Les Baux

Selbst wenn das Felsendorf heute als „Freilichtmuseum“ ein Opfer seiner Popularität geworden ist, lohnt sich ein Spaziergang durch seine verwinkelten Gassen mit prachtvollen Renaissancefassaden – ohne Autos, Telefondrähte und Fernsehantennen (s. S. 175).

209pr-as©lamax

Roussillon

Die eng auf dem Hügel zusammengedrängten Häuser leuchten in einer ganzen Palette warmer Ockertöne: von Safrangelb und Erdbraun über Karmesin und Zinnober bis zu Weinrot und Violett. Und der Himmel darüber scheint noch blauer zu strahlen als sonst (s. S. 92).

210pr-rh

Gordes

Dieses klassische Bilderbuch-Bergstädtchen mit seinen Gassen, Treppen und Terrassen und einem Gewirr von schmucken weißen Kalksteinhäusern gehört zum „Pflichtprogramm“ einer Provence-Reise (s. S. 89).

211pr-rh

Colmars

Das Bergdorf Colmars-les-Alpes am Fuße des Col d’Allos bildet mit seiner imposanten Architektur des Festungsbaumeisters Vauban und seiner gut erhaltenen mittelalterlichen Altstadt einen reizvollen Kontrast zu den typischen Provence-Städten (s. S. 131).

212pr-rh

Cassis

Das zwischen den Klippen der Calanques und der Route des Crêtes eingebettete Fischerstädtchen besitzt außer seinen Badestränden auch ein malerisches Hafenviertel und ein altes Schloss auf einem Felsen über dem Meer (s. S. 237).

213pr-rh

DIE SCHÖNSTEN ROUTEN DURCH DIE PROVENCE

INHALT

Die Provence bietet neben Küste und Lavendel auch faszinierende Bergstraßen (Abb.: 391pr-rh)

5
Montélimar
Avignon
Sisteron
Arles
Cannes
Marseille
Saint-Tropez

6
Montélimar
Avignon
Sisteron
Arles
Cannes
Marseille
Saint-Tropez

7
Montélimar
Avignon
Sisteron
Arles
Cannes
Marseille
Saint-Tropez

8
Montélimar
Avignon
Sisteron
Arles
Cannes
Marseille
Saint-Tropez

VORWORT

Die Provence ist eine magische Landschaft der Sonne und des Lichts. Seit Jahrhunderten zieht sie Besucher und Urlauber aus dem kälteren Norden an. Und bis heute hat sie ihren Zauber nicht verloren: den Zauber ihrer Kulturschätze und ihrer steinernen Bergdörfer; den Zauber des „Savoir-vivre", das nirgendwo in Frankreich so gepflegt wird wie unter ihrer mediterranen Sonne. Und nicht zuletzt den Zauber ihres Lichts und ihrer Farben, der Maler und Fotografen zuhauf in dieses „Imperium der Sonne" lockte und lockt.

Aber wo beginnt sie, diese Provence, und wo hat sie ihre Grenzen?! Das weiß wohl keiner so genau. Schon Jean Giono, der viel gerühmte Schriftsteller der Provence, der sie wie kaum ein anderer kannte, schrieb: „Wie ein Ölfleck fließt die Provence über ihre historischen Grenzen hinaus". Und schaut man sich die Provence-Reiseführer an, so stellt man fest, dass kaum zwei davon genau das gleiche Gebiet beschreiben. Zwar überschneiden sie sich alle in einem Kernbereich. Das Land zwischen Avignon, Arles und Aix-en-Provence, die Alpilles, das Plateau de Vaucluse und der Luberon dürfen natürlich nirgends fehlen. Aber daneben hat jeder seine eigene Auffassung. Die Camargue ist fast überall dabei, während die Baronnies der Drôme Provençale fast nie erwähnt werden. Manche lassen gar die Haute Provence entfallen und greifen dafür weit in den Gard hinein – andere gehen bis hoch in die Süd- und See-Alpen hinauf oder nehmen kurzerhand die gesamte Côte d'Azur mit hinzu. Das sind aber keineswegs nur die Launen der Reisejournalisten. Tatsächlich gibt es eine ganze Reihe verschiedener Definitionen: historische und kulturelle Grenzen, Verwaltungsgrenzen und touristische Grenzen – und jede davon verläuft etwas anders. Die meisten Besucher kommen das Rhône-Tal herunter und finden sich irgendwann in der Provence wieder. Irgendwann hat man einfach das Gefühl: Jetzt bin ich da. Aber ab wo nun?! Bei Orange – oder erst ab Avignon? Bei Montélimar oder womöglich gar schon kurz hinter Vienne? Weder noch, vermuten wir. Die Provence hat keine klaren geografischen Grenzen. Sie beginnt im Kopf und im Herzen der Besucher, denn die Provence ist mehr als eine geografische Region. Sie ist eine Lichtstimmung, ein Lebensgefühl. Das ist es, was ihren Zauber ausmacht!

Und doch – will man über die Provence schreiben, so muss man wohl oder übel irgendwo damit anfangen und irgendwo aufhören. Nach Westen ist die Abgrenzung klar: die Rhône. Hier haben wir nur gelegentlich kleine Sprünge über den Fluss hinweg gemacht. Im Osten haben wir natürlich die Verdon-Schlucht miteinbezogen und den azurblauen Lac de Ste.-Croix; sind bis Digne-les-Bains und Sisteron gegangen, östlich bis Castellane und nach Süden via Thoronet bis in das Massif des Maures. Weiter nordöstlich beginnen die See- und Süd-Alpen, die „ein Buch für sich" sind. Auch die sich südlich anschließende Côte d'Azur ist eigentlich ein Thema für sich, aber da viele zumindest einen Abstecher an die azurblaue Küste unternehmen wollen, haben wir sie mit aufgenommen, inklusive geeigneter Stell- und Campingplätze. Kein leichtes Unterfangen, denn der Platz ist eng zwischen Meer und Fels, die Besucherzahlen hoch und die Städte nicht eben für ihre Wohnmobil-Freundlichkeit berühmt. Aber zum Glück ist die „wahre" Provence nie fern. Es ist nur ein kurzer Sprung über die Berge ins stillere und reizvolle Landesinnere. Hier erwarten den Besucher unterschiedlichste Landschaften und Biotope, malerische Altstädte und viele kulturelle Schätze. Und immer wieder sind es die Lichtstimmungen, die Farben, die Gerüche – die ungreifbare Atmosphäre, die die Provence prägt und so faszinierend macht. Entdecken und genießen Sie sie!

Eine gute Reise wünschen Ihnen Jennifer und Stefan Höh

ZU DEN ROUTENBESCHREIBUNGEN

Eines der größten Probleme – und auf jeden Fall eine der mühsamsten Arbeiten – vor einer Wohnmobilreise in unbekannte Regionen ist nach unserer Erfahrung die Routenplanung. Wie fahre ich am besten, um alle Orte und Attraktionen, die mich interessieren, zu sehen? Wo liegen diese überhaupt, und welche Route erlaubt mir, sie optimal und ohne endloses Hin und Her zu verknüpfen? Man kann Tage und Wochen mit der Planung verbringen, Bücher und Karten wälzen oder auf gut Glück durch die Landschaft kreuzen – und egal wie man es macht: Meistens merkt man erst hinterher (oder gar erst nach einer zweiten Reise), was man unterwegs alles übersehen hat, woran man ahnungslos vorbeigefahren ist und wie man es hätte besser machen können.

Deshalb haben wir uns dafür entschieden, die Reiseführer dieser Reihe an vorbereiteten Routen zu orientieren. Wenngleich Ihnen dies die Arbeit der eigenen Routenplanung nicht ganz abnehmen mag, so wird es sie doch zumindest erheblich erleichtern. Wir haben alle Erfahrungen unserer Provence-Reisen und sehr viel Zeit am Schreibtisch und über Landkarten darin investiert, diese Routen auszuarbeiten. Trotzdem können es natürlich immer nur Vorschläge sein, denn was dem einen wichtig ist, interessiert den anderen einen feuchten Kehricht – oder umgekehrt. Jeder hat seine eigenen Präferenzen und setzt seine eigenen Schwerpunkte. Deshalb würden wir es für uns mit den Routenvorschlägen genau so machen, wie wir es auch mit Kochrezepten handhaben: Wir kochen selten ganz ohne – aber fast nie genau nach Rezept! Rezepte und Routenvorschläge sind Hilfen und Anleitungen, die einem viel Mühe und langes Herumprobieren ersparen und die Orientierung erleichtern können, aber sie sind weder Gesetze noch allein selig machende Dogmen. Wählen Sie aus, variieren und kombinieren Sie nach Herzenslust – genau wie beim Kochen!

Wie Sie rasch feststellen werden, haben wir uns bei der Beschreibung der Routen in erster Linie auf solche Aspekte konzentriert, die für Reisende mit dem Wohnmobil relevant sind und die man in üblichen Reiseführern für gewöhnlich nicht findet: Straßenzustand, Hindernisse wie Tunnel, Engstellen oder Brücken, Park-, Rast- und Picknickplätze, Ver- und Entsorgung, Wohnmobil-Stellplätze und Parkmöglichkeiten für die Stadtbesichtigung. Natürlich sind auch alle wesentlichen Sehenswürdigkeiten und sonstigen Attraktionen entlang der Strecke kurz beschrieben, damit Sie wissen, was es wo und wann zu sehen gibt – und damit Sie beurteilen können, ob es Sie interessiert oder nicht. Den Reiseführer völlig ersetzen sollen und können diese Beschreibungen nicht. Wer mehr über die einzelnen Städte, über ihre Geschichte, über Bauwerke und Baumeister etc. wissen möchte, dem empfehlen wir zusätzlich z. B. den Provence-Reiseführer von Ines Mache und Stefan Brandenburg, der im gleichen Verlag erschienen ist.

Und schließlich haben wir versucht, für einzelne Routen einen ungefähren „Zeitbedarf" anzugeben. Dies kann natürlich nur der groben und relativen Orientierung dienen. Wer alles nur durch die Frontscheibe besichtigt, der braucht nicht halb so lang – wer gelegentlich wandern, baden, ausgiebiger besichtigen oder gemütlich einen Kaffee trinken will (was alles sehr zu empfehlen ist!), der kann auf jeder Route mühelos ein Vielfaches der angegebenen Zeit verbringen. Keinesfalls sollten Sie meinen, alle Routen in einem einzigen Pfingsturlaub abfahren zu müssen. Lassen Sie sich lieber Zeit. Wählen Sie aus. Genießen Sie. Wer weniger anschaut, sieht oft mehr!

HINWEISE ZUR BENUTZUNG

GPS-KOORDINATEN

Alle GPS-Daten in diesem Buch sind als **geografische Koordinaten** (Breite/Länge; Lat./Lon.) in Dezimalgrad (hddd.dddd) angegeben, also z. B. 44.4183, 4.7555. Die erste Angabe zeigt den Wert für die nördliche Breite (° N), die zweite den für die östliche Länge (° O) an. Alle modernen GPS-Geräte akzeptieren die Schreibung als Dezimalgrad, gegebenenfalls muss das Eingabeformat in den Einstellungen des Gerätes aber erst ausgewählt werden. Einige Geräte verlangen möglicherweise statt des Punktes ein Komma als Trennzeichen.

Das **Kartendatum** ist WGS84.

Umrechnung von Koordinaten

Wenn Sie die GPS-Angaben **von Dezimalgrad in Dezimalminuten** (dd° mm,mmm') umrechnen müssen, so beachten Sie bitte, dass ein Grad 60 (nicht 100!) Minuten hat. Die Angaben in Dezimalgrad können daher nicht einfach durch Kommaverschiebung in Dezimalminuten umgewandelt werden! 44.4183° N sind nicht 44° 41,83'N, sondern 44° 25.09'N. Wer dies nicht beachtet, erhält beträchtliche Fehler. Ein Datenkonverter wie z. B. www.geoplaner.de erleichtert die Umrechnung beträchtlich.

Nutzung der GPS-Koordinaten

Wer ein GPS-Gerät oder Navigationssystem benutzt, das Koordinaten-Eingaben akzeptiert, der kann sich direkt zu den jeweiligen Punkten führen lassen. Praktisch alle GPS-Handgeräte bieten diese Möglichkeit, während manche Navigationssysteme nur Eingaben von Adressen akzeptieren – und Park- oder Stellplätze haben nicht immer eine Adresse.

Einige **Internet-Kartendienste oder Routenplaner** wie GoogleMaps™ (http://google.de/maps) zeigen nach Eingabe der geografischen Daten den gesuchten Punkt an, auf Wunsch mit Satellitenansicht und an vielen Stellen mit StreetView-Funktion.

Koordinaten zum Download

Die **GPS-Koordinaten der Stell- und Campingplätze im Buch** können auf der Verlags-Homepage www.reise-know-how.de von der Artikelseite dieses Buches unter der Rubrik Datenservice als Waypoint-Liste heruntergeladen werden.

Benötigt Ihr Gerät ein **anderes Datenformat als kml oder gpx,** kann die Umrechnung beispielsweise unter www.routeconverter.de oder www.gpsvisualizer.com erfolgen.

SERVICE FÜR MOBILGERÄTE

Durch Einscannen des QR-Codes auf dem Umschlag bzw. die Eingabe der Internet-Adresse **www.reise-know-how.de/womo/provence24** wird ein für den mobilen Einsatz optimierter Internet-Dienst aufgerufen. Damit kann die Lage der Stell- und Campingplätze auf einer Karte und die Route dorthin angezeigt werden. Außerdem können darüber Updates nach Redaktionsschluss aufgerufen werden.

Voraussetzung ist eine Datenverbindung über das Mobilfunknetz oder WLAN.

STELL- UND CAMPINGPLÄTZE

In diesem Wohnmobil-Tourguide wird eine breite Auswahl der in der Region verfügbaren Stell- und Campingplätze mit allen wichtigen Angaben beschrieben. Darüber hinaus listen einschlägige Apps und Stellplatzführer weitere Übernachtungsmöglichkeiten auf. Die Nichterwähnung in unserem Buch bedeutet nicht, dass ein Platz nicht mehr existiert oder eine geringe Qualität aufweist.

119pr-rh

042pr-rh

040pr-rh

140pr-rh

PRAKTISCHE REISETIPPS A–Z

ANREISE

Als Wohnmobilist hat man's doch schön: Man steigt ein, fährt los – und der Urlaub beginnt. Und wer in die Provence möchte, der muss noch nicht einmal Alpenpässe überqueren, eine Fähre reservieren oder zu einer festgesetzten Zeit am Hafen sein. Aber damit die Anreise wirklich bereits Urlaub ist, sollte man vielleicht doch ein paar Dinge beachten – bzw. vorausplanen.

ANREISEPLANUNG

Schon die Anreise als Teil des Urlaubs genießen, kann nur, wer sich genügend Zeit dafür lässt und sich nicht selbst unter Druck setzt. Ab Süddeutschland kann man die Provence auch im gemütlichen Wohnmobil-Tempo an einem Tag erreichen, wenn man zeitig aufbricht und alles gut läuft. Zu Hauptreisezeiten und wenn man sich für die Nationalstraße entscheidet, kann es allerdings schon ein recht langer Tag werden. Wir starten daher lieber am späten Nachmittag, fahren in die Nacht hinein bis hinter Besançon oder Lons (zu einer in den Städten sehr verkehrsarmen Tageszeit) und suchen uns dann einen Parkplatz für die Nacht, um am nächsten Tag ausgeruht via Rocade Est und Autobahn weiter nach Süden zu fahren. Wenn es nicht gerade mit einem französischen Ferienbeginn zusammenfällt, kann auch das Wochenende günstig sein, da es dann keinen Berufsverkehr und kaum Lastwagen gibt.

Anfangs war ab Lyon die Route durch das Rhone-Tal nach Avignon unsere Standard-Strecke, doch seit vielen Jahren bevorzugen wir den „Hintereingang" in die Provence – die „Route Napoléon" via Grenoble nach Sisteron (s. S. 19).

Wer nördlich von Frankfurt wohnt, sollte für eine gemütliche An- bzw. Abreise auf jeden Fall mindestens eine Übernachtung einplanen.

ANREISEROUTEN

Für die Anreise ab Deutschland hat man die Wahl zwischen zwei Hauptrouten:

- **Frankreich-Route:** Mulhouse – Lyon (ab Frankfurt 705 km Autobahn oder 655 km Landstraße)
- **Schweiz-Route:** Zürich – Bern – Genf – Lyon (ab Frankfurt ca. 730 km)

Die Anreise über Die und das Buëch-Tal bietet schöne Ausblicke

043pr-rh

Beide Routen sind von den Entfernungen her sehr ähnlich. Nachdem wir nun beide Routen schon sehr oft gefahren sind, bevorzugen wir selbst von Süddeutschland (Stuttgart) aus in den meisten Fällen die Frankreich-Route. An verkehrsarmen Wochenenden oder wenn man die Gegend um Zürich früh am Morgen passiert, kann die Schweiz-Route durchaus angenehm und zeitsparend sein – aber den Feierabendverkehr um Zürich sollte man unbedingt meiden.

Für die Frankreich-Route stellt sich die Frage, ob man die kürzere und billigere Strecke auf **Nationalstraßen** via Besançon und Lons-le-Saunier wählt oder die bequemere und sicherlich schnellere **Autobahnroute** auf der A 36 und der A 6 via Beaune.

Nachdem wir die verschiedensten Varianten intensiv und zu allen Jahreszeiten ausprobiert haben, ist die Entscheidung für uns klar: Da die Nationalstraße zwischen Mulhouse und Lyon gut ausgebaut ist, es fast nie Staus gibt und nur wenige größere Städte zu durchqueren sind (und da wir zudem mit dem Wohnmobil auf der Autobahn kaum schneller fahren als auf der Landstraße!), entscheiden wir uns für die Strecke bis Lyon meist für die Route Nationale N 83. Südlich von Lyon, wo es auf der Nationalstraße deutlich langsamer und umständlicher vorangeht, bleiben wir dann lieber auf der Autobahn.

Frankreich: Nationalstraße N 83

Wenn Sie (wie wir) die Nationalstraße bevorzugen, so ist folgende Route optimal (die allerdings weniger bequem ist als die Autobahn und mehr Aufmerksamkeit erfordert, aber inzwischen nimmt einem ja das Navi die mühsame Orientierung ab und korrigiert sofort, wenn man einmal eine Abzweigung verpasst).

Auf der A 5 geht es bis Dreieck Neuenburg, dort rechts (Westen) via A 36 in Richtung Mulhouse. Auf der kostenlosen Strecke der A 36 wird Mulhouse bequem umfahren. An der letzten Ausfahrt (Nr. 15) vor der Zahlstelle (Péage) kann man die Autobahn verlassen, falls man im nahen Supermarkt günstig tanken oder einkaufen möchte. Rechts geht es auf die N 466, dann wieder rechts in einer Schleife über die Brücke auf die N 83.

In letzter Zeit wählen wir die bequemere Variante und bleiben das kurze Stück bis Belfort auf der Autobahn. Wieder zurück auf der N 83 folgt man dieser bis kurz hinter Roppe; dort rechts ausfahren, unter der N 83 durch und kurz darauf wieder rechts auf die Autobahn A 36 in Richtung Belfort/Lyon.

1 Stellplatz Baume-les-Dames

GPS 47.3401, 6.3577

Herrliche Lage zwischen Kanal und den Bergen; sehr ruhig und schön angelegt; oft stark belegt. In der Saison kommt morgens ein Bäcker. **Lage/Anfahrt:** am Ortseingang von Norden kommend bei der Ampel links in Richtung Pontarlier, hinter der Brücke rechts und am Kanal entlang; **Untergrund:** Asphalt, eben; teils Schotter (bitte möglichst nicht auf das Gras fahren); **Platzanzahl:** ca. 10 Stellplätze; **Preiskat.:** €€; **Geöffnet:** ganzjährig; **Adresse/Kontakt:** Quai du Canal, Tel. 0381847812, baume@baumelesdames.com.

214pr-rh

420pr-sh

Einen Wohnmobil-Stellplatz fast direkt an der Route bietet Baume-les-Dames ❶.

Sonstiger Stellplatz

S 1 Longevelle-sur-Doubs, GPS 47.4513, 6.6503 (Foto siehe links). Neu angelegter, offizieller Wohnmobil-Übernachtungsplatz direkt am Doubs mit Blick auf das Wasser und Parkbuchten, die für Wohnmobile reserviert sind. Direkt an der Straße, die deutlich hörbar, aber nachts wenig befahren ist (an Wochenenden etwas mehr). Picknicktisch und Mülltonne, aber sonst kein Service. Lage/Anfahrt: direkt an der Durchgangsstraße D663 (Grande Rue); Platzanzahl: 5; Untergrund: Asphalt, eben; Service: nein; Preise: kostenlos; Geöffnet: ganzjährig; Adresse/Kontakt: 61 Grande Rue, 25260 Longevelle-sur-Doubs; Tipp: Wer weiter von der Straße weg möchte und nicht mehr als 3,5 t auf die Räder bringt, kann über die kleine, einspurige Brücke fahren und direkt am Radweg beim Restaurant auf einem kleinen Schotterplatz stehen (allerdings auch nahe den Schienen).

Billig tanken

Eine günstige Tankstelle finden Sie beim Supermarkt von Burnhaupt, gleich beim ersten und zweiten Kreisverkehr jeweils die letzte Ausfahrt (nach links). Weitere preisgünstige Tankstellen entlang der Route gibt es u. a. beim Supermarkt in Baume-les-Dames (Richtung Womo-Stellplatz) und in Bourg (mehrere entlang der Route nach Süden; nur eine an der Strecken nach Norden).

❷ Aire Municipale de Belfort

GPS 47.6420, 6.8657

Großer, schlichter Asphaltparkplatz in der Stadt, nur 5 Fußminuten vom Zentrum entfernt und für diese Lage vergleichsweise ruhig. **Lage/Anfahrt:** A36, Ausfahrt 13, Richtung Süden über die Avenue Xavier Bichat und die D583 (Bd. Pierre Mendès France) nach Westen bis zur Avenue de la Miotte; in Richtung Norden gelangt man nach dem Kreisverkehr hinter der Ausfahrt gleich via D419 auf die D583; **Platzanzahl:** 8 offiziell ausgewiesen mit Strom; aber meist stehen erheblich mehr Wohnmobile auf dem Platz; **Untergrund:** Asphalt, recht eben; **Sicherheit:** beleuchtet; **Preiskat.:** kostenlos; **Max. Stand:** 48 Std.; **Geöffnet:** ganzjährig; **Adresse/Kontakt:** Avenue de la Miotte, Parking de l'Epide, Tel. 0384559090, christelle.coulon@belfort-tourisme.com; **Hinweis:** praktisch für die An-/Abreise und eine Stadtbesichtigung; die Plätze mit Strom sind meist belegt.

216pr-rh

❸ Aire Municipale Cuiseaux

GPS 46.4965, 5.3863

Einfacher, aber ruhiger Schotterplatz vor einer Gemeindehalle. **Lage/Anfahrt:** von der D972 nahe Ortsmitte nach Westen abbiegen (beschildert); **Platzanzahl:** 2–3 (bitte nicht die Tore blockieren!); **Untergrund:** Schotter, etwas Gefälle; **Preiskat.:** kostenlos; **Max. Stand:** unbegrenzt; **Geöffnet:** ganzjährig; **Adresse/Kontakt:** Avenue de la Madeleine, 71480 Cuiseaux, Tel. 0385727060 (Rathaus)

217pr-rh

❹ Aire Musée des Maisons Comtoises, Nancray

GPS 47.2396, 6.1859

Wunderschöner, großer und abgelegener Wiesenparkplatz mitten im Grünen mit weiter Aussicht, aber ohne Schatten; außer den Glocken der weidenden Kühe ist nichts zu hören; entlang der Zufahrt befinden sich zwei kleine Parkplätze mit Picknicktischen unter hohen Kiefern. **Lage/Anfahrt:** ca. 16 km östlich von Besançon via N57 und D464 nach Nancray und am Ortsende rechts auf die Rue du Musée (Zufahrt zum Museum gut beschildert); oder von Norden kommend auf kleinen Sträßchen D30 und D112 nach Nancray (unterwegs ein Tunnel mit 3,60 m in der Mitte, aber zur Seite weit weniger); **Platzanzahl:** ca. 20; **Untergrund:** Gras, recht uneben; **Preiskat.:** Übernachtung kostenlos, Ver-/Entsorgung kostenpflichtig (mit Jetons vom Museum); **Max. Stand:** 1 Nacht; **Geöffnet:** ganzjährig; **Adresse/Kontakt:** Rue du Musée, 25360 Nancray, Tel. 0381552977 (Museum); **Tipp:** Das Museum lohnt einen Besuch (April–Okt.), außerdem gibt es einen schönen markierten Rundweg.

218pr-rh

219pr-rh

5 Aire Salin les Bains

GPS 46.9325, 5.8789

Parkplatz an der Durchgangsstraße auf dem Plätze für Wohnmobile reserviert sind; schattig, aber sicher nicht sehr ruhig. **Lage/Anfahrt:** ca. 10 km östlich der Route via D105 nach Osten und dann durch den Ort nach Süden; **Platzanzahl:** 3; **Untergrund:** Asphalt, eben; **Preiskat.:** kostenlos; **Max. Stand:** keine Angabe; **Geöffnet:** ganzjährig; **Adresse/Kontakt:** Place Aubarède, Tel. 0384731012 (Rathaus); **Tipp:** Wenn man etwas Zeit hat, lohnt sich ein Bummel durch den hübschen kleinen Kurort.

220pr-rh

6 Aire Arbois, Mesnay

GPS 46.8980, 5.8002

Kleiner, schattiger Parkplatz in ruhiger, reizvoller Lage im Grünen. **Lage/Anfahrt:** östlich von Arbois via D107 und in Mesnay rechts auf die D247 (Rue Basse) in Richtung Les Planches-près-Arbois (ab Ortsmitte Arbois schmale Straße mit einspurigen Passagen); **Platzanzahl:** 5–10; **Untergrund:** Schotter/Asphalt, eben; **Preiskat.:** Stellplatz kostenlos, Strom gebührenpflichtig; **Max. Stand:** keine Angabe; **Geöffnet:** ganzjährig; **Adresse/Kontakt:** 1 Rue Vermot, Mesnay, Tel. 0384660913; **Beachten:** Ab Arbois enge Zufahrt (s. o.), auf der D107 von Osten kommend in Mesnay sehr scharfe Abzweigung auf die D247, die mit längeren Fahrzeugen ein Zurücksetzen erfordert.

In der Gegend von **Roulans** (zwischen Baume-les-Dames und Besançon) findet man eine Reihe kleiner und einfacher Stellplätze in reizvoller Lage, teils direkt am Wasser, die keine Serviceausstattung bieten, aber als Wohnmobil-Übernachtungsplätze ausgewiesen sind:

S 2 **Ougney-Douvot,** GPS 47.3215, 6.2794, 2 Rue de l'Écluse, 25640 Ougney-Douvot. Einfacher, kleiner, ruhiger Parkplatz für zwei Wohnmobile bei einer Schleuse direkt an einem Radweg. Achtung: Bei direkter Zufahrt via D277A ab Séchin ist eine niedrige Eisenbahnbrücke zu unterfahren, Fahrzeuge über 2,70 m sollten den ca. 5 km langen Umweg über Laissey nehmen.

S 3 **Laissey, Bahnhof,** GPS 47.2981, 6.2324, 50 Grande Rue, 25820 Laissey. Am Rand des asphaltierten Parkplatzes am Bahnhof sind zwei Plätze für Wohnmobile reserviert, kein Service. Die Gegend ist ruhig – solange kein Zug fährt.

S 4 Laissey, Doubs, GPS 47.2989, 6.2218, unmittelbar westlich des Ortsrands, ein kleiner Parkplatz direkt am Wasser mit zwei Plätzen für Wohnmobile, hohen Bäumen und einem lauschigen Picknicktisch. Leider ebenfalls nicht sehr weit vom Bahndamm entfernt.

S 5 Deluz, Schleuse, GPS 47.2900, 6.1751, Aux Terreaux du Bas, 25960 Deluz. Größerer, ebener Schotterparkplatz ohne ausgewiesene Womo-Plätze, ganz im Grünen nahe dem Fluss mit etwas Schatten und am Radweg.

Tipp

Wer nicht tanken möchte, kann hinter Mulhouse auch gleich auf der Autobahn nach Belfort bleiben; das kostet nur etwa 6 €.

7 Stellplatz Cousance

GPS 46.5293, 5.3914

Stellplatz auf einem ausgewiesenen Parkplatz. Bouleplatz, Bars, Restaurants und kleine Geschäfte sind wenige Meter entfernt; **Lage/Anfahrt:** am Ortsrand von Cousance nur wenige Kilometer abseits der Route; **Platzanzahl:** 4; **Untergrund:** leicht abschüssiger, asphaltierter Untergrund; **Preiskat.:** kostenlos; **Geöffnet:** ganzjährig, **Adresse/Kontakt:** Grande Rue, 39190 Cousance, Tel. 0384859021.

221pr-rh

8 Aire Municipale de Bourg en Bresse

GPS 46.2092, 5.2399

Großer, schlichter, aber teils schattiger Asphaltparkplatz in der Stadt, nahe dem Zentrum, aber relativ ruhig. Es sind sechs Plätze für Wohnmobile reserviert. **Lage/Anfahrt:** von der D1083 (Durchgangsstraße) nahe dem nördlichen Ortsende (unweit Lidl) nach Osten in die Allée du Centre Nautique abbiegen; **Platzanzahl:** 6 offiziell ausgewiesen; **Untergrund:** Asphalt, eben; **Sicherheit:** beleuchtet; **Preiskat.:** kostenlos; **Max. Stand:** 48 Std.; **Geöffnet:** ganzjährig; **Adresse/Kontakt:** 3 Allée du Centre Nautique, Tel. 0474224940, accueil@bourgenbressetourisme.fr; **Hinweis:** Praktisch für die An-/Abreise und eine Stadtbesichtigung; die Plätze mit Strom sind meist belegt.

222pr-rh

- Auf dem kostenlosen Abschnitt der A 36 Belfort und Montbéliard umfahren.
- Hinter Montbéliard **Ausfahrt Nr. 7** und im Kreisverkehr links halten auf die D 126 Richtung Voujeaucourt und Dampierre.
- Nach der Brücke über den Doubs links (Vorfahrt) auf die **D 463** fahren, die bald wieder auf die **N 83** mündet.
- Via L'Isle-sur-le-Doubs und Baume-les-Dames der **N 83** in Richtung Besançon folgen.
- **Besançon** ist leider eine lästige Stadt mit zahllosen Ampeln, die sehr geschickt auf „rote Welle" synchronisiert sind. Das Zentrum kann man rechts auf der N 83 umgehen (beim Ortseingang am Berg zunächst links einordnen, dann immer Richtung „Lons-le-Saunier").
- **Ab Beure** wird es dann wieder einfach: aus dem Tal des Doubs heraus immer der N 83 folgen.
- In **Lons-le-Saunier** – relativ einfache Ortsdurchfahrt auf der N 83 in Richtung „Bourg-en-Bresse".
- In **Bourg** an der ersten großen Kreuzung beim Supermarkt nach links das Zentrum umfahren (mehrere billige Tankstellen; in Gegenrichtung fährt man auf anderer Route durch die Stadt).
- Auf der gut ausgebauten **N 83** weiter Richtung **Villars-les-Dombes** und durch die reizvolle Teichlandschaft der Dombes.
- Weiter geht es als Nächstes auf der **N 83** bis hinter **Mionnay.**
- Und dann rechts auf die **Autobahn A 46** abbiegen, auf der man **kostenlos Lyon** umfahren kann (früher ein fürchterliches Nadelöhr!), indem man via **Rocade Est** den Schildern „Marseille" folgt. **Achtung:** Wenn es steil hinunter ins Rhône-Tal geht, links halten (mittlere Spur) und dann links auf die **A 7 in Richtung Vienne.**

Tipp

Auf der Rückfahrt nach Norden nicht den Schildern „Bourg-en-Bresse" folgen (Umweg!), sondern Richtung „Rillieux" bzw. „Paris" und dann die letzte Ausfahrt vor der Mautstelle nehmen!

- Wer weiter mautfrei nach Süden fahren will, kann kurz vor **Vienne** auf die **N 7** ausfahren und dann dem linken Rhône-Ufer folgen (allerdings durch die Stadt Vienne hindurch!) oder erst hinter der Rhône-Brücke (minimale Pauschalgebühr) auf die **N 87** ausfahren und unter Umgehung von Vienne dem rechten Ufer folgen.
- Nach unseren Erfahrungen lohnt es sich jedoch, auf der folgenden Strecke (wenigstens bis hinter Valence) die **Autobahn** zu wählen.

225pr-rh

9 Aire Communale Aspres sur Buëch

GPS 44.52014, 5.75396

Einfacher, nachts ruhiger Stellplatz bei hohen Bäumen nahe dem Bahnhof. Nur ca. 300 m vom Zentrum mit Cafés und Bäckerei. **Lage/Anfahrt:** auf der D1075 von Süden in den Ort kommend gleich nach rechts zum Bahnhof abbiegen; **Platzanzahl:** 8 offiziell ausgewiesen, weitere daneben nahe den Schienen; **Untergrund:** fester Untergrund, Schotter, holperig, aber recht eben; wird evtl. noch asphaltiert; **Preiskat.:** kostenlos; **Max. Stand:** 2 Nächte; **Geöffnet:** ganzjährig; **Adresse/Kontakt:** Avenue de la Gare; **Hinweis:** Parkverbot von 13 bis 19 Uhr; **Tipp:** Nachts ruhig – aber ein Platz für Frühaufsteher, denn ab 5.30 Uhr beginnt der Bus- und Bahnverkehr.

Variante: Route Napoléon N 85

Eine landschaftlich sehr reizvolle Variante der Anreise via Nationalstraßen bietet die **Route Napoléon** (N 85), die von Grenoble via Gap durch die **Pforte von Sisteron** quasi per Nebeneingang in die Provence führt und dann weiter via Digne, Castellane und Grasse bis nach Cannes.

Diese Variante bietet sich vor allem bei einer Anreise durch die Schweiz an (um via Annecy und Chambery die Fahrt nach Lyon und durch das Rhône-Tal ganz zu vermeiden), aber man kann dazu auch die Frankreich-Strecke bei Lyon in Richtung Grenoble verlassen (es handelt sich um eine gebührenpflichtige Autobahn).

⑩ Aire Municipale Plan d'Eau, Veynes

GPS 44.5178, 5.7991

Großer, sehr schön in der Natur und vor einer Bergkulisse gelegener Parkplatz nahe einem See. Sehr ruhig, mit einigen Picknicktischen. **Lage/Anfahrt:** von der D994 kurz vor dem Ort nach Osten abbiegen in Richtung Camping du Soleil, dann ca. 600 m nach Süden zum See; **Platzanzahl:** ca. 20; **Untergrund:** Schotter, fest, eben; **Service:** eine Ver-/Entsorgungsstation gibt es im Ort an der Durchgangsstraße D994 bei GPS 44.5332, 5.8229; **Preiskat.:** € (in der Saison), sonst kostenlos (Polizei kommt zum Kassieren); **Max. Stand:** 48 Std.; **Geöffnet:** ganzjährig; **Kontakt:** Tel. 0492581022 und 0630655050; **Tipp:** nur wenige Schritte vom Badestrand entfernt.

226pr-rh

⑪ Aire Municipale, Laragne-Monteglin

GPS 44.3124, 5.8261

Großer, asphaltierter, ebener Parkplatz in relativ ruhiger Lage. **Lage/Anfahrt:** von der Durchgangstraße D1075 nach dem Zentrum südwärts abbiegen auf die D12 (Rue du Souvenir); **Platzanzahl:** ca. 50; **Untergrund:** Asphalt, kaum Gefälle; **Sicherheit:** beleuchtet; **Preiskat.:** kostenlos; **Max. Stand:** 7 Tage; **Geöffnet:** ganzjährig; **Adresse/Kontakt:** Rue du Souvenir, Tel. 0492651190; **Hinweis:** Der Platz wird zeitweise auch für andere Zwecke (zum Beispiel Jahrmärkte und Veranstaltungen) genutzt und ist dann für Wohnmobile gesperrt.

227pr-rh

Schön ist jedoch auch eine Anreise ab Valence über Die und das **Buëch-Tal** nach Sisteron.

Rastplatz

D 6 Le Claps, GPS 44.60174, 5.45908. Hübscher Rastplatz an der Strecke kurz hinter Luc-en-Diois an einem kleinen See zwischen oder nahe den Felsblöcken der Le Claps. Übernachten ist nicht gestattet.

Sonstiger Stellplatz

S 7 Serres, Parkplatz beim Office de Tourisme, GPS 44.42968, 5.71821. Großer, offiziell als Übernachtungsplatz ausgewiesener Asphaltplatz nahe dem Office Tourisme mit hohen Bäumen, am Fluss; relativ ruhig; Lage/Anfahrt: von der D1075 beim Kreisverkehr in der Ortsmitte nach Norden abbiegen; Platzanzahl: ca. 10; Untergrund: Asphalt, etwas Gefälle; Service: Toilette; keine Ver-/Entsorgungsstation; Sicherheit: beleuchtet, aber nicht die ganze Nacht; Preise: kostenlos; Max. Stand: 48 Std.; Geöffnet: ganzjährig; Hinweis: Samstags gesperrt wegen Markt.

Frankreich: Autobahn

Wer sich für die Autobahn entscheidet, wird die Grenze wahrscheinlich bei **Mulhouse** überqueren (Alternative: Elsass s. Kasten S. 21) und dann auf der A 36 bis **Beaune** und weiter auf der A 6 nach **Lyon** fahren. Die erste Etappe ist meist ruhig und angenehm zu fahren; auf der **A 6** kommt dann der ganze Verkehr von Paris dazu. An Ferienwochenenden – und ganz besonders an den Wochenenden zwischen Mitte Juli und Anfang August – sollte man diese Strecke möglichst meiden. Eine gute **Alternative** bietet (nicht nur dann!) die **A 39,** auf die man bei **Dôle** abzweigen kann, um via **Bourg-en-Bresse** und die **A 40** und **A 42** nach **Lyon** zu fahren.

Dort allerdings – auf der Rocade Est – und auf der weiteren **Autoroute du Soleil** (A 7) kommt dann wirklich alles zusammen. Wer schon die Hauptreisezeit nicht meiden kann, sollte wenigstens versuchen, diesen Abschnitt irgendwann in tiefer Nacht hinter sich zu bringen, denn lange Staus um Lyon und im Rhône-Tal sind an den kritischen Wochenenden garantiert.

Bei einer **Anreise aus dem Westen oder dem Norden** des Bundesgebietes kann man auch die **A 31 Metz – Nancy – Dijon** wählen, die aber ab Toul bei Nancy gebührenpflichtig ist.

Durch die Schweiz

Durch die Schweiz fährt man praktisch durchgehend auf der Autobahn **A 1 Zürich – Bern – Lausanne – Genf** (Informationen zum Thema Vignette s. S. 22). Diese Strecke ist

228pr-rh

12 Aire Municipale, Mison

GPS 44.2654, 5.8571

Asphaltierter, ebener Parkplatz in ruhiger Lage zwischen Bäumen bei einem Kindergarten am Ortsrand. **Lage/Anfahrt:** von der Durchgangstraße D1075 südwärts abbiegen; **Platzanzahl:** ca. 10; **Untergrund:** Asphalt, etwas Gefälle; **Sicherheit:** beleuchtet; **Preiskat.:** kostenlos; **Max. Stand:** keine Begrenzung; **Geöffnet:** ganzjährig; **Beachten:** einige tief hängende Äste; bei Frost geschlossen; **Adresse/Kontakt:** Square du 19 Mars 1962, Tel. 0492622117, www.mairiedemison.fr.

zwar weitgehend stau- und stressfrei, doch die Anfahrt auf der B 15 von Schaffhausen nach Zürich und das Nadelöhr Zürich selbst (sowie gelegentlich auch der Raum Genf) können Probleme bereiten. Diese Abschnitte sollte man nicht gerade zu den Hauptverkehrszeiten fahren.

Ansonsten sind die Straßen sehr gut ausgebaut und selten überlastet. Es sind weder Pässe noch Bergstraßen oder größere Höhen zu bewältigen. Allerdings muss man zusätzlich zur Anschaffung der Vignette für die Schweiz in Frankreich auch noch einmal Autobahngebühren bezahlen – entweder für die A 40 nach Lyon oder für die A 41 nach Grenoble.

Wir haben zwar auch schon versucht, via Annecy und Chambéry auf der Nationalstraße zu fahren, sind aber in fürchterlichen Staus gelandet.

Deshalb und aus den weiter oben genannten Gründen bevorzugen wir meist die Route über Frankreich.

Alternative durch das Elsass

Eine relativ wenig bekannte und genutzte Alternative zu der oft ebenfalls sehr stark überlasteten A 5 Karlsruhe – Basel (und ihren häufigen Staus) findet sich gleich jenseits des Rheins im Elsass: die fast durchgehend vierspurige und dennoch ***kostenlose A 35,*** *auf der man (außer manchmal bei Strasbourg) fast immer gut und zügig vorwärts kommt. Je nachdem, von wo man anreist, kann man diese Alternative unter Umständen bereits von der A 65 via B 9 ansteuern oder später bei Strasbourg (dazwischen gibt es auch Möglichkeiten, mit der Fähre über den Rhein zu setzen).*

Ab Colmar *kann man auf der N 87 via Guebwiller nach Burnhaupt die Ecke um Mulhouse herum abschneiden – und ab dort der A 36 (Belfort – Besançon) folgen oder weiter auf der N 87 fahren.*

AUTOBAHNGEBÜHREN

Frankreich

Die meisten Autobahnen in Frankreich sind gebührenpflichtig (Ausnahmen siehe „Anreiserouten“) – und sie sind teuer! Rund 80 Euro müssen Sie rechnen (mit einem Fahrzeug ab 3,5 t oder über 3 m Höhe sogar 120 Euro), um von Mulhouse bis nach Orange zu gelangen. Aber wer Zeit und Nerven sparen will, der zahlt den Preis gern. Für den Abschnitt Mulhouse – Lyon kann man auf die Autobahn verzichten (s. S. 13).

Für manche kürzere Abschnitte wird die pauschale Gebühr direkt kassiert. Meist zieht man an der ersten **Mautstelle** *(Péage)* eine Karte *(„Prenez un ticket!“)* aus dem Automa-

044pr-rh

⊡ *Rastplatz am See zwischen den Felsblöcken von „Le Claps“*

ten und bezahlt dann beim Verlassen der Autobahn oder an einer späteren Mautstelle.

Versuchen Sie nicht, den Automaten zu überlisten und sich ohne Karte durchzumogeln, denn sonst zahlen Sie dann am Ende den maximalen Betrag! Das Gleiche gilt auch, falls Sie das Kärtchen unterwegs verlieren sollten. Bezahlen können Sie die Maut mit Bargeld. Schneller und problemloser geht es aber mit der Kreditkarte – auch bei kleinen Beträgen.

Gebühren

(für Fahrzeuge bis 3 m Höhe und bis 3,5 t/über 3 m Höhe und über 3,5 t)

- **Mulhouse – Lyon:** 48,90 €/79,20 €
- **Nancy – Lyon:** 49,90 €/79,40 €
- **Lyon (genauer Vienne) – Montpellier:** 43,20 €/60 €

◻ *Private Stellplätze locken oft mit fantasievollen Schildern*

046pr-rh

Unter www.autoroutes.fr findet man nähere Informationen und Links zu allen Autobahngesellschaften, auf deren Websites dann auch Gebührenhinweise zu finden sind.

Schweiz

Die Benutzung der Autobahnen und autobahnähnlicher Straßen in der Schweiz ist ebenfalls kostenpflichtig. Wohnmobile bis 3,5 t benötigen dafür eine **Vignette.** Sie gilt für ein Jahr und ist beim ADAC, ÖAMTC, an allen Grenzübergängen und in grenznahen Regionen auch auf Postämtern erhältlich. Achtung: Für Anhänger benötigt man eine zusätzliche Vignette!

Die Vignette ist für ein Kalenderjahr gültig (inkl. Dezember des Vorjahres und Januar des Folgejahres), also insgesamt maximal 14 Monate – aber im ungünstigsten Fall auch nur einen Monat! Eine am 30. Dezember 2023 erworbene Vignette gilt nur noch bis zum 31. Januar 2024! Die Jahres-Vignette kostet für Wohnmobile bis 3,5 t und Anhänger bis 3,5 t (jeweils!) CHF 40 (ca. 41 €). Seit August 2023 gibt es neben der Klebe- auch noch eine elektronische Variante, die E-Vignette. Sie gilt für den gleichen Zeitraum und auch der Preis ist derselbe wie bei der bekannten Klebeversion. Erhältlich unter www.e-vignette.ch.

Wohnmobile über 3,5 t benötigen keine Vignette, sondern müssen wie ein Lkw eine **„Schwerverkehrsabgabe“** zahlen. Im Gegensatz zur Vignette, die nur auf Autobahnen Pflicht ist, muss die Schwerverkehrsabgabe für das gesamte Straßennetz der Schweiz bezahlt werden.

Man erhält an der Grenze beim Schweizer Zollamt ein Formular zur „Schwerverkehrsabgabe“, das man ausfüllen muss. Weitere Infos findet man auf der Website www.ezv.admin.ch unter „Information Private, Strassenabgaben“.

Transitreisenden, die mehrmals die Schweiz durchqueren wollen oder auf der Hin- oder Rückreise in der Schweiz übernachten, empfiehlt sich eine 10-Tages-Deklaration. Sie ist (ab Kaufdatum) 1 Jahr gültig und an das Fahrzeug gebunden. Der Vorteil: Sie gilt an 10 beliebig wählbaren (nicht nur aufeinander folgenden!) Tagen. Die jeweiligen Tage müssen vor der Einreise selbst mit Datum in das Formular eingetragen werden. Nicht vergessen! Das wird meist bereits an der Grenze kontrolliert!

Zwar werden in der Schweiz für die Benutzung bestimmter Tunnel weitere Sondernutzungsgebühren erhoben, für die Anreise in Richtung Provence ist dies jedoch nicht relevant.

EINREISEBESTIMMUNGEN

Für Bürger der EU entfallen Kontrollen an den gemeinsamen Grenzen der dem Schengener Abkommen beigetretenen Mitgliedsstaaten. Abgesehen vom Transit durch das Nicht-Mitgliedsland Schweiz ist auf der Fahrt in die Provence also mit keinen Grenzformalitäten mehr zu rechnen.

Das bedeutet jedoch nicht, dass Kontrollen völlig ausgeschlossen wären. Uns ist es bei Mulhouse sogar schon passiert, dass Fahrzeug und Gepäck durchsucht und wir auf Waffen abgetastet wurden.

Auf jeden Fall – ob Kontrolle oder nicht – müssen die üblichen **Reisedokumente** mitgeführt werden. Für die Einreise nach Frankreich (oder in die Schweiz) reicht der **Personalausweis** (alternativ Reisepass). Wer mit dem Wohnmobil (oder einem anderen Fahrzeug) einreist, muss den nationalen **Führerschein** und den **Kfz-Schein** bei sich führen. Die Mitnahme der **Grünen Versicherungskarte** wird sehr empfohlen, da sie als Versicherungsnachweis dient und z.B. bei einem Unfall die Abwicklung erheblich erleichtert. Was immer die Gesetze sagen mögen, bei einer Verkehrskontrolle vor Burnhaupt wollte ein Polizeibeamter den Versicherungsnachweis für Fahrzeug und für den Anhänger sehen – und beharrte darauf, dass diese Dokumente stets mitgeführt werden müssen.

Wer ein Euro-Nummernschild hat, braucht kein **Nationalitätskennzeichen** mehr am Auto zu haben.

DIPLOMATISCHE VERTRETUNGEN

FRANZÖSISCHE BOTSCHAFTEN

- **Deutschland:** Wilhelmstraße 69, 10117 Berlin, Tel. 030 590039000, https://de.ambafrance.org/Deutsch
- **Österreich:** Technikerstr. 2, 1040 Wien, Tel. 01 502750, https://at.ambafrance.org/Deutsch
- **Schweiz:** Schlosshaldenstr. 46, 3006 Bern 16, Tel. 031 3592111, https://ch.ambafrance.org/Deutsch

VERTRETUNGEN IN FRANKREICH

- **Deutschland:** Generalkonsulat der Bundesrepublik Deutschland, 10 Place de la Joliette, 13002 Marseille, Tel. 0491167520
- **Österreich:** Konsulat der Republik Österreich, 58 Rue Grignan, 13006 Marseille, Tel. 06 42148558
- **Schweiz:** Konsulat der Schweiz, 7 Rue d'Arcole, 13286 Marseille Cédex 06, Tel. 0496101410

EINKAUFEN

Egal, was andere schreiben mögen, nach unseren Erfahrungen stimmt es nicht, dass das Preisniveau beiderseits des Rheins weitgehend identisch ist. In den französischen Lebensmittelgeschäften ist das Angebot groß, aber die Preise sind (von wenigen Ausnahmen abgesehen) meist deutlich höher als in Deutschland. Besonders gilt dies z.B. für Bier, Fruchtsäfte, Schokolade, Kaffee und Konserven. Lohnend ist immer der Einkauf auf den lokalen Märkten in der Provence, wo man Gemüse und Obst, Käse, Oliven, Würzkräuter, Fisch und Wein in guter Qualität bekommt. Brot kann man ebenfalls auf dem Markt bekommen oder aber in kleinen Bäckereien. Natürlich gibt es auch im Supermarkt Brot und Backwaren – aber meist zweitrangiger Qualität.

Muss man unterwegs die Reserven auffüllen, so eignet sich der **Super- oder Hyper-Marché** draußen vor der Stadt, der große Parkplätze und ein ebenso großes Angebot hat. Außerdem kann man dort meist günstig tanken. Und schließlich gibt es zunehmend **Discounter** wie Aldi und Lidl mit ganz ähnlichem und oft regional angepasstem Angebot.

Eine große Auswahl von typischen und meist qualitätsvollen **Produkten der Region** (Lebensmittel, Lavendelprodukte und Kunsthandwerk) bieten neben den Märkten auch die **„Maison des Produits de Pays“,** die sich zunehmend bemühen, Erzeugnisse der näheren Umgebung direkt zu vermarkten. Sie bieten meist gute Parkmöglichkeiten und haben manchmal auch an Wochenenden geöffnet. Diejenigen davon, die an den beschriebenen Strecken liegen, sind in den Routenbeschreibungen genannt.

Sonst kann man natürlich einzelne Produkte wie Wein, Obst, Olivenöl oder Käse auch direkt vom jeweiligen Erzeuger kaufen: von Ständen am Straßenrand, in Weinkellereien und auf dem Bauernhof. Aber auch hier sollte man ein bisschen auf den Preis schauen und nicht blind glauben, dass „direkt ab Erzeu-

Märkte

Nicht ohne guten Grund ist die Provence für ihre Märkte bekannt. Nahezu jeder Ort – von der großen Stadt bis zum kleinen Bergdorf – hat seinen Markt als Bestandteil einer sehr lebendigen Tradition. Man unterscheidet zwischen ***Bauernmarkt*** *(Marché de Paysan), auf dem ausschließlich landwirtschaftliche Erzeugnisse angeboten werden, und dem* ***Marché Provençal,*** *auf dem man außerdem auch Töpferwaren, Stoffe, Kleidung, Korbwaren und anderes findet. Wichtig ist es, zeitig auf dem Markt zu sein. Schon ab 10 oder 11 Uhr bekommt man nur noch das, was die anderen übrig gelassen haben, und gegen Mittag ist meist alles vorbei.*

Französisches Brot: Nicht nur Stäbe, Flöten und Bindfäden!

Glauben Sie nicht, französisches Brot sei immer gleich „Baguette“. Erstens ist das „französische Weißbrot“, das bei uns als „Baguette“ angeboten wird, in Wirklichkeit meist eine „Flute“ („Flöte“). Das wirkliche Baguette („Stab“) ist dünner – und daneben gibt es noch das ganz dünne Weißbrot, das Ficelle („Bindfaden“) heißt. Alle drei haben eine Gemeinsamkeit mit der Weißwurst und der Brezel: Sie sollten möglichst vor dem Mittagläuten verspeist sein, denn danach verlieren sie rasch und erheblich an Qualität. Und eben aus diesem Grund gibt es zweitens auch in Frankreich heute eine beachtliche Auswahl an Misch- und Körnerbroten von sehr guter Qualität. Am besten fragt man in einer kleinen Bäckerei – vorzugsweise in einer „boulangerie artisanale“, wo man oft auch sehr gutes Holzofenbrot bekommt. Fragen Sie nach „pain qui se conserve“ (haltbarem Brot), wenn Sie kein Weißbrot wollen. Und probieren Sie einmal Olivenbrot oder „Pain de Randonneur“ (Wandererbrot) mit Nüssen und Trockenfrüchten.

019pr-rh

ger" immer auch „preisgünstig" bedeutet. Zu viele Kunden, die „blind" einkaufen, haben manchen Erzeuger-Händler dazu verführt, weit überhöhte Preise zu fordern.

FERIEN UND FEIERTAGE

SCHULFERIEN

Die Schulferien in Frankreich sind – ähnlich wie bei uns – nicht landesweit zu den gleichen Terminen. Ja, teilweise sind selbst die Osterferien nicht einmal an Ostern! Trotzdem können zu bestimmten Zeiten dichter Reiseverkehr und Staus nicht vermieden werden. Am kritischsten sind die Wochenenden Mitte Juli bis Anfang August sowie generell Ferienbeginn und -ende der Region Paris.

FEIERTAGE

- **1. Januar:** Jour de l'An (Neujahr)
- **1. Mai:** Fête du Travail (Tag der Arbeit)
- **8. Mai:** Armistice (Waffenstillstand 1945)
- **Ostersonntag/Ostermontag** (Pâques)
- **Himmelfahrt** (Ascension)
- **Pfingsten** (Pentecôte)
- **14. Juli:** Fête Nationale (Nationalfeiertag; Sturm auf die Bastille 1789)
- **15. August:** Assomption (Mariä Himmelfahrt)
- **1. November:** Toussaint (Allerheiligen)
- **11. November:** Armistice (Waffenstillstand 1918)
- **25. Dezember:** Noël (Weihnachten)

GAS

Wer mit zwei vollen 11-kg-Gasflaschen startet, der kommt damit im Normalfall problemlos durch seinen Urlaub – selbst wenn dieser vier oder fünf Wochen dauert, der Kühlschrank ständig läuft und täglich mit Gas gekocht wird. Sollte das Gas jedoch aus welchen Gründen auch immer dennoch einmal zur Neige gehen, wird es mit dem Nachschub problematisch, denn Umtauschmöglichkeiten für die deutschen Flaschen gibt es in Frankreich nicht und deutsche Flaschen werden in Frankreich auch nicht nachgefüllt.

Notfalls kann man problemlos an jeder Tankstelle eine französische 13-kg-Butan- oder Propangasflasche leihen und die leere Flasche später gegen Pfanderstattung an einer anderen Tankstelle der gleichen Marke zurückgeben (Quittung aufheben!) – aber erstens braucht man für den Anschluss einen **Adapter,** zweitens wird die größere Flasche meist nicht in den Gasflaschenkasten des Wohnmobils passen und drittens muss man dann einen Platz für die eigene leere Flasche finden. Die Adapter kauft man am besten bereits vor der Abreise (s. S. 26). Falls Sie dennoch vor Ort dringend einen Adapter oder sonstiges Zubehör benötigen, gibt es ein Geschäft nahe Avignon, das eine große Auswahl anbietet (Avenir Caravanes, 30133 Les Angles, 5, Rue du Ponant, Tel. 0490253704). Behelfen kann man sich auch mit einer blauen 3-kg-Camping-Gaz-Flasche, die aber teuer ist (die Flasche ebenso wie der Inhalt). Besser und einfacher: Starten Sie mit zwei vollen 11-kg-Flaschen. Dann dürften Sie keine Probleme haben.

Langfristig sinnvoller ist der Erwerb einer **Selbsttankflasche** (eine große Auswahl verschiedener Stahl- und Alu-Flaschen, Kombi-Systeme, Zubehör und sachkundige Information bietet z. B. www.gasfachfrau.de). Diese 11- oder 6-kg-Flaschen können an jeder Autogastankstelle problemlos wieder gefüllt werden. Zwar kostet eine solche Flasche um 200–500 € und muss alle 10 Jahre vom TÜV geprüft werden, doch dafür tankt man das Gas deutlich billiger und ist zudem unabhängig von Tausch- und Füllstationen. Wohnmobile mit Tankflaschen oder fest eingebauten **Gastanks** können ihre Behälter an den meisten größeren Tankstellen problemlos wieder befüllen. Sie sind mit dem Schild **GPL** *(Gaz de Pétrole Liquéfié)* markiert. Eine Liste von Autogas-Tankstellen für viele Länder Europas findet man unter www.gas-tankstellen.de.

Adapter

Für etwa 20 bis 35 € gibt es im Campingfachhandel ein **Europa-Entnahme-Set,** das aus vier Adaptern besteht, die den Anschluss deutscher Gasregler an andere europäische Flaschen ermöglichen.

GELD

Dank dem Euro gibt es keine Probleme mit krummen Umrechnungskursen, Geldwechsel und internationalen Preisvergleichen. Und braucht man unterwegs Bargeld, so kann man es wie zu Hause mit der **Bankkarte** an einem der zahlreichen **Geldautomaten** abheben.

Andererseits kann man in Frankreich auch sehr viel **bargeldlos** bezahlen. Die gängigen **Kreditkarten** (Mastercard oder Visa) werden fast überall akzeptiert – und die Franzosen selbst bezahlen noch sehr viel per **Scheck** (manchmal selbst das Baguette beim Bäcker!).

Ärgerlich ist, dass manche **Tankstellen** zwar unsere Kreditkarten problemlos akzeptieren, solange die Kasse geöffnet hat, die Zapfsäulen mit Kartenzahlung jedoch nur mit Bank- oder Kreditkarten mit Chip funktionieren. Das heißt, an Wochenenden und nach Ladenschluss kann man mit seiner Magnetstreifenkarte nicht an den billigen Supermarkt- oder Automaten-Tankstellen nachfüllen, sondern ist unter Umständen sogar auf die teuren Autobahntankstellen angewiesen. Inzwischen haben aber auch die meisten deutschen Karten einen Chip und können an den Tanksäulen der Supermärkte zum Bezahlen benutzt werden.

Öffnungszeiten

Banken haben in der Regel Mo. bis Fr. von 9 bis 12 Uhr und von 14 bis 16 Uhr geöffnet.

▷ *Auf der Fahrt über den Pas de la Graille (s. S. 113) eröffnen sich Panoramablicke*

GESUNDHEIT

Die **Europäische Krankenversicherungskarte** (*European Health Insurance Card* = EHIC), die in die deutsche Chipkarte integriert und meist auf der Rückseite abgedruckt ist, gilt innerhalb der gesamten EU, also auch in Frankreich, sowie in der Schweiz.

Der große Vorteil gegenüber dem alten Auslandskrankenschein: Mit der „Auslandskarte" kann man direkt zu einem Arzt oder in ein Krankenhaus gehen, die dem staatlichen Gesundheitsdienst angeschlossen sind. Der bisher nötige Umweg über das Büro der französischen Ortskrankenkasse entfällt! Allerdings muss man in den meisten Arztpraxen wie bisher die Rechnung und alle Medikamente zunächst selbst bezahlen. Zu Hause muss man dann die entsprechenden Quittungen bei der Krankenkasse einreichen, die daraufhin (nach beträchtlichen Abzügen!) einen Teil der Summe erstattet – oder auch nicht. Das liegt schlicht daran, dass die Software der meisten Praxen den Chip der deutschen Karten nicht lesen kann. Lediglich in größeren Krankenhäusern oder besonders modern ausgestatteten Praxen kann man die Karte gelegentlich zur direkten Abrechnung mit der Krankenkasse verwenden.

Die Art und der Umfang der zu erstattenden Leistungen, zu denen ärztliche und zahnärztliche Behandlungen, Krankenhausbehandlungen, Arzneien und Heilmittel gehören, richten sich immer nach den jeweiligen Rechtsvorschriften des Aufenthaltsstaates – oder einfacher gesagt: Es besteht ein Anspruch auf alle erforderlichen medizinischen Sachleistungen. Häufig wird jedoch nur ein Teil der Kosten von der Krankenkasse anerkannt und erstattet, da die Kassen allerlei Selbstbeteiligungen und Pauschalen abziehen. Um das Risiko, auf einer Arztrechnung sitzenzubleiben, auszuschließen, empfiehlt sich der Abschluss einer zusätzlichen **Auslandsreisekrankenversicherung,** die im Notfall auch den teuren Rücktransport in die Heimat einschließt.

Eine **Apotheke** *(pharmacie)* findet man fast in jedem größeren Dorf. Sie ist an einem grünen Kreuz zu erkennen und hat meist von 9 bis 12.30 und von 14 bis 18.30 Uhr geöffnet. Eine Hinweistafel am Eingang informiert über die nächste Apotheke mit Nacht- oder Sonntagsdienst.

HAUSTIERE

Haustiere, die nicht mindestens drei Monate alt sind, dürfen nicht nach Frankreich mitgenommen werden. Wer einen älteren Hund oder eine Katze mitnehmen will, muss den blauen **EU-Heimtierpass** mit sich führen. Dieser gilt in allen 27 EU-Staaten sowie im Nicht-EU-Land Schweiz. Er identifiziert das Tier mittels Kennnummer und attestiert, dass es gegen Tollwut geimpft ist. Die zweifelsfreie Identitätskennung durch einen implantierten Mikrochip ist seit 2011 zwingend, die Tätowierung gilt nur für Tiere, die vor dem 03.07.2011 tätowiert wurden.

Die **Tollwutimpfung** muss mindestens 21 Tage und maximal 12 Monate vor Grenzübertritt erfolgt sein. Drei Jahre gültige Tollwutimpfungen werden akzeptiert, wenn der Impfstoff explizit im Impfpass angegeben ist.

Gefährliche, registrierte Hunderassen

Mit dem Gesetz vom 6. Januar 1999 sollen Unfälle durch Hunde, welche leicht als gefährlich einzustufen sind, vermieden werden. Sie werden in zwei Kategorien eingeteilt:

1. Kategorie: alle sogenannten Kampfhunde (American Staffordshire Terrier, Mastiff, Tosa, Staffordshire Bullterrier oder Kampfhundmischlinge) ohne Eintragung in einem vom internationalen Hundeverband (www.fci.be) zugelassenen Stammbuch. Die Einfuhr von Hunden dieser Kategorie ist verboten.

2. Kategorie: alle Wach- und Schutzhunde (Rassehunde, American Staffordshire Terrier, Rottweiler, etc.) dürfen nur mit Maulkorb und an der Leine geführt werden. Hunde dieser 2. Kategorie können von ihren Besitzern nach Frankreich eingeführt werden, sofern beim Zoll ihr Geburtszeugnis und ihr Stammbaum vorgelegt und somit bewiesen werden kann, dass sie nach französischem Recht dieser 2. Kategorie angehören. Achtung: **Am Strand** sind Hunde generell nicht gestattet!

047pr-rh

INFORMATIONSSTELLEN

FREMDENVERKEHRSÄMTER

Das **Französische Fremdenverkehrsamt** (ATOUT FRANCE, http://de.france.fr) bietet Infos zu allen touristischen Fragen und Prospekte über einzelne Regionen Frankreichs.

In Frankreich

- **Provence – Alpes – Côte d'Azur (PACA):** www.decouverte-paca.fr
- **Alpes de Haute Provence:** www.alpes-haute-provence.com
- **Bouches du Rhône:** www.myprovence.fr
- **Vaucluse:** www.provenceguide.com

INTERNET

Frankreich allgemein

- www.tourisme.fr (Eingangsportal der Fremdenverkehrsämter)
- http://de.france.fr (offizielle Informationsseite über Tourismus in Frankreich)
- https://de.ambafrance.org (französische Botschaft sowie zahlreiche Reise-Infos und Links)
- www.douane.gouv.fr (Zollbestimmungen)
- www.sncf-connect.com/de-de (Seite der französischen Staatsbahnen SNCF)
- www.airfrance.de (Deutschlandbüro der Fluggesellschaft Air France)
- www.aeroport.fr (Französische Flughäfen)
- www.bison-fute.gouv.fr (Verkehrsinformationen, Straßenzustand)
- www.autoroutes.fr (Autobahnen)
- www.meteo.fr (Wetterbericht für Frankreich)
- www.mije.com (Unterkünfte für junge Leute)
- www.fuaj.org (Jugendherbergen)
- www.campingfrance.com (Camping und Caravaning in Frankreich)
- www.dfjw.org (Deutsch-Französisches Jugendwerk)

Provence

- www.provenceweb.fr (sehr umfassende und aktuelle Website über alle Regionen und vielfältigen Aktivitäten und Themen in der Provence)
- www.visitvar.fr (offizielle Webpräsenz des Tourismusbüros des Var)
- Weitere Websites sind bei den Tourismusbüros der einzelnen Départements angegeben.

KARTEN

STRASSENKARTEN

An erster Stelle ist hier die **Michelin Straßenkarte** Bl. 527 Régional im Maßstab 1:200.000 (ca. 12 €) zu nennen, die das gesamte Gebiet umfasst und detailliert und präzise ist. Sie ist nicht ganz so detailliert wie die alte Nr. 245, aber dafür deutlich übersichtlicher, auch ohne Lupe zu lesen – und jetzt mit geografischem Gitter ausgestattet.

Eine sehr gute Ergänzung dazu ist die „Südfrankreich"-Karte des **world mapping project** (Reise Know-How Verlag, Bielefeld), die reiß- und wasserfest ist, da sie aus einem synthetischen Material hergestellt wird, das weniger Energie erfordert als Normalpapier. Mit ihrem Maßstab von 1:425.000 ist sie detailliert – vor allem aber enthält sie nicht nur zahlreiche Sehenswürdigkeiten, sondern zudem ein Gradgitter für die GPS-Orientierung. Sehr nützlich ist auch das Ortsregister.

WANDERKARTE

Die o.g. Michelin-Karte kann auch für Radtouren schon durchaus ausreichend sein. Noch

Kartentipp
„Südfrankreich 1:425.000" aus der Serie world mapping project, Reise Know-How Verlag. Praktische und detaillierte Straßenkarte, speziell für Reisende konzipiert.

genauer sind die Wander- und Radkarten des französischen **Landesvermessungsamtes IGN** in den Maßstäben 1:100.000 oder gar 1:25.000, die man entweder im Fachhandel bestellen oder vor Ort bekommen kann.

PANNE UND UNFALL

Notrufnummern

Polizei (Gendarmerie): Tel. 17
Feuerwehr (Pompiers): Tel. 18
Pannenhilfe: Tel. 13
Auskunft: Tel. 12

Kleinere Pannen hat man als Reisemobilist ja meist selbst im Griff, größeren kann man mit guter Wartung, einem gründlichen Check vor Antritt der Reise und mit einem umsichtigen Fahrstil vorbeugen. Hat man dennoch ein Problem, hilft oft gerne ein Kollege Wohnmobilist mit Rat und Tat – im Idealfall natürlich einer, der dasselbe Fabrikat fährt. Oft kann man sich dann mit kleineren Ersatzteilen wie Sicherungen, Glühbirnen etc. gegenseitig aushelfen.

Ist das Fahrzeug noch fahrtüchtig, so schaut man via Smartphone oder im internationalen Kundendienstverzeichnis, wo sich die **nächste Vertragswerkstatt** befindet. Auch nicht markengebundene Autowerkstätten können oft helfen. Ist das Fahrzeug nicht mehr fahrtüchtig, hilft nur noch der Pannendienst.

Spätestens dann ist ein **Auslandsschutzbrief** (z.B. ADAC) sehr hilfreich. Der ADAC-Service ist wirklich gut – wie wir aus eigener Erfahrung wissen. Einfach anrufen – und die freundlichen Helfer (die natürlich Deutsch sprechen) kümmern sich um alles: Pannenhelfer, Abschleppdienst, Werkstatt, Hotelzimmer, Taxi bzw. was sonst erforderlich ist. Meist sind Sie dann weit besser dran, als wenn Sie mit einem noch fahrtüchtigen Reisemobil selbst eine Werkstatt ansteuern. Nach eigenen Erfahrungen sind die französischen Kfz-Werkstätten nicht gerade brennend an Arbeit interessiert. Meist hat man uns lieber weitergeschickt oder gebeten, doch am nächsten Tag wieder zu kommen!

Bei einem **Unfall mit Sachschaden,** aber ohne Verletzte fühlt sich in Frankreich (wie bei uns auch) die Polizei nicht unbedingt zuständig. In Frankreich gibt es für solche Fälle den **Constat amiable**, ein Formular entsprechend dem „Europäischen Unfallbericht“, das französische Fahrer meist im Auto haben, das man aber auch von seiner deutschen Versicherung bekommen kann. Darin werden alle Daten der Beteiligten eingetragen. In jedem Fall muss man sich die Kfz-Nummer, die Versicherungsnummer und die Versicherungsgesellschaft des Unfallgegners notieren. Dazu muss man weder Französisch verstehen noch mit dem Unfallgegner herumstreiten, denn diese Angaben finden Sie auf einem Pflicht-Aufkleber an der Frontscheibe eines jedes Fahrzeuges beziehungsweise auf dem vorderen Schutzblech eines Motorrads. Unterschreiben Sie nichts, was Sie nicht verstehen.

Um zu seinem Recht zu kommen, ist in jedem Fall eine **Rechtsschutzversicherung** sehr zu empfehlen, sonst können Sie zwar vielleicht Ihr Recht erstreiten – aber die Kosten dafür werden u.U. höher sein als der vom Gegner erstattete Schaden!

Noch besser ist eine **Vollkaskoversicherung,** die Ihnen Ihren Schaden erstattet – und sich dann darum kümmern kann, was vom Unfallgegner zurückzufordern ist. Für Auslandreisen kann sich u.U. auch eine Kurzzeit-Vollkaskoversicherung lohnen.

ADAC-Notrufnummern

- **ADAC-Notrufzentrale München,** Tel. +49 (0) 8920204000 (24 h, Hilfe bei Panne, Unfall, Diebstahl, Verlust von Papieren, Kreditkarten u.a.); über das Handy: Tel. 222222 (ohne Vorwahl aus allen Netzen, Providertarif)
- **ADAC-Ambulanzdienst München,** Tel. +49 (0) 89 767676 (24 h, medizinische Hilfe wie Kranken-

rücktransport, Medikamentenversand, Vermittlung deutschsprachiger Ärzte u. Ä.)

› **ADAC-Stauinfo,** Tel. 22499 (für deutsche Mobilfunknetze, auch im Ausland rund um die Uhr verfügbar. Vorwahl Deutschland und des jeweiligen Netzbetreibers ergänzen, z. B. für T-Mobile +49 1712522499)

POST

Die gelben **Briefkästen** haben oft zwei Schlitze: Der mit der Aufschrift „Région" wird Sie weniger interessieren; Auslandssendungen kommen in den Schlitz mit der Aufschrift „Autres Destinations".

Postämter (PTT) haben meist von 8 bis 19 Uhr geöffnet; in Städten durchgehend, in kleineren Orten mit Mittagspause von 11.30 bis 14 Uhr. Standard-Briefmarken für Briefe und Postkarten bekommt man aber auch in jedem „Tabac"-Laden.

Das **Porto** für Standard-Briefe und Postkarten beträgt z. Zt. 1,20 € bis 20 g.

Vergessen Sie nicht, bei der **Adresse** das Zielland in französischer Sprache anzugeben: Allemagne, Autriche oder Suisse.

REISEZEIT UND KLIMA

Gerade für Wohnmobilisten empfiehlt es sich, antizyklisch zu reisen – möglichst dann, wenn andere es nicht tun. Also **nicht im Juli und August,** den traditionellen Urlaubsmonaten der Franzosen. Dann ist das Wetter zwar am stabilsten, aber die Tage können sehr heiß werden. Vor allem aber sind Straßen, Innenstädte, Campingplätze, Sehenswürdigkeiten, Restaurants und die ohnehin chronisch knappen Parkmöglichkeiten meist hoffnungslos überfüllt. Selbst mit einem kompakten Pkw hat man dann Probleme, und wer zu dieser Zeit sein Wohnmobil schwitzend über schmale Bergsträßchen kurbeln muss, wer sich durch enge Tunnel mit Gegenverkehr fädelt oder durch das Gewimmel einer Innenstadt, wer gar einen Parkplatz sucht oder auch nur die Möglichkeit, einmal kurz anzuhalten, dem kann die Urlaubsfreude rasch vergehen.

Die idealen Reisezeiten sind die Monate **Mai/Juni** und **September/Oktober.** Da das auch andere wissen, dürfen Sie natürlich selbst dann nicht erwarten, die ganze Provence für sich alleine zu haben – oder gar in Avignon sofort eine Parklücke zu finden. Aber es wird doch nur ein Bruchteil der August-Massen unterwegs sein und man kann zu dieser Zeit auch die kleinen Sträßchen bedenkenlos mit dem Wohnmobil befahren.

Sehr schön ist die **Blütezeit der Obstbäume** in der Hügel-Provence, wo Kirsch-, Mandel- und Aprikosenbäume etwa ab Ende März/April, je nach Höhenlage, ihre Pracht entfalten. Wer hingegen die zauberhaften lila **Lavendel-Landschaften** der Vaucluse und der Hochprovence erleben will, der muss sich doch ein Stück in die Hauptsaison hineinwagen: Die Lavendelblüte beginnt gegen Ende Juni und dauert bis in den August.

Aber ebenso prachtvoll kann auch die **Herbstfärbung der Weinreben** und der **Bergwälder** sein, die etwas später beginnt als bei uns und im Oktober am schönsten ist. Der **Herbst** ist zwar auch die – relativ gesehen – regenreichste Zeit in der Provence, aber da die Niederschläge meist in kurzen, heftigen Unwettern niedergehen, hat man gute Chancen, selbst dann überwiegend schöne, sonnige Tage zu erleben. Ähnliches gilt auch für das **Frühjahr,** das etwas weniger Regen bringt als der Herbst – und für uns Mitteleuropäer überraschend milde Temperaturen.

Oder warum nicht einmal in den Weihnachtsferien? Zwar kann der **Winter** in den höheren Lagen (und manchmal nicht nur dort!) schon auch einmal Schnee bringen – aber das ist die Ausnahme. Meist hat man zwischen Mitte Dezember und Mitte Januar sogar sehr stabiles Sonnenwetter. Dann kann man in geschützten Tälern vielleicht schon behaglich im Straßencafé sein Bierchen trinken – und diese Tatsache doppelt genießen, im Bewusstsein, dass sie zu Hause jetzt unter grauem Himmel Schneematsch von der Straße schippen.

014pr-rh

Zu den unangenehmsten Wetter-Phänomenen der Provence zählt der **Mistral,** vor dem man allerdings zu keiner Jahreszeit ganz sicher sein kann. Er weht dann tagelang (immer 3, 6 oder 9 Tage am Stück, sagen die Einheimischen) ohne Unterbrechung, ohne einmal nachzulassen – und sehr heftig! Uns hat er schon eine etwas altersschwache Dachluke zuerst auf- und im nächsten Moment ganz weggerissen! In exponierten Lagen kann der Mistral Wohnmobilen ernsthafte Probleme bereiten – und Kammlagen wie die Route des Crêtes sind dann unbedingt zu meiden!

Aber auch der Mistral hat seine gute Seite. Vor allem ihm verdankt die Provence ihre fantastischen Lichtstimmungen. Der vom kalten Nordwind leergefegte, tiefblaue Himmel schafft diese unfassliche Klarheit und Intensität der Farben, die so viele Maler in die Provence gelockt hat.

SICHERHEIT

Leider kann man Südfrankreich beim besten Willen nicht als besonders sicher für Wohnmobilisten bezeichnen. Um Leib und Leben wird niemand fürchten müssen, aber **Autoaufbrüche** gehören in der Provence zur Tagesordnung – grundsätzlich überall und zu jeder Zeit, ganz besonders aber in Touristenzentren und zur Hauptsaison.

Einen ganz besonders schlechten Ruf haben die Camargue und Autobahn-Raststätten

Selbst in der Provence kann es weiße Wintertage geben – wie hier am Col de Soubeyrand –, aber das ist eine Rarität

südlich von Lyon – aber wirklich sicher ist man auch sonst nirgends.

Vieles kann man selbst beachten, um das Risiko zu minimieren:

- Das Reisemobil niemals auch nur für eine Minute unverschlossen stehen lassen, um z. B. rasch ein Foto zu schießen.
- Niemals Wertgegenstände im Fahrzeug zurücklassen – schon gar nicht sichtbar (ggf. Handschuhfach offen lassen).
- Nach Möglichkeit das Fahrzeug gar nicht unbeaufsichtigt abstellen (reist man in einer Gruppe, kann man sich abwechseln – sonst hat man oft keine andere Wahl).
- Alle Vorhänge schließen, damit von außen ungewiss ist, ob sich jemand im Fahrzeug befindet.
- Möglichst nicht auf Autobahnraststätten übernachten (dort sind auch Überfälle mit Betäubungsgas an der Tagesordnung!).
- Auch über Nacht keine Handtaschen oder Wertsachen im Fahrerraum oder an den vorderen Sitzen lassen (besser im Schlafbereich oder im Schrank aufbewahren).
- Ein von außen sichtbarer Sperrriegel, der Fahrer- und Beifahrertür so verbindet, dass sie auch bei aufgebrochenem Schloss nicht geöffnet werden können, kann sehr sinnvoll sein (diesen Zweck kann auch ein einfacher Spanngurt erfüllen).
- Ein Gaswarngerät kann ebenfalls die Sicherheit bei Nacht erhöhen – sofern es nicht auf jedes Deo und Mundwasser sofort anspricht.

Trotz aller Vorkehrungen sollte man sich keine Illusionen machen: Ein halbwegs erfahrener Autoknacker öffnet selbst das am besten gesicherte Reisemobil innerhalb weniger Sekunden. Andererseits will sich auch keiner unnötige Arbeit machen oder ein unnötiges Risiko eingehen – und wenn er nicht begründete Aussicht auf eine besonders gute Beute hat, dann wird er das weniger gut gesicherte des Nachbarn vorziehen.

Wenn Sie doch einmal Opfer eines Diebstahls oder eines Autoaufbruchs werden: Suchen Sie umgehend die nächste Polizeidienststelle *(Gendarmerie)* auf, um den Vorfall anzuzeigen und den Verlust protokollieren zu lassen. Die Polizei wird zwar nichts unternehmen, um die Täter zu ermitteln oder ihnen gar das Handwerk zu legen (das scheint den Behörden herzlich egal zu sein!) – aber Sie brauchen das amtliche Protokoll, falls Sie Schäden am Fahrzeug oder gestohlene Gegenstände von Ihrer Versicherung ersetzt bekommen wollen.

Sind Ihnen **Ausweise, Fahrzeugpapiere, Kreditkarten** oder andere wichtige Papiere abhanden gekommen, so benötigen Sie das polizeiliche Protokoll unter Umständen auch, um sich auf der Botschaft Ersatzpapiere ausstellen zu lassen.

Sehr vereinfachend und damit Zeit sparend ist es, wenn man bereits vor der Reise von allen wichtigen Unterlagen Fotokopien anfertigt, die man dann bei den Behörden vorlegen kann.

Abhanden gekommene Debit(Giro)- oder Kreditkarten, Handys, Krankenkassenausweise oder Ähnliches unbedingt sofort sperren lassen!

Von französischen Wohnmobil-Kollegen haben wir gehört, dass sie sogar schon belästigt, angepöbelt oder gar mit handfesten Mitteln vertrieben wurden. Wir hatten solche Probleme bislang nie. Aber viele Franzosen warnen davor, allein zu stehen, und übernachten nur in Gruppen. Solche **Belästigungen** müssen nicht unbedingt einen kriminellen Hintergrund haben, sondern rühren vielleicht daher, dass Einwohner in den touristischen Ballungszentren zunehmend allergisch auf frei stehende Reisemobile reagieren. Deshalb ist es in dieser Frage besonders wichtig, Sensibilität walten zu lassen. Dass Verbotsschilder respektiert werden, sollte klar sein (denn sie stehen dort vielleicht nicht ohne Grund!). Aber auch, wenn man nur das Gefühl hat, dass Wohnmobile an einem Ort nicht erwünscht sind, sollte man lieber wei-

Hier wird's eng!

terfahren. Wer großspurig und ignorant die Gefühle der Einheimischen verletzt und sich in einer Art von Eroberermentalität darüber hinwegsetzt, der muss sich nicht wundern, wenn die Einwohner ihrem Ärger einmal Luft machen.

Die beste Methode ist noch immer: Erst fragen, dann parken und die Liegestühle ausladen. Persönliche Kommunikation schafft immer auch menschliche Verbindlichkeit.

Kartensperrung

Bei Verlust der **Debit-/Giro-, Kredit- oder SIM-Karte** gibt es für Kartensperrungen eine **deutsche Zentralnummer** (unbedingt vor der Reise klären, ob die eigene Bank bzw. der jeweilige Mobilfunkanbieter diesem Notrufsystem angeschlossen ist). Aber Achtung: Mit der telefonischen Sperrung sind die Bezahlkarten zwar für die Bezahlung/Geldabhebung mit der PIN gesperrt, nicht jedoch für das **Lastschriftverfahren mit Unterschrift.** Man sollte daher auf jeden Fall den Verlust zusätzlich bei der Polizei **zur Anzeige bringen,** um gegebenenfalls auftretende Ansprüche zurückweisen zu können.

In **Österreich** und der **Schweiz** gibt es keine zentrale Sperrnummer, daher sollten sich Besitzer von in diesen Ländern ausgestellten Debit- oder Kreditkarten vor der Abreise bei ihrem Kreditinstitut über den zuständigen Sperrnotruf informieren.

Generell sollte man sich immer die wichtigsten Daten wie Kartennummer und Ausstellungsdatum separat notieren, da diese unter Umständen abgefragt werden.

- **Deutscher Sperrnotruf:** Tel. +49 116116 oder Tel. +49 3040504050
- **Weitere Infos:** www.kartensicherheit.de, www.sperr-notruf.de

STRASSEN

Das **Straßennetz** in der Provence ist – wie überall in Frankreich – überwiegend gut ausgebaut. Das heißt aber (erfreulicherweise!) nicht, dass alles breite und schnurgerade Rennstrecken sind. Vor allem die weniger befahrenen Nebenstrecken sind im Berg- und Hügelland höchst kurvenreich und mit vielen Steigungen gesegnet. Aber das gefällt nicht

049pr-rh

nur den Motorradfahrern, sondern auch uns Reisemobilisten. Wir wollen ja auch nicht möglichst rasch von einem Ort zum nächsten rauschen, sondern gemütlich durch schöne Landschaften tuckern. Und dazu bieten die Straßen der Provence reichlich Gelegenheit.

Gewiss gibt es auch sehr schmale und manchmal streckenweise praktisch einbahnige Nebenstraßen. Darauf wird in den Routenbeschreibungen jeweils hingewiesen. Auch auf niedrige Tunnel, schwache Brücken und besonders steile Strecken haben wir nach Möglichkeit hingewiesen. Entsprechende Informationen finden Sie außerdem auf Ihrer Michelin-Karte – wenn Sie gute Augen oder eine Lupe haben. Die Breite der Fahrbahn hingegen lässt sich aus der Karte nicht immer mit Sicherheit ablesen. Die dargestellte Breite symbolisiert die Ordnung der Straße, die zwar meist in Relation zur Breite der tatsächlichen Straße steht – aber es kann durchaus vorkommen, dass eine Straße niedrigerer Ordnung breiter ausgebaut ist als eine höherer Ordnung.

050pr-rh

Die allermeisten der **schmalen Landsträßchen** kann man mit durchschnittlichen Reisemobilen durchaus befahren – langsam und vorausschauend, versteht sich. Aber auch zurückschauend! Wenn Sie an Ihrem Heck ein anderes Fahrzeug entdecken oder gar schon eine kleine Autoschlange, dann wird es Zeit, an der nächsten Parkbucht kurz rechts raus zu fahren. Das erspart allen Beteiligten gefährliche Überholmanöver – und ist eine selbstverständliche Geste der Rücksicht (im wahrsten Sinne!); denn die Einheimischen hinter Ihnen wollen sicher nicht bummeln, sondern müssen zur Arbeit oder sonst etwas erledigen.

Bergab sollten Sie rechtzeitig zurückschalten und die Bremswirkung des Motors nutzen, denn es gibt oft sehr lange und steile Talstrecken, die Ihre Bremsen ordentlich strapazieren können.

Je näher es an die Hauptsaison herangeht, desto eher sollte man kleine **Nebenstraßen** meiden, denn der Spaß (nicht nur für Sie, sondern auch für Anwohner!) reduziert sich rasch, wenn einem hinter jeder Kurve (und in jedem Tunnel!) ein dickes Wohnmobil begegnet – oder wenn unbegabte Fahrer gar die ganze Straße blockieren.

Noch mehr Vorsicht und Zurückhaltung ist bei schmalen **Nebenstraßen in Ortschaften** geboten! Denn diese Gassen sind nicht nur eng, sondern sie werden fast mit Sicherheit rasch noch enger werden; sie überraschen mit allerlei Hindernissen, und sind manchmal von ganz heimtückischen Balkönchen flankiert, die schon manchen Alkoven aufgeschlitzt haben. Wendemöglichkeiten sind denkbar rar – und wenn Sie so richtig ins Schwitzen kommen, wird hinter Ihnen ein Hupkonzert beginnen, weil Sie den Anwohnern die Zufahrt blockieren. Also: Lassen Sie sich besser nicht in Altstadtgassen locken! Parken Sie lieber außerhalb und gehen Sie zu Fuß – auch wenn es ein paar Schritte mehr kostet.

STROM

Die Netzspannung beträgt 230 Volt Wechselstrom. Runde deutsche Stecker passen nicht in alle Steckdosen. Sie müssten ein zusätzliches Loch bzw. eine Aussparung haben, in die der Schutzkontakt-Stift passt, der (wie ein halber Stecker) aus vielen französischen Dosen ragt. Flachstecker hingegen können fast immer benutzt werden. Falls Sie öfters Steckdosen in den Waschräumen der Campingplätze nutzen wollen, empfiehlt sich ggf. die Mitnahme eines Zwischensteckers. Für den Anschluss des Fahrzeugs ans Stromnetz haben sich auf den Camping- und Wohnmobilstellplätzen die dreipoligen, blauen CEE-Steckdosen durchgesetzt. Trotzdem ist es gut, für den Ausnahmefall einen Adapter zu haben sowie eine 20-m-Kabeltrommel. Ein zusätzliches Verlängerungskabel kann auch nicht schaden.

TANKEN

Das Netz der Tankstellen *(station d'essence)* ist in Frankreich sehr dicht, und selbst in den ländlichsten Gegenden der Provence werden Sie kaum Probleme haben, Ihren Tank aufzufüllen (Sie müssen ihn ja nicht bis zum vorletzten Tropfen leer fahren!). Diesel *(gazole, diesel)* bekommt man an praktisch jeder Tankstelle. Die entsprechenden Zapfsäulen bzw. Zapfpistolen sind schwarz markiert. Nachdem Diesel viele Jahre lang in Frankreich eher etwas billiger war als in Deutschland, ist es inzwischen umgekehrt. Außerdem gibt es von Tankstelle zu Tankstelle erhebliche Preisdifferenzen: Die Unterschiede zwischen der teuersten Autobahn- und der billigsten Supermarkt-Tankstelle können locker 20 Cent betragen!

Zu den Einkaufszeiten wird bei den Supermärkten meist zuerst getankt und dann bei der Ausfahrt am Kassenhäuschen bezahlt. Oft gibt es aber auch eine Zapfsäule, an der man direkt mit der Kreditkarte bezahlen kann. Beachten Sie, dass die Durchfahrten dort gelegentlich niedrig und eng sein können. Ist das Kassenhäuschen nicht besetzt, kann man gewöhnlich mit der Kreditkarte direkt an der Zapfsäule bezahlen, jedoch nur, wenn die Kredit- oder Bankkarte einen Chip hat. Reine Magnetstreifenkarten funktionieren dort nicht (an den Kassenhäuschen aber schon). Außerhalb der Ladenzeiten ist man ohne Chip-Karte auf teurere „normale" Tankstellen angewiesen – die aber abends oder an Wochenenden oft ebenfalls geschlossen sind.

TELEFON

Bei den Telefonnummern in Frankreich wird nicht – wie bei uns – zwischen Vorwahl und Rufnummer unterschieden. Man wählt stets die komplette Nummer – und es gibt daher auch keine Ortsgespräche.

Öffentliche **Telefonzellen** gibt es mittlerweile im ganzen Land nicht mehr.

Das **Mobilfunknetz** in Frankreich ist in abgeschiedenen Gegenden vielleicht etwas weniger dicht als bei uns, aber wer im Roaming-Verfahren die freie Wahl zwischen allen Anbietern hat, wird von einigen ungünstigen Lagen wie engen Tälern oder abgelegenen Bergen abgesehen fast überall mit dem Handy telefonieren können. Seit 2017 gibt es in der EU **keine Roaminggebühren** mehr. Damit ist das Telefonieren und Surfen mit dem Handy im EU-Ausland so günstig wie zu Hause – es sei denn, man nutzt das Handy im Ausland über einen längeren Zeitraum hinweg, dann können je nach Anbieter Nutzungsobergrenzen gelten.

Schwindelerregend hoch: Die Pont de l'Artuby (s. S. 147) ist nicht umsonst ein Traumziel der Bungee-Jumper!

Telefonieren im Auto

Am Steuer darf auch in Frankreich nur mit Freisprechanlage telefoniert werden!

Vorwahlen

- Deutschland: 0049
- Österreich: 0043
- Schweiz: 0041
- Frankreich: 0033
- Die Nummern in der Provence beginnen alle mit 04.
- Nach der internationalen Landesvorwahl entfällt die erste Null der Ortsvorwahl. Also von Frankreich nach Berlin z. B. 004930 (+ Rufnummer); vom Ausland in die Provence 00334 (+ Rufnummer).

TRINKGELD

Im Restaurant ist die Bedienung im Preis inbegriffen *(servis compris)*. Ein Trinkgeld *(pourboire)* ist zwar nicht unüblich – wird aber andererseits nicht so selbstverständlich erwartet wie in anderen Ländern. Wer keines gibt, der outet sich damit nicht als unhöflicher Trampel – und wer eins gibt (ca. 5–10 % oder ganz wie er es für richtig hält), der drückt damit wirklich noch Anerkennung für den guten Service aus (und gibt nicht nur, weil er sich nicht traut, nicht zu geben!). Meist wird im Restaurant die Rechnung auf einem kleinen Tablett gebracht, auf dem man nach dem Bezahlen auch sein Wechselgeld zurück erhält – und auf dem man dann beim Verlassen des Lokals das Trinkgeld zurücklassen kann. Einheimische bezahlen sogar oft mit einem Scheck – und ohne aufzurunden.

In Cafés, Bars und so weiter wird Trinkgeld eher noch weniger erwartet – was nicht heißt, dass man sich nicht freut, wenn man doch eins bekommt!

ÜBERNACHTEN

Voilà! Da wären wir bei einem heiklen Thema, an dem sich die Geister scheiden. Wo bleibe ich die Nacht? Für viele Reisemobilisten ist das *die* Frage und oft genug *das* Problem schlechthin. Man hat ja stets sein Hotelzimmer mit Bad, WC und allem Notwendigen mit dabei und ist dafür ausgerüstet, auf jedem schön gelegenen Wanderparkplatz „Landhotel im Grünen" zu spielen. Manche Wohnmobil-Reisende haben das „Frei-stehen" gar zum Prinzip erhoben und betrachten es fast als eine Schande, offizielle und damit meist auch kostenpflichtige Stellmöglichkeiten zu nutzen. Andere möchten aus Gründen der Sicherheit oder des Komforts nicht irgendwo auf dem Waldparkplatz stehen, sondern bevorzugen die Annehmlichkeiten und den Schutz eines gut ausgestatteten Campingplatzes. Und wieder andere möchten zwar ebenfalls nicht gern allein im Walde stehen, fühlen sich aber auch nicht als klassische Camper und wollen daher (verständlicherweise!) keine Hotelzimmerpreise bezahlen, nur um für eine Nacht irgendwo zu parken.

Das Schöne: Ihnen allen kann geholfen werden. Die Provence bietet Möglichkeiten für jeden Geschmack. Nur: Etwas Gespür, Respekt und Rücksichtnahme sollte man schon mitbringen!

FREI STEHEN

Wildes Campen *(Camping sauvage)* ist zwar auch in Frankreich generell verboten – aber wo man parken darf, da darf man eben auch parken. Oder? Soweit Recht und Gesetz. Doch nun zur Praxis: Vor allem entlang der Küste versucht man, mit Durchfahrtsverboten, 2-m-Schranken und sonstigen Finessen den Reisemobilisten das Leben schwer zu machen. Warum? Nun, vielleicht sind es einfach irgendwann zu viele geworden. Was kann man tun? – Am einfachsten: die Küste meiden. Das Binnenland ist eh viel schöner!

Andererseits: Auch im Hinterland muss man ja nicht alles tun, was man theoretisch darf. Ein bisschen Fingerspitzengefühl und Respekt sollte man schon haben. Sonst werden Sie vielleicht schon nächstes Jahr auch

▷ *Parkplatz mit Blick auf den Lac de Ste.-Croix*

dort genau den gleichen Barrieren begegnen wie an der Küste. Und zu Recht! Wer zu arrogant zu viel beansprucht und zu wenig Rücksicht nimmt, der ärgert im Moment einige Anwohner oder einheimische Urlauber – und mittelfristig Tausende von Wohnmobil-Kollegen!

In einigen Regionen wie etwa im Bereich der Verdon-Schlucht hat die „Gegenreaktion" bereits begonnen. Zum Teil mit etwas unbeholfenen Mitteln wie „Durchfahrtsverbot für Wohnmobile zwischen 18 und 8 Uhr" (was ja nur bedeutet: Wer vorher reinfährt und nicht rechtzeitig raus, der *muss* drin übernachten!) – aber es hat natürlich keinen Sinn, einfach auf stur zu schalten und sich mit den Behörden zu streiten. Einige wenige Dickschädel genügen, um nächstes Jahr für alle noch mehr Verbote und noch heftigere Aversionen zu provozieren!

Grundsätzlich: Wer frei stehen möchte (für eine Nacht und ohne Camping-Gebaren, versteht sich!), der muss – unabhängig von Gesetzen und Verboten – zusehen, dass er dort nicht stört. Und darauf vertrauen, dass er nicht gestört wird! Außerdem: Was zu ruhigen Zeiten im Frühjahr oder Herbst vielleicht völlig okay ist, kann während der Hauptsaison eine Sünde sein (wenn auf dem gleichen Parkplatz schon ein Dutzend anderer Reisemobile steht!).

Und noch etwas darf man keinesfalls vergessen, wenn man mit dem Freistehen liebäugelt: die **Waldbrandgefahr!** In den heißen und trockenen Wald- und Buschland-Gebieten ist sie sogar ein wesentlicher Grund, warum das freie Stehen verboten wird. Und nicht nur, weil fahrlässige (oder auch nur etwas unachtsame) Touristen zu leicht einen verheerenden Brand auslösen können – sondern nicht zuletzt auch, weil man im frei stehenden Wohnmobil auch durch einen von anderen oder durch Blitzschlag verursachten Brand ernsthaft gefährdet werden kann!

Obwohl wir – je nach Land/Lage und Jahreszeit – zugegebenermaßen selbst große

051pr-rh

Freunde von einsamen Wanderparkplätzen abseits von Trubel und Massen sind, so meinen wir doch, dass in der Provence – zumindest im Juli und August – „freies“ (oder vielleicht doch „wildes“?) Stehen nicht guten Gewissens empfohlen werden kann. Und da die Gemeinden sowie andere Anbieter außerdem zunehmend Stellplätze für Reisemobile einrichten, ist man auch kaum noch darauf angewiesen.

In diesem Buch haben wir daher auch ganz bewusst zwar schöne Picknickplätze, aber keine „freien“ Stellplätze empfohlen – und nur in Ausnahmefällen einige Parkplätze beschrieben, die zwar nicht offiziell als „Reisemobil-Stellplatz“ ausgewiesen sind, auf denen aber nach unserem Eindruck – oder oft sogar nach Auskunft der örtlichen Behörden – das Übernachten im Wohnmobil akzeptiert wird.

Parken oder Campen?

Der Unterschied ist klar geregelt und sollte tunlichst beachtet werden. Ein Wohnmobil, das einfach nur anhält und stehen bleibt, „parkt“ (egal, was die Insassen darin machen). Sobald aber Stühle ins Freie gestellt werden oder die Markise ausgefahren wird, ist das „Campen“ – und das ist nur auf Campingplätzen gestattet. Auch auf ausgewiesenen Wohnmobil-Stellplätzen darf man nur parken (nicht campen!) und darauf wird man auch zunehmend durch Schilder hingewiesen!

WOHNMOBIL-STELLPLÄTZE (AIRES DE CAMPINGCAR, AIRES DE SERVICE)

Die Stellplatzsituation in Südfrankreich ist sehr uneinheitlich, ändert sich rasch und ist insgesamt längst nicht so gut wie etwa in der Bretagne. Mit diesem Buch halten Sie das wohl umfassendste und aktuellste Verzeichnis in der Hand, das bis dato für die Provence existiert. Es wird Ihnen dabei helfen, jeden Abend einen dieser Plätze ausfindig zu machen – und ihn dann auch mühelos zu finden! – und es bietet die Möglichkeit, vorher schon zu wissen, was Sie dort erwartet, wie ruhig und schön der Platz liegt, wie groß er ist und mit welcher Ausstattung Sie rechnen dürfen.

In der Provence sind es vor allem die Gemeinden, die begriffen haben, dass Reisemobilisten keine Landplage sind, sondern Touristen wie andere auch – und meist sehr zahlungskräftige obendrein. Und wenn diese Reisemobilisten auch keine 20 Euro für das Über-Nacht-Parken bezahlen wollen (und keinen Campingplatz brauchen!) – dann werden sie trotzdem gerne im Restaurant essen, die örtlichen Attraktionen besichtigen, Lebensmittel, Wein, Olivenöl und sonstige Souvenirs kaufen und damit dem örtlichen Fremdenverkehr mehr einbringen als so mancher Zeltcamper.

Einige Gemeinden richten daher für Reisemobilisten Stellplätze – sogenannte **Aire Communale** – ein, die teils sogar schön und ruhig liegen, meist Ver- und Entsorgungsmöglichkeiten bieten – seltener auch Stromanschluss. Sie sind entweder kostenlos oder können gegen eine akzeptable Gebühr genutzt werden. Allerdings sind die Gebühren in den letzten Jahren mancherorts drastisch gestiegen. Und neuerdings sind auch eine ganze Reihe bislang beliebter Plätze geschlossen worden.

Andererseits haben inzwischen wache Köpfe die Stellplätze als einträgliches Marktsegment entdeckt und landesweit an den schönsten Stellen ein ausgedehntes und ständig wachsendes Netz von Stellplätzen geschaffen. Diese Stellplätze – **Aire Privée** – bieten einen hohen und weitgehend einheitlichen Komfort (große Parzellen, Stromanschluss, Ver-/Entsorgung, WLAN, Sicherheit) und sind mit Preisen von 11 bis 20 € pro Nacht sicher nicht zu teuer.

Mit über 300 Plätzen das wohl umfangreichste Netz bietet **Camping-Car Park** (3 rue du Docteur Ange Guépin, 44210 Pornic, Tel. 022167784176, deutschsprachiger Kundenservice). Bezahlt wird auf den Plätzen mit einer Plastikkarte im Kreditkartenformat, auf die ein Guthaben geladen wird, um die Schranke zu öffnen. Weitere Informationen erhält man auf der Website www.camping carpark.com.

Wo es empfehlenswerte kommunale Plätze gibt, kann man sich dafür bedanken, indem man in diesen Gemeinden dann auch einkauft, tankt und zum Essen geht (und nicht in jenen, die sich hinter 2-m-Schranken und Verbotstafeln verbarrikadieren!).

Neben den Gemeinden gibt es auch einige andere Betreiber, die Stellplätze oder Ver-/Entsorgungsmöglichkeiten zu angemessenen Preisen anbieten. Einige Supermärkte haben auf ihrem Parkplatz – meist kostenlose – Stellplätze mit Ver-/Entsorgung eingerichtet. Und außerdem gibt es auch noch eine ganze Reihe sehr einfacher, aber meist traumhaft schön gelegener Plätze bei Bauern und Winzern, die man gegen eine einmalige Jahresgebühr nutzen kann. Informationen zu **„France Passion"** findet man unter www.france-passion.com.

Alle diese Plätze haben wir im vorliegenden Buch so vollständig und umfassend als möglich aufgelistet und dargestellt. Alle haben wir wiederholt selbst besucht, um sie beurteilen, um die genaue Anfahrt beschreiben und um exakte **GPS-Koordinaten** vor Ort ermitteln zu können.

Beachten Sie, dass auch auf den offiziellen Stellplätzen kein „Camping" erlaubt ist, also keine Stühle ins Freie gestellt und keine Markisen ausgefahren werden dürfen!

Unsere Bitte

Da das Stellplatzangebot ständig wächst und sich verändert, bitten wir Sie, uns Ihre Entdeckungen und Erfahrungen mitzuteilen. Je detaillierter die Informationen dazu sind, desto besser. Ihre Informationen werden in die nächste Auflage dieses Buches aufgenommen und kommen so allen Wohnmobil-Reisenden nach Ihnen zugute! Für Ihre Hilfe bereits hier und heute herzlichen Dank! Bitte schreiben Sie an: info@reise-know-how.de bzw. Reise Know-How Verlag, Postfach 140666, 33626 Bielefeld.

Preiskategorien

Die Preise beziehen sich auf eine Übernachtung im Wohnmobil inkl. zwei Personen, Strom, Wasser, Entsorgung und Kurtaxe. Eventuell anfallende Hundegebühren sind nicht im Preis enthalten.

€	bis 10 €
€€	10–20 €
€€€	20–30 €
€€€€	ab 30 €

FRANCE PASSION: ÜBERNACHTEN BEI WINZERN UND BAUERN

France Passion ist eine Organisation, die Wohnmobilisten die Möglichkeit bietet, bei Winzern und Bauern in ganz Frankreich zu übernachten. Diese Plätze liegen meist schön und ruhig und bieten oft die Möglichkeit, landwirtschaftliche Produkte direkt beim Erzeuger einzukaufen.

Alle Anbieter sind in einem jährlich erscheinenden Verzeichnis, dem „Carnet des Invitations" (Einladungsverzeichnis) aufgeführt. Sie brauchen nur das von France Passion herausgegebene, mehrsprachige Einladungsverzeichnis zu bestellen, das jedes Jahr ab März verkauft wird. Zusammen mit diesem Buch erhalten Sie dann Ihre Einladungskarte, die jeweils ein Jahr lang von Ostern bis Ostern gültig ist, sowie eine Aufklebe-Vignette für Ihr Wohnmobil. Sie verpflichten sich, die Plätze nur während der Gültigkeitsdauer der Karte zu nutzen.

Nähere Informationen

› **FRANCE PASSION,** www.france-passion.com

CAMPING

Frankreich ist zumindest eines der klassischen – wenn nicht gar *das* klassische – Campingland. Campingplätze gibt es buchstäblich überall – sei es an der Küste, auf

120pr-rh

dem Land oder in den Bergen. Allein in der Region Provence – Alpes – Côte d'Azur hat man die Auswahl zwischen nahezu 1000 Plätzen! Die Übernachtung auf einem Campingplatz in Frankreich kostet durchschnittlich zwischen 20 und 40 € pro Nacht. Die Preise der Campingplätze variieren stark je nach Ausstattung, Lage und Saison, aber die Frage ist, ob man einen will oder braucht. Denn (besonders entlang der Küste!) können sie schon recht teuer sein – vor allem für jemand, der eigentlich nur einen Parkplatz braucht und vielleicht noch hie und da einmal einen Anschluss an die Kanalisation. Da andererseits das Netz der Wohnmobil-Stellplätze und Entsorgungsstationen von Jahr zu Jahr besser wird, ist man immer weniger auf teure Camping-(park-)plätze angewiesen. Das haben auch einige der fortschrittlichen Campingplatz-Betreiber gemerkt – und bieten nun speziell für Reisemobilisten verbilligte Übernacht-Parkmöglichkeiten außer- oder innerhalb ihres Platzes sowie Ver-/Entsorgungsmöglichkeiten für Durchreisende gegen eine Pauschalgebühr.

Die französischen Campingplätze sind – ähnlich den Hotels – mit Sternchen in vier **Komfort-Kategorien** unterteilt. Beachten Sie, dass diese Kategorien sich rein am Standard der Ausstattung orientieren. Das sagt in der Regel etwas über den Preis aus (je mehr Sterne desto teurer) – aber nichts über Lage, Atmosphäre, Umgebung, Landschaft etc. Reisemobilisten kann daher mit einem einfachen und billigen, aber ruhigen, schattigen und schön gelegenen Einsterneplatz besser gedient sein als mit einem teuren Viersterne-Luxusplatz, dessen Super-Sanitäranlagen sie gar nicht brauchen und dessen lärmige Animation sie vielleicht gar nicht wollen.

Für den Fall, dass man einmal keinen Wohnmobil-Stellplatz findet oder (was im Sommer wahrscheinlicher ist) dass es dort keinen freien Platz mehr gibt, dann kann daher ein **Camping Municipal** (städtischer Campingplatz) eine sehr gute Alternative sein. Solche Plätze bieten sehr viele Städte in Frankreich (auch kleinere Städte), sie sind meist relativ einfach ausgestattet, preiswert – und zudem oft auch noch ganz nett gelegen. Oder man steuert einen einfachen **Camping à la Ferme** (Camping auf dem Bauernhof) an, von denen es allein in der Region Provence – Alpes – Côte d'Azur immerhin auch über 160 Stück gibt. Sie finden diese Plätze gut aufgelistet, beschrieben und nach verschiedenen Kriterien sortierbar auf der Website von Camping à la Ferme unter www.bienvenue-a-la-ferme.com.

Auf Wunsch vieler Leser haben wir verstärkt auch Campingplätze aufgenommen, insbesondere in der Nähe größerer Städte, um als Basis für Stadtbesichtigungen zu dienen, oder wenn sonst kein geeigneter Stellplatz in der Nähe ist – aber ausdrücklich: ohne Anspruch auf Vollständigkeit! Sonst müssten wir einen Campingplatz-Führer machen – und da gibt es schon ganz gute Verzeichnisse, mit denen wir weder konkurrieren wollen noch können. Wer überwiegend auf Campingplätzen übernachten will, sollte sich daher zusätzlich einen dieser Führer anschaffen.

Komfort-Kategorien

★

Einfache, unbewachte Plätze mit minimaler Sanitäranlage (gewöhnlich nur Kaltwasser)

★★

Gute Plätze mit erschlossenem und meist parzelliertem Areal sowie Warmwasserduschen, Waschbecken und Steckdosen

★★★

Komfortable Plätze mit guten Sanitäranlagen, Bewachung, Stromanschlüssen für Wohnmobile, kleinem Laden, Spielplatz und oft auch bereits Pool und/oder Tennisplatz

★★★★

Luxus-Plätze mit tadellosen Sanitäranlagen, Swimmingpool und sonstigen Sporteinrichtungen und Freizeitangeboten

Camping Rose de Provence (78) *bei Riez – in der Vorsaison hat man keine Platzprobleme*

OFFENES FEUER

Die Wälder und Macchia-Hänge der Provence sind im Sommer von der Sonne durchglüht, knochentrocken und höchst feuergefährdet! Offenes Feuer jeglicher Art(!) ist in dieser Zeit **strengstens verboten.** Die Einheimischen dürfen zu bestimmten Zeiten selbst im eigenen Garten nicht mehr grillen. Trotzdem kommt es immer wieder zu schweren Waldbränden, die nicht nur die Natur, die Felder und ganze Ortsteile gefährden, sondern auch Reisemobilisten, die irgendwo frei im Walde übernachten. Auslöser kann schon eine Zigarettenkippe sein oder das Glas einer achtlos weggeworfenen Flasche. Deshalb: Niemals offene Lagerfeuer anzünden – und auch mit Kerzenromantik, Gaslaternen, Zigaretten und dergleichen höchste Vorsicht walten lassen! Grillen und ähnliche Aktivitäten sind ausschließlich an speziell dafür angelegten Feuerstellen erlaubt.

054pr-rh

VERKEHRSREGELN

Frankreich ist längst nicht mehr das Land des „Laisser-faire" im Straßenverkehr, wo jeder Autofahrer machen kann, was und wie er es will. Für Kfz gibt es seit Jahren eine „Contrôle technique", die eher strenger ist als der deutsche TÜV. Es gibt längst eine Promillegrenze von 0,5 ‰ und auch mehr Geschwindigkeitsbeschränkungen als in Deutschland – und vor allem: Es gibt häufige und strenge Kontrollen!

Nachdem man gemerkt hat, dass man durch **rigorose Alkoholkontrollen** die Zahl der Unfallopfer erheblich reduzieren konnte, hält man an diesen Maßnahmen fest und dehnt sie auch auf Temposünder aus. Meist wird man vor Kontrollen vom Gegenverkehr durch Lichthupe gewarnt; aber als verantwortungsbewusster Reisemobilist fährt man auch so nie zu schnell – und nüchtern natürlich sowieso. Für den Fall, dass Sie in eine Routinekontrolle (oft im oder vor/nach dem Kreisverkehr) geraten, sollten Sie Fahrzeugpapiere und Versicherungsnachweis (grüne Karte!) bereithalten.

Die französischen Verkehrsregeln und Schilder sind weitgehend mit den deutschen identisch. Es gibt aber auch ein paar **abweichende Regelungen:**

- Die **Höchstgeschwindigkeit für Wohnmobile bis 3,5 t** beträgt innerorts 50 km/h, außerorts 80 km/h sofern die Spuren nicht baulich getrennt sind (sonst weiter 90 km/h), auf 4-spurigen Schnellstraßen 110 km/h und auf Autobahnen 130 km/h.
- Die **Höchstgeschwindigkeit für Wohnmobile über 3,5 t** beträgt innerorts 50 km/h, außerorts 80 km/h, auf 4-spurigen Schnellstraßen 100 km/h und auf Autobahnen 110 km/h.
- **Bei Regen** gilt auf allen Autobahnen ein Tempolimit von 110 km/h, auf der Schnellstraße von 100 km/h.
- **Radarwarngeräte** sind in Frankreich verboten. Nicht nur die Nutzung, sondern auch das Mitführen solcher Geräte wird bestraft. Es droht ein Bußgeld von bis zu 1500 Euro!
- **Führerschein-Neulinge** dürfen im ersten Jahr nirgendwo schneller als 90 km/h fahren.
- Die **Promillegrenze** liegt bei 0,5 ‰.
- Der umstrittene **Alkoholtest** (ethylotest) muss zwar laut gültigen Bestimmungen noch immer mitgeführt werden, da man jedoch die Unsinnigkeit dieser Bestimmung eingesehen hat, wird dies weder kontrolliert noch werden Fahrer ohne diesen Test mit einer Buße belegt.
- Wohnmobile über 3,5 t sind beidseitig und am Heck mit speziellen **Warnhinweisen** zu versehen. Dies soll Fußgänger und Zweiradfahrer vor der **Gefahr des toten Winkels** warnen. Die Verordnung schließt auch außerhalb Frankreichs zugelassene Fahrzeuge ein. Die entsprechenden Aufkleber sind beim ADAC oder an französischen Tank- und Rastanlagen erhältlich.
- Tempo- und Promillesündern drohen saftige **Geldbußen!** Meist fährt man erst weiter, nachdem man bezahlt hat. Und selbst falls man nur ein „Knöllchen" bekommt: Nach dem gültigen Abkommen zwischen Frankreich, Deutschland und Österreich kann man nun auch im Heimatland noch zur Bußgeldzahlung herangezogen werden. Tipp: Beachten Sie, dass bei rechtzeitiger Bezahlung das Bußgeld oft erheblich niedriger ausfällt!
- Im Bereich **gelb markierter Bordsteine** gilt strenges Parkverbot.
- **Blaue Zonen** oder der **Hinweis „Payant"** bedeuten, dass man eine Parkscheibe (disque) braucht bzw. gebührenpflichtig parkt.
- Für alle Fahrzeug-Insassen gilt **Gurtpflicht.** Ausnahmsweise darf ein Kind auf dem Beifahrersitz mitfahren, wenn ein geeignetes Rückhaltesystem (beispielsweise ein Kindersitz) vorhanden ist oder alle Plätze auf den Rücksitzen bereits mit Kindern unter 10 Jahren besetzt sind.

Und noch einige „kleine Unterschiede", die sich trotz Europäisierung, Globalisierung und Normierung bislang gehalten haben:

- **Bodenwellen** werden in Städten gerne an besonders kritischen Stellen (vor Schulen, in Wohngebieten etc.) dazu verwendet, dass Autofahrer das Tempo reduzieren. Meist weisen Schilder darauf hin, aber leicht ist eines übersehen – und der nachfolgende Donnerschlag kann im Wohnmobil etliches Geschirr zerdeppern, wenn nicht gar Schäden am Fahrgestell verursachen.
- **Kreisverkehr:** Achtung! Es gibt zwei Arten von „rond point" oder „giratoire": In den allermeisten Fällen

hat der Kreisverkehr Vorfahrt. Das ist dann durch ein entsprechendes Schild an der Einfahrt gekennzeichnet. Bei einem Kreisverkehr ohne solche Beschilderung gilt rechts vor links, d. h., einfahrende Fahrzeuge haben Vorfahrt! Beim Einfahren sollte man rechts blinken, falls man den Kreisverkehr sofort bei der nächsten Ausfahrt wieder verlässt. Wer den Kreisverkehr in seiner ursprünglichen Fahrtrichtung verlässt (geradeaus), der setzt den Blinker erst bei der Ausfahrt. Wer eine Ausfahrt weiter links wählt, der blinkt schon beim Einfahren links und erst vor der Ausfahrt rechts. Bei einem zweispurigen Kreisverkehr wählen Fahrzeuge, die rechts abbiegen oder geradeaus fahren, die rechte Spur, wer eine Ausfahrt nach links wählt, sollte die zweite Spur nehmen.

› **Ampeln:** Vielleicht werden Sie feststellen, dass für Franzosen eine rote Ampel nicht gar so sakrosankt ist wie bei uns. Vor allem nachts oder wenn's zu lange dauert lässt man dann eher Pragmatismus wal-

Wichtige Verkehrsschild-Beschriftungen

Accès interdit	*Zufahrt verboten*
Allumez vos phares	*Licht einschalten*
Autres directiones	*Andere/sonstige Richtungen*
Chaussée déformé	*Straßenschäden*
Chaussée inondée	*Überschwemmte Straße*
Déviation	*Umleitung*
Péage	*Mautstelle, -strecke*
Poids lourd	*(Schwergewicht) = Lastwagen*
Rallentir	*Langsam fahren*
Rappel	*Achtung! Beachten!*
Route barré	*Gesperrt*
Route interdite	*Gesperrte Straße*
Sans issue	*Sackgasse*
Sense unique	*Einbahnstraße*
Serrez droit	*Rechts fahren*
Stationement interdit	*Parken verboten*
Travaux	*Baustelle*
Toutes directiones	*Alle Richtungen*

Mit kompakten Reisemobilen kann man auch manche verborgene Winkel entdecken

230pr-rh

Umweltplakette

Zunehmend werden auch in französischen Städten Umweltzonen eingerichtet. So wurden beispielsweise die Départements Drôme, Bouches du Rhône und Hérault zu Luftschutzzonen erklärt. Das bedeutet, dass der Präfekt bei hoher Luftbelastung die Vignettenpflicht anordnen und Fahrzeuge der Vignetten-Klassen 4 und 5 oder auch weitere Klassen vom Verkehr ausschließen kann.

Für die Einfahrt in eine dauerhafte beziehungsweise in eine aktivierte Luftschutzzone ist eine Umweltplakette („Vignette Crit'Air") erforderlich. Diese Plakette müssen auch Fahrzeuge mit ausländischem Kennzeichen (u.a. Pkw, Motorräder und Wohnmobile) besitzen. Wer sich bereits vor einer Frankreich-Reise die Plakette besorgt, ist auf jeden Fall auf der sicheren Seite. Die Plaketten sind in allen französischen Umweltzonen einheitlich gültig. Deutsche Umweltplaketten werden hingegen nicht anerkannt. Weitere Infos erhält man unter www.certificat-air.gouv.fr/de. Dort kann man die Plakette beantragen und sich zusenden lassen (3,11 € plus 4,51 € für den Versand außerhalb Frankreichs).

ten. Nicht unbedingt zur Nachahmung empfohlen! Andererseits scheint man es, wenn die Ampel denn auf „grün" springt, mit dem Anfahren nicht immer gar so eilig zu haben. Man legt gemütlich einen Gang ein, überlegt vielleicht erst noch ein Weilchen, welcher es denn sein soll, etc. etc. – Aber Sie haben es ja hoffentlich auch nicht so eilig ...

- **Zebrastreifen:** Besonders wenn Sie zu Fuß unterwegs sind, müssen Sie wissen, dass der Zebrastreifen für französische Autofahrer keine oder allenfalls noch eine „Man-kann"-Bedeutung hat. Einheimische Fußgänger sind damit aufgewachsen und blicken eher fragend bis verwirrt, wenn Autofahrer ihnen am Zebrastreifen den Vortritt lassen.
- **Überholspur:** Das Angenehme an den Nationalstraßen: Oft gibt es alle paar Kilometer eine Überholspur, die einige hundert Meter oder einige Kilometer lang sein kann und die es meist auch trägen Wohnmobilen gestattet, ohne Risiko ein noch langsameres Fahrzeug zu überholen. Das Unangenehme daran: Manche Franzosen scheinen einen Sport daraus zu machen, erst wirklich im allerletzten Moment zu überholen, wenn diese Spur schon endet. Behalten Sie den Außenspiegel im Auge!
- **Autobahnausfahrten:** Der gleiche Sport wird gerne auch an Autobahnausfahrten ausgeübt: Mit Vollgas links überholen, hart vor der Stoßstange des Überholten nach rechts reißen und unmittelbar vor dem Grünstreifen doch noch die Ausfahrt erwischen! – Joi!!
- **Beulen und Kratzer** scheinen bei gallischen Chauffeuren zum guten Ton zu gehören – so wie einst Kampf- oder Jagdnarben. Selten sieht man ein Fahrzeug ganz ohne, und nie haben wir erlebt, dass ein Franzose sich viel aus den „Kampfspuren" gemacht hätte – weder wenn er die Blessur einstecken musste, noch wenn er sie verursacht hat.

Doch bei all diesen (natürlich wohlgemeinten) kleinen Sticheleien haben wir die Franzosen generell als vernünftigere und angepasstere Fahrer kennen gelernt als unsere Landsleute. Ausnahmen bestätigen die Regel!

Fachgerechtes Entsorgen sollte für alle selbstverständlich sein

Niemals und auf keinen Fall!

Auch wenn man es leider noch immer erlebt, dass verantwortungslose Wohnmobilbesitzer ihr stinkendes Schmutzwasser einfach dort ablassen, wo sie stehen („ist ja bloß Wasser“), oder dass sie gar den Inhalt ihrer Toilette kurzerhand in die Büsche kippen oder bestenfalls vergraben: Das ist schlicht eine Sauerei und dazu verboten! Und nicht zuletzt sind es diese wenigen „schwarzen Schafe“ (bzw. Ferkel!), die dadurch die ganze „Zunft“ in Verruf bringen – und denen wir dann Verbote, Absperrungen und Anfeindungen zu verdanken haben. Grundregel eines jeden Wohnmobilreisenden muss die strikte Einhaltung einer sachgerechten Ver- und Entsorgung sein.

Und falls Sie einen anderen Reisemobilisten bei dergleichen Ferkeleien beobachten sollten, so nehmen Sie sich ein Herz und sprechen ihn darauf an. Es ist in unser aller Interesse!

Inzwischen ist das Angebot an Ver-/Entsorgungsstationen in der Provence (wenngleich noch ausbaufähig) in den meisten Gegenden so gut, dass man mithilfe der hier zusammengestellten Informationen und bei etwas Vorausplanung und Umsicht stets eine Möglichkeit für ordnungsgemäße Entsorgung finden müsste. Die Ausrede „Notfall“ gilt nicht mehr.

VER- UND ENTSORGUNG

Heute haben sich die allermeisten Campingplätze gut oder sehr gut auf die speziellen Bedürfnisse der Wohnmobil-Reisenden eingestellt und moderne Ver- und Entsorgungsanlagen geschaffen. Zusätzlich zu den Ver-/Entsorgungsmöglichkeiten auf Campingplätzen gibt es immer mehr Wohnmobil-Stellplätze *(aires de stationnement)* mit solchen Angeboten und unabhängige Ver-/Entsorgungsanlagen *(stations de service)* wie z. B. EuroRelais oder Flot Bleu, die ebenfalls fachgerechte Ver- und Entsorgungsmöglichkeiten bieten. Überwiegend sind es Gemeinden, die erkannt haben, dass Reisemobile heute ein wesentlicher Bestandteil des Tourismus sind, aber auch manche Supermärkte, Privatleute, Hafenmeistereien, Kooperativen oder Wohnmobilhändler haben Ver- und Entsorgungsstationen eingerichtet. Oft bieten auch Campingplätze Durchreisenden die Möglichkeit, gegen eine pauschale Gebühr innerhalb ihres Platzes zu entsorgen; und manchmal haben sie zu diesem Zweck sogar vor dem Eingang eine Ver- und Entsorgungsstation geschaffen.

Einrichtungen gibt es also eine ganze Menge – das Problem: Oft weiß keiner so recht, wo diese Plätze zu finden sind. Zwar gibt es einige Infos im Internet, gelegentlich eine Hinweistafel am Straßenrand und auch die eine oder andere Liste französischer Reisemobil-Zeitschriften, die aber für Nicht-Franzosen etwas schwer zu nutzen ist, da die Plätze nach Département-Nummern sortiert sind. Aber letztlich war man bisher doch meist auf Tipps anderer Reisemobilisten, auf den Genossen Zufall und auf eine gute Portion Glück angewiesen. Oft hat man Stunden seines Urlaubs mit mühsamer und nerviger Sucherei vertan – und mancher hat gar zu unsachgemäßen bis sträflichen Methoden der Entsorgung gegriffen, durch die dann wiederum alle Reisemobilisten pauschal in Verruf geraten sind. Deshalb haben wir uns bemüht, in diesem Buch möglichst umfassend, vollständig und detailliert alle Ver- und Entsorgungsmöglichkeiten für den Provence-Reisenden zu erfassen – und in den jeweiligen Tourenbeschreibungen sowie in den dazu gehörenden Tourenplänen zu vermerken.

Unsere Bitte

Auch wenn dieses Buch sicher die momentan vollständigste und aktuellste Liste von Ver-/Entsorgungsstationen in der Provence enthält – die eine oder andere haben wir doch übersehen, es kommen immer wieder neue hinzu oder bestehende werden defekt und nicht mehr repariert. Damit wir Ihnen und anderen Provence-

229pr-rh

Reisenden auch in Zukunft eine möglichst vollständige Liste auf dem aktuellsten Stand bieten können, bitten wir Sie, uns alle Stationen, Stellplätze oder sonstige Stellen mitzuteilen, an denen Wohnmobile geregelt entsorgen können. Je genauer Ihre Informationen sind, desto besser. Vielen Dank!

Weitere Infos

- **Deutschland:** www.zoll.de oder Tel. 069 46997600
- **Österreich:** www.bmf.gv.at oder Tel. 04242 33233
- **Schweiz:** www.zoll.admin.ch oder Tel. 061 2871111
- **Frankreich:** www.douane.gouv.fr oder Tel. +33 172407850

ZOLL

Seit 1993 dürfen innerhalb der EU legale Waren für den privaten Gebrauch uneingeschränkt ein- und ausgeführt werden. Das ist wunderbar, besonders für Wohnmobilreisende, die ja herrlich viel Stauraum zur Verfügung haben, den sie vor der Rückfahrt mit provenzalischen Köstlichkeiten wie Wein, Käse, Olivenöl und dergleichen voll packen können.

Als **privater Verbrauch** werden 800 Zigaretten, 1 kg Tabak, 10 l Spirituosen und 90 l Wein angesehen. Größere Mengen sind bei eventuellen Kontrollen als Privatverbrauch glaubhaft zu machen. **Nicht-EU-Bürger** wie z. B. Schweizer Staatsbürger dürfen nur 250 Zigaretten, 250 g Tabak, 1 l Spirituosen und 5 l Wein zollfrei einführen.

Literaturtipp

„Wohnmobil-Handbuch" von Rainer Höh, Reise Know-How Verlag. Das komplette Handbuch für Wohnmobilisten und alle, die es werden wollen, u. a. mit Hinweisen zu Ausstattung und Zubehör sowie Tricks für die Ver- und Entsorgung.

An Servicestationen herrscht in Frankreich für gewöhnlich kein Mangel

ROUTE 1

DIE BARONNIES: LAVENDELDUFT UND LINDENBLÜTEN IN DER DRÔME PROVENÇALE

031pr-rh

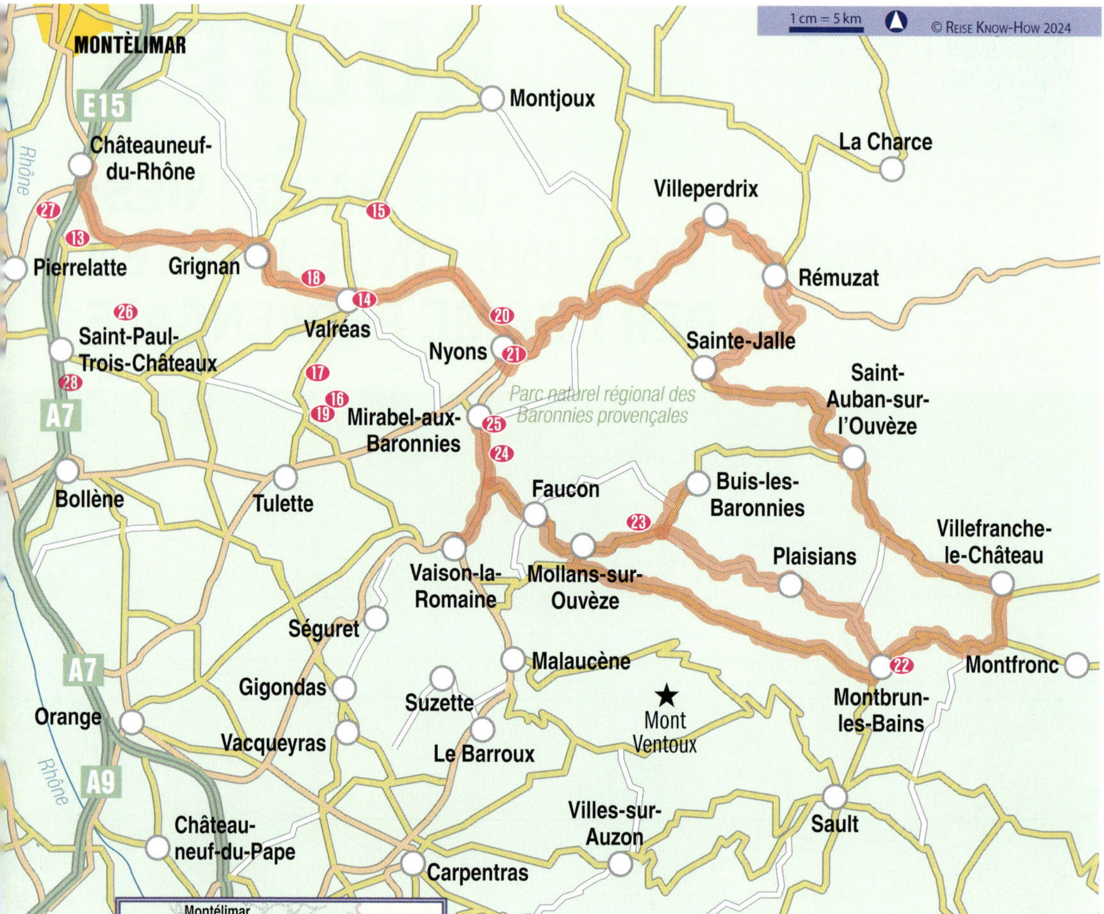

Strecke:

Grignan (20 km, s. S. 51) – **Nyons** (22 km, s. S. 52) – **Rémuzat** (28 km, s. S. 56) – **Montbrun-les-Bains** (70 km, s. S. 58) – **Buis-les-Baronnies** (27 km, s. S. 59) – **Vaison-la-Romaine** (22 km, s. S. 66)

Streckenlänge:

ca. 191 km

◁ *Vorseite: Lavendel und Lindenblüten prägen die Landschaft der Drôme Provençale*

392pr-as©Boris Stroujko

ROUTENÜBERSICHT

Die Baronnies, jene sonnigen Hügel und fruchtbaren Täler nördlich des Mont Ventoux, werden in der üblichen Provence-Reiseliteratur entweder gar nicht erst erwähnt oder allenfalls ganz knapp gestreift. Daher trifft man hier selbst im Sommer weit weniger ausländische Touristen als in der „eigentlichen" Provence. Bei den Insidern hingegen, den Franzosen selbst, ist diese Region durchaus gefragt, denn sie kennen und schätzen ihre Vorzüge.

Dem Genießer bietet dieses Land des Lavendels und der Lindenblüten, der Weinberge und der Aprikosenhaine eine harmonische Mischung aus gepflegter Tradition und überlegtem Fortschritt. Sie sind kein touristisches Neuland, aber eine Region mit viel Raum für Entdeckungen. Kein eingeölter Teutonengrill, aber auch nicht kulturüberfrachtet. Und obendrein sind die Baronnies gesegnet mit reicher Natur, schlichter Schönheit und einer Vielfalt kulinarischer Köstlichkeiten.

Die Altstadt von Grignan wird vom Schloss überragt (s. S. 51)

RUNDFAHRT DURCH DIE BARONNIES

Die Rundstrecke eignet sich als „Ouvertüre“ für eine längere Provence-Reise und bietet in Vaison-la-Romaine Anschluss an die Vaucluse-Tour (s. S. 63). Von Séderon aus kann man aber auch auf der D 946 nach Sisteron gelangen (ca. 38 km) und hat dort Anschluss an die Tour 3 „Hochprovence“ (s. S. 107) oder man fährt alternativ von Montbrun via D 542 und D 942 nach Süden und stößt nach 12 km bei Sault (s. S. 80) auf die Vaucluse-Route.

Und nicht zuletzt eignet sich die Baronnies-Runde auch hervorragend für alle, die auf der Hin- oder Rückreise zu völlig anderen Zielen im Süden Frankreichs ein paar Tage Zeit haben, um etwas Neues zu entdecken.

Anfahrt: Wer auf der A 7 von Norden kommt, verlässt sie bei der Ausfahrt Nr. 18 (Montélimar-Sud), folgt zunächst westlich der Autobahn der N 7 in Richtung Donzère und biegt beim nächsten Kreisverkehr auf die D 541 nach Osten in Richtung Grignan.

Tipp: Ein hervorragend gemachtes Verzeichnis aller Wohnmobil-Stellplätze in der Drôme Provencale finden Sie unter www.dromeprovencale.fr/votre-sejour/trouver-un-hebergement/aires-de-camping-cars.

⑬ Weingut „Dôme d'Elyssas“, Les Granges-Gontardes

GPS 44.4183, 4.7555

Schöner privater Platz auf einem Weingut. **Lage/Anfahrt:** Von der N 7 kommend am Kreisverkehr von Donzère die D 541 in Richtung Les Granges de Gontardes/Grignan nehmen und dann den Schildern „Dôme d'Elyssas“ folgen. Zufahrt auch für größere Mobile möglich; **Platzanzahl:** 6; **Untergrund:** fest, Schotter, etwas holperig; **Sicherheit:** sicherer Platz auf Privatgrund (bei Ankunft bitte bei Clémentine anmelden); **Preiskat.:** Stellplatz und Ver-/Entsorgung kostenlos, Strom kostenpflichtig; die gute Auswahl im kleinen Laden macht es leicht, sich für die Gastfreundschaft zu revanchieren; **Max. Stand:** 48 Stunden; **Geöffnet:** ganzjährig; **Adresse/Kontakt:** Le Dôme d'Elyssas, 5, Montée de la Combe d'Élissas, 26290 Les Granges-Gontardes, Tel. 0475986155, www.domeelyssas.com; **Tipp:** die Plätze sind bei Mistral relativ gut geschützt.

Tipp

Die Querverbindung Sédéron – Sisteron führt durch eine relativ einsame und reizvolle Landschaft entlang dem nördlichen Fuß der Montagne de Lure.

231pr-rh

⑭ Camping-Car Park, Valréas

GPS 44.3859, 5.0025

Komfortabler und von hohen Bäumen gesäumter Platz in der Stadt, ca. 700 m vom Zentrum entfernt. Am Tag viel Verkehr, nachts vergleichsweise ruhig. **Lage/Anfahrt:** östlich des Zentrums gelegen; etwas steile und enge Einfahrt; **Platzanzahl:** 23; **Untergrund:** Asphalt, Schotter; **Sicherheit:** umzäunt, beleuchtet; **Preiskat.:** €€; **Max. Stand:** unbegrenzt; **Geöffnet:** ganzjährig; **Adresse/Kontakt:** 109 Route de Nyons, 84600 Valréas, Tel. 0183646921, www.campingcarpark.com.

GRIGNAN

(20 km ab der Autobahn)

Der Ort (ca. 19 km ab der Autobahnausfahrt) besitzt ein beeindruckendes und als „Klein-Versailles in der Provence" bekanntes **Schloss,** das aus dem 11. Jh. stammt, aber im 16. und 17. Jh. eifrig umgebaut wurde. Das Schloss diente als Sommerresidenz der Marquise von Sévigné, die hier im 17. Jh. über 1000 recht unterhaltsame Briefe verfasst hat, um ihre Tochter über Mode, Kunst und Skandale auf dem Laufenden zu halten. Nach ihr wird das Schloss allgemein das **Château de Madame de Sévigné** genannt.

Kurz darauf passiert man zwischen Grillon und Valréas – wahrscheinlich ohne es zu merken – eine kleine historische Kuriosität: eine Exklave der Vaucluse innerhalb des Départements Drôme. Sie ist ein Relikt der Papstzeit und des Comtat Venaissin. Innerhalb der „Vaucluse-Insel" ändert sich die Straßenbezeichnung vorübergehend von D 541 zu D 941 und danach wieder zurück – und in Valréas heißt die Straße sogar noch „Avenue de l'Enclave des Papes". Innerhalb dieser Enklave gibt es einige sehr schöne Stellplätze auf Weingütern.

⑮ Les Escargots de l'Enclave, Valréas

GPS 44.3284, 4.9949

Ruhiger kleiner Platz bei einem Schneckenzüchter und Weinbauern. **Lage/Anfahrt:** Quartier Polidon, südlich von Valréas; von der „Domaine des Lauribert" noch ca. 3,5 km der Straße folgen (beschildert); schmale Straße, aber auch für größere Mobile möglich; **Platzan-**

⑯ Stellplatz Montbrison

GPS 44.4365, 5.0178

Ruhiger Platz am Ortsrand beim Stadion gelegen. **Lage/Anfahrt:** Von Valréas via D 10 und D 24 nach Norden; am Ortseingang vor der Kellerei links. Von Grignan via D 14 und D 538 nach Osten und kurz nach der Tankstelle rechts auf die D 24; auch für größere Mobile problemlos; **Platzanzahl:** ca. 6 (rechts um die Ecke wurde ein großer, ebener Schotterparkplatz angelegt, der weiter von der Straße entfernt ist); deutlich ruhigere Parkplätze zwischen Orts- und Waldrand (Asphalt, Picknicktisch) findet man am Stadion (s. u.); **Untergrund:** Schotter; Gefälle zur Straße; **Service:** Ver-/Entsorgungsstation ca. 1,8 km entfernt am **Stadion,** GPS 44.4277, 5.0245, im Winter außer Betrieb; **Preiskat.:** Stellplatz kostenlos; **Max. Stand:** unbegrenzt; **Geöffnet:** ganzjährig; **Adresse/Kontakt:** Route de Valréas, 42600 Montbrison-sur-Lez, Tel. 0475535710; **Hinweis:** Picknicktische, kein Schatten, nahe Weinkellerei und Bar; nördlich des Dörfchens führen schöne Fußwege durch die Montagne de la Lance.

232pr-rh

zahl: ca. 7; **Sicherheit:** sichere Lage auf Privatgrund; **Preiskat.:** Stellplatz und Ver-/Entsorgung kostenlos; Strom kostenpflichtig; **Max. Stand:** unbegrenzt; ganzjährig geöffnet; **Adresse/Kontakt:** 640 Route de Saint-Maurice, Tel. 0490374655, www.les-produits-de-provence.com; **Bemerkung:** Mitte Juni bis Ende August ist eine Besichtigung der Schneckenzucht möglich. Juli/Aug. Do. Tapas-Abende; Verkauf von Wein, Honig, Schnecken- und Trüffelprodukten.

17 Domaine des Lauribert, Visan

GPS 44.3487, 4.9705
Sehr schön angelegter, sympathischer Platz inmitten der Weinberge. **Lage/Anfahrt:** ca. 1 km östlich der D 976 zwischen Valréas und Visan; gut ausgeschildert; Anfahrt auch für größere Mobile möglich; **Platzanzahl:** ca. 20; **Sicherheit:** sichere Lage auf Privatgrund; **Preiskat.:** Stellplatz und Ver-/Entsorgung kostenlos; Strom kostenpflichtig; **Max. Stand:** 48 Std.; **Adresse/Kontakt:** 2249 Chemin du Roussillac, 84820 Visan, Tel. 0490352682; **Bemerkung:** Einer der schönsten Plätze der Vaucluse mit netten Leuten und sehr gutem Wein. Eine Weinprobe sollte man sich nicht entgehen lassen! In der Nähe gibt es Wanderwege durch die Weinberge.

18 Domaine de Lumian, Valréas

GPS 44.3940, 4.9635
Schöner, sehr empfehlenswerter Platz mit Blick auf den Mont Ventoux, Picknicktischen zwischen Weinbergen, aber etwas windig und mit nur wenig Schatten. **Lage/Anfahrt:** ca. 3 km östlich von Grillon (Richtung Valréas) von der D 941 links nach Norden in die Zypressenallee abbiegen und 150 m weiter wieder links auf den Asphaltweg, der nach 300 m das gut ausgeschilderte Weingut erreicht. Die Zufahrt ist schmal und holperig, aber auch für größere Mobile möglich; **Platzanzahl:** 6; **Sicherheit:** sicher auf Privatgrundstück; **Preiskat.:** Stellplatz und Ver-/Entsorgung kostenlos; **Max. Stand:** eine Nacht; **Geöffnet:** ganzjährig; **Adresse/Kontakt:** Chemin de Lumian, Route de Montélimar, 84600 Valréas, Tel. 687142148, www.lumianbonnefoy.com. **Bemerkung:** Sehr nette und hilfsbereite Leute, bei denen auch Gruppen willkommen sind; Bio-Produkte.

19 Domaine de Lucéna, Visan

GPS 44.3154, 4.9828
Wunderschön und ruhig gelegener Platz auf einem Weingut am Ende der Straße inmitten der Weinberge mit Stellplätzen zwischen Olivenbäumen und auf einer Terrasse mit weitem Ausblick. **Lage/Anfahrt:** Östlich von Visan über die D20 nach Südosten und dann links ab auf einen kleinen Fahrweg; schmaler, im letzten Teil unasphaltierter und etwas holperiger Fahrweg; **Platzanzahl:** 8; **Untergrund:** Schotter, Schotterrasen; **Preiskat.:** 2 Nächte gratis, dann 2 € pro Nacht, Strom kostenpflichtig; **Max. Stand:** unbegrenzt; **Geöffnet:** ganzjährig; **Adresse/Kontakt:** 1600 Chemin du Rastelet, 84820 Visan, Tel. 0490287122, www.domainedelucena.fr; **Tipps:** Besuch der Kellerei, Führungen durch die Weinberge, zu Fuß oder mit der Kutsche (bei Reservierung), Weinproben.

Ver-/Entsorgung

- Eine EuroRelais-Station gibt es am **Intermarché von Valréas;** für 100 l Wasser und 1 h Strom 2 € in Münzen; bei unserem Besuch war sie allerdings defekt. GPS 44.3720, 4.9798.

NYONS

(22 km ab Grignan, 42 km gesamt)

Durch Weinberge und Aprikosenhaine windet sich das Sträßchen nach Nyons (23 km von Grignan), das eines der Schmuckstücke der Baronnies und der ganzen nördlichen Provence ist. Geschützt durch Felswände im Tal des Flüsschens Eygues gelegen, besitzt es ein ungewöhnlich mildes Klima, in dem der Frühling schon Anfang März beginnt und sogar exotische Pflanzen gedeihen.

Vom Stellplatz sollte man sich einen Spaziergang am Fluss entlang gönnen durch die Parkanlagen zum weiten Bogen der **Römer-**

Die altehrwürdige Römerbrücke von Nyons

brücke und dann darüber hinweg durch die Gassen der Altstadt. Besonders bekannt ist Nyons für seine Weine und Oliven. Beides kann – und sollte! – man vor Ort kosten und erwerben: auf dem Markt, in der alten **Ölmühle („Vieux Moulin")** nahe der Römerbrücke oder am besten im Laden der Erzeuger-Kooperative. Die Oliven und das Olivenöl von Nyons waren unter den ersten, die jenes edle und gefragte Prädikat „Appellation controlée" erhielten, das man sonst nur vom Wein her kennt. Lohnend ist ein Besuch (ca. 90 Min.) des **Musée de l'Olivier,** Promenade de la Digue (Tel. 0475261100, Eintritt 2 €, Führung 3,50 € pro Pers.), mit Ausstellungen zum Olivenanbau und der Ölgewinnung vom 17. bis zum 20. Jh. Die **Vieux Moulins,** Promenade de la Digue (www.lesvieuxmoulins.com, Tel. 0475261100, Eintritt 4 €, geöffnet im Sommer 10–12/14–17.30, im Winter 10.30 12/17 18.30 Uhr), umfassen zwei Ölmühlen aus dem 18. und 19. Jh. plus eine Seifensiederei aus dem 18. Jh. mit historischen Geräten.

Information

- **Office de Tourisme:** Place de la Libération, BP 3, 26111 Nyons, Tel. 0475261035, www.baronnies-tourisme.com

Einkaufen

- **Markt:** donnerstags (im Sommer auch sonntags)
- **Olivenöl:** Cooperative du Nyonsais (auch Wein und viele andere Produkte der Region), Place Olivier de Serres (GPS 44.3605, 5.1328), D 94 Richtung Orange und im Kreisverkehr rechts, Tel. 0475269500 (Zentrale) und 0475269509 (Laden), www.vignolis.fr (Mo.–Sa. 9–12.30 und 14.30–18.30, So./Feiertage 10–12.30 und 14.30–18.30 Uhr, Onlinebestellungen möglich, ausgezeichnete Oliven, die weit besser sind als die meisten „Oliven aus Nyons" im sonstigen Handel) und Moulin Dozol-Autrand, Le Pont Roman, Tel. 0475260252, www.moulindozol.com.

421pr-sh

㉑ Aire Communale, Nyons

GPS 44.3579, 5.1384

Sehr schön, ruhig, schattig und doch zentrumsnah gelegener Platz neben Fluss und Freibad. **Lage/ Anfahrt:** Promenade de la Digue; von Westen kommend durch das Zentrum und unmittelbar vor der Brücke rechts (von Rémuzat oder Vaison-la-Romaine kommend hinter der Brücke links), ca. 150 m dem Fluss folgen, dann rechts; problemlose Zufahrt; **Platzanzahl:** ca. 20; **Untergrund:** Feinschotter; **Sicherheit:** beleuchtet; **Preiskat.:** €, Ver-/Entsorgung mit Jetons, die man mit Bankkarte oder Bargeld am Automat erhält; **Max. Stand:** 72 Std. (länger ist möglich, aber teuer!); **Geöffnet:** ganzjährig; **Adresse/Kontakt:** 96 Promenade de la Digue, 26110 Nyons, Tel. 0475261035, infosmairie@nyons.com; **Hinweis:** Oben auf dem Damm dürfen laut Beschilderung am Tag von 9 bis 19 Uhr keine Wohnmobile parken. Doch in der Nacht stehen schon in der Vorsaison auf dem Deich oft mehr Wohnmobile als auf der Aire. Zeitweise ist das Verbotsschild auch am Tag zugehängt – und dann stehen dort Dutzende von Wohnmobilen.

234pr-rh

⑳ Domaine de Rocheville, Nyons

GPS 44.3686, 5.1176

Sympathischer, ruhiger, gut eingerichteter Platz zwischen Olivenbäumen und Weinbergen bei einem Winzer nahe Nyons; Verkehr von der Straße ist schwach zu hören. **Lage/Anfahrt:** direkt an der D538 ca. 1 km nordwestlich von Nyons, beschildert, problemlose Zufahrt (Vorsicht: Manche Navis lassen Sie von NW kommend etwa 800 m vorher rechts auf die Parallelstraße D249 abzweigen; bleiben Sie auf der D538); **Platzanzahl:** 6, großzügig bemessen; **Untergrund:** Gras, Schotter; **Sicherheit:** auf Privatgrundstück hinter den Gebäuden; **Preiskat.:** €; **Max. Stand:** unbegrenzt; **Geöffnet:** ganzjährig; **Adresse/Kontakt:** 117 Route de Montélimar, 26110 Nyons, Tel. 0475263520, www.domainerocheville.com; **Extras:** Boutique mit zahlreichen regionalen Produkten (Mo.–Sa. 10–12.30 und 14–19 Uhr; 2-stündige beschilderte Wanderung durch die Weinberge, deutschsprachiges Infoblatt in der Boutique).

Wer gleich weiter nach Süden will, fährt jenseits der Brücke rechts in Richtung Mirabel und Vaison. Wer Zeit für eine Rundfahrt hat, biegt links, fährt durch den Tunnel und auf der D 94 das Tal aufwärts.

Einkaufen

- Nach ca. 8 km sieht man links an einem großen Parkplatz eine zweite Verkaufsstelle der regionalen **Kooperative,** die unter anderem Wein und Olivenöl anbietet (Mo.–Fr. 9–12 Uhr und 14–18 Uhr). Daneben befindet sich eine gute Bäckerei. GPS 44.3914, 5.2040.
- **Conserverie de Nanie.** Nahe der Brücke bei Rémuzat hat im Gebäude des ehemaligen Schlachthofs ein netter kleiner Laden aufgemacht, in dem Agnes Pasqual selbstgemachte Marmeladen, Eingemachtes und andere Produkte der Region verkauft (Mo.–Do. 11–19, Fr./So. 10–19, Ferienzeiten täglich 9–20 Uhr, Tel. 0676759617). Auf dem Parkplatz davor steht man mit Logenblick auf die Geier, die in den Felsen nisten; nachts wird das Tor geschlossen.

Lavendel oder Lavandin

Kaum etwas anderes ist so sehr zum Symbol für die Provence geworden wie der Lavendel, der im Sommer mit seinen lila Linienmustern weite Flächen des Hochlandes überzieht. Die ursprünglich aus dem mittleren Osten stammende und schon zur Römerzeit als Duft- und Heilmittel gefragte Pflanze wird in der Provence aber erst seit Beginn des 20. Jh. in größerem Umfang kultiviert.

Allerdings: Nicht alles, was wie Lavendel aussieht, ist auch der ***echte Lavendel*** *(Lavandula angustifolia), der nur auf trockenen Kalkböden in Höhen von 500–1800 m gedeiht. Vieles ist der billigere* ***Lavandin,*** *eine Kreuzung aus dem echten Lavendel mit dem Großen Speik (Lavandula latifolia), der auch in tieferen Lagen zwischen 100 und 700 m wächst und leichter zu kultivieren ist. Aber auch vom echten Lavendel gibt es eine Vielzahl unterschiedlichster Varianten, je nachdem, wie er später verwendet werden soll: sehr geruchsintensiver Lavendel für Duftkissen und Essenzen, sehr farbintensiver für Sträußchen und Dekorationen und dazwischen eine Fülle von helleren und dunkleren, kürzeren und längeren Formen für jeden Zweck.*

Der Lavandin ist aber nicht unbedingt der „schlechtere" Lavendel: Er ist blütenreicher und daher weit ergiebiger als der echte Lavendel und sein Duft ist sogar intensiver, wenngleich nicht unbedingt feiner. Personen, die gegen Lavendel allergisch sind, vertragen den Lavandin meist trotzdem – andererseits hat der Lavandin nicht die medizinische Wirkung wie der echte Lavendel. Er wird überwiegend für Seifen und Duftessenzen verwendet. Für einen Liter Essenz werden ca. 100 kg Blüten benötigt.

Blüte- und Erntezeit bewegen sich je nach Region und Höhenlage zwischen Mitte Juni und Ende August. Dann werden die Lavendeldestillen in Betrieb genommen, die man in vielen Dörfern an den Straßen sieht.

Ausgangsstoff für die edlen Essenzen sind riesige gepresste Ballen dürren Krautes, die für den Laien eher nach verdorbenem Kuhfutter oder Kompostmaterial aussehen. Mit Hilfe betongefüllter Traktorreifen werden sie in mannshohe Kessel gestopft und darin mit Wasserdampf erhitzt. Der Dampf löst die ätherischen Öle aus dem grauen Kraut und in den Schaugläsern sieht man das kostbare Destillat, das sich als schlierig-gelbe Masse im Wasser kondensiert und oben absetzt.

Heute werden in Frankreich rund 90 % der Weltproduktion an Lavandin erzeugt – und etwa 100.000 Liter Lavendel- und 700.000 Liter Lavandin-Essenz destilliert.

Weitere Informationen: *www.provence.de/provence-entdecken/lavendel.html*

034pr-rh

236pr-rh

Picknickplätze

- Auf der ganzen Strecke entlang dem Flüsschen Eygues gibt es eine Reihe teils sehr schön gelegener kleiner Park- und Picknickplätze. Die schönsten befinden sich im oberen schluchtartigen Abschnitt nahe Rémuzat.

Etwa 11 km hinter Nyons könnte man nach einer scharfen Linkskurve rechts auf die D 64 biegen, um über den Fluss und ein hübsches Nebentälchen aufwärts in Richtung St. Jalle die Runde abzukürzen.

Folgt man jedoch weiter dem Tal der Eygues, so verengt es sich hinter Sahune bald zu einem reizvollen Canyon mit hohen Felswänden, an denen man oft Kletterer sieht. Inmitten des Canyons passiert man das Felsendorf **St. May** in pittoresker Lage. Kurz danach fährt man durch einen Tunnel (Ampel), hinter dem wenige hundert Meter weiter auf der linken Seite **einer der schönsten Rastplätze** liegt.

Bald danach weitet sich die Schlucht wieder und man erblickt links eine hohe Felswand, die wie ein Horn gen Himmel ragt. Schauen Sie genau hin, so werden Sie davor wahrscheinlich etliche Punkte im Blau des Himmels kreisen sehen – und schauen Sie noch genauer (etwa mit einem Fernglas), so werden Sie erkennen, dass diese Punkte in Wirklichkeit Gänsegeier sind.

Ver-/Entsorgung

- **Verclause:** U-Express, Flot Bleu 2 € (2 x 1 € Münze), Wasser, Abwasser, WC. GPS 44.3789, 5.4263.
- **Rosans:** an der Ortsdurchfahrt vor dem Camping Municipal, GPS 44.3894, 5.4712, moderne Station für Wasser, Abwasser, WC, kostenlos. Ruhiger, schön gelegener Parkplatz (Schotter, Gras, eben) am Ortsrand. GPS 44.3929, 5.4735.

RÉMUZAT
(28 km ab Nyons, 70 km gesamt)

Im Örtchen Rémuzat, zu dem gleich unterhalb des Felssporns die D 61 abzweigt, können Sie im **Maison des Vautours** (Haus der Geier) Näheres über die großen Vögel erfahren (Place du Champ de Mars, Tel. 0475278571, www.vautoursenbaronnies.com, www.remuzat.com, Ausstellungen und Filme über Geier, Eintritt kostenlos). Für Gruppen ab fünf Personen sind auch Exkursionen zum Beobachten der Geier möglich.

P 8 Parkplatz Aire Municipale, Rémuzat, GPS 44.4151, 5.3585. Großer, nicht parzellierter Schotterparkplatz in ruhiger Lage am Ortsrand mit schönem Blick auf den Rocher de Caire mit seinen Geiern. Lage/Anfahrt: In Rémuzat von der D61 via Rue du Moulin nach Osten (gut beschildert); Asphaltstraße mit kurzer, enger Passage; problemlos; Platzanzahl: ca. 100; Untergrund: Schotter, Schotterrasen; Preise: kostenlos; Max. Stand: unbegrenzt; Geöffnet: ganzjährig; Adresse/Kontakt: Esplanade des Pompiers, 26510 Rémuzat, Tel. 0475278578, Tipp: Basis für schöne Spaziergänge und Wanderungen; Ergänzung: Ein weiterer Platz wird am Flussufer gegenüber empfohlen (GPS 44.41488, 5.35549); dabei handelt es sich jedoch nur um einen asphaltierten Parkplatz, der zwar schön zwischen Fluss und Felsen liegt, aber eine enge Kehre über eine schmale Brücke erfordert und bei Hochwasser überschwemmt werden kann.

Vom Parkplatz in Rémuzat blickt man auf die Felswand, in der die Geier nisten

Etwa 1 km hinter der Abzweigung nach Rémuzat biegt man rechts auf die D 162, ein schmales Sträßchen, das sich in Serpentinen und durch reizvolle Landschaft zum fast 1000 m hohen **Col de Soubeyrand** hinaufschlängelt (nicht für große Dickschiffe), auf dem wir sogar schon heftige Schneefälle erlebt haben.

Etwas unterhalb des Passes biegt man in einer Spitzkehre nach rechts auf die D 568 und fährt mit schönem Blick auf das Bergdorf **Poët-le-Sigillat** durch Lavendelfelder hinunter nach **St. Jalle** und dann links weiter auf der D 64. Vorbei an der schönen romanischen Kirche am Ortsausgang folgt man dem Tal in Richtung **St. Auban-sur-Ouvèze**. Unterwegs passiert man eigenartig dürre Steppenlandschaften und bizarre Schichtformationen.

Durch hauptsächlich eintönige Steppenlandschaft führt die D 546 nach **Séderon.** Das Städtchen hat nicht viel zu bieten (Achtung: enge Ortsdurchfahrt mit Alkoven-gefährdenden Balkönchen!), liegt aber in einer Gegend mit ausgedehnten Lavendelfeldern, auf denen teilweise noch traditionell mit der Sichel geerntet wird.

Etwa 1 km südlich des Ortes biegt man links auf die D 542, die sich nach Westen in eine fantastische Berglandschaft mit Felsen und Bergwiesen zum über 1000 m hohen Col de Macuègne hinaufschlängelt und einige wirklich herrliche Blicke auf den Mont Ventoux eröffnet. Verschiedene schöne Stellen unterwegs verlangen geradezu nach einer gemütlichen Picknickpause oder einem kleinen Spaziergang. Praktisch auf der Passhöhe zweigt links die streckenweise sehr schmale aber nicht minder reizvolle D 63 ab, die über 19 km nach Sault führt (s. S. 80) und einem immer wieder schöne Ausblicke über den **Col de l'Homme** (1212 m) bietet.

Tipp

Die **D338** führt als abenteuerliches Bergsträßchen in Richtung Norden zum Col de Pomerol und durch eine wilde Schlucht hinab nach Charce (nur für kompakte Fahrzeuge und beherzte Fahrer). Auf dem idyllischen Wiesenplatz kann man beim Picknick Geier und Gämsen beobachten.

D 9 **Charce,** GPS 44.4549, 5.4547

Anschluss

Auf der D 946 nach Osten kann man bis Sisteron fahren (ca. 38 km) und hat dort Anschluss an die Tour 3.

237pr-rh

⊳ *Der Wiesenplatz nahe Charce, von dem aus wir Geier und Gämsen beobachten konnten*

MONTBRUN-LES-BAINS

(70 km ab Rémuzat, 140 km gesamt)

Folgt man weiter der D 542 nach Westen, so erreicht man 15 km nach Séderon den alten und zunehmend gefragten Badeort Montbrun-les-Bains, der sich malerisch und fotogen an die steile Bergwand schmiegt – mit Befestigungen, Toren und einer Burg, dem Dorfbrunnen und dem traditionellen Waschplatz für die Wäsche. Von der Straße aus wirkt das Dorf aus dicht gedrängten und unverputzten Steinhäusern wie eine einzige Festung. In der Nähe des Thermalbads, das von den zahlreichen Kurgästen geschätzt wird, hat man einen kleinen, eher bescheidenen Stellplatz für Wohnmobile (22) geschaffen.

Information

› **Office de Tourisme,** www.baronnies-tourisme.com, Tel. 0475261035

035pr-rh

Essen

› **L'O des Sources,** Château Des Gipières (außerhalb des Orts beim Park vor den Thermen), Tel. 0475271109, www.o-des-sources.com, Mitte März–Mitte Nov. tgl. 12–13.30 und 19–20.45 Uhr (Mo. geschl. außer 14.7.–15.8.). Ein sehr zu empfehlendes Restaurant mit Weinkellerei, hervorragender Küche und teils ausgefallenen Kreationen für einen Tag, an dem Sie sich etwas Besonderes gönnen wollen. Besonders idyllisch ist es, an einem warmen Abend auf der Terrasse zu sitzen und den Panoramablick auf den Mont Ventoux zu genießen, hinter dem die Sonne versinkt.

(22) Aire Communale, Montbrun-les-Bains

GPS 44.1725, 5.4388

Ruhiger, einfacher Platz außerhalb des Orts nahe den Thermen an einem kleinen Bach mit hohen Bäumen. **Lage/Anfahrt:** Von der D542 SW des Orts auf den asphaltierten Fahrweg Lieudit Lioron in Richtung Thermen (beschildert); schmaler Asphaltweg; Zufahrt auf den Platz selbst kann nach Regen schwierig sein; **Platzanzahl:** 8–10; **Untergrund:** Schotterrasen; **Preiskat.:** kostenlos; **Max. Stand:** 48 Std.; **Geöffnet:** ganzjährig; **Adresse/Kontakt:** Toscan, 26570 Montbrun-les-Bains, Tel. 0475288249 (Office de Tourisme), www.baronnies-tourisme.com; **Tipps:** Eine Flot-Bleu-Station mit einigen Stellplätzen befindet sich einige Hundert Meter entfernt hinter dem Super U (GPS 44.1740, 5.4407; nahe D542, aber recht ruhig); einen netten Picknickplatz findet man südlich des Orts bei GPS 44.1643, 5.4310.

◁ Die Altstadt von Montbrun-les-Bains klammert sich an einen steilen Hang

▷ In Riesenballen werden die Lindenblüten gehandelt

033pr-rh

BUIS-LES-BARONNIES

(27 km ab Montbrun, 167 km gesamt)

Weiter geht es auf sehr reizvollen Straßen direkt am Fuß des Mont Ventoux entlang nach Westen: zunächst 5 km auf der D 72 und dann entweder via D 40 rund 20 km bis Mollans-sur-Ouvèze und dort rechts via D 5 etwa 8 km das hübsche Ouvèze-Tal aufwärts nach Buis-les-Baronnies. Oder man biegt ca. 6 km nach Montbruns rechts auf die schmale, aber sehr reizvolle D 41, die mit zahlreichen Kurven, Serpentinen und Ausblicken über zwei kleinere Pässe und dann durch das Derbous-Tal zur D 5 führt und erreicht ca. 27 km von Montbruns das reizvolle Städtchen Buis-les-Baronnies, das diesen kleinen Umweg wirklich lohnt – ganz besonders in der ersten Juliwoche, wenn hier der traditionelle **Lindenblüten-Markt** abgehalten wird. Bei diesem einzigartigen Markt werden die in dicke Ballen abgepackten Blüten auf dem Damm entlang der Ouvèze gewogen und an die Großhändler verkauft (früh am Morgen aufstehen!). Am Nachmittag werden dann die Ritter der altehrwürdigen Zunft der Linden-Gilde geehrt und die Lindenblüten-Königin gewählt. Aber auch zu anderen Zeiten lohnt sich ein ausgedehnter Bummel durch die hübsche Altstadt mit ihren schattigen Kolonnaden rings um den Rathausplatz und einem malerischen Ensemble farbenfroher Fassaden vor dem Hintergrund der Berge, die über die alten Dächer emporragen.

Information

› **Office de Tourisme,** 14, Bld Michel Eysséric, 26170 Buis-les-Baronnies, Tel. 0475280459, www.buislesbaronnies.fr/office-de-tourisme

Park-/Picknickplatz

10 Col de Fontaube, GPS 44.2084, 5.3127. An der D 41 auf dem 635 m hohen Col de Fontaube mit grüner Wiese und Panoramablick auf den Ventoux.

Parken

11 Parking de la Digue, GPS 44.2741, 5.2752. In der Saison und an Markttagen kann es in der Altstadt sehr eng und drängelig werden. Halten Sie sich am besten vor dem Zentrum links (westl.) und

Ein pittoresker Straßenzug am Markt von Buis-les-Baronnies

037pr-rh

steuern Sie einen der großen Parkplätze entlang der Ouvèze an, auf denen man Wohnmobile oft auch über Nacht stehen sieht – zu ruhigen Zeiten diesseits, an Markttagen besser jenseits der Brücke. **Beachten:** Der in manchen Publikationen empfohlene Park- und Stellplatz am Chemin de Malgras (GPS 44.2783, 5.27897) ist abgesperrt, die Entsorgungsstation ist außer Betrieb.

Ver-/Entsorgung

› Eine Station (5 €) findet man südlich der Stadt via D5 bei einer Waschanlage (GPS 44.2619, 5.2619); im Winter kein Wasser.

Vorsicht Schlangen

Sollten Ihre Kinder im Bach plantschen wollen – vor allem unterhalb der Brücke haben wir im flachen Wasser ungewöhnlich viele Schlangen gesehen! Aber keine Angst: Es handelt sich **nicht** um Vipern, wie wir wegen der großen Ähnlichkeit zunächst vermutet hatten, sondern um harmlose Vipernattern, die ungiftig sind und ein Zeichen für intakte Gewässer.

Einkaufen

› **Markt:** Mittwoch und Samstag. **Ölmühle:** Lou Viei Moulin d'Oli, Rue du Puits Communal, Tel. 0475280330. Sehenswerte historische Ölmühle, in der neben Öl und Oliven eine Vielfalt anderer regionaler Produkte angeboten wird, ganzjährig freier Eintritt.

23 La Mouregenusse, La Penne-sur-l'Ouvèze

GPS 44.250318, 5.237246

Kleiner, schattenloser und sehr ruhiger Platz am Hang hinter einem Bauernhof mit schönem Ausblick. Der Platz ist bei France Passion eingetragen. Laut Besitzer muss man aber nicht zwingend Mitglied sein, um hier stehen zu dürfen. **Lage/Anfahrt:** von der D5 zwischen den Abzweigungen zum Rast- und Campingplatz und der D525 nach La Penne nach Norden abbiegen; ca. 250 m auf einer schmalen, steilen Asphaltstraße; **Platzanzahl:** ca. 5; **Untergrund:** Schotter; **Preiskat.:** kostenlos; **Max. Stand:** 2 Nächte; **Geöffnet:** ganzjährig; **Kontakt:** La Mouregenusse, Tel. 0687153260; Produkte vom Bauernhof kann man zwischen 18 und 20 Uhr kaufen.

Von Buis kann man entweder in Richtung Südwesten über Mollans nach Vaison-la-Romaine fahren (22 km), um Anschluss an die Vaucluse-Tour (s. S. 63) zu finden, oder man schließt den Kreis, indem man zunächst 2 km nordwärts fährt, dann bei St. Martin links der reizvollen D 108 über den **Col d'Ey** (718 m) folgt bis nach **St. Jalle** und anschließend dort links abwärts ins Eygues-Tal und zurück nach **Nyons** fährt.

Von Nyons folgt man schließlich der gut ausgebauten D 538 durch Weinberge und Aprikosenhaine über **Mirabel** nach Vaison la Romaine.

㉔ Domaine du Chêne Blanc

GPS 44.2941, 5.1166

Ruhiger Platz bei einem Weingut. **Lage/Anfahrt:** 2,5 km südlich von Mirabel via D 516 und dann auf einen kleinen Asphaltweg nach Südosten, Zufahrt asphaltiert, aber einspurig und bei Gegenverkehr nicht ganz problemlos; **Platzanzahl:** ca. 5; **Untergrund:** Schotter; **Preiskat.:** Stellplatz kostenlos; **Max. Stand:** unbegrenzt; **Geöffnet:** ganzjährig; **Adresse/Kontakt:** Les Blâches, 26110 Mirabel-aux-Baronnies, Tel. 0670701827, www.domaineduchenevert.fr; **Hinweis:** schöner Blick auf die Berge und Rebgärten.

㉕ Aire Communale, Mirabel

GPS 44.3129, 5.1001

Hübsch gelegener, ruhiger Parkplatz am Ortsrand. **Lage/Anfahrt:** von Nyons kommend am Ortseingang links (östl.) den Schildern folgen, erst in Richtung „Vieux Moulin“, dann links; Zufahrt problemlos; **Platzanzahl:** 7; **Untergrund:** Asphalt; **Preiskat.:** Stellplatz und Ver-/Entsorgung kostenlos; **Max. Stand:** 48 Std.; **Geöffnet:** ganzjährig; **Adresse/Kontakt:** Chemin des Grottes, 26110 Mirabel-aux-Baronnies, Tel. 0475271509; **Hinweis:** Nachts können die laute Kirchturmuhr und kläffende Hunde etwas stören, gelegentlich auch Gäste der nahen Ferienhäuser; **Hinweis:** Einen zweiten Platz für ca. 10 Wohnmobile (GPS 44.3140, 5.0965; nicht parzelliert und ohne Ver-/Entsorgung) findet man nur etwa 500 m entfernt auf der anderen Seite der Durchgangsstraße in ruhiger Lage hinter den Tennisplätzen. Die Zufahrt ist auf wenigen Metern etwas schmal und holperig, aber der Stellplatz liegt schön im Grünen nahe einem Spielplatz.

238pr-rh

239pr-as©Monique Pouzet

WEITERE STELLPLÄTZE ABSEITS DER ROUTE

26 Aire de Toronne, Clansayes

GPS 44.3690, 4.7980

Privater Platz in sehr ruhiger Lage und inmitten reizvoller Natur mit schattigen Bäumen und sonniger Wiese. **Lage/Anfahrt:** von der D 133 zwischen St. Paul-les-Trois-Châteaux und Grignan nach Osten auf die D571 abbiegen (beim alten Schloss) und 200 m weiter wieder rechts (nur wenige Kilometer von den Autobahnausfahrten Montélimar Sud und Bollène entfernt). Die Abzweigung ist nicht gut ausgeschildert, aber die Zufahrt ist problemlos; **Platzanzahl:** 25; **Untergrund:** Schotterrasen; **Sicherheit:** umzäunt mit Tor; **Preiskat.:** € (Strom, Dusche, Pool werden extra berechnet); **Max. Stand:** unbegrenzt; **Geöffnet:** ganzjährig; **Adresse/ Kontakt:** Quartier Toronne, 63 Chemin de la Garance, 26130 Clansayes, Tel. 0689510777, https://aire-de-toronne.business.site; **Hinweise:** Mit Tennisplatz (12 €), Pool und Reitmöglichkeiten.

27 Stellplatz, bei Donzère

GPS 44.4402, 4.7182

Rastplatz am östlichen Stadtrand. **Lage/Anfahrt:** An der D541 gleich westlich des Kreisverkehrs auf der N7, problemlose Anfahrt; **Platzanzahl:** 15; **Untergrund:** Asphalt; **Preiskat.:** Stellplatz und Ver-/Entsorgung kostenlos; **Geöffnet:** ganzjährig; **Kontakt:** Tel. 0475497030, www.mairie-donzere.fr.

28 Centre Leclerc, Bollène

GPS 44.3221, 4.7437

Großer Parkplatz beim Supermarkt. **Lage/Anfahrt:** vom Kreisverkehr nach der Autobahnausfahrt Nr. 19 (Portes de Provence) auf die D 26 (Avenue Jean Moulin) nach Norden und ca. 4 km in Richtung Saint-Paul-Trois-Chateaux bis Bollène-Écluse; problemlose Zufahrt; **Platzanzahl:** 2–4 ausgewiesene sowie zahlreiche weitere, die nicht für Wohnmobile reserviert sind; **Untergrund:** Asphalt; **Sicherheit:** bewacht; **Preiskat.:** Stellplatz und Ver-/Entsorgung kostenlos; **Max. Stand:** unbegrenzt; **Geöffnet:** ganzjährig; **Kontakt:** Tel. 0490513600.

Nahe dem Städtchen Clansayes befindet sich der einladende Stellplatz Toronne 26

ROUTE 2

DIE HÜGELPROVENCE DER VAUCLUSE: NATURWUNDER UND MALERISCHE STÄDTCHEN

001pr-rh

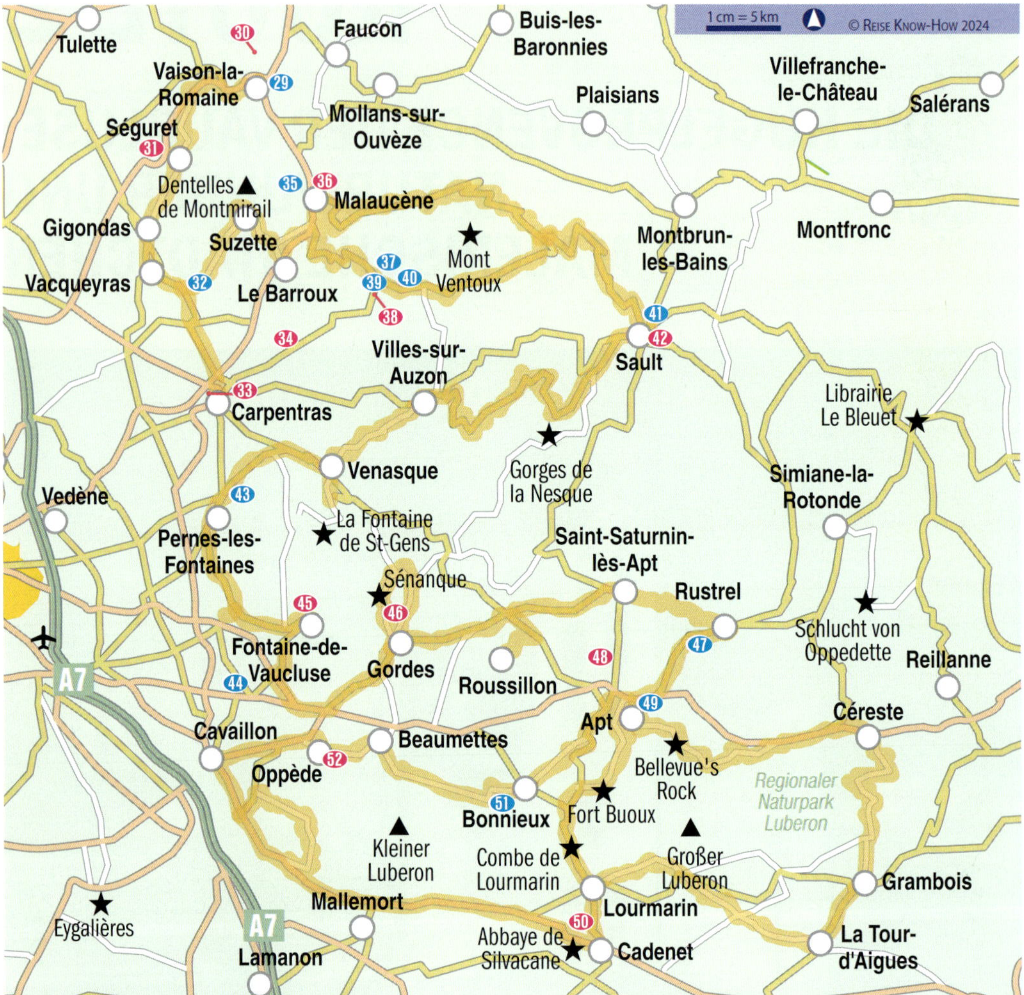

☐ *Vorseite: Mit Vaison-la-Romaine beginnt die Bilderbuch-Provence malerischer Bergdörfer und mediterraner Natur*

Strecke:

Vaison-la-Romaine (28 km, s. S. 66) – **Rundfahrt Dentelles de Montmirail** (45 km, s. S. 69) – **Rundstrecke Großer Luberon** (100 km, s. S. 97) – **Rundstrecke Kleiner Luberon** (98 km, s. S. 101)

Streckenlänge:
286 km

ROUTENÜBERSICHT

Die Region rings um das Plateau de Vaucluse zwischen Mont Ventoux und den Luberon-Bergen, zwischen dem Rhône-Tal und der Durance ist ein Hügelland der Schönheiten und Kontraste: mit verschachtelten Naturstein-Dörfern, in denen die Zeit still zu stehen scheint, mit alten Klöstern, Kirchen und Kapellen, mit schattigen Schluchten und von der Sonne durchglühten Hängen, mit kargen Plateaus und üppig grünen Wäldern, mit Brücken und Ruinen aus der Römerzeit und den eigenartigen steinzeitlichen Bories, mit wundersamen Naturphänomenen wie Karstquellen und den vielfältigen Pastelltönen der Ockerfelsen.

Und sie ist ein wunderbar wilder Garten Eden – mit leuchtenden Lavendelfeldern und glühendem Mohn, mit blühenden Aprikosen- und Mandelbäumen, mit Zypressen-Alleen, Weinbergen und silbrig-grünen Olivenhainen.

Für viele ist dies die Provence schlechthin: mediterrane Idylle, wohin man blickt, die geruhsame Atmosphäre der Bergdörfer, magische Lichtstimmungen, duftende Kräuterhänge, eine Fundgrube für Kulturfreunde mit Postkarten-Motiven hinter jeder Straßenbiegung.

◸ *Imposantes Farbspiel: in den Ockerbrüchen von Roussillon (s. S. 92)*

002pr-rh

VAISON-LA-ROMAINE

(22 km ab Buis-les-Baronnies)

Das kleine Städtchen zu beiden Seiten der Ouvèze ist so etwas wie ein sympathischer „Nebeneingang" in die Provence: kleiner, ruhiger, zeitverlorener als die übliche Hauptpforte via Orange und Avignon. Viele kommen wegen der **römischen Ruinen** (zwei Ausgrabungsstätten, Juni–September tgl. 9.30–18 Uhr, sonst kürzer, Kombiticket für beide Ausgrabungen 9 €), die der Stadt den offiziellen Beinamen „la Romaine" und den inoffiziellen „französisches Pompeji" eingetragen haben. Die etwas verwirrenden Trümmer und Säulenreste erfordern allerdings ein wenig Fantasie.

Etwas „Schützenhilfe" beim Verständnis der Ausgrabungsfunde kann das **Musée archéologique Théo Desplans** im Ausgrabungsgelände Puymin (www.provenceromaine.com, gleiche Öffnungszeiten, ein Preis) leisten. Es zeigt neben Marmor-Statuen, Waffen und Keramik auch Werkzeuge, Schmuck und Toilettenartikel der Römerzeit.

Bei all den römischen Reminiszenzen sollte man es aber auch nicht versäumen, einen Spaziergang durch das **mittelalterliche Vaison** zu machen, das jenseits der **Römerbrücke** auf dem Hügel liegt und in den letzten Jahrzehnten schön restauriert wurde.

Vaison-la-Romaine mit seiner römischen Brücke über die Ouvèze

Information

- **Office de Tourisme,** Pl. du Chanoine-Sautel, 84110 Vaison-la-Romaine, Tel. 0490360211, www.vaison-ventoux-tourisme.com

Einkaufen

- Di. traditioneller **Markt**, Juli/Aug. So.-vormittags provenzalischer Markt in der Altstadt.
- Das **Maison des Vins** im Gebäude beim Office de Tourisme bietet regionale Produkte wie Honig, Olivenöl, Lavendelprodukte, Wein – u. a. auch „römischen Wein" (nicht aus römischer Zeit, aber nach römischen Verfahren hergestellt!).
- **Moulin à l'Huile Chauvet,** Porte Major, Mollans-sur-Ouvèze (13 km östl. via D 54 und D 13), Tel. 0475280637. Eine 300 Jahre alte Ölmühle mit kleinem Museum (Mi.–Sa. 16–19 Uhr, Anmeldung erforderlich) und Direktverkauf der Produkte im Laden (tgl. 10–18 Uhr).

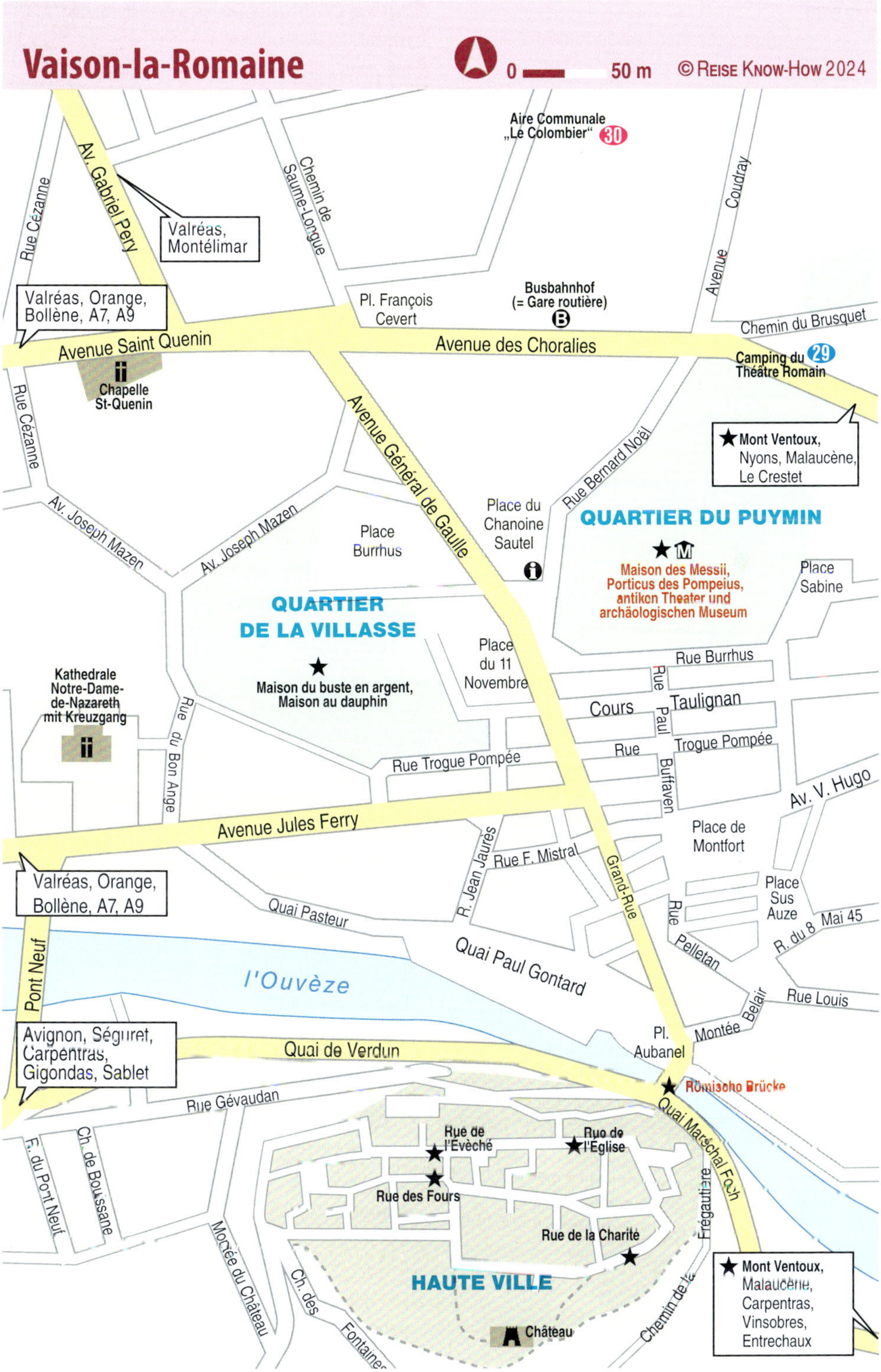
Vaison-la-Romaine
0 50 m
© Reise Know-How 2024
Aire Communale „Le Colombier“ 30
Av. Gabriel Pery
Chemin de Saume-Longue
Valréas, Montélimar
Rue Cézanne
Avenue Coudray
Valréas, Orange, Bollène, A7, A9
Pl. François Cevert
Busbahnhof (= Gare routière)
Chemin du Brusquet
Avenue Saint Quenin
Avenue des Choralies
Camping du Théâtre Romain 29
Chapelle St-Quenin
Rue Cézanne
Avenue Général de Gaulle
Mont Ventoux, Nyons, Malaucène, Le Crestet
Rue Bernard Noël
Place du Chanoine Sautel
Av. Joseph Mazen
Av. Joseph Mazen
Place Burrhus
QUARTIER DU PUYMIN
Maison des Messii, Porticus des Pompeius, antiken Theater und archäologischen Museum
Place Sabine
QUARTIER DE LA VILLASSE
Place du 11 Novembre
Rue Burrhus
Kathedrale Notre-Dame-de-Nazareth mit Kreuzgang
Maison du buste en argent, Maison au dauphin
Rue du Bon Ange
Cours Taulignan
Rue Paul
Rue Trogue Pompée
Rue Trogue Pompée
Rue Buffaven
Av. V. Hugo
Avenue Jules Ferry
Place de Montfort
R. Jean Jaurès
Rue F. Mistral
Grand-Rue
Place Sus Auze
Valréas, Orange, Bollène, A7, A9
Quai Pasteur
Rue Pelletan
R. du 8 Mai 45
Pont Neuf
Quai Paul Gontard
l'Ouvèze
Rue Louis
Montée Belair
Avignon, Séguret, Carpentras, Gigondas, Sablet
Quai de Verdun
Pl. Aubanel
Römische Brücke
Rue Gévaudan
Quai Maréchal Foch
Rue de l'Evèché
Rue de l'Église
F. du Pont Neuf
Ch. de Boussane
Rue des Fours
Frégautière
Rue de la Charité
Montée du Château
Ch. des Fontaines
HAUTE VILLE
Chemin de la
Mont Ventoux, Malaucène, Carpentras, Vinsobres, Entrechaux
Château

Parken

› Die Innenstadt von Vaison und auch die meisten Parkplätze sind für Wohnmobile gesperrt.

29 Camping du Théâtre Romain ★★★★, Vaison-la-Romaine

GPS 44.2447, 5.0786
Kleinerer, aber ebenfalls gut ausgestatteter Platz in ruhiger Lage und doch nahe dem Zentrum, mit Pool. **Geöffnet:** Mitte März–Anfang November; **Preiskat.:** €€€€; **Adresse/Kontakt:** Chemin du Brusquet (gleich nordöstlich des Theaters am Kreisverkehr von der D 975 abbiegen; **Achtung:** von Osten kommend ist der Winkel zu spitz, sodass man eine Runde im Kreisverkehr drehen muss, Tel. 0490287866, www.camping-theatre.com.

30 Aire Communale „Le Colombier", Vaison-la-Romaine

GPS 44.2464, 5.0742
Der sehr große, ruhige und dennoch nur 5 Minuten vom Zentrum gelegene Platz befindet sich hinter einer Kellerei. Er liegt am Ortsrand zwischen Weinbergen und mit Blick auf den Mont Ventoux; **Lage/Anfahrt:** Von der Durchgangsstraße D 975 im Kreisverkehr nach Norden auf die Av. André Coudray fahren. Sie knickt nach 250 m links ab und etwa 150 m weiter wird dann der Platz erreicht; **Zufahrt:** auch für größere Mobile problemlos; **Platzanzahl:** ca. 30; **Untergrund:** Schotter; **Preiskat.:** €, in der Saison kommt abends jemand zum Kassieren; **Max. Stand:** zwei Nächte; **Geöffnet:** ganzjährig; **Adresse/Kontakt:** Av. André Coudray 380, Tel. 0668153182; **Beachten:** selbst außerhalb der Saison gut besucht und im Sommer meist früh voll. **Tipp:** einen ruhigen, kostenlosen Platz findet man auf der asphaltierten Fläche bei der Kirche von Entrechaux (siehe Foto unten, GPS 44.2175, 5.1380).

Parkplatz vor der Église Saint Laurent la Neuve, der Kirche von Entrechaux

240pr-rh

DIE DENTELLES DE MONTMIRAIL

Die **Dentelles de Montmirail** zwischen Vaison-la-Romaine und Carpentras sind in vieler Hinsicht eine wunderbare Einstimmung auf die Reize der Provence. Das karstige Miniatur-Gebirge mit seinen pittoresken Weindörfern lockt Wanderer und Kletterer, Maler und Pflanzenfreunde – und es ist weltberühmt für seine Weine. Auch wenn die Gipfel mit maximal 734 m (Mont St. Amand) neben dem Mont Ventoux nur Zwerge sind, so schaffen die aus mediterranem Hügelland aufragenden schroffen Zacken doch eine echte Gebirgs-Atmosphäre – und reizvolle Kontraste dazu!

Ihre wunderschönen (und in der Nebensaison erstaunlich ruhigen) Bergdörfer, Wein-, Wald- und Fels-Landschaften kann man auf einer Rundfahrt ab Vaison-la-Romaine kennenlernen. Diese Runde kann man nach etwa zwei Drittel der Strecke auch verlassen, um weiter zum Mt. Ventoux zu fahren (s. S. 79).

☑ Wie Klöppelspitzen erheben sich die weißen Felszacken der Dentelles zwischen dem Grün der Bäume und dem Blau des Himmels

Dentelles

Der Name „Dentelles" = wörtlich „Zähnchen" oder (Klöppel-)Spitzen wird augenfällig, wenn man das fein gezackte Relief dieser weißen Kalkspitzen sieht.

RUNDFAHRT DENTELLES DE MONTMIRAIL – FELSENSPITZEN UND SPITZENWEINE

Von Vaison fährt man auf der D 977 nach Westen und biegt nach ca. 6 km links auf die D 88, die mit schönen Ausblicken auf das Tal der Ouvèze nach Séguret hinaufführt.

Séguret
(11,5 km ab Vaison)

Das schmucke Provence-Dorf hat zahlreiche Künstler angelockt, die viele der alten Steinhäuser restauriert haben. An engen Pflastergassen entlang stapeln sie sich den Hang empor und vereinen das ganze Ensemble provenzalischer Dorfromantik – mit Torbogen, Efeupracht und Befestigungen, Schloss-

003pr-rh

423pr-sh

31 Weingut Domaine du Parandou, Sablet

GPS 44.1938, 4.9951

Lage/Anfahrt: außerhalb des Orts an der D 977; Zufahrt auch für große Fahrzeuge problemlos; **Platzanzahl:** 6 Stellplätze mit Schatten; **Untergrund:** ebener Schottergrund; **Preiskat.:** €; **Geöffnet:** ganzjährig; **Adresse/Kontakt:** 5600F Route d'Orange, 84110 Sablet, Denis & Silvie, Tel. 0490469612.

004pr-rh

ruine, romanischer Kirche und kleinen Kunstgeschäften. Trotzdem herrscht hier oft noch eine überraschend beschauliche Atmosphäre, was teilweise daran liegt, dass das Dörflein nur zu Fuß erkundet werden kann.

Essen

- Gut und preiswert isst man im **La Bastide Bleue,** Route de Sablet, 84110 Séguret, direkt an der Route (www.bastidebleue.com, Tel. 0490468343, geöffnet: Mai–Oktober Di. abends und Mi.–So. mittags und abends, Reservierung empfohlen), einer Herberge in der alten Poststation mit Table d'Hôte, viel Atmosphäre und einem schattigen, romantischen Innenhof.

Parken/Übernachten

P 12 Parking de la Carrière, GPS 44.2080, 5.0243. Wohnmobile parken am besten hier, kurz vor dem Stadttor links; asphaltiert, leicht abschüssig, links am Rand eine einfache Station für Ab-/Trinkwasser. Vorsicht: Einheimische warnen vor professionellen Autoknackern im Sommer!

Von Séguret fährt man nach links via D 23 ca. 2 km nach **Sablet,** einem reizvollen und ursprünglichen Winzerdorf mit Stellplatz auf einem Weingut 31, dann via D 7 und D 79 nach Gigondas.

Infos zur Rundfahrt

Distanz: ca. 60 km ab Vaison
Dauer: ½ bis 1 Tag mit Besichtigungen und Spaziergang
Abkürzung: Bei Malaucène kann man die Runde unterbrechen und zum Mt. Ventoux (s. S. 79) weiterfahren.
Beste Zeit: Mai/Juni, wenn die Ginsterblüte den Fuß der Berge golden leuchten lässt; oder September/Oktober, wenn sich die Blätter der Weinreben verfärben

⊡ Eng schmiegen sich die Häuser von Séguret an die Felsen

⊡ In der Provence ist man für schattige Stellplätze dankbar

Gigondas

(6 km ab Séguret, 17,5 km ab Vaison)

Das hübsche Dörfchen mit Burgruine besitzt eine der renommiertesten Appellations (namensgeschützte Weinlagen) des Landes, und seine kräftigen, dunklen Rotweine können sich mit denen von Châteauneuf-du-Pape messen. Zahlreiche **Kellereien** laden zu Weinproben ein. Ein kleine Straße (D 229, Wegweiser „Les Florets") zweigt vor dem Ort links ab und führt zum **Col du Cayron** (396 m, GPS 44.1588, 5.0245). Die Fahrt bis zum Pass ist heute nicht mehr möglich. Der unbefestigte, teils steile, stark ausgewaschene Weg oberhalb des Hotels ist für Fahrzeuge gesperrt. Dafür wurde gegenüber vom Hotel ein großer und ruhiger Parkplatz angelegt, der einen schönen Blick auf die Felszacken bietet. Er wird viel von Kletterern und Wohnmobilisten genutzt und eignet sich perfekt als Ausgangspunkt für einen Spaziergang.

13 **Waldparkplatz beim Col du Cayron,** GPS 44.161031, 5.017279. Großer, ruhiger Waldparkplatz mit schönem Blick auf die nahen Felszacken der Dentelles.

Vom Pass zweigt nach rechts ein unbefestigter, rauer Forstweg ab, der unter den Zacken der Dentelles entlangführt und schöne Ausblicke eröffnet. Er ist für Fahrzeuge gesperrt, aber gut geeignet für Spaziergänge oder Radtouren. Ein kurzes Stück hinter dem Pass zweigt links ein Fußpfad ab und steigt durch Buschwerk bis zur Basis der teils 100 m hohen Felswände hinauf. Etwa 1 km hinter dem Pass folgt ein schöner Picknickplatz unter Kiefern.

Information

- **Office de Tourisme,** 5 Rue du Portail, 84190 Gigondas, Tel. 0490658546, www.ventouxprovence.fr

Essen

- **L'Oustalet,** Place du Portail, Tel. 04906 58530, www.loustalet-gigondas.com, So./Mo. geschl. (im Sommer unbedingt reservieren!). Gehobenes Michelin-Restaurant in einem alten Haus am Dorfplatz mit rustikalem Interieur, schattiger Terrasse und bester provenzalischer Küche. Ähnlich gut, aber deutlich günstiger isst man im zugehörigen Bistro.
- Der **Salon de Thé „Carré Gourmand"** (Tel. 0490371128) eignet sich für einen Imbiss in ange-

242pr-rh

nehmer Atmosphäre und zu jeder Tageszeit (was für Frankreich eher ungewöhnlich ist). Er liegt links neben L'Oustalet und etwas zurückgesetzt, kleine Gerichte.

Parken

- Der Parkplatz Gigondas „Bacchus", GPS 44.1633, 5.0029 ist inzwischen nicht mehr für Wohnmobile zugelassen und hat auch extrem kurze Parkbuchten. Wohnmobile sollen jetzt unterhalb der Stadt beim Tennisplatz parken.
- P 14 **Tennisplatz Gigondas,** GPS 44.1653, 5.0020. Platz für 3 bis 4 Fahrzeuge, mit Ver-/Entsorgungsstation, die mit Jetons funktioniert.
- **Domaine des Florets**. Der Stellplatz bei der Weinkellerei (Wein-/Ölverkauf) mit einem guten Restaurant wurde inzwischen geschlossen.

243pr-rh

Vacqueyras
(4 km ab Gigondas, 21,5 km ab Vaison)

Weiter auf der D 7 nach Süden erreicht man nach 3 km Vacqueyras (ebenfalls mit berühmten Kellereien!) und weitere 3 km hinter dem Ort sieht man links oben am Hang die romanische Kapelle **Notre-Dame d'Aubune,** deren schmucker Glockenturm über schlanken Zypressen aufragt. Sie ist nur von außen zu besichtigen.

Information

- **La Maison du Tourisme,** 85 Route de Carpentras, 84190 Vacqueyas, Tel. 0460628730, www.ville-vacqueyras.fr/profil/touriste.html

Parken

- Den schmalen Weg hinauf zur Kapelle sollte man zu Fuß gehen. Falls die knappen Parkmöglichkeiten an der Abzweigung voll sind, findet man ein kurzes Stück in Richtung Vacqueyras rechts einen Parkplatz.

Beaumes-de-Venise
(4,5 km ab Vacqueyras; 26 km ab Vaison)

Auf der links abzweigenden D 81 fährt man zwischen Weinbergen und Olivenhainen nach **Beaumes-de-Venise** hinein, das für seinen schweren und süßen Muskatwein (frz. *muscat*) bekannt ist, der gern als Aperitif getrunken wird. Er gilt als der beste in ganz Frankreich. Weinfeste finden in allen Winzerorten meist am Samstag nach Himmelfahrt statt. Besuchen kann man die historische Ölmühle **La Balméenne** an der Avenue Jules Ferry (Tel. 0490629377, www.labalmeenne.fr, Direktverkauf und Onlineshop).

Die romanische Kapelle Notre-Dame d'Aubune in der Nähe von Vacqueyras

Römische Reliefs aus dem 1. Jahrhundert am Triumphbogen in Carpentras

Information

› **Office de Tourisme Beaumes-de-Venise,** 140 Place du Marché, Tel. 0490629439

Essen

› **Auberge Saint-Roch,** Route de Caromb 9 (Durchgangsstraße), Tel. 0490650821. In dem von außen eher unscheinbaren Gebäude bereitet Chef Nicolas Jonette aus Produkten der Region und der Saison traditionell provenzalische Gerichte mit einem besonderen Touch zu guten Preisen, Reservierung erforderlich.

Parken/Übernachten

P 15 **Parking Place du Marché,** GPS 44.1206, 5.0277. Einen großen Parkplatz, auf dem nachts oft auch Wohnmobile stehen, findet man auf dem zentralen Platz an der Allée Charles de Gaulle. Zum Übernachten besser auf der Südseite vor der Gendarmerie parken, da auf der anderen Seite abends die Boule-Spieler aktiv sind und am Morgen die Schulbusse abfahren.

32 Camping Municipal de Roquefiguer ★★, Beaumes-de-Venise

GPS 44.1221, 5.0346

Einfacher, aber ruhiger und sehr gepflegter kleiner Platz in guter Lage. **Preiskat.:** €€; **Geöffnet:** März–Okt.; **Adresse/Kontakt:** 120 Chemin des Moulins, Tel. 0490629507.

Abstecher nach Carpentras

(ca. 24 km hin und zurück)

Via D 7 nach Süden sind es von Beaumes-de-Venise kaum 12 km bis Carpentras. Die lebhafte kleine Marktstadt war einst Hauptstadt des Comtat Venaissin, der päpstlichen Enklave in der Provence, und diente in dieser Zeit als Zufluchtsort für viele Juden. Erst seit 1791 gehört sie zu Frankreich. Bekannt ist Carpentras für seine Märkte (Wochenmarkt freitagmorgens, Flohmarkt sonntagmorgens, Ökomarkt dienstagmorgens in der Rue de l'Evêche), als ein bedeutendes Trüffelzentrum (Trüffelmärkte Mitte November bis Mitte März freitags von 8 bis 10 Uhr auf der Place Aristide Briand) sowie für kandierte Früchte und für seine *Berlingots.*

An der Allées des Platanes (Altstadtring) gibt es mehrere große Parkplätze, die aber oft sehr voll und teils für Wohnmobile gesperrt sind. Sonst kann man es auf den großen Parkplätzen nördlich des Cours de la Pyramide versuchen (GPS 44.0566, 5.0437).

Man kann angenehm unter den Platanen des Altstadtrings flanieren oder einige der Baudenkmäler besichtigen: die **Cathédrale Saint-Siffrein**, die jüdische **Synagoge,** den **Triumphbogen** aus dem 1. Jh. oder die **Porte d'Orange,** einen eindrucksvollen Überrest der alten Stadtbefestigung.

004pr-rh

Berlingots

Aus den Sirup-Rückständen, die bei der Herstellung kandierter Früchte anfielen, entwickelte ein findiger Konditor 1844 eine Spezialität, die den Namen der Stadt bekannt gemacht hat. Durch den Zusatz von Zucker und Pfefferminz-Aroma entstand aus dem „Abfallprodukt" ein Bonbon, das mit seinen drei Spitzen und weißen Streifen auch äußerlich unverwechselbar ist.

Information

› **Office de Tourisme,** 97 Place du 25 Août, 84200 Carpentras, Tel. 0490630078, www.ventouxprovence.fr

Einkaufen

› Berlingots, Pralinen und anderes Süßes bekommt man bei: **Confiserie Clavel,** Pl. Aristide Briand, Tel. 0490297039, www.clavel-confiserie.com

424pr-sh

33 Parking des Amandiers, Carpentras

GPS 44.0565, 5.0424

Großer, asphaltierter Parkplatz am nordwestlichen Stadtrand beim Espace Auzon, auf dem einige Plätze für Wohnmobile reserviert sind; kleinere Bäume, die nicht sehr viel Schatten spenden; durch die Nähe zur Straße ist der Verkehrslärm hörbar. **Lage/Anfahrt:** von der D942 via D938 (Blvd. Gambetta) nach Norden zur D82 (Cour de la Pyramide); dort links halten und dann rechts in die Rue André Chapelon; **Platzanzahl:** ca. 10; **Untergrund:** Asphalt, eben; **Service:** eine kostenlose Ver-/Entsorgungsstation gibt es vor dem Camping Lou Comtadou (Avenue Pierre de Coubertin, GPS 44.0442, 5.0543); **Preiskat.:** kostenlos; **Max. Stand:** 48 Std.; **Geöffnet:** ganzjährig; **Kontakt:** Tel. 0490608400, www.carpentras.fr; **Hinweis:** Nach Auskunft der Stadt darf auch der Parkplatz bei der Ver-/Entsorgungsstation beim Camping Lou Comtadou von Womos genutzt werden.

244pr-rh

34 Domaine des Dominicains, nahe Carpentras

GPS 44.0864, 5.0905

Sehr sympathischer Privatplatz bei einem Bauernhof inmitten eines Obstanbaugebietes mit Picknicktischen und Liegestühlen; sehr ruhig, aber schattenlos. **Lage/Anfahrt:** Etwa 5 km nordöstlich von Carpentras via D13, dann links ab; Zufahrt ca. 100 m auf einem schmalen, aber problemlosen Schotterweg; **Platzanzahl:** ca. 10; **Untergrund:** Schotterrasen, Wiese; **Preiskat.:** 2–3 Nächte kostenlos; **Max. Stand:** 4 Nächte; **Geöffnet:** ganzjährig; **Kontakt:** 2803 Route de Caromb, Tel. 0671598669. Der sympathische Betreiber verkauft Produkte aus eigener Erzeugung: Wein, Olivenöl, Honig und Konfitüren.

Suzette
(7 km ab Beaumes-de-Venise, 33 km ab Vaison)

Über die D 21 nach Osten und die D 938 nach Norden kann man von Beaumes-de-Venise direkt nach Barroux fahren. Lohnend ist aber ein Abstecher via D 90 nach **Suzette** (7,5 km), der herrliche Ausblicke auf Aprikosenhaine (besonders zur Blütezeit!), die Dentelles-Zacken mit dem Mont St. Amand (734 m) und den alles überragenden Mont Ventoux eröffnet.

Park-/Rastplätze

P 16 **Westlich von Suzette,** GPS 44.1681, 5.06552. Ein schöner, ruhiger Parkplatz mit Blick auf die Dentelles.

P 17 **Parking de Suzette,** GPS 44.1683, 5.0689. Ein ebenso schöner und ruhiger mit Blick auf den Mt. Ventoux. Etwas enge Kurve an der Einfahrt.

009pr-rh

Landschaft bei Suzette (s. S. 75)

35 Camping Le Bosquet, Malaucène

GPS 44.1778, 5.1255

Ruhiger Platz mit sehr freundlichem Personal und geräumigen Parzellen. Es gibt einen großen Pool und Brötchenservice. Zu Fuß ca. 5 Minuten bis ins Dorf. **Geöffnet:** April–Mitte Okt.; **Preiskat.:** €€; **Kontakt:** Tel. 0490652489, www.campinglebosquet84.com; **Hinweis:** Der Platz hat keine Station zur Abwasser-Entsorgung. Die nächste ist im Dorf zwischen der Polizeistation und dem Stadion.

Abstecher nach Le Barroux

Von Suzette führt rechts ein recht schmales und kurvenreiches Sträßchen in Richtung Südost bis Le Barroux (ca. 5 km, ein Parkplatz befindet sich am Ortseingang von der D 938 kommend). Über seine Gassen erhebt sich eine wuchtige **Festung,** die im 12. Jahrhundert errichtet und später in ein Renaissance-Schloss umgebaut wurde. Ein wichtiger Hinweis: Versuchen Sie nicht, die schmale Asphaltstraße bis vor die Festung hinauf zu fahren. Oben ist der Parkraum äußerst knapp und es gibt keine Wendemöglichkeit, sodass man den ganzen Weg rückwärts wieder hinunterfahren müsste!

245pr-rh

36 Camping-Car Park, Malaucène

GPS 44.1775, 5.1303

Relativ ruhiger, neu gestalteter und gepflegter Platz der Kette Camping-Car Park nahe dem Zentrum. **Lage/Anfahrt:** via Av. Charles de Gaulle und D 938 von Norden am Kreisverkehr links und dann gleich wieder links, Anfahrt teils beschildert; hinter der Post weiterfahren bis zum Lkw-Parkplatz; auch für größere Wohnmobile problemlos; **Platzanzahl:** 35; **Untergrund:** Schotter, eben; **Sicherheit:** 150 m von der Gendarmerie; **Preiskat.:** €€; **Geöffnet:** ganzjährig; **Adresse/Kontakt:** Place des Palivettes, 84340 Malaucène, Tel. 0221 67784179 (deutschsprachiger Kundenservice), www.campingcarpark.com.

Malaucène
(8,5 km ab Suzette, 41,5 km ab Vaison)

Von Le Barroux fährt man nun über die D 938 nach Malaucène (ca. 6 km), das neben seiner wuchtigen Pfarrkirche Saint Michel und einem Stellplatz nicht viel zu bieten hat. Mittwochs ist hier allerdings Markttag und der Markt zählt zu den ältesten der gesamten Provence.

Information

› **Office de Tourisme,** Place de la Mairie, 84340 Malaucène, Tel. 0490652259, http://villagemalaucene.free.fr

Park-/Picknickplatz

18 **Richtung Bédoin,** GPS 44.1379, 5.1412. Traumhafter Park- und Picknickplatz in einsamer Heidelandschaft mit Büschen und schattigen Kiefern. An der D 19 etwa auf halbem Wege nach Bédoin rechts der Straße.

Zum Mont Ventoux

Im Zentrum von Malaucène zweigt nach Osten die D 974 zum Mont Ventoux ab (21 km, s. S. 79). Bereits ca. 2 km südlich des Ortes kann man via D 19 nach **Bédoin** (schöner und komfortabler, aber auch stark frequentierter Camping-Car Stellplatz 38) und dann ebenfalls via D 974 nur von der anderen Seite her zum Gipfel des **Mont Ventoux** hinauffahren (ca. 30 km). Die erste Variante ist fast von Anfang an sehr reizvoll, bei der zweiten ist der Aufstieg zum Gipfel noch schöner als bei der ersten. Beide lassen sich zu einer sehr schönen Rundstrecke kombinieren.

Die imposante Kirche von Bédoin vor den Ausläufern des Mont Ventoux

246pr-rh

37 Camping Le Pastory ★★, Bédoin

GPS 44.1314, 5.1704

Einfacher, aber schöner, recht naturbelassener Campingplatz am Fuße des Mont Ventoux. Die Plätze sind geräumig und überwiegend schattig. **Lage/Anfahrt:** an der D 19 NW von Bédoin; **Geöffnet:** April–Okt.; **Preiskat.:** €€; **Kontakt:** Tel. 0490128583, www.camping-le-pastory.com.

Routen-Variante

Ein besonderer Tipp, eher für kleinere Womos: Die Straßen D 19 und D 974 (Bédoin – Sault) führen teils als kleine Holpersträßchen durch eine einsame und besonders im Herbst berauschende Buschwald- und Heidelandschaft mit einigen kleinen Parkplätzen in stiller Natur.

Will man **von Malaucène zurück nach Vaison** (ca. 10 km), so folgt man weiter der D 938 durch das fruchtbare Groseau-Tal.

Unterwegs kann man via D 76 einen Abstecher nach **Crestet Village** machen. Dieses „Village perché“ mit winkeligen Gassen, Renaissance-Häusern und weitem Ausblick liegt malerisch auf einem Kamm (= *crèste*). **Parken** Sie Ihr Fahrzeug vor Erreichen des Dorfes am Hang auf den Terrassenplätzen mit sehr schöner Aussicht.

Parken

P 19 **Crestet Village,** GPS 44.2156, 5.0858

38 Camping-Car Park, Bédoin

GPS 44.1248, 5.1727

Etwas öder, aber gut gepflegter Platz der Kette Camping-Car Park. **Lage/Anfahrt:** via D 974, D 138 und Chemin des Sablières; den Schildern „Piscine“ (Freibad) folgen; **Untergrund:** sandig, eben; **Preiskat.:** €€; **Platzanzahl:** 58; **Geöffnet:** ganzjährig; **Adresse/Kontakt:** 91 Route de la Piscine, 84410 Bédoin, Tel. 0221 67784179 (deutschsprachiger Kundenservice), www.campingcarpark.com; **Bemerkung:** Schöner, großer Wiesenplatz am Ortsrand, bislang wenig Schatten und bei Mistral recht exponiert. Abends und außerhalb der Saison ruhig. Selbst in der Nebensaison ist der Platz oft sehr voll; **Tipp:** Biegt man am südlichen Ortsrand nach Westen auf die Rte de Crillon, so gelangt man zum P4, einem großen asphaltierten Parkplatz am Ortsrand, auf dem Wohnmobile den Tag über stehen dürfen.

247pr-rh

422pr-sh

MONT VENTOUX UND GORGES DE LA NESQUE

Von Malaucène nach Osten klettert die D 974 zum Gipfel des Mont Ventoux empor (21 km). Eine reizvolle Alternative bietet die D 19 via Bédoin. Beide lassen sich auch zu einer Rundstrecke kombinieren (ab/bis Vaison ca. 60 km, 1 Tag).

Wetter- und Straßeninformationen

› Tel. 0892680284 (Météo France)

DER MONT VENTOUX

Mit seiner Höhe von 1909 m nimmt sich der „Riese der Provence" neben den Alpen eher bescheiden aus, aber während jene in einem Gipfelmeer etwas untergehen, ragt er als isoliertes Bergmassiv hoch über seine Umgebung empor und ist fast von allen Winkeln der Provence aus sichtbar. Den extremen Höhenunterschieden mit verschiedensten Klimazonen und Biotopen verdankt er eine ungewöhnlich reiche Flora und Fauna (rund 1000 Pflanzen- und 100 Vogelarten!). Von der mediterranen Zone an seinem Fuß steigt man durch herrliche Wälder mit Buchen, Pinien, Zedern, Eichen und Lärchen empor bis zur subarktischen Gipfelzone. Seit 1994 ist der Berg als UNESCO-Biosphärenreservat geschützt.

Das Klima auf dem Gipfel ist arktisch-rau mit heftigen Stürmen, Kälte und Schnee bis in den Sommer. Selbst bei Badewetter im Tal kann es oben eisig kalt sein – und zwischen November und Mai ist die Gipfelstraße meist gesperrt. Zwar kann es auf dem Gipfel zu nahezu jeder Jahreszeit schneien, doch was im Sommer wie eine Mütze aus Schnee aussieht, sind die Hänge aus weißem Kalkgeröll, auf dem sich in stürmischer Höhe keine Vegetation ansiedeln kann.

Verlässt man Malaucène auf der D 974, sieht man schon nach wenigen Kilometern rechts die **Chapelle Notre-Dame-du-Groseau,** die nur von außen besichtigt werden kann. Der Bau mit quadratischem Grundriss ist der Chor einer Klosterkirche aus dem 12. Jahrhundert, deren Schiff längst verschwunden ist.

Kurz danach in einer Rechtskurve entspringt links am Fuß einer hohen Felswand die **Source Vauclusienne de Groseau,** eine Karstquelle mit einem idyllischen Quellsee, der zum Picknick einlädt. Parkplätze und Naturcamping rechts der Straße.

Weiter schlängelt sich die D 974 durch malerische Wälder den Nordhang des Berges hinauf. Immer wieder passiert sie reizvolle Park- und Rastplätze sowie Aussichtspunkte mit herrlichem Panoramablick.

⊡ *Sagenumwoben: der Mont Ventoux*

Auf etwa 1450 m liegt die Skistation **Mt. Serein** inmitten grüner Bergmatten. Danach folgt nach rechts biegend der (von Nov.–Mai oft gesperrte!) Anstieg durch kahle Geröll-landschaft bis zum **Gipfel des Mont Ventoux** mit Observatorium, Wetter- und Radarstation. Bei klarer Sicht überblickt man von dort oben ganz Südfrankreich von Lyon bis zum Mittelmeer (aber dann können auf dem Gipfel auch schon mal die Parkplätze knapp werden!).

Auf der anderen Seite führt die älteste Gipfelstraße (1885 erbaut) über schneeweiße Geröllfelder und den **Col des Tempêtes** (Pass der Stürme) abwärts zur Skistation **Le Chalet-Reynard.** Dort gabelt sich die Straße: Für die kurze Runde folgt man rechts weiter der D 974 über **Bédoin,** sonst fährt man links (D 164) in Richtung **Sault.**

Beste Reisezeit

Die Fahrt zum Gipfel lohnt sich nur an klaren Tagen, die im Sommer eher selten sind. Die besten Chancen hat man früh am Morgen oder im Spätsommer/Herbst.

Essen

- **Le Chalet-Reynard** bei der gleichnamigen Skistation, Tel. 0490618455, www.chalet-reynard.fr. Kleine Snacks wie Omeletts oder rustikale Grillgerichte und Wildspezialitäten.
- **Le Mas des Vignes,** 15 Chemin Des Jas, 6 km östl. von Bédoin in herrlicher Lage mit Terrasse und Panoramablick, Tel. 0490656391, nur abends außer an Sonn- und Feiertagen, Okt.–März geschl. Gute, bodenständige Küche aus frischen Zutaten zu moderaten Preisen.

Park-/Picknickplatz

20 Parking du Col du Comte, GPS 44.1736, 5.2209. Schöner Ausblick, Wohnmobile stehen hier auch öfters über Nacht.

39 Camping Municipal La Pinède ★★★, Bédoin

GPS 44.1252, 5.1728

Gut ausgestatteter Campingplatz unter hohen Pinien mit Schwimmbad, Kinderspielplatz, Tennisplatz und Beachvolleyball-Bereich. **Geöffnet:** Anfang März–Ende Okt.; **Preiskat.:** €€€; **Adresse/Kontakt:** 84410 Bédoin, Chemin des Sablières, Tel. 0490656103, www.camping-lapinede-ventoux.fr/de; **Hinweis:** Vor dem Eingang befindet sich ein kleiner Womo-Stellplatz.

40 Camping Domaine de Belezy ★★★★, Bédoin

GPS 44.1336, 5.1874

Schattiger FKK-Platz mit zwei Pools und vielen Sportangeboten. **Geöffnet:** Ende April–Mitte Okt.; **Preiskat.:** €€€€; **Adresse/Kontakt:** 84410 Bédoin, 132 Chemin de Maraval, Tel. 0490656018, www.belezy.com.

SAULT

(43 km ab Malaucène, 84,5 km ab Vaison)

Von Le Chalet-Reynard sind es entlang der kurvenreichen und im ersten Teil sehr reizvollen D 164 rund 20 km bis Sault. Der am Westrand des Plateau de Vaucluse auf einem Felsen in 765 m Höhe erbaute Ort besitzt eine romanische Kirche und lebt überwiegend vom Lavendelanbau. Er liegt an der **„Route de la Lavande“** (Infos: www.routes-lavande.com), hat am Wochenende zum 15. August ein **Lavendelfest** und sein **Jardin de Lavandes** (Route de St. Trinit, Juli/Aug. tgl. geöffnet) bietet botanische Führungen und verkauft Setzlinge.

Der Park-/Picknickplatz am Mont Ventoux

011pr-rh

Information

- **Office de Tourisme,** 374 Av. Jean Jaurès, 84200 Carpentras, Tel. 0490630078, www.ventouxprovence.fr

Einkaufen

- Das **Maison de Producteurs** (April–Okt.) an der Rue de la République wird von der Kooperative der Lavendel-Anbauer betrieben. Außer Lavendelprodukten gibt es auch andere Duft- und Heilpflanzen sowie Honig.
- **André Boyer,** Rue de la Porte-des-Aires, Tel. 0490640023. Seit 1887 traditionelle Herstellung von „nougat".

41 Camping du Defends ★★, Sault

GPS 44.1030, 5.4249

Ein sehr einfacher und in die Jahre gekommener Campingplatz in einem sehr schönen Wäldchen. **Lage/ Anfahrt:** Route de St. Trinit, via D 950, rund 1,5 km nordöstlich des Ortes auf schattigem Terrain neben dem Freibad; **Geöffnet:** 1. Mai–30. September; **Preiskat.:** €€€; **Kontakt:** Tel. 0661094331, www.campingdudefends-84.fr.

42 Stellplatz Sault

GPS 44.0943, 5.4132

Ein nicht gerade schöner, aber relativ ruhiger Platz (P3) am Ortsrand beim Friedhof; **Anfahrt:** vom Zentrum bergauf Richtung „Parking Aires", daran und an der Schule vorbei bis zum Ortsende; am Friedhof rechts; **Zufahrt:** für alle Fahrzeuge problemlos; vor der Schule irritiert ein Schild „Durchfahrt verboten", das aber nur für die Schulpausen gilt; **Platzanzahl:** ca. 30, **Untergrund:** Schotter, holperig; **Preiskat.:** Stellplatz kostenlos, Ver-/Entsorgung kostenpflichtig; **Geöffnet:** ganzjährig, **Kontakt:** Rathaus, Tel. 0490640230.

Parken

21 Aire des Gorges de la Nesque, GPS 44.0577, 5.3556. 4 km südwestlich von Sault zweigt hinter Monieux von der D 942 links ein sehr schmaler, einspuriger, aber befestigter Fahrweg ab, der 800 m zu einem kleinen „Plan d'Eau" (See) in traumhafter Lage führt. Das idyllische Erholungsgebiet für Bewohner der Umgebung bietet ebene Parkplätze auf festem Wiesen- oder Kiesgrund, eine Toilette (zeitweise geschlossen), Mülleimer, Spielplatz, Tische und Angelmöglichkeiten; nicht als Stellplatz ausgewiesen, aber auch keine Verbotstafeln – und ideal für ein Picknick ist es allemal; **Achtung:** Aus der Gegenrichtung kommend ist die Abzweigung für größere Mobile zu spitzwinklig. Man kann dann an der nächsten Abzweigung rechts auf die D96b abbiegen und erreicht so den Platz von Osten her; **Wandern:** Bei der Brücke beginnt ein schöner Wanderweg; ca. 1,5 km bis zur Quelle „Font de St. Jean", zur Kapelle St. Michel und weiter durch die Nesque-Schlucht.

426pr-sh

Der wunderschön gelegene Parkplatz Aire des Gorges de la Nesque

425pr-sh

GORGES DE LA NESQUE

(27 km ab Sault bis Villes-sur-Auzon, 111,5 km ab Vaison)

Man verlässt **Sault** auf der D 942 nach Westen und hält sich 2,5 km weiter bei der Gabelung links, um dann auf einer rund 20 km langen und kurvenreichen Strecke die malerischen **Gorges de la Nesque** zu entdecken.

Die stellenweise spektakuläre Straße führt durch eine karge und kaum besiedelte Berglandschaft hoch über der Nesque, die sich bis zu 400 m tief in die Kalkfelsen geschnitten hat. **Monieux,** das den Schluchteingang markiert, bietet neben mittelalterlichen Häusern und einem Turm aus dem 12. Jh. Zugang zu einem markierten **„Sentier botanique“** (Pflanzen-Lehrpfad, insgesamt ca. 3 Std., keine besonderen Schwierigkeiten, am südlichen Ortsausgang links auf einer schmalen Straße in Richtung „Plan d'Eau“ bis zum Parkplatz fahren). Mit etwas Glück kann man über der Schlucht Gänsegeier beobachten.

Falls man die Strecke in entgegengesetzter Richtung fahren kann, ist das Erlebnis eindrucksvoller, da die Route dann eher sanft beginnt und sich steigert.

Auf der weiteren Strecke bieten zahlreiche kleine Haltebuchten gute Ausblicke über die Schlucht. Den wohl schönsten Blick hat man ca. 5,5 km hinter Monieux vom 734 m hohen **Belvedere de Castellaras,** gegenüber dem steil aufragenden **Rocher du Cire** (872 m). Danach passiert man einige (teils niedrige!) Tunnel und fährt dann durch weniger spektakuläre Landschaft allmählich abwärts nach **Villes-sur-Auzon.** Die D 30 über das Plateau de Vaucluse ist recht monoton.

Achtung

Einer der Tunnel entlang der Nesque-Schlucht ist am Fahrbahnrand nur 2,40 m hoch! In der Mitte sind alle Tunnel für Fahrzeuge bis 3,40 m passierbar.

Picknickplatz

22 Bei Villes-sur-Auzon, GPS 44.0400, 5.2470. Nach dem Ende der Schlucht gibt es nahe Villes-sur-Auzon einen schönen, sonnigen Platz zwischen Eichen und Tannen mit einem Naturlehrpfad (Sentier de Découverte).

Abstecher

Sehr schön ist ein Abstecher auf den ruhigen, kleinen Provinzstraßen D 217 und D 1 südlich des Massivs – besonders im Juli und August, wenn die Lavendelblüte das Land mit fantastischen blau-violetten Teppichen überzieht!

Einige der Tunnel über der Nesque-Schlucht sind mit etwas Vorsicht zu genießen

KULTURSCHÄTZE UND NATURWUNDER RUND UM DAS PLATEAU DE VAUCLUSE

Von **Villes-sur-Auzon** folgt man weiter der D 942 nach Westen und biegt nach ca. 7,5 km links auf die D 77 um nach Venasque zu gelangen. Unter einer weit über die Straße ragenden Felswand hindurch klettert das schmale Sträßchen zu dem Village perché (Felsendorf) empor.

VENASQUE

(15,5 km ab Villes-sur-Auzon, 127 km ab Vaison)

Der unscheinbare Ort hoch auf dem Felsplateau über der Nesque war einst Bischofssitz und Hauptstadt des **Comtat Venaissin,** dem er sogar seinen Namen verlieh. Sehenswert sind neben den massigen **Tours Sarrazines** (davor ein großer **Parkplatz**) die Kirche **Notre-Dame de Vie** und das umstrittene **„Baptisterium“,** das lange als merowingische Taufkapelle galt, heute aber eher als Grabkapelle aus dem 11. Jh. angesehen wird. Weder der Streit der Gelehrten noch die Datierung nimmt dem Kreuzgewölbe etwas von seinem stillen Reiz. Auch das Dorf selbst bezaubert durch seine beschauliche Atmosphäre.

Information

› **Office de Tourisme Intercommunal,** 374 Av. Jean Jaurès, 84200 Carpentras, Tel. 0490630078, www.ventouxprovence.fr

Parken

› Kompaktere Mobile können ganz oben vor den Festungstürmen parken. Längere Fahrzeuge sollten in der Saison gar nicht erst ganz bis zum Dorf hinauffahren und außerhalb der Saison im Ort gleich den ersten (kleinen!) Parkplatz rechts ansteuern, da die folgende Haarnadelkurve vor dem Stadttor recht eng ist.

RUND UM DAS PLATEAU DE VAUCLUSE

Weiter geht es am Rand des Plateau de Vaucluse entlang durch drei vom Wasser geprägte Orte und zu malerischen Bergdörfern,

Das Felsendorf Venasque war einst Hauptstadt des Comtat Venaissin

014pr-rh

Das Plateau de Vaucluse: Karstplateau mit zwei Gesichtern

Das Plateau de Vaucluse im Herzen der Provence, zwischen der Kette des Mt. Ventoux im Norden und den Luberon Bergen im Süden, ist ein weites Karstplateau, in Jahrmillionen vom Wasser zerfurcht und unterkellert. Durchzogen von Schluchten und von Höhlen durchlöchert wie ein Schweizer Käse. Ein Plateau trockener Busch-Steppen und betörender Lavendelfelder, malerischer Bergdörfer und bizarrer Karst-Phänomene. Ein Land mit Licht und Schatten, denn einige der pittoresken Bergdörfer und Naturphänomene wurden Opfer ihrer Schönheit und vom Tourismus überrannt. Und doch gibt es sie auch hier noch immer: stille Winkel, lauschige Täler und verschlafene Dörfer. Und selbst die Hauptattraktionen, die man im Sommer gerne meidet, können im Frühjahr oder Herbst ein ganz anderes und sehr sympathisches Gesicht zeigen.

015pr-rh

Klöstern und Naturwundern an den Südhängen des Plateaus. Mit kleineren Fahrzeugen kann man dazu von **Venasque** auf schmalen, kurvigen Sträßchen über **St. Didier** weiterfahren, mit größeren nimmt man besser die D 4 und D 1 (ungefähr 10 km) nach Pernes-les-Fontaines.

Alternativroute

Wer „abkürzen" möchte und eher schöne Landschaften als Städte sucht, der kann auf der D 4 in Richtung Südosten durch den **Forêt de Venasque** und die reizvollen **Gorges** fahren und dann via Col de Murs (627 m), durch dünn besiedeltes Land und Weinberge quer über das Plateau bis Roussillon (s. S. 92) oder Apt (s. S. 95).

PERNES-LES-FONTAINES

(10 km ab Venasque, 137 km ab Vaison)

Das kleine Landstädtchen Pernes – Nachfolger von Venasque als Hauptstadt des Comtat – verdankt seinen Beinamen den angeblich **40 Brunnen,** die hier plätschern sollen (wir haben allerdings nur wenige davon entdeckt). Neben mächtigen Stadttoren, Schloss und Uhrturm ist in Pernes vor allem der **Tour Ferrande** interessant, ein Wohnturm aus dem 13. Jh. Aber auch sonst hat das Städtchen mit viel alter Bausubstanz einigen Charme und ein Bummel lohnt sich.

Information

- **Office de Tourisme,** Place Gabriel Moutte, 84210 Pernes-les-Fontaines, Tel. 0490613104, https://porteduventoux.com/pernes

Einkaufen/Übernachten

- In Velleron, ca. 5 km südwestlich von Pernes, gibt es einen riesigen Platz an der Av. des 16ème Olympiades, auf dem im Sommer Mo.–Sa. ab 18 Uhr, sonst Di./Fr./Sa. ab 16.30 Uhr ein großer Bauernmarkt mit vielfältigen Produkten der Region stattfindet. Nachts und außerhalb der Marktzeiten stehen dort oft auch Wohnmobile. GPS 43.9556, 5.0268.

Parken

P 23 Parking Frederic Mistral, GPS 43.9994, 5.0568. Der große, schattige Parkplatz liegt jenseits der Nesque an der Cour Frizet (D 1); Wohnmobile erlaubt außer Mi. 15–20 und Sa. 7–13 Uhr.

P 24 Parking du Marché, GPS 43.9991, 5.0623. Der Parkplatz befindet sich östlich des Zentrums via Cours de la République in Richtung St. Didier; ruhiger, ebener Schotterplatz; außer Sa.Vormittag.

43 Camping Coucourelle ★★, Pernes-les-Fontaines

GPS 43.9998, 5.0684

Lage: Chemin du Camping, 84210 Pernes-les-Fontaines; **Anfahrt:** hinter dem Sportkomplex an der Straße in Richtung St. Didier (D 28); **Geöffnet:** Anfang April–Ende September; **Preiskat.:** €€; **Kontakt:** 485 Av. René Char, Tel. 0490664555, www.camping-pernes.com.

250pr as©Laurent Danis

L'ISLE-SUR-LA-SORGUE

(10 km ab Pernes, 147 km ab Vaison)

Über die D 938 nach Süden erreicht man 11 km weiter L'Isle-sur-la-Sorgue. Von den klargrünen Armen der Sorgue umströmt, hat sich die als „Venedig des Comtat" gerühmte Inselstadt ihre wasserreiche Lage früh zunutze gemacht: Gerbereien und Färbereien entstanden und Dutzende riesiger Schaufelräder trieben Öl-, Getreide- und Papiermühlen an. Einige dieser bemoosten **Mühlräder** sind noch heute erhalten.

Außerdem ist der Ort für seine Antiquitäten und **Villages des Antiquaires** bekannt sowie für einen der größten Flohmärkte der Provence („Foire à la Brocante" findet immer zu Ostern mit über 800 Händlern statt). Außerdem gibt es jeden Sonntag kleinere Floh- und Trödelmärkte.

Information

› **Office de Tourisme,** 13 Place F. Buisson, 84800 L'Isle-sur-la-Sorgue, Tel. 0490380478, https://islesurlasorguetourisme.com

Einkaufen: Le Village des Antiquaires

Die Innenstadt von L'Isle-sur-la-Sorgue ist voller Antiquitätengeschäfte. Zahlreiche der Händler haben sich aber auch zu sieben Villages (Dörfern) zusammengeschlossen, die in alten Fabrik- oder Lagerhallen riesige Schatzkammern zum Stöbern bieten. Das älteste davon ist das Village des Antiquaires de la Gare, Av. De l'Égalité, Tel. 0490380457, www.levillagedesantiquairesdelagare.com, das in einer alten Textilfabrik auf 3500 m² rund 80 Aussteller vereint. Geöffnet April–Okt. Do. 10–17 Uhr, Fr.–Mo. 10–19 Uhr, sonst Fr.–Mo. 10–18 Uhr.

L'Isle-sur-la-Sorgue wird auch das „Venedig der Provence" genannt

Einer der zahlreichen Brunnen („Fontaines"), denen Pernes seinen Beinamen verdankt

44 Camping La Sorguette ★★★, L'Isle-sur-la-Sorgue

GPS 43.9143, 5.0719

Gut ausgestatteter Platz an der Sorgue. **Lage/Anfahrt:** N 100 ca. 1,5 km Richtung Apt, von Apt kommend gleich am Ortseingang rechts; **Geöffnet:** Mitte März–Mitte Oktober; **Preiskat.:** €€€€; **Adresse/Kontakt:** 871 Route d'Apt, Tel. 0490380571, www.camping-sorguette.com.

Achtung: Lassen Sie sich durch Womo-Schilder im Ort nicht verwirren. Sie beziehen sich nicht auf einen Stellplatz, sondern nur auf den Camping la Sorguette 44.

Ein ideales Paddelrevier: die Sorgue

Fontaine-de-Vaucluse ist für seine Karstquelle berühmt, aus der ein kompletter Fluss ans Tageslicht tritt

FONTAINE-DE-VAUCLUSE

(7 km ab L'Isle-sur-la-Sorgue, 154 km ab Vaison)

Via D 25 in Richtung Osten gelangt man nach Fontaine-de-Vaucluse. Der dritte „Wasser-Ort" in Serie ist fast schon so etwas wie ein nationaler Wallfahrtsort der Franzosen – was bedeutet, dass man ihn zu Ferienzeiten und an sonnigen Wochenenden besser meidet, denn dann sind dort mehr Menschen, Omnibusse und Souvenirbuden zu sehen als Wasser in der Sorgue! Im Frühjahr hingegen, wenn Ausflügler und Buden noch nicht recht aus dem Winterschlaf kommen und dafür das Wasser mächtig strudelt, kann es sehr schön sein, an den smaragdgrün glitzernden Kaskaden entlang bis zum Quelltopf am Fuß einer hohen Felswand zu spazieren. Tatsächlich steht man hier nicht an einer gewöhnlichen Plätscherquelle, sondern an einer **Karstquelle,** die einen kompletten Fluss auf einmal ausspuckt: fast 100 m³ pro Sekunde im Frühjahr. Hier kommt all das Wasser wieder ans Tageslicht, das auf einer Fläche von über 1000 km² auf der karstigen Fläche des Vaucluse-Plateaus im Boden verschwindet.

Um die Buden und Stände sollte man einen Bogen machen. Anschauen kann man sich hingegen die alte **Papiermühle,** wenngleich auch hier inzwischen die Verkaufsfläche den meisten Raum einnimmt, sowie eines der verschiedenen **Museen: Santon-Museum** (Szenen mit provenzalischen Santon-Puppen), **Musée d'Histoire 1939–45** (Besetzung und Résistance), **Écomusée du Gouffre** (die Welt der Höhlen und Tropfsteine) und **Petrarca-Museum.**

394pr-as©LR Photographies

Sackgasse als Namensgeber

Da der gesamte Fluss hier aus dem Felsen kommt, ist das Tal eine Sackgasse, ein „geschlossenes Tal" = Vallis Clausa, und damit Namensgeber für das Département Vaucluse.

Information

› **Office de Tourisme,** Place de la Liberté, 84800 Fontaine-de-Vaucluse, Tel. 0490380478, www.oti-delasorgue.fr

Parken

P 25 Südufer der Sorgue, GPS 43.9197, 5.1270. Am Südufer des Flusses (D24) gibt es einen großen Parkplatz direkt am Wasser (4 €, außerhalb der Saison kostenlos), der bislang auch für Wohnmobile zugänglich war.

› Sonst kann man auf dem Stellplatz 45 parken.

› Die Parkplätze auf der Nordseite sind für Fahrzeuge über 2,20 m Höhe nicht zugänglich. Alle Plätze können im Sommer sehr voll sein!

45 Camping-Car Park, Fontaine-de-Vaucluse

GPS 43.9202, 5.1245

Schön gelegen, direkt am Bach, nachts ruhig; zu Fuß 500 m vom Zentrum. **Lage/Anfahrt:** an der südlichen Zufahrt nach Fontaine (D 24), wer am Nordufer auf der D25 kommt, muss durch den Ort hindurch zur Südseite fahren; **Untergrund:** Schotter, **Platzanzahl:** 21; **Sicherheit:** Videoüberwachung; **Preiskat.:** €€; **Max. Stand:** unbegrenzt; **Geöffnet:** ganzjährig; **Adresse/ Kontakt:** Route de Cavaillon, Tel. 0221 67784179 (deutschsprachiger Kundenservice), www.campingcar park.com; **Alternative Parkmöglichkeiten** bietet nur wenig weiter ein ruhiger Platz direkt am Wasser (GPS 43.9198, 5.1268, 4 €).

Um die „Sackgasse" zu verlassen, fährt man zuerst auf der D 25 ein Stück zurück und dann auf der schmalen D 24 nach Süden bis zur N 100 und dort links und ca. 2 km weiter wieder links auf die D 22.

Kurz darauf trifft sie auf den Weiler **Coustellet** mit dem **Musée de la Lavande** (276 Route de Gordes, Mai/Juni tgl. 10–13 und 14–18 Uhr, Juli/August tgl. 10–19 Uhr, letzter Einlass je eine Stunde früher, Eintritt 8 €, www.museedelalavande.com, Tel. 0490769123), das u. a. eine sehr schöne Sammlung historischer Destillierapparaturen zeigt – und vor allen Dingen jede Menge Lavendelprodukte verkauft. Man kann sich also mit Mitbringseln eindecken.

Route touristique

Eine schmale und reizvolle touristische Straße führt nach Süden zur D 100; sie umfasst jedoch eine sehr steile Kurve!

Weiter kann man entweder via D 2 nach Südwesten bis **Cavaillon** (s. S. 104) oder via D 2 und D 3 in Richtung Südost nach **Oppède-le-Vieux** (s. S. 103) und zu den Hängen des **Luberon** (s. S. 97). Unsere Route führt aber zunächst via D 2 in nordöstlicher Richtung und schließlich links über die D 15 hinauf nach Gordes.

Picknickplatz

26 Parking du Bourbourin, GPS 43.8920, 5.1329. Sonniger Platz, ein Motocross-Gelände befindet sich nebenan.

Crèches und Santons

Die ersten ***Weihnachtskrippen*** *(crèche) mit bunt bemalten Figuren sind vermutlich im 17. Jh. aus Italien in die Provence gekommen – und stießen dort auf große Begeisterung. Im 18. Jh. wurden sie aus Wachs gefertigt, das ein Drahtgestell überzog und mit üppigen Kostümen, Perücken und Schmuck ausgestattet. Später wurden auch Pappmaché, Holz, Salzteig und andere Materialien verwendet.*

Dem Temperament der Provenzalen entsprechend, blieb es nicht bei statischen Figuren, sondern es entstanden bereits früh die sogenannten crèches parlantes (sprechende Krippen): umfangreiche Ensembles sich bewegender Figuren, die teilweise zudem Geräusche machten und sangen. Dabei nahm man es in der Begeisterung mit historischen Details nicht zu genau und niemand störte sich daran, wenn Eisbären, Giraffen und Nilpferde um das Jesuskind tanzten, wenn die Könige aus dem Morgenland einem Dampfzug entstiegen – oder (wie zu Napoleons Zeiten) der Kaiser mitsamt seinen Truppen und einem Kriegsschiff mit von der Partie waren.

004pr-rh

Die ***Santons*** *verdanken ihre Existenz eigenartigerweise der Französischen Revolution. Als sie die Kirchen schloss und damit die Weihnachtskrippen verschwanden, traten die „kleinen Heiligen" eine weltliche Karriere an. Jean-Louis Lagnel, ein Künstler aus Marseille, der zuvor Krippenfiguren für die Kirchen gefertigt hatte, kam auf die Idee, kleinere Tonfiguren in größerer Stückzahl mithilfe von Gipsschablonen zu fertigen und zu günstigeren Preisen direkt an die Bevölkerung zu verkaufen, sodass die Menschen ihre eigene Weihnachtskrippe einrichten konnten. Die bunt bemalten Figürchen nach biblischen Vorlagen und provenzalischer Tradition fanden so stürmischen Anklang, dass schon wenige Jahre später die ersten Santon-Märkte entstanden. Die Santons wurden zu einem festen Bestandteil der provenzalischen Tradition und durften an Weihnachten in keiner Familie fehlen. Zusätzlich hat in den letzten Jahrzehnten der Tourismus die Produktion belebt – mit der Folge, dass einem Santons en masse in jedem Souvenirgeschäft begegnen und dass sie teilweise als Billigware aus Fernost importiert werden.*

GORDES

(13 km ab Fontaine-de-Vaucluse, 167 km ab Vaison)

Dieses klassische Bilderbuch-Provence-Bergstädtchen mit seinen Gassen, Treppen und Terrassen und einem Gewirr von schmucken weißen Kalksteinhäusern (die hartnäckig immer wieder als „golden" bezeichnet werden) ist gewiss einen Besuch wert – aber möglichst nicht zu Hauptreisezeiten, da es dann fürchterlich überlaufen ist. Nach dem Krieg war der Ort weitgehend zerstört, wurde dann aber von Künstlern entdeckt und so gründlich wieder aufgebaut, dass man heute meinen könnte, es sei des Guten fast etwas zu viel. Den schönsten Blick auf Gordes genießt man von einem Felsbalkon, sobald man die Höhe erreicht hat. Die beste Parkmöglichkeit liegt kurz davor rechts (Symbol „Aussicht", Einbahnstraße, in der Saison sehr voll!).

019pr-rh

◻ *Blick auf die Altstadt von Gordes*

㊻ Parking René Cassin, Gordes

GPS 43.9148, 5.1978

Zentrumsnaher und doch relativ ruhiger Platz hinter der Gendarmerie. **Lage/Anfahrt:** D 15 bis vor das Altstadtzentrum, in der Rechtskurve links den Parkplatzschildern folgen; bei den Busparkplätzen; **Zufahrt:** problemlos; **Platzanzahl:** ca. 10 (kein offizieller Stellplatz, aber man sieht dort häufig auch Wohnmobile stehen); **Untergrund:** Asphalt, recht viel Gefälle; **Service:** AireService (im Winter nicht immer Wasser); **Preiskat.:** €€; **Achtung:** gebührenpflichtig ist der Platz nur von 8 bis 19 Uhr; **Max. Stand:** unbegrenzt; **Geöffnet:** ganzjährig; **Kontakt:** Tel. 0490720275.

253pr-rh

Neben einem Bummel durch die Gassen kann man sich das **Schloss** ansehen, aber interessanter ist die unterirdische Welt der **Caves du Palais St. Firmin** (durch die kleine Rue de l'Église und die Rue Belvédère in Richtung „Point de Vue"): ein unterirdisches Labyrinth von Gewölben, Treppen, Kammern und Zisternen mit einer alten Ölmühle.

Bories – von der Steinzeit bis zur Gegenwart

Bories sind einfache, weitgehend fensterlose Steinhäuser, die ohne Mörtel und Werkzeuge aus Kalksteinplatten aufgeschichtet und nach oben mit einem sogenannten „falschen" (spitz zulaufenden) Gewölbe abgeschlossen wurden. Sie gehen bis auf die Steinzeit zurück und sind in ähnlicher Form auch in anderen Mittelmeerländern (z.B. Trullis in Italien, Kazuni in Kroatien) und bis nach Irland und Schottland verbreitet. Teilweise wurden sie bis in die Gegenwart als Schutzhütten, Feldspeicher, Ziegenställe etc. genutzt und bis etwa ins 19. Jh. wurden einige sogar noch bewohnt. Verschiedenste Beispiele findet man entlang den Straßen der Provence.

254pr-rh

Information

› **Office de Tourisme,** Place Genty Pantaly, 84220 Gordes, Tel. 0490713201, www.luberoncoeurdeprovence.com

Parken

P **27 Ortseingang Gordes,** GPS 43.9012, 5.1929. Parken kann man auf dem großen Parkplatz nahe dem Ortseingang bei der Abzweigung zum Village de Bories, der allerdings ca. 2 km vom Zentrum entfernt ist. Er ist inzwischen ein allgemein akzeptierter Stellplatz (ohne Ver-/Entsorgungsstation), auf dem meist viele Womos zu sehen sind. Der Schottergrund ist vom Regen teils stark zerfurcht und hat reichlich Gefälle. Schatten ist rar. Die Größe des Platzes erlaubt es, in einiger Entfernung von der Straße zu stehen.

P **28 Route de Murs,** GPS 43.9132, 5.1988. Ganz zentral gibt es einen großen Parkplatz an der nur wenige Schritte vom Schloss. Er liegt angenehm ruhig und bietet einen schönen Ausblick, 8€/24 Std. Achtung: Gebührenpflichtig ist der Platz nur von 8 bis 19 Uhr!

UMGEBUNG VON GORDES

Village de Bories (April/Mai/Sept. 9–19, Juni–Aug. 9–20 Uhr, Tel. 0490720348, www.levillagedesbories.com, 8€), via D 15 ca. 2,5 km nach Süden und kurz nach Einmündung auf die D 2 rechts und gleich wieder rechts auf den großen Parkplatz. Von dort führt ein kleines Sträßchen zwischen Trockenmauern gegen Schluss als unasphaltierter Fahrweg ca. 2 km bis zum Parkplatz. **Achtung:** Die Zufahrt vom Parkplatz zum Village de Bories ist für Fahrzeuge über 3,5 t zGG und 2 m Breite nicht geeignet und mittlerweile – zumindest während der Saison – ganz gesperrt! Hier wurde inmitten der typischen Busch- und Weidelandschaft des Plateaus ein komplettes Dorf aus **Bories** restauriert und zusammengestellt.

Moulin des Bouillons (5 km südl. via D 15 und D 2, links auf der D 103 in Richtung Beaumette, wieder links auf die D 148 und rund 100 m in Richtung St. Pantaléon. Dieses

255pr-as©Kim Petersen

Museum mit einer Ölmühle aus dem 16. Jh. besitzt eine gigantische, 7 Tonnen schwere Presse, die aus einem einzigen, 10 m langen Eichenstamm gefertigt wurde und die älteste erhaltene gallo-romanische Presse ist. In **St. Pantaléon** (weiter via D 148 nach Osten) steht eine kleine **romanische Felsenkirche,** umgeben von in den Fels geschnittenen Gräbern.

Tipp

Der Weg zum Klostereingang ist beschildert. Geht man vom Parkplatz aber geradeaus, so gelangt man zur Kirche. Sie kann ohne Eintritt besucht werden und ist mit den anderen Klosterräumen verbunden (!) und wegen ihrer tollen Akustik eine besondere Attraktion.

ABBAYE DE SÉNANQUE

(4 km ab Gordes, 171 km ab Vaison)

Westlich von Gordes führt die D 177 in Richtung Norden zur Abbaye de Sénanque, die in ihrer Schlichtheit eines der schönsten und eindrucksvollsten Klöster der Provence ist. Den schönsten Blick von außen auf die Anlage hat man zur Zeit der Lavendelblüte (Juli/Aug.) zeitig am Morgen oder am Spätnachmittag, später ist die Anlage vom Gegenlicht überstrahlt.

Ihr meditativer Baustil der schlichten, klaren Linien und der Harmonie von Form und Licht verkörpert den Grundgedanken der Zisterzienser, sich in die umgebende Natur einzufügen. „Viel mehr wirst du in den Wäldern finden als in den Büchern. Die Bäume und Felsen lehren dich Dinge, welche dir kein Lehrer jemals sagen kann“, schrieb der hl. Bernhard. Allerdings: Während der Hauptsaison sind Ruhe und meditative Stimmung oft dahin!

Zufahrt

› Die **Zufahrt von Süden** ist streckenweise nur einspurig! Alternativ kann man östlich von Gordes via D 15, links auf D 244 und wieder links auf D 177 auf etwas breiteren Sträßchen und durch schöne Landschaft von Norden her nach Sénanque gelangen, doch sind hier zwei kleine Brücken nur für max. 2,5 t zugelassen.

Parken

P **29 Sénanque Besucherparkplatz,** GPS 43.9308, 5.1891. Großer Parkplatz direkt nördlich des Klosters.

D **30 Sénanque 1,** GPS 43.9348, 5.1895. Einen kleinen, ruhigen und schattigen Parkplatz für ein Picknick mit Blick auf das Kloster findet man kurz vor dem großen Parkplatz in der letzten Haarnadelkurve links.

Für die Weiterfahrt kann man die folgende Variante wählen: hinter Gordes links der D 2 folgen, dann nach rechts via D 4 und wieder rechts über die D 104 nach Roussillon hinauf fahren.

Die Abbaye de Sénanque präsentiert sich am malerischsten, wenn der Lavendel blüht

257pr-as©Martin MOLCAN

ROUSSILLON

(16 km ab Abbaye de Sénanque, 187 km ab Vaison)

Schon der **Blick auf die Altstadt** (am schönsten vom Parkplatz am Zugang zum „Sentier des Ocres“) ist die Fahrt hierher wert. Die eng auf dem Hügel zusammengedrängten Häuser leuchten in der ganzen Palette warmer Ockertöne: von Safrangelb und Erdbraun über Karmesin und Zinnober bis zu Weinrot und Violett. Und der Himmel darüber scheint noch blauer zu strahlen als sonst!

Einen Bummel durch die engen Gassen sollte man sich keinesfalls entgehen lassen (wenn möglich bei sonnigem Wetter!) – aber noch weniger einen Spaziergang durch die alten Ockerbrüche auf dem **Sentier des Ocres** (GPS 5.2971, 43.9000, vom Place du Pasquier nach Osten die Straße hinauf, 1–2 km, 1 Std., täglich geöffnet, aber zu sehr variablen Zeiten, bei Regen geschlossen, 3,50 €, www.provenceguide.com/equipements/luberon/sentier-des-ocres/provence-821608-1.html, Tel. 0490056025).

Der Pfad führt durch eine bizarre Wunderwelt fantastisch gefärbter Wände, Türme, Zinnen und Feenkamine. Am Weg stehen Infotafeln, die Erläuterungen zur Flora geben.

Tipp

Besuchen Sie die Ockerbrüche unbedingt bei sonnigem Wetter und am besten frühmorgens oder spätnachmittags, wenn die Farben am intensivsten leuchten. Tragen Sie alte bzw. unempfindliche Kleider und Schuhe, denn zumindest Schuhwerk und Hosenbeine werden nachher kräftig vom Ockerstaub verfärbt sein!

Information

› **Office de Tourisme,** Place de la Poste (an der Place du Pasquier), 84220 Roussillon, Tel. 0490056025, https://otroussillon.pagesperso-orange.fr

Essen

› **Le Bistrot** (Pl. de la Mairie, Tel. 0490057445, Fr.–Mi. 11.30–21 Uhr, Nov.–März geschl.) mit ockergefärbtem Speisesaal und schöner Aussichtsterrasse ist eines der angenehmsten Lokale im Ort; provenzalische Küche, Menüs 18–25 €.

Etwa 1 km südl. des Pl. du Pasquier via D 104 in Richtung Apt findet man **Okhra – Usine d'Ocre Mathieu** (570 Route d'Apt, Tel. 0490056669, www.okhra.com, Feb.–Okt. tgl. geöffnet). In der 1963 geschlossenen Fabrik erfährt man, wie der Ockersand weiterverarbeitet wurde.

⌃ Die Altstadt von Roussillon ist ganz von den Rottönen des Sandsteins geprägt

› Rings um Roussillon tritt an vielen Stellen der rote Sandstein zutage

Parken

P 31 Parkplatz Roussillon, GPS 43.8964, 5.2968. Große, gebührenpflichtige Parkplätze (von 8 bis 22 Uhr, 4 €, 15 Min. kostenlos) an den Ortseingängen von D 169 (Parking des Sablons) und D 104 kommend. An der Ecke D 149/D 104 bzw. 105 (Les Sables d'Or) gibt es einen schönen, ruhigen Platz mit Toiletten (die Ver-/Entsorgungsstation besteht leider nicht mehr), tagsüber 4 €, Übernachtung 7 € (22–8 Uhr), max. Stand 48 Std. Die weitere Zufahrt zur Altstadt ist für Wohnmobile gesperrt.

Weitere Stellplätze

› Weitere Parkplätze (ohne Servicestation), auf denen man eine Nacht stehen kann, findet man in **Goult** (ca. 7 km südwestlich, GPS 43.8621, 5.2460, hinter dem Rathaus rechts, 5 Stellplätze auf festem Schotter, steile Abfahrt, niedrige Äste) und **Gargas** (6,5 km östlich, GPS 43.9009, 5.35585, beim Friedhof, der untere Teil ist ebener und ruhiger).

Achtung

Mit dem Wohnmobil sollte man nach Roussillon unbedingt von Süden oder Westen her über die D149, D104 oder D169 anreisen, da man sonst über schmale und teils steile Sträßchen ankommt, keine Parkmöglichkeit findet und in sehr weitem Bogen wieder von Roussillon weg und um die Stadt herum fahren muss!

Abstecher

› Lohnend ist ein Abstecher über die D 4 nach Nordosten in Richtung **Carpentras** (s. S. 73).

› Ein Abstecher nach Süden über die D 149 und die D 108 führt ca. 5 km zu der **Pont Julien,** einer Römerbrücke aus dem 3. Jh. v. Chr. an der Via Domitia. Heute ist sie gesperrt und es gibt eine Umgehung und einen kleinen Parkplatz.

Folgt man weiter der D 2 (oder von Roussillon der D 227 und dann der D 2), so erreicht man ca. 10 km nordöstlich **St. Saturnin-lès-Apt,** ein malerisches „Village perché" (Felsendorf) mit Windmühle, romanischer Kapelle und einer Festungsruine, die man vom Parkplatz an der Rue de la Combe aus erkunden kann. Vorsicht: ungesicherter Aufstieg!

Anschlussroute

Von St. Saturnin-lès-Apt führt die D 943 durch die kaum besiedelte, aber streckenweise sehr monotone Landschaft der Vaucluse-Berge zunächst nach Westen und dann nach Norden insgesamt 28 km weit bis **Sault** (s. S. 80), von wo aus man nach Nordwesten fahrend den Mont Ventoux erreicht oder Richtung Südosten via D 30 über die einsame Hochebene des **Plateau Albion** (eine riesige Militärbasis) nach **Rustrel** gelangt.

256pr-rh

RUSTREL

(19 km ab Rousillon, 206 km ab Vaison)

Via D 179 ca. 10 km östlich von St. Saturnin liegt das zweite bedeutende Ockerzentrum der Provence: Rustrel, das berühmt ist für seinen **Colorado Provençal** (Tel. 0643977606, www.coloradoprovencal.fr) östlich des Ortes via D 22, zum Teil sehr schmale Zufahrt, in der Saison Einbahnverkehr und gebührenpflichtige Parkplätze – Wohnmobil 12 € pro Tag.

Das Ortsbild ist längst nicht so reizvoll wie das von Roussillon, aber die alten Ockerbrüche sind noch ausgedehnter und vielleicht noch faszinierender.

Ocker – die Ästhetik des Rosts

Einer alten Legende zufolge sollen die Titanen bei ihrem (vergeblichen!) Versuch, die Provence zu erobern, mit einer riesigen Feuerkanone Glutbälle auf sie gefeuert haben – und wo sie einschlugen, ist die Erde bis heute rot verbrannt. Das klingt natürlich poetischer als die lapidare Feststellung, dass all diese Farbenpracht nur eins ist: Rost. Tatsächlich sind die vielfältigen Nuancen von Rot, Orange und Gelb letztlich nichts anderes als eine Mischung von sandigem Lehm mit Eisenoxid. Je nach Grad der Oxidation und Mischung reicht das Spektrum vom hellsten Safrangelb über Senfgelb zum feurigen Karmesin und Zinnober bis zum satten Weinrot und Violett.

Um aus den Ockersanden Farbstoff zu gewinnen, wurden sie gewaschen, aufgeschwemmt und in eine Serie von Absetzbecken geleitet. Der abgelagerte Ockerschlamm wurde getrocknet und zu feinem Pulver zermahlen. Um noch intensivere Farben zu erhalten, hat man ihn auch gebrannt. Vor der Zeit synthetischer Farben wurden die sonnenresistenten Naturpigmente zu vielfältigen Zwecken verwendet. Als Fassadenfarbe verleihen sie heute noch vielen Provence-Dörfern ihre warme, erdverbundene Atmosphäre. Daneben wurden sie für Fresken verwendet, für Keramik und Kosmetika – und sogar um das angebliche „Maispapier" einer berühmten französischen Zigarettenmarke zu färben!

427pr-sh

Einkaufen

- Die für ihr ausgezeichnetes Brot weithin bekannte **Bäckerei Au Pierrot D'Antan** ist inzwischen umgezogen (Quartier Brieugne, Route d'Apt), hat keinen Holzofen mehr und verwendet ein anderes Mehl. Brot und Backwaren sind daher nicht mehr ganz wie früher, aber noch immer sehr gut. Zudem gibt es jetzt Snacks und Tische im Freien. GPS 43.92418, 5.48450.

Parken

P 32 **Colorado Provençal, Rustrel,** GPS 43.9193, 5.4997. Großer, kostenpflichtiger privater Parkplatz von Colorado Provençal ohne Service in angenehmer, sehr ruhiger Lage in schöner Landschaft mit vielen hohen Bäumen, Picknicktischen und einem Imbiss-Restaurant. Der Platz befindet sich direkt am Eingang zum Colorado Provençal. Bis vor Kurzem durfte man hier auch noch übernachten, seit der Saison 2023 ist das leider verboten und man wird gegen 19 Uhr weggeschickt. Kontakt: Parking de Mille Couleurs, Tel. 04490750487, www.colorado provencal.fr.

Von den Parkplätzen kann man die einstigen Ockerbrüche auf einem langen und verzweigten Pfadnetz erkunden (unter anderem auf dem GR 6). Die Möglichkeiten sind länger und vielfältiger als bei Roussillon.

Den Parkplätzen am nächsten liegen die gut erschlossenen **Cheminées de Fée** (Feenkamine) und die **Sahara.** Führungen (Erwachsene 8 €) sind auf Anfrage möglich (Tel. 04490750487).

Auch hier gilt, was schon zu Roussillon gesagt wurde: Besuchen Sie die Ockerbrüche bei sonnigem Wetter und am besten frühmorgens oder am Spätnachmittag, wenn die Farben am intensivsten leuchten. Tragen Sie alte beziehungsweise unempfindliche Kleider und Schuhe, denn zumindest Schuhwerk und Hosenbeine werden nach dem Besuch vom Ockerstaub verfärbt sein! Die weiteren Wege sind weniger gut ausgebaut als bei Roussillon. Sie erfordern festes Schuhwerk und etwas Erfahrung – bei nassem Wetter sollte man sie meiden!

47 Camping Le Colorado ★★★, Rustrel

GPS 43.9137, 5.4706
Ruhig und schön zwischen Ockerfelsen und Pinien gelegen, mit Schwimmbad, Restaurant und Bar. **Lage/Anfahrt:** an der D 22 Richtung Apt; **Geöffnet:** Mitte März–Ende Oktober; **Preiskat.:** €€€€; **Adresse/Kontakt:** Quartier Notre Dame des Anges, 84400 Rustrel, Tel. 0490049037 und 0698465659, www.camping-le-colorado.fr.

Anschlussroute

Über die D 22 und D 51 in Richtung NO erreicht man nach 14 km **Simiane la Rotonde** (Route 3, s. S. 116).

APT

(10 km ab Rustrel, 216 km ab Vaison)

Via D 22 nach Südwesten sind es ca. 10 km bis nach Apt, dem Zentrum der Region, das aber touristisch eigentlich weniger spektakulär ist. Es ist für seine kandierten Früchte bekannt und besitzt die letzte noch arbeitende Ockerfabrik (keine Besichtigung). Sehenswert ist das **Maison du Parc du Luberon** (Place Jean-Jaurès, Tel. 0490044200, www.parcdu luberon.fr, Eintritt frei), das eine wirklich gute Einführung in die Geografie, Geologie, Natur und Besiedelung des Luberon bietet.

Information

- **Office de Tourisme,** 788 Avenue Victor Hugo, 84400 Apt, Tel. 490740318, www.luberon-apt.fr

Einkaufen

- Der lebhafte, traditionelle **Samstagsmarkt** lohnt einen Besuch. Gute **Weine der Region** und eine empfehlenswerte Weinprobe bietet die Kooperative Sylla, 406 Avenue de Lançon, 84400 Apt, Tel. 0490046037, www.sylla.fr (mit Onlineshop).

Parken

P 33 **Camille Pelletan,** GPS 43.8730, 5.3988. Der gebührenfreie Parkplatz befindet sich wenig südöstlich des Zentrums.

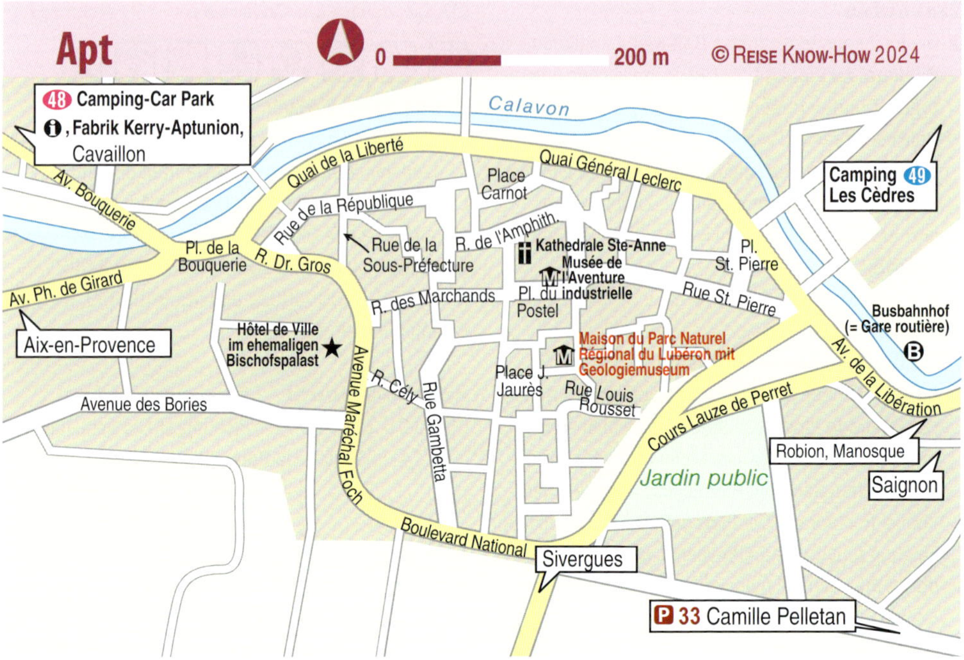

48 Camping-Car Park, Apt

GPS 43.893393, 5.37735

Neu eingerichteter Stellplatz der Kette Camping-Car Park in ruhiger Ortsrandlage und unmittelbar an einem schönen kleinen See mit Aquapark (www.aqua-base.fr). Verschiedene Restaurants und ein Bäcker sind fußläufig gut zu erreichen. Die Parzellen sind relativ klein bemessen und leider komplett schattenlos. **Anfahrt:** von der D943 in die Chem. de la Boucheyronne und ca. 800 m dem westlichen Ufer des Sees folgen; **Platzanzahl:** 20; **Max. Stand:** 21 Nächte; **Geöffnet:** ganzjährig; **Preiskat.:** €€; **Kontakt:** Plan d'eau de la Riaille – Avenue Frédéric Mistral, 84400 Apt, Tel. 0221 67784179 (deutschsprachiger Kundenservice), www.campingcarpark.com.

428pr-sh

49 Camping Les Cèdres ★★, Apt

GPS 43.8777, 5.4036
Ein ruhiger und schattiger Platz nur 300 m vom Zentrum und am Beginn des GR 6 sowie eines Radwegs. **Anfahrt:** von der Avenue de Viton (D22) in Richtung Rustrel rechts ab; **Geöffnet:** April–Nov.; **Preiskat.:** €€€; **Kontakt:** Tel. 0490741461, www.escapade-vacances.com/destination/camping-des-cedres.

DER LUBERON: MYSTISCHE WALDBERGE

Der bewaldete Bergzug des Luberon, der sich von Cavaillon aus 60 km nach Osten erstreckt, ist ein Herzstück der Provence und hat sich mit seiner kargen Ursprünglichkeit bis heute etwas Geheimnisvoll-mystisches bewahrt. Wilde Schluchten, Zedernwälder und Weinberge, verträumte Bergdörfer, Burgen und Schlösser, Hochebenen und alte Kulturdenkmäler prägen seinen Charakter. Die Nordseite der Berge ist steiler, von Schluchten durchzogen und von Eichen-, Buchen- und Zedernwäldern bedeckt, während ihre Südseite sanfter abfällt, mediterraneren Charakter trägt und streckenweise von kräuterduftender Garrigue überzogen ist.

Garrigue

Ursprünglich waren die trocken-heißen Kalkberge des Mittelmeergebiets von dichten Stein- und Korkeichenwäldern bedeckt, aus denen durch Abholzung das Buschland der Macchia mit nur vereinzelten kleineren Bäumen hervorgegangen ist. Durch Überweidung und Bodenerosion der Macchia wandelten sie sich allmählich in eine artenreiche Heidelandschaft, die in Südfrankreich als Garrigue bezeichnet wird, in Griechenland als Phrygana und in Spanien als Tomillares.

Die Schlucht (Combe) von Lourmarin teilt den Bergzug in den östlichen **Großen Luberon** (bis 1125 m) und den **Kleinen Luberon** im Westen, der nur etwa 700 m erreicht. Beide Teile stehen seit 1977 als **Parc Naturel Régional du Luberon** unter Schutz und bieten zahlreiche Wanderwege und Kletterfelsen sowie einen rund 200 km langen Radweg, der zahlreiche Sehenswürdigkeiten erschließt (Infos: Association Vélo-Loisir Luberon, 203 Rue Oscar Roulet 84440 Robion, Tel. 0490764805, www.veloloisirprovence.com).

Apt (s. S. 95) liegt nördlich des Bergzugs an der N 100 (die der einstigen Römerstraße „Via Domitia" folgt) und ist Sitz der Parkverwaltung sowie geeigneter Ausgangspunkt für Luberon-Exkursionen.

Information

› **Parc Naturel Régional du Luberon,** 60 Pl. Jean-Jaurès, 84400 Apt, Tel. 0490044200, www.parcduluberon.fr

RUNDSTRECKE GROSSER LUBERON

Entfernung: ab/bis Apt rund 100 km
Dauer: ca. 1 Tag (plus ½ Tag für eine Exkursion auf den Mourre Nègre)

Saignon
(5 km ab Apt, 221 km ab Vaison)

Man verlässt Apt auf der D 48 nach SO in Richtung Saignon. Dieses typische Luberon-Dorf ist eines der klassischen *villages perchés* (s. S. 98), dessen Steinhäuser und Winkelgassen sich so schmuck um zwei eindrucksvolle Felsen drängen, als würden sie gerade für ein Kalenderfoto posieren.

Einen Rundgang zur Place de Fontaine mit Waschhaus, zur alten Ölmühle und zur romanischen Kirche sollte man sich nicht entgehen lassen. Eine besondere Attraktion

435pr-as©FreeProd, stock.adobe.com

Villages perchés

Die für die Vaucluse und die Haute-Provence charakteristischen Felsendörfer sind eine auf das Mittelalter zurückgehende Siedlungsform, die dem Schutz der Bewohner dient. Sie sind entweder an eine steile Felswand geklebt wie ein Schwalbennest oder sie sitzen auf der Spitze eines Berges wie ein Vogel auf einem Baumwipfel (daher die französische Bezeichnung „perché"). Oft sind die Häuser überraschend hoch und die Mauern des äußeren Häuserrings sind zu einer Art Stadt- oder Festungsmauer zusammengeschlossen, während es im Kern der Siedlung gewöhnlich eine weitere Festungsanlage gibt. Als solche Fluchtburgen nicht mehr erforderlich waren bzw. nichts mehr nutzten, bauten die Bewohner häufig ein zweites Dorf im Tal darunter und die alten Felsendörfer wurden teilweise aufgegeben und zerfielen – bis sie dann in jüngerer Zeit von Künstlern entdeckt und neu aufgebaut wurden.

bietet der **Potager d'un Curieux** (www.lepotagerduncurieux.fr, März–Oktober Mo.–Fr., kostenlos), eine faszinierende Gartenanlage, in der vielfältige, sonst fast vergessene und aus der Mode gekommene Blumen und Gemüsearten liebevoll gepflegt werden.

Parken

P 34 Parking des Visiteurs, GPS 43.8614, 5.4289. Großer Schotterplatz am Ortseingang mit schönem Blick auf den Ort.

P 35 Zwischen Saignon und Auribeau, GPS 43.8428, 5.4556. Ein weiterer Park- und Picknickplatz mit herrlicher Aussicht inmitten der Garrigue.

Abstecher

Sehr lohnend ist eine Fahrt auf der D 232, die von Saignon zunächst nach Süden durch den Wald zum Kamm des Luberon hinauf führt und dann auf 500–600 m Höhe dem Kamm durch einsamen Buschwald und über Weideland nach Westen folgt. **Achtung:** Hier ist im Winter durchaus mit Eis und Schnee zu rechnen! Unterwegs liegt südlich der Straße ein riesiger, traumhafter Wiesenparkplatz (GPS 43.8455, 5.4039; 559 m üNN), gesäumt von Steineichenwald und mit lauschigen Winkeln und Picknicktischen. Die D 232 bietet Anschluss an die Strecken nach Buoux (s. S. 100), Lourmarin (s. S. 100) und Bonnieux (s. S. 101).

Weiter führt die immer schmaler werdende D 48 auf das wildromantische **Plateau de Claparèdes** hinauf, eine geheimnisvolle Hochebene voller duftender Kräuter, Lavendelfelder, versteckter Bories und Legenden.

Wanderung auf den Mourre Nègre

Für die Wanderung (hin und zurück ca. ½ Tag, ca. 580 m Aufstieg, Gipfel 1125 m) kann man sein Fahrzeug im Weiler **Auribeau** (ca. 6 km nach Saignon) abstellen, den Ort nach Norden verlassen, nach links biegend dem unbefestigten Forstweg und schließlich wieder links dem **GR 92** folgen.

Über **Castellet** fährt man anschließend hinab ins Calavon-Tal und biegt rechts auf die N 100, der man folgt bis kurz nach der hoch aufragenden Felswand des **Tour d'Embarbe** der Ort **Céreste** mit einer **Römerbrücke** (nördlich des Ortes) erreicht wird.

Auf kleinen, kurvenreichen Sträßchen geht es dann nach Süden: zunächst via D 31 den Nordhang des Luberon hinauf (schöne Aussicht und reizvolle Landschaft!) dann den Südhang abwärts via **Vitrolles** (dahinter rechts halten) und bis nach **Grambois** (18 km).

Alternative

Wer zu schmale Sträßchen scheut, wählt den Umweg auf der N 100 nach Osten und dann auf der D 956 via Bastide nach Grambois (23 km), der ebenfalls durch schöne Landschaft führt.

La Tour d'Aigues
(ca. 40 km ab Saignon, 261 km ab Vaison)

Weiter auf der D 956 nach Südosten erreicht man nach 6 km **La Tour d'Aigues** mit dem **Renaissance-Schloss.** Das Schloss ist recht beeindruckend, auch wenn von ihm nicht viel mehr als Fassaden erhalten sind.

Ansouis
(8 km ab La Tour d'Aigues, 269 km ab Vaison)

Auf schmalen Straßen direkt oder via **Pertuis** und die D 56 geht es durch Weinberge und duftende Garrigue (welch ein Kontrast zur Nordseite) nach Ansouis, das auch ein **Schloss** und eine romanische **Wehrkirche** besitzt.

Vaugines
(7 km ab Ansouis, 276 km ab Vaison)

Weiter auf der D 56 via **Cucuron** erreicht man bald Vaugines mit seiner malerischen **romanischen Kirche** (östlich des Dorfes), die schon Kulisse für mehrere Filme war.

Parken/Übernachten

P 36 **Unterhalb der Kirche von Vaugines,** GPS 43.7785, 5.4173. Der ruhige Parkplatz auf der Straßenseite gegenüber der Kirche von Vaugines hat uns schon als angenehmer Übernachtungsplatz gedient.

P 37 **Place de l'Oustalet,** GPS 43.7660, 5.3611. Auch auf dem Parkplatz am Ortseingang von **Lourmarin** (mit schönem Blick auf das Schloss), auf dem man häufig Wohnmobile sieht, haben wir schon öfter übernachtet.

50 Super-U, Puyvert

GPS 43.7473, 5.3377

Kostenloser Parkplatz des Supermarkts; hinter der Waschstation; relativ ruhig, aber nicht gerade schön und neben den Müllcontainern gelegen. **Lage/Anfahrt:** etwas südlich von Puyvert gelegen; an der von der D 27 zwischen Puyvert und Lauris links abzweigenden Straße (D 973); sehr gute Zufahrt; **Platzzahl:** 2–3; **Untergrund:** Asphalt; **Service:** Waschsalon; **Sicherheit:** umzäunt, beleuchtet; **Preiskat.:** kostenlos; **Max. Stand:** keine Angabe; **Geöffnet:** ganzjährig; **Kontakt:** Tel. 0490084073.

◁ *Saignon gehört sicherlich zu den bekanntesten und schönsten Dörfern des Luberon*

Lourmarin
(5 km ab Vaugines, 281 km ab Vaison)

Das kleine Städtchen Lourmarin (5 km westl. von Vaugines via D 56) ist einen kleinen Bummel wert. Parken kann man auf einem Platz nordwestlich des Zentrums mit Blick auf das **Schloss** und die einfache, aber hübsche **Dorfkirche**. Auf dem Friedhof des Örtchens ruhen Albert Camus und der Provence-Dichter Henri Bosco. Allerdings liegt der Friedhof nicht bei der Kirche, sondern südlich des Orts an der D 27 (GPS 43.7600, 5.3619). **Achtung:** Der Parkplatz liegt etwas zwischen den Hecken versteckt und Glasscherben lassen vermuten, dass hier schon in Autos eingebrochen wurde.

Information
› **Office de Tourisme,** Place H. Barthelemy, 84160 Lourmarin, Tel. 0490681077, www.lourmarin.com, www.luberoncoeurdeprovence.com

Abstecher
› **Nach Silvacane** (via Cadenet 14 km nach Süden; s. S. 106)

Unmittelbar nördlich von Lourmarin wird die D 943 von einem Felsen verschluckt und verschwindet plötzlich in der **Combe de Lourmarin,** einer engen und sehr reizvollen Felsenschlucht, gegraben von der Aigue Brun, die als einziger Wasserlauf den Luberon von Nord nach Süd durchschneidet.

Buoux
(11,5 km ab Lourmarin, 292,5 km ab Vaison)

Dieser wichtige Durchgang wurde seit alters vom mächtigen **Fort de Buoux** bewacht. Um zu dieser Festung zu gelangen, fährt man bei der ersten Gabelung (6 km nördlich von Lourmarin) rechts bergauf und 2 km danach rechts ab auf die D 113. 2 km weiter geht es links nach **Buoux,** geradeaus ein kurzes Stück bis zu einem Parkplatz. Der abgeschiedene Ort in wilder Natur ist bei Kletterern weit bekannt.

Vom Parkplatz muss man für Auf- und Abstieg und Besichtigung etwa 2 Stunden rechnen. Vorsicht: ungesicherte Wege über steilen Felsen!

118pr-rh

Essen

› Essen kann man in der **Auberge de Séguins** (s. u., Tel. 0490741637, Mo.–Sa. mittags und abends, www.aubergedesseguins.com, 15. Nov.–1. März geschl.), z. B. frische Forellen oder Kaninchen. Tolle Lage, aber von Küche und Service darf man (aufgrund der günstigen Preise) nicht allzu viel erwarten.

Parken/Übernachten

P **38 Auberge de Séguins,** GPS 43.8229, 5.3851. Sehr schöne und ruhige Parkmöglichkeiten findet man vor der Auberge de Séguins (falls man dort isst!) oder abseits des Sträßchens zwischen der Auberge und der Ferienkolonie (schöne und ruhige Waldparkplätze, aber im Sommer am Tag oft sehr voll).

Über die D 113 kann man direkt zurück nach **Apt** (6,5 km von Buoux) gelangen oder vorher noch einen Abstecher nach **Sivergues** machen (rechts auf die D 232, dann wieder rechts die D 114 hinauf), das ganz am Ende der Straße einsam auf dem Plateau thront.

RUNDSTRECKE KLEINER LUBERON

Entfernung: ab/bis Apt ca. 98 km
Dauer: 1–2 Tage (ohne „Combe de Vidauque")

Man verlässt Apt auf der D 943 nach Südwest und biegt dann gleich rechts auf die D 3, die sich zwischen Weinbergen und Kellereien aufwärts windet, um nach 12 km Bonnieux zu erreichen.

Bonnieux
(11,5 km ab Apt, 18 km ab Buoux, 310,5 km ab Vaison)

Der Ort, mit knapp 1500 Einwohnern einer der größten im Luberon, zeichnet sich vor allem durch seine schöne Lage inmitten von Obsthainen, Lavendel und Mandelbäumen aus, hat aber außer seinem **Musée de la Boulangerie** (Bäckereimuseum, 12 Rue de la République, Tel. 0490758834) nicht viel zu bieten.

Parken/Übernachten

P **39 Place de l'Eglise,** GPS 43.8249, 5.3068. Einen geeigneten Parkplatz, auf dem man auch eine Nacht stehen kann, findet man nahe der nördlichen Zufahrt an der D36 auf der Place de l'Eglise (Schotter, eben, ruhig).

51 Camping Le Vallon du Luberon ★

GPS 43.8182, 5.3113
Einfacher, aber hübsch gelegener Platz mit Ver-/Entsorgung. **Preiskat.:** €€€; **Geöffnet:** Mitte März–Mitte Okt.; **Adresse/Kontakt:** Route de Ménerbes, Tel. 0490758614, www.campinglevallon.com.

Via D 149 nach Norden kann man einen lohnenden Abstecher zur römischen **Pont Julien** machen (s. S. 93) oder via D 36 ein kurzes Stück in Richtung Lourmarin fahren und dann rechts ein schmales, kurviges und recht holperiges Sträßchen teils steil hinauf zum **Forêt de Cèdres** (Zedernwald). Vom Parkplatz aus kann man dort auf dem botanischen Lehrpfad ca. 2 Stunden durch herrliche Wälder aus 1862 gepflanzten Atlas-Zedern und für den nördlichen Luberon typischer Vegetation spazieren.

Parken

P **40 Forêt de Cèdres,** GPS 43.8007, 5.2749, in der Saison gebührenpflichtig

P **41 Aussichtspunkt,** GPS 43.8034, 5.2849, kleiner Parkplatz mit spektakulärer Aussicht kurz vor dem Parkplatz Forêt de Cèdres an der Zufahrtsstraße

Information

› **Office de Tourisme,** Rue Victor Hugo, 84480 Bonnieux, Tel. 0490759190, www.luberon-apt.fr

Trockenwiesen und Zypressen prägen das Bild der Provence

Lacoste
(5,5, km ab Bonnieux, 316 km ab Vaison)

Man verlässt Bonnieux nach Süden auf der D 3, biegt rechts auf die D 109 und erreicht nach 5 km **Lacoste** – ohne Krokodil, aber dafür mit dem teils restaurierten Schloss des Marquis de Sade (1740–1814).

Parken/Übernachten

P 42 Chemin de Saint-Veran, GPS 43.8356, 5.2726. Einen sehr ruhigen, schattigen und angenehmen Parkplatz, auf dem man auch eine Nacht kostenlos stehen kann, findet man nördlich der Ortschaft an der D106. Die Zufahrt zweigt in spitzem Winkel ab, der Platz ist sehr holperig und man muss auf niedrige Äste achten.

Auf der D 109 weiter nach Westen fährt man durch typische Luberon-Landschaft 6 km bis Ménerbes.

Abstecher zur Abbaye de St. Hilaire

Rund 2 km nach Lacoste zweigt links ein nicht asphaltierter Weg zum heute in Privatbesitz befindlichen und wunderschön gelegenen Kloster ab (9–12 und 15–18 Uhr, kostenlos), der eng ist und teils steil bergab führt (besser oben parken und zu Fuß gehen!).

Ménerbes
(7 km ab Lacoste, 323 km ab Vaison)

Der durch den Bestseller von Peter Mayle „Mein Jahr in der Provence" bekannte Ort droben auf seinem Felssporn ist einen Spaziergang sicher wert.

Man kann dort das **Korkenzieher-Museum** besuchen (Domaine de la Citadelle am Ortsausgang D 3 Richtung Cavaillon, Tel. 0490724158, www.domaine-citadelle.com) oder auf einem Bummel allerhand hübsche Bauwerke entdecken. Vorsicht: Die Ortsdurchfahrt ist sehr eng!

Parken/Übernachten

P 43 Rue de la Fontaine, GPS 43.8318, 5.2077. Östlich am Ortsrand befindet sich unterhalb der Straße ein großer, ebener Parkplatz mit Schottergrund und Toilette, gesäumt von hohen Bäumen, auf dem man gut auch eine Nacht stehen kann. Auch gegenüber, ein Stück oberhalb der Straße, gibt es einen Parkplatz.

Marquis de Sade – Lüstling, Wüstling und Radikaler

Der 1740 in Paris geborene Marquis, dessen Namen vor allem durch den Begriff des „Sadismus" und durch seine Romane wie „Die 120 Tage von Sodom" bekannt ist, wird heute fast ausschließlich mit sexuellen Ausschweifungen und Grausamkeiten verknüpft. Nicht ganz zu Unrecht, gewiss. Das zügellose Ausleben der Sexualität war für ihn Voraussetzung für die Selbstverwirklichung des Menschen. Doch wenngleich er die Mädchen des Dorfes als Dienstmägde eingestellt und missbraucht oder eine Affäre mit der Schwester seiner Frau gehabt haben mag – die Perversitäten, die er in seinen Büchern schildert, dürften meist Fantasien gewesen sein. „Ich gestehe, dass ich ein Wüstling bin – aber ich habe durchaus nicht alles getan, was ich mir vorgestellt habe, und ich werde es auch nie tun, denn ich bin weder ein Verbrecher noch ein Mörder", verteidigte er sich 1780. Und neben all seinen sexuellen Darstellungen (dass sie heute so im Vordergrund stehen, sagt vielleicht mehr über den Leser als über den Autor!) werden seine philosophischen Ansätze (anfangs ganz im Sinne der Aufklärung), seine Bedeutung für die Entmythologisierung abendländischer Tabus und seine Vorstellungen einer universellen Republik meist völlig vergessen. Tatsächlich war er 27 Jahre in Haft (und hat in dieser Zeit viele seiner Werke verfasst) – aber nicht nur wegen seiner Sittlichkeitsdelikte, sondern auch wegen „Revolutionsfeindlichkeit". 1814 starb er in der Irrenanstalt von Charenton (heute St. Maurice), in die er 1803 eingeliefert worden war.

Über die schmale D 188 geht es ca. 4 km weiter durch sehr reizvolle Landschaft nach Oppède-le-Vieux.

Oppède-le-Vieux
(4,5 km ab Ménerbes, 327,5 km ab Vaison)

Das kleine Bergdorf (das nicht mit dem wenige Kilometer entfernten, neuen Oppède zu verwechseln ist!) war nahezu verlassen und halb zerfallen, als es nach dem Zweiten Weltkrieg von Künstlern und Schriftstellern entdeckt und sehr authentisch restauriert wurde. Durch schattige Gassen, Torbogen und über ausgetretene Steinstufen steigt man empor, entdeckt Renaissance-Fassaden, bröckelnde Gewölbe, überwucherte Mauern und ein Felsendorf, das seinen romantischen Zauber trotz allem nicht ganz verloren hat.

Auf der D 176 und D 29 gelangt man über Maubec zur D 2. Rechts geht es hier nach **Coustellet** (s. S. 87, mit Anschluss an die Strecke „Plateau de Vaucluse"), nach links sind es noch 7 km bis Cavaillon.

Alte Festungsmauern, umrahmt von Pinien, schmücken Ménerbes und andere Orte im Luberon

258pr-rh

52 Aire Communale, Oppède-le-Vieux

GPS 43.8310, 5.1591

Ein schön angelegter, herrlich ruhiger Stellplatz im Wald (217 m üNN) und nur einen Spaziergang (beschildert) vom alten Zentrum entfernt; **Anfahrt:** Via D 176 von Oppède kommend den Schildern folgen und dann in einer steilen Kurve nach links auf den Asphaltweg abbiegen (nicht auf den Schotterweg fahren!); **Zufahrt:** steil, eng, kurvig – aber machbar; **Platzanzahl:** ca. 10–20; **Untergrund:** Schotter; an der Hangseite starkes Gefälle; **Preiskat.:** 8–19 Uhr: €, nachts kostenlos; **Geöffnet:** ganzjährig.

260pr-rh

Cavaillon
(11 km ab Oppède, 338,5 km ab Vaison)

Das vor allem für seine Melonen bekannte Provinzstädtchen ist das landwirtschaftliche Zentrum der Vaucluse. Die Stadt ist nicht eben spektakulär und eher interessant, um die Vorräte zu ergänzen.

Auf einem Stadtbummel kann man die romanische **Kathedrale** mit Kreuzgang, die **Synagoge** mit jüdischem Museum und einen römischen Bogen aus dem 1. Jahrhundert entdecken.

Die Melonen von Cavaillon

Die ursprünglich aus Indien stammende, vitaminreiche Melone wurde bereits ab dem 15. Jahrhundert in der Gegend um Cavaillon angebaut, wo sie im warmen und sonnigen Klima bestens gedeiht. Unter den verschiedenen Arten gilt die dunkelgelbfleischige und (wenn sie richtig gereift ist!) aromatische Cantalou oder Cavaillon-Melone als die Königin unter den Melonen. Keine andere erzielt so hohe Preise und um keine andere Frucht wird so ein Kult betrieben.

Das hat bereits mit den Päpsten von Avignon begonnen – und der Schriftsteller Alexandre Dumas hat 1864 sogar sein Gesamtwerk der Bibliothek von Cavaillon vermacht, unter der Voraussetzung, dass er von der Stadt als Gegenleistung jährlich ein Dutzend Melonen erhielte.

Information
› **Office de Tourisme,** Place François Tourel, 84300 Cavaillon, www.luberoncoeurdeprovence.com, Tel. 0490713201

Parken
P 44 Place François-Tourel, GPS 43.8343, 5.0349. Parkplätze für einen Rundgang findet man südwestlich der Altstadt beim Office de Tourisme.

Piste du Trou du Rat (Combe de Vidauque)
In Richtung Südosten führt die D 973 ungefähr 5 km zu dem Dorf **Cheval-Blanc.** Dort zweigt links die D 31 in Richtung **Vidauque** ab und führt zu einem Parkplatz kurz vor dem Weiler.

Parken
P 45 Cheval-Blanc, GPS 43.8195, 5.0883. Ebener, ruhiger Schotterplatz am Ortsrand unter Bäumen.

Hier beginnt die **Piste du Trou du Rat** (Rattenloch-Piste) zur Combe (Schlucht) **de Vidauque,** ein wahrhaft spektakuläres Bergsträßchen von insgesamt ca. 15 km Länge, das allerdings inzwischen wegen schlechten Zustands ganz für den Verkehr gesperrt wurde. Als schmales und holperiges Asphaltsträßchen mit engen Serpentinen und einer Steigung von bis zu 16 % klettert diese Route Forestière hoch hinauf über die Südhänge des Luberon mit eindrucksvollen Wäldern, Schluchten, Felshängen, großartiger Aussicht und einer fantastischen Vegetation.

Einschränkungen
Die Piste ist inzwischen wegen schlechten Fahrbahnzustands für jeden Verkehr gesperrt, aber für sportliche Radler umso mehr zu empfehlen. Eine schöne Alternative bietet die D 232 bei Saignon (s. S. 97).
Wenn Sie ein Fan abenteuerlicher Bergsträßchen sind, legen wir Ihnen die auf S. 57 erwähnte D25/D338 zwischen Rosans und La Charce ans Herz.

Parken
P 46 Piste du Trou du Rat, GPS 43.7813, 5.1076. Am östlichen Ende der Piste gibt es einen wunderschönen Waldparkplatz, wenngleich mit steinigem und nicht sehr ebenem Grund (150 m üNN).

Die Route Forestière (RF) mündet einige Kilometer hinter Cheval-Blanc wieder auf die D 973, der man nach links durch das **Tal der Durance** folgt. 9 km hinter Cheval-Blanc zweigt dann kurz nach dem Weiler Le Logis Neuf links ein Sträßchen zu einem gebührenpflichtigen Parkplatz ab, von dem aus man die **Gorges du Régalon** erkunden kann. Dabei handelt es sich um eine fantastische Schlucht, deren 30 m hohe Felswände auf teils weniger als einen Meter zusammenrücken. Herrlich kühl im Sommer, aber nichts für klaustrophobische Naturen. Achtung: bei Gewittergefahr meiden! Hin- und Rückweg ca. 1 Std. Auf dem markierten GR 6 kann man von der Schlucht weiter über den Kamm des Kleinen Luberon bis nach **Oppède-le-Vieux** (s. S. 103) wandern (gut 4 Std.).

Etwa 3 km nach der Régalon-Schlucht erreicht man **Mérindol** (ca. 18 km von Cavaillon). Vom Kreisverkehr führt ein Sträßchen nach rechts hinunter zu einem ruhig gelegenen Parkplatz nahe der Durance, in deren Schwemmland man zahlreiche Vogelarten beobachten kann (Achtung: Es können plötzliche Flutwellen auftreten!).

Park-/Picknickplatz

47 Parking ENS de la Garrigue, GPS 43.7504, 5.2086. Am östlichen Ortsende von Mérindol weist kurz vor dem Ortsschild eine Tafel „Garrigue" nach rechts den Weg zu einem herrlichen Park- und Rastplatz in einem idyllischen Park mit Zedern, Pinien etc., mit botanischem Lehrpfad, Tischen/Bänken und WC (zeitweise geschl.). Die Abzweigung ist spät erkennbar, aber kurz danach kann man wenden.

Wenig weiter kann man die D 973 bei **Les Borrys** verlassen und nördlich davon auf der kleineren und reizvolleren D 173 via **Lauris** (schöner schmiedeeiserner Glockenstuhl auf dem Kampanile – dem freistehenden Kirchturm) bis nach **Cadenet** weiterfahren (ca. 17 km von Mérindol).

An die Zeit als Zentrum der Korbflechterei aus den an der Durance üppig gedeihenden Weiden erinnert das **Musée de la**

Cavaillon

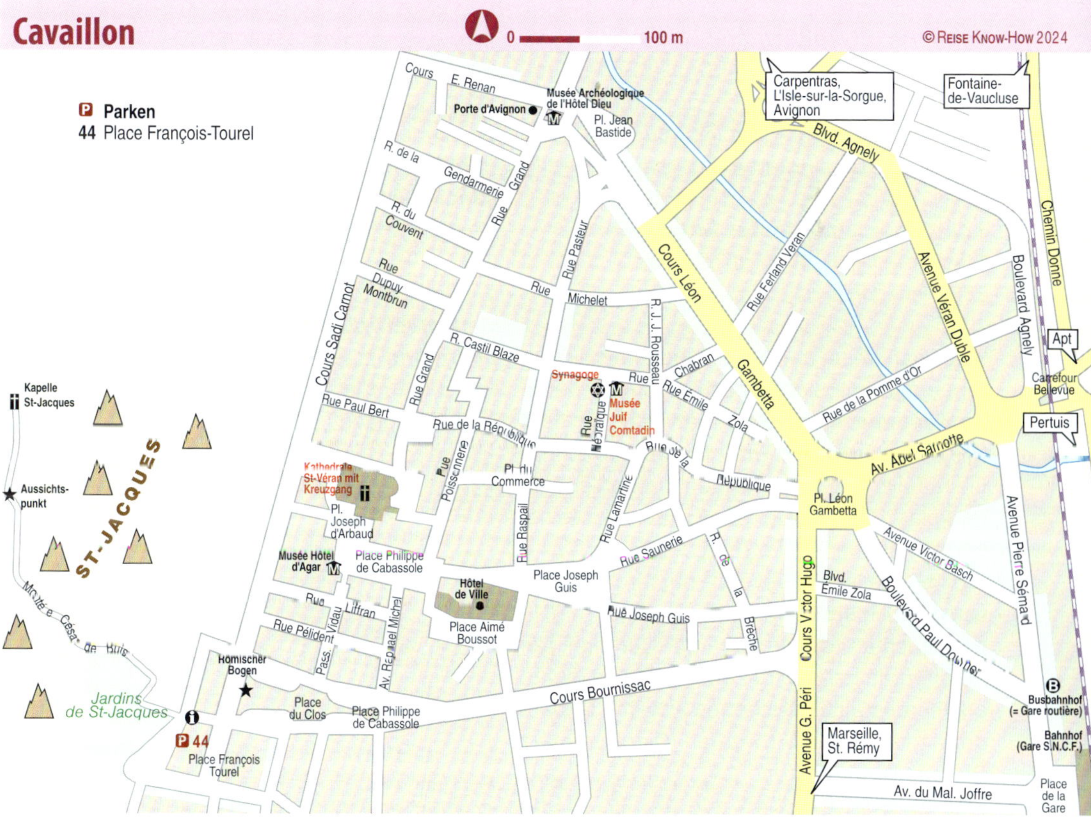

Vannerie (Korbflechterei-Museum, 4 Av. Philippe-de-Girard – D 943 nach Süden, Tel. 0490680685, www.facebook.com/museedelavannerie, April–Sept. Di.–Sa. 10–12.30 und 14–18 Uhr, Eintritt 4 €).

Abstecher zum Kloster Silvacane
(7 km ab Cadenet, 43 km ab Cavaillon, 381,5 km ab Vaison)

Folgt man weiter der D 943, überquert die Durance und hält sich danach rechts an deren Ufer entlang, so erreicht man kurz vor dem Ort La Roque d'Anthéron rechts der Straße die Abbaye de Silvacane (gebührenpflichtiger Parkplatz direkt an der Straße rechts). Die neben Sénanque und Le Thoronet berühmteste Klosteranlage der Provence hat ihren Namen von den Schilfrohr-Wäldern (silva canorum) in den feuchten Niederungen der Durance. Die Abtei wurde bereits früh aufgelöst und diente als Pferdestall und Scheune ehe ihre Gebäude wieder restauriert wurden (Oktober–März Di.–So. 10–12.30 und 14–16.45 Uhr, April/Mai Di.–So. 10–12.45 und 14–17.15 Uhr, Juni–September täglich 10–12.45 und 14–18 Uhr, letzter Einlass 45 Minuten vor Schließung, Tel. 0442504169, www.abbaye-silvacane.com, 8 €).

Im Ort selbst gibt es ein stattliches **Renaissance-Schloss** mit einem Museum zur Geologie der Provence.

Von Cadenet fährt man nordwärts entweder via **Puyvert** oder auf der D 943 direkt nach **Lourmarin** (s. S. 100), von wo aus man weiter der Runde durch den **Großen Luberon** (s. S. 97) folgen kann.

⌃ *Das ehemalige Zisterzienserkloster Silvacane*

ROUTE 3

DIE HOCHPROVENCE: BERGE, SCHLUCHTEN, EINSAMKEIT

058pr-rh

Montélimar
Orange
Avignon
Arles
Sault
Sisteron
Allos
ITALIEN
Riez
Menton
Cannes
Le Luc
Marseille
Saint-Tropez
Toulon
La Durance
Tallard
Espinasses
Le Lauzet-Ubaye
69
Selonnet
67
Claret
La Motte-du-Caire
Parc naturel régional des Baronnies provençales
Laragne-Montéglin
Verdaches
Villefranche-le-Château
Salérans
Authon
53
55
Sisteron
54
Montfronc
Thoard
La Javie
Montagne de Lure
63
Digne-les-Bains
65
66
Alpes de Haute
L'Escale
Librairie Le Bleuet
57
56
64
Les Mées
Saint-Étienne-les-Orgues
Simiane-la-Rotonde
Kloster von Ganagobie
Châteauredon
Schlucht von Oppedette
59
Forcalquier
Lurs
La Brillanne
Oraison
Bras-d'Asse
Reillanne
St. Michel L'Observatoire
62
58
Céreste
Villeneuve
Puimoisson
79
Moustiers-Sainte-Marie
80
Regionaler Naturpark Luberon
Manosque
Valensole
77
78
Riez
Belvédère du Galetas
Regionaler Naturpark Verdon
90
Rougon
60
Gréoux-les-Bains
Allemagne-en-Provence
Aiguines
81
82
Clue de Carajuan
Grambois
75
74
83
Grand Canyon du Verdon
Cirque de Vaumale
Esparron-de-Verdon
Bauduen
La Tour-d'Aigues
76
Lac de Sainte-Croix
84
Vinon-sur-Verdon
Lac d'Esparron
Pertuis
61
Saint-Paul-lès-Durance
Jouques
Montmeyan
Aups
Ampus
Montagne Sainte-Victoire
Esparron
Rians
Barjols
Salernes
Vauvenargues

ROUTENÜBERSICHT

Strecke:
Sisteron (s. S. 110) – **St. Michel l'Observatoire** (93,5 km, s. S. 117) – **Forcalquier** (10 km, s. S. 118) – **Villeneuve** (16 km, s. S. 121) – **Gréoux-les-Bains** (25 km, s. S. 134) –**Lac d'Esparron** (13 km, s. S. 136) – **Allemagne-en-Provence** (22 km, s. S. 136) – **Riez** (8,5 km, s. S. 137) – **Moustiers-Ste.-Marie** (13 km, s. S. 139) – **Castellane** (70 km, s. S. 148)

Streckenlänge:
271 km ohne Abstecher

Rundfahrten:
Rundfahrt durch die Alpes de Haute Provence (177 km, s. S. 127),
Rundfahrt um den Lac de Ste.-Croix (70 km, s. S. 143),
Rundfahrt Verdon-Schlucht (138 km, s. S. 145),
Verdon-Südroute: Corniche Sublime (64 km, s. S. 145),
Verdon-Nordroute (Rive Droite, 78 km, s. S. 152)

Landschaft und nochmals Landschaft bietet die Hochprovence – rau, einsam und von herber Schönheit. Im Gegensatz zur kultivierten Gartenlandschaft der Hügelprovence mit ihren Weinbergen und Obstplantagen, Zypressenalleen und vielfältigen Kulturdenkmälern ist sie geprägt von kahlen Bergen, steinigen Hochebenen, Schafherden und weiten, samten-violetten Lavendelfeldern.

Schmale Sträßchen mit endlosen Serpentinen klettern aus riesigen Wäldern empor über Abgründe und Schluchten, über menschenleere Plateaus und durch unbehauste Einsamkeit.

Eine touristisch weniger erschlossene Landschaft – aber umso reizvoller für Menschen, die Stille, Abgeschiedenheit und ursprüngliche Natur lieben.

≪ *S. 107: Auf einsamen Bergstraßen durch die Montagne de la Lure*

SISTERON

Die zweite „Pforte zur Provence" liegt an der N 85 (Route Napoléon) sehr reizvoll in einem Engpass des Durance-Tales. Mächtige Kräfte des Erdinneren haben die Gesteinsschichten hier senkrecht gestellt und damit die ebenso schroffe wie fotogene Barriere des **Rocher de Baume** geschaffen, die den Durchgang nahezu abriegelt.

Kein Wunder, dass diese strategisch bedeutende Passage seit rund tausend Jahren von einer mächtigen **Zitadelle** bewacht wird (Eintritt 7,10 €, Ende März–April/Oktober tgl. 9–18 Uhr, Mai 9–18.30 Uhr, Juni/September 9–19 Uhr, Juli/August 9–19.30 Uhr, Anfang bis Mitte November 10–17 Uhr, Tel. 0492612757, www.citadelledesisteron.fr). Man kann sie zu Fuß über eine lange Treppe erreichen, mit dem Auto (wenn die Straße nicht wegen eines Markts gesperrt ist) und in der Saison (Juni–Sept.) mit einem kleinen Touristenzug ab dem Rathaus. Die gepflegte **Altstadt** erreicht man von Norden kommend erst jenseits eines Tunnels (nicht links über die Brücke fahren). Schön hergerichtet und mit Baudenkmälern gesegnet, lohnt sie eine Besichtigung.

Sisteron-Lämmer

Sisteron ist in ganz Frankreich – und ein tüchtiges Stück darüber hinaus – für seine Lämmer bekannt. Das „Agneau de Sisteron" soll nicht nur ein sehr zartes, sondern dazu ein ganz besonders aromatisches Fleisch haben, da sich die Tiere auf den trockenen Hochweiden nicht von schnödem Gras, sondern von erlesenen Provence-Kräutern ernähren. Soweit die Theorie. Die Realität: Jährlich werden in Sisteron fast 500.000 Lämmer geschlachtet, von denen noch nicht einmal die Hälfte von Weiden der Region Sisteron kommen. Teilweise werden sie über weite Strecken angekarrt, um sie dann mit dem begehrten Gütesiegel „Sisteron-Lamm" auf den Markt bringen zu können.

Ein markierter Rundweg beginnt links der Kirche **Notre-Dame-des-Pommiers.** Wer etwas Französisch versteht, wird vermuten, dass die Kirche einst in den Obstgärten vor der Stadt zwischen blühenden Apfelbäumen errichtet worden ist. Irrtum! Tatsächlich soll sich der Beiname vom lateinischen Ausdruck pomoerii = „zwischen den Mauern" herleiten.

Weitere Attraktionen sind unter anderem der **Tour de l'Horologe** (Uhrturm), die **Rue Deleuze** mit schmucken Portalen und das **Musée Terre et Temps** in der Kapelle hinter der Kathedrale (Ausstellungen zu Geologie, Erdgeschichte und Zeitmessung, Tel. 0492616130, www.sisteron-tourisme.fr, Anfang Juli–Anfang September Di.–Sa. 10–13 Uhr, Eintritt frei, Dauer ca. 1 Std.), das zugleich Startpunkt der **„Route du Temps"** ist (markierte Rundstrecke mit Erklärungstafeln via Valernes, Sigoyer und Bayons). Auf der anderen Flussseite im Ortsteil Faubourg de la Baume lohnen die romanische **Kapelle St. Marcel** und die Kirche **St. Dominique** einen Besuch.

In der Altstadt von Sisteron und manch anderer Provence-Stadt sieht man Häuser, die über die engen Gassen hinweg durch teils bogenförmige Passagen miteinander verbunden sind – die sogenannten **Andrônes,** vom griechischen Wort andron = Passage. Ein ungewöhnliches und besonders schönes Beispiel ist die **Longue-Andrône** zwischen der Rue Mercerie und der Rue du Glissoir.

Information

› **Office de Tourisme,** Hôtel de Ville, Place de la République, 04200 Sisteron, Tel. 0492613650, www.sisteron-buech.fr/de

⊡ *Wie eine natürliche Festungsanlage erhebt sich der Rocher de Baume über der Altstadt von Sisteron*

53 Camping Les Prés-Hauts ★★★★, Sisteron

GPS 44.2141, 5.9365

Schön gelegener, gut ausgestatteter Platz mit Pool, Restaurant und Brötchenservice am Ufer der Durance. Die Sanitäranlagen sind gepflegt und das Personal ist überaus freundlich. Sehr gutes Preis-Leistungs-Verhältnis. **Anfahrt:** via D 951 nach Norden, am Ortseingang von Plan de la Baume links am Durance-Ufer entlang; **Geöffnet:** April–Sept.; **Preiskat.:** €€€€; **Kontakt:** Tel. 0492611969, www.camping-sisteron.com.

54 Aire Municipale Bahnhof, Sisteron

GPS 44.1911, 5.9455

Städtischer Parkplatz am Bahnhof und nur ca. 600 m vom Zentrum, durch die Lage zwischen Straße und (nachts wenig befahrener) Bahnlinie nicht sehr ruhig. **Lage/Anfahrt:** D4085 (Avenue de la Liberation) in Richtung Bahnhof, beschildert; **Untergrund:** Asphalt; **Sicherheit:** beleuchtet; **Preiskat.:** €; **Max. Stand:** 7 Nächte; **Geöffnet:** ganzjährig; **Adresse/Kontakt:** 17 Av. de la Libération, Tel. 0492610037, www.sisteron.com. Schräg gegenüber gibt es eine Bäckerei.

55 Aire Municipale, Sisteron

GPS 44.2003, 5.9443

Zentrumsnaher Parkplatz unter der Zitadelle mit schönem Blick auf Fluss und Felsen. Auf der linken Seite sind Plätze für Wohnmobile reserviert. Aber für Übernachtungen ist er kaum geeignet, da er oft sehr voll und neben der N 85 ganz gewiss nicht ruhig ist! **Lage/Anfahrt:** an der N 85 (Route Napoléon; Cours M. Donnet) am nördlichen Ortseingang von N kommend im Kreisverkehr erste Ausfahrt und dann gleich links; von der Stadt hinter dem Tunnel rechts; **Platzanzahl:** ca. 10; **Untergrund:** Asphalt; **Service:** Toilette auf der Straßenseite gegenüber; **Sicherheit:** beleuchtet; **Preiskat.:** €; **Max. Stand:** unbegrenzt; **Geöffnet:** ganzjährig; **Adresse/Kontakt:** 5 Cours Melchior Donnet, 04200 Sisteron, Tel. 0492620610; **Weitere**

Möglichkeiten: Super U, 50 Allée des Genêts (GPS 44.2367, 5.9114, Tel. 04 92620610); **Beachten:** Im Sommer 2023 war die Service-Station wieder einmal außer Betrieb.

Etwa 10 km nördlich der Stadt befindet sich die kostenlose Aire Municipale von Mison 12 (s. Kapitel „Anreise", S. 20).

P 48 Parkplatz Peipin, GPS 44.1377, 5.9613. Einen relativ ruhigen Parkplatz ohne Ver-/Entsorgung für etwa 5 Wohnmobile gibt es bei **Peipin** (Chemin d'Aubignosc): 6 km südl. via N 85 und rechts auf die D 951. Vor dem Zentrum links Richtung Aubignosc abbiegen. Picknicktische, Toilette, nette Lage, schöner Spazierweg (1,2 km). Service: eine Flot-Bleu-Station und eine Flot-Bleu-Säule mit 4 Steckdosen findet man beim Intermarché (GPS 44.1401, 5.9692); die Stromsäule ist wenige Meter von der Ver-/Entsorgungsstation entfernt; mit 2 Jetons liefert sie 4 Stunden Strom.

MONTAGNE DE LURE UND PAYS DE FORCALQUIER

Von Sisteron führt die Tour auf der N 85 (Route Napoléon) etwa 3 km nach Süden und biegt dann rechts auf die D 946 das reizvolle **Tal des Jabron** aufwärts. Wer kleine Bergsträßchen scheut, kann 2 km weiter südlich nach rechts über die D 951 (ebenfalls eine reizvolle Route) bis **St.-Etienne-les-Orgues** gelangen oder weiter der N 85 folgen und via N 96 und D 12 nach **Forcalquier** (s. S. 118) fahren.

MONTAGNE DE LURE

Nach 7 km biegt man links auf die D 53, überquert den Jabron und fährt durch den winzigen Weiler **Valbelle** (Beginn des GR 6) die bewaldeten Hänge der Montagne de Lure empor.

Nach etwa 6 km durch herrliche Wälder erreicht man die **Aire de St. Robert,** einen Rast-

Vom Stellplatz am Bahnhof 54 hat man einen schönen Blick auf die Zitadelle von Sisteron

261pr-rh

Montagne de Lure

Der Bergzug der Montagne de Lure ist eine Fortsetzung des Mont-Ventoux-Massivs und sein höchster Gipfel, der Signal de Lure, ist mit 1826 m nur unwesentlich niedriger als jener so populäre Provence-Berg. Von unten bietet er zwar nicht die einprägsame Pyramidenform – dafür von oben einen noch schöneren Blick auf die Kette der Alpengipfel. Dennoch sind die Lure-Berge erfreulich wenig bekannt und besucht – und während auf den Ventoux an schönen Wochenenden wahre Pilgerzüge strömen, kann man hier nahezu allein über malerische Sträßchen kurven. Die Hänge sind von herrlichen, endlos scheinenden Mischwäldern bedeckt, in den höheren Lagen grasen Schafherden auf der Wacholderheide und ganz am Gipfel dehnt sich auch hier das weiße Kalkgeröll neben spärlichen Matten.

Banon de Banon – Käse im Kastanienblatt

Der Name des kleinen Orts ist durch seinen Ziegenkäse zum Begriff geworden. Die einst regionale Spezialität ist heute landesweit bekannt und begehrt. Der frische Käse reift zunächst einige Tage im Keller, wird dann in warme Milch getaucht, mit Alkohol abgewaschen und schließlich in Kastanienblätter eingewickelt und mit Bast verschnürt. Die Gerbsäure der Blätter dient einerseits der Konservierung und verleiht dem Käse zudem ein besonderes Aroma, das mild und dennoch würzig ist. Aber Vorsicht: Da der Name einen guten Klang hat, werden als „Banon" auch Käse verkauft, die nicht nach den traditionellen Verfahren hergestellt wurden. Das echte Markenprodukt ist unter dem Namen „Banon de Banon" geschützt.

platz mitten im Wald und völlig ruhig gelegen (keine Einrichtungen, Wanderwege). Danach schlängelt sich die schmale Straße in Serpentinen höher und höher durch wechselnde Waldzonen den steilen Nordhang empor und eröffnet immer neue herrliche Fernblicke. Auf 1597 m erreicht man an der Waldgrenze den **Col du Pas de la Graille** und fährt weiter den Kamm entlang über offene Matten bis dicht unter den Gipfel. Einige Parkplätze mit herrlichem Panoramablick (aber sehr exponiert!) laden zu Picknickpausen ein – und gelegentlich sieht man auch Womos über Nacht dort stehen.

Über die D 113 (gleiche Straße, andere Nummer) geht es die Südseite wieder hinunter – ebenfalls mit zahllosen Serpentinen und durch herrliche Wälder, aber etwas weniger einsam als an der Nordseite.

Kurz vor einer Rechtskurve und dem **Oratoire St. Joseph** (rechts) zweigt links in spitzem Winkel ein Schotterweg ab, der stellenweise holperig, aber fahrbar ist (größere Fahrzeuge müssten wegen des spitzen Winkels weiter unten wenden und zurückkehren). Nach knapp 600 m endet er bei einem herrlich gelegenen, aber sehr unebenen und steinigen Parkplatz bei dem auf 1236 m in märchenhafter Waldidylle gelegenen Kloster **Notre-Dame-de-Lure.** Die noch ganz mit Steinplatten gedeckte Kirche kann man besuchen oder im Schatten mächtiger Buchen picknicken (aber bitte mit Ruhe und Respekt).

Auf etwa 700 m Meereshöhe erreicht man die wunderschön in Wälder eingebettete Ortschaft **St.-Etienne-les-Orgues** (43 km von Sisteron), die Ausgangspunkt schöner Wanderwege ist und einen empfehlenswerten Stellplatz 56 besitzt. Dort biegt man rechts auf die D 950, gelangt ca. 7 km weiter auf die D 950 (wieder rechts) und fährt durch stille ländliche Natur am Fuß der Lure Berge entlang nach **Banon** (19 km von St. Étienne-les-Orgues), das für seinen in Kastanienblätter gewickelten Ziegenkäse („Banon de Banon") und die Buchhandlung „Le Bleuet" (s. S. 115) berühmt ist und zudem einen Wohnmobilstellplatz 57 bietet.

060pr-rh

56 Aire Communale, St.-Etienne-les-Orgues

GPS 44.0409, 5.7825

Ruhiger, gut ausgestatteter Stellplatz am Ortsrand im Grünen. **Lage/Anfahrt:** Am südlichen Ortsrand beim Freibad, vom Kreisverkehr in der Ortsmitte via D12 (Berle) ca. 100 m nach Süden; **Platzanzahl:** ca. 10; **Untergrund:** Asphalt; **Preiskat.:** Stellplatz kostenlos, Ver-/Entsorgung und Strom kostenpflichtig; **Max. Stand:** 72 Std.; **Geöffnet:** ganzjährig; **Adresse/Kontakt:** Route de Fontienne, Tel. 0492730200, www.saint-etienne-les-orgues.fr.

Blick von den Montagne de Lure auf die südlichen Alpen

57 Aire Communale, Banon

GPS 44.0405, 5.6307

Relativ ruhiger, ebener Stellplatz nahe der Gendarmerie und dem Ortseingang. **Lage/Anfahrt:** Rue de la Grande Fontaine, auf der D950 von Norden kommend kurz nach dem Ortseingang links (gute Zufahrt); der Platz befindet sich etwas unterhalb des Supermarktparkplatzes; **Platzanzahl:** 10; **Untergrund:** Asphalt; **Preiskat.:** € (kassiert wird zwischen 8.30 und 9 Uhr); **Max. Stand:** 7 Nächte; **Geöffnet:** ganzjährig; **Adresse/Kontakt:** Rue de la Grande Fontaine, 04150 Banon, Tel. 0492732008.

262pr-rh

Le Bleuet – eine absolut fantastische Geschichte

Dass sich eine der größten und bekanntesten Buchhandlungen Frankreichs nicht in Paris oder Lyon befindet, sondern in dem abgelegenen 1000-Seelen-Dorf Banon, das sonst nur für seinen Ziegenkäse bekannt ist, ist allein eigentlich schon verblüffend genug. Doch die Geschichte ihrer Entstehung und – mehr noch – die ihres Gründers grenzt wahrhaft ans Unglaubliche:

An einem Abend im Mai 1990 strandet der 1951 geborene Joël Gattefossé in dem entlegenen Dörfchen Banon in der Hochprovence. Der Sohn eines Druckereibesitzers aus der Region von Paris ist gelernter Schreiner.

Doch der Tod seiner Mutter hat ihn in eine Depression gestürzt und damit seine Firma in den Konkurs getrieben. Seither zieht er entwurzelt mit einem Wohnwagen durch die Lande. In Banon steht ein kleiner Laden zum Verkauf: „Schreibwaren, Bücher & Geschenke". Joël kauft den Laden samt einem Sortiment von 77 Büchern. Danach arbeitet er jahrelang fast rund um die Uhr, denn seine angeborene Bücherliebe entwickelte unkontrollierbare Ausmaße. Um den Laden abzuzahlen, arbeitet er wie ein Besessener für eine Schreinerei und fertigt in nur 2½ Monaten 480 Türen und Fenster für die Schule in Manosque. Mit brennendem Herzen verkauft er Bücher – vornehmlich zwei Titel von Marcel Pagnol (in Hunderten von Exemplaren!) – und gleichzeitig verschlingt er nächtelang ganze Berge von Büchern.

Seine unbändige Energie trägt Früchte. Die kleine Buchhandlung „Bleuet" (Kornblume) wächst zu einer einzigartigen Besonderheit heran. 25.000 Bücher stapeln sich chaotisch in dem winzigen Laden und in der Wohnung. Dann kauft und saniert Joël das große Gebäude gegenüber, in dem er 175.000 Bücher unterbringen wird. Kunden und Journalisten kommen von immer weiter her: aus der ganzen Provence, aus Paris, aus ganz Europa und selbst aus Anatolien. Im Sommer verkauft er bis zu 2000 Bücher pro Tag. Das Bleuet wird zum größten Wirtschaftsfaktor von Banon und füllt die Hotels, Cafés und Geschäfte.

2012 sagt Joël dem Riesen Amazon den Kampf an: Er errichtet ein riesiges Lager für eine Million Bücher und beginnt einen Internet-Buchhandel. Doch diesmal siegt Goliath. Der Bücher-Enthusiast hat sich übernommen. Sein Traum zerbricht, sein Paradies der Bücher geht bankrott und wird 2014 verkauft.

Im Juni 2016 übernehmen Isabelle und Marc Gaucherand, ein Ehepaar aus Lyon, das „Haus der Bücher" und stürzen sich damit in ein neues Abenteuer: Auf 800 m² in einem traditionellen provenzalischen Haus bietet das Bleuet heute über 100.000 Bücher an und hat an 365 Tagen im Jahr geöffnet.

› ***Librairie Le Bleuet,** Place Saint-Just, 04150 Banon, Tel. 0492732585, www.lebleuet.fr*

141pr-rh

051pr-rh

Anschlussroute

Über die D 51 erreicht man ca. 14 km südwestlich **Rustrel** (s. S. 94) und damit die Route **„Plateau de Vaucluse“** der Route 2.

Die D 51 führt weiter durch Lavendelfelder nach Süden und nach ca. 10 km erreicht man **Simiane-la-Rotonde** (www.simiane-la-rotonde.fr), ein schmuckes Bergstädtchen mit einem mittelalterlichen Kern und der ebenso berühmten wie etwas mysteriösen **„Rotonde“,** dem Überrest einer Burg aus dem 12. Jh. Der außen eher schlichte Turm birgt einen romanischen Kuppelsaal mit 12 Nischen und reichhaltigen Steinmetzarbeiten.

Die weitere Strecke folgt teils sehr schmalen, kurvigen Straßen und ist für große Fahrzeuge kaum geeignet (ggf. zurück nach Banon, ab dort der D 5 nach Süden folgen). Auf der D 18 nach Osten verlässt man das Tal und kurvt über sonnendurchglühte Hänge und durch die knorrigen Eichenwälder einer menschenleeren, ursprünglichen Landschaft im östlichsten Teil des **Naturparks Luberon** (s. S. 97).

Nach 3 km beim Weiler **Carniol** biegt man rechts auf die noch schmalere D 201 (wir haben zunächst umgedreht, weil wir dachten, die Straße führe nur in das Gehöft hinein!) und dann südwärts nach **Oppedette** (14,5 km von Banon). Das kleine Dorf thront am Eingang der **Schlucht von Oppedette,** die der Bach Calavon durch die Kalkfelsen gegraben hat.

Parken

P 49 Schlucht von Oppedette, GPS 43.9330, 5.5876. Den hoch über der Schlucht gelegenen Parkplatz mit herrlichen Aussichtspunkten erreicht man, indem man südlich des Dorfes rechts abbiegt (nahe dem Friedhof) und den Schildern folgt.

Wandern

Vom Parkplatz führt ein gelb markierter Weg (hin und zurück ca. 3 Std.) in die 2,5 km lange und 120 m tiefe Schlucht hinunter zu Grotten, Felsteichen und bizarr geformten Säulen. Schwierige Passagen sind durch Drahtseile gesichert, man sollte dennoch trittsicher sein und den Weg nach Regen oder bei schlechtem Wetter meiden.

⊼ Bezauberndes Bergdorf: Simiane-la-Rotonde

⊳ Blick vom Parkplatz auf die Schlucht von Oppedette

051pr-rh

ST. MICHEL L'OBSERVATOIRE

(17 km ab Oppedette, 93,5 km ab Sisteron)

Östlich von Oppedette klettert ein schmales, kurviges und teils steiles Asphaltsträßchen (ohne Nummer!) den sonnigen Hang empor und gelangt nahe Vachères auf die D 14. Von dort kann man einen Abstecher nach Süden machen (schöne Aussicht kurz vor Vachères) nach Reillanne (Village perché) und Montfuron (restaurierte Windmühle) oder man fährt nach Norden und biegt ca. 6 km weiter nach rechts auf die D 5, über die man nach 11 km **St. Michel l'Observatoire** erreicht. Das hübsche Bergdorf mit seiner schlichten **romanischen Kirche** lohnt einen Spaziergang und eine Kaffeepause. **Parken** kann man dazu auf dem großen leeren Platz hinter dem Rathaus (s. rechts). Da der Stellplatz des Ortes geschlossen wurde, darf man nun hier auch für eine Nacht stehen (ohne Ver-/Entsorgung). Etwas abseits der Route (von St. Michel ca. 10 km nach SW via D4100) befindet sich bei Reillanne ein kleiner Stellplatz mit Ver-/Entsorgungsstation 58.

Das **Observatoire de Haute Provence** (Sternwarte) nördlich des Ortes ist ein Zeichen für die klare Bergluft der Region und kann normalerweise besucht werden (Tel. 0492706540, www.obs-hp.fr).

Sonstiger Stellplatz

S 50 Parkplatz, Saint Michel l'Observatoire, GPS 43.9085, 5.7178. Großer, eher nüchterner und schattenloser offizieller Wohnmobil-Übernachtungsplatz auf einem Parkplatz hinter dem Rathaus mit schönem Ausblick. Lage/Anfahrt: Nahe der D5, in der Ortschaft in der Nähe von Rathaus und Postamt; problemlose Asphaltstraße; Platzanzahl: 10–15; Untergrund: Schotter; Service: keine Ver- und Entsorgungsstation; Preise: kostenlos; Max. Stand: 1 Nacht; Geöffnet: ganzjährig.

58 Aire Communale, Reillanne

GPS 43.8801, 5.6640
Sehr kleiner kommunaler Platz zwischen Bäumen und Büschen, aber leider sehr nahe der Straße mit einer EuroRelais-Station. **Lage/Anfahrt:** An der D14 am östlichen Ortseingang von Reillanne, via D4100 und dann auf der D14 nach Norden; **Untergrund:** Feinkies, etwas Gefälle; **Service:** Ver-/Entsorgung wird im Winter abgestellt; **Max. Stand:** unbegrenzt; **Preiskat.:** kostenlos; **Geöffnet:** ganzjährig; **Adresse/Kontakt:** Chemin Delestic/Blvd. de la Tuilière, Tel. 0492764207.

264pr-rh

FORCALQUIER

(10 km ab St. Michel L'Observatoire, 103,5 km ab Sisteron)

Information

- **Office de Tourisme,** 13, Pl. du Bourguet, 04301 Forcalquier, Tel. 0492751002, www.haute-provence-tourisme.com (zuständig für Umland/Montagne de Lure)

Einkaufen

- **Maison de Produits de Pays** (südl. Ortseingang Mane links), großer Bau mit Parkplatz und vielen regionalen Produkten – von Wein über Wurst und Keramik bis zu Käse.
- **Distilleries de Provence,** Forcalquier, Z.A. les Chalus, Tel. 0492757166, www.distilleries-provence.com. Liköre und Apéritifs aus Pflanzen und Kräutern der Provence.

3 km östl. von Saint-Michel mündet die D 5 auf die N 100, der man in Richtung Norden folgt, um nach **Forcalquier** zu gelangen, das auf seinem Hügel von außen einen schönen Anblick bietet, aber neben seinem hübschen Stadtplatz, der romanisch-gotischen Kathedrale und einer eigenartigen neo-byzantinischen Kapelle nicht viele Attraktionen zu bieten hat. Leser empfehlen einen Besuch des Friedhofs mit kunstvoll geschnittenen Bäumen und Hecken, bei dem es auch einen Parkplatz mit Toilette gibt. Lohnender ist die romanische **Priorei Salagon** (am südlichen Ortseingang von Mane links nach Westen abbiegen) mit sehenswerter Kirche, einem *Jardin ethnobotanique* (Klostergarten mit Heilpflanzen und Kräutern) und einer kleinen Buchhandlung. Zudem hat der Ort einen schön angelegten Stellplatz 59 mit einem kleinen Spazierweg ins Zentrum.

An der schmalen D 16, die südlich von Forcalquier durch die Weinberge führt, kann man einen **Meilenstein der römischen „Via Domitia“** entdecken.

Abstecher

Von Forcalquier kann man in alle Richtungen Abstecher durch reizvolle Landschaften unternehmen:

- nach Norden auf der D 950 (Achtung: Die Straße verlässt den Ort zunächst nach Südwest!), der D 13 und der D 951 via St. Etienne-les-Orgues und Cruis
- direkt nach Norden auf der schmalen und kurvenreichen D 12 über bewaldete Berge nach St. Etienne-les-Orgues
- auf den gut ausgebauten Straßen N 100 und D 12 nach Osten ins Tal der Durance (s. S. 121)
- via N 96 südwärts nach Manosque

▷ *Mächtige Tortürme bewachen den Zugang zur Altstadt von Manosque*

59 Aire Communale de Forcalquier

GPS 43.9578, 5.7891

Großer, sehr schön angelegter Stellplatz, der sehr ruhig am Stadtrand im Grünen liegt und durch Bäume und Büsche in einzelne Alleen untergliedert ist. Teils schattig und mit einer sehr angenehmen Atmosphäre, allerding auch sehr beliebt und selbst in der Nachsaison stark besucht. Zeitweise herrscht so reges Campingtreiben, dass wir lieber auf einen anderen Platz ausweichen. **Lage/Anfahrt:** von der D12 am östlichen Stadtrand im Kreisverkehr beim Intermarché nach Süden ausfahren; beschildert; **Platzanzahl:** 20; **Untergrund:** Kies, eben, etwas staubig; **Preiskat.:** Stellplatz und Ver-/Entsorgung kostenlos; **Sicherheit:** beleuchtet; **Max. Stand:** 48 Stunden; **Geöffnet:** ganzjährig; **Adresse/Kontakt:** Parking Espace Culturel Bonne Fontaine, Avenue Saint-Promasse, 04300 Forcalquier, Tel. 0492709100, www.ville-forcalquier.fr; **Tipp:** Auf einem guten Fußweg ist man in nur 10 Minuten in der Stadt.

265pr-rh

ABSTECHER: MANOSQUE

Das im **Tal der Durance** gelegene Städtchen besitzt eine recht hübsche Altstadt mit zwei mächtigen Tortürmen aus dem 12. Jh., der **Porte Saunerie** und **Porte Soubeyran,** mit der romanischen **Kirche St. Sauveur,** mit einem Gewirr von Gassen und Plätzen und der schmucken Rathaus-Fassade.

Information

› **Office de Tourisme,** Place de l'Hotel de Ville, 04100 Manosque, Tel. 0492721600, www.manosque-tourisme.com

Parken

P 51 Parking de la Drouille, GPS 43.8286, 5.7825. Auf der N 96 von Süden (Pertuis) kommend bei der ersten Ampel links in Richtung Apt, dann beim Kreisverkehr Richtung Zentrum. Der große Parkplatz

063pr-rh

404pr-as©Jorge Alves

liegt rechts der Straße. Im Sommer kann es hier sehr eng werden. Von dort sind es zu Fuß weiter bergauf und dann links über den Place du Dr. Joubert nur wenige Hundert Meter zum Office de Tourisme und zum Zentrum.

Einkaufen

› **L'Occitane,** seit 1976 Hersteller von Seifen, Parfums und Kosmetika, Z. I. St.-Maurice, 04100 Manosque, Tel. 0492701950, www.loccitane.com (D 907 Richtung SO und beim Kreisverkehr hinter der Autobahnbrücke und vor der Durance-Brücke rechts ins Gewerbegebiet und dann gleich wieder rechts halten). Mit Fabrikführungen, Workshops und Boutique mit Fabrikverkauf (Mo.–Sa. 10–19 Uhr).

Manosque ist durchaus einen Halt wert

60 Camping-Car Park, Sainte Tulle

GPS 43.7851, 5.7638

Großer Platz der Kette Camping-Car Park mit einigen hohen Bäumen in Ortsrandlage zwischen dem Freibad und einem Park, aber trotzdem zumindest am Tag recht laut und nach Auskunft anderer Wohnmobilisten auch in der Nacht ein lärmiger Treff der örtlichen Jugend. **Lage/Anfahrt:** von der D4096 am besten schon am südlichen Stadtrand nach Westen zur Av. Pierre Semard abbiegen; man kann auch am Kreisverkehr in die D105 biegen, muss dann aber gegen Ende etwas „um den Block" fahren; **Platzanzahl:** 23; **Untergrund:** Asphalt/Gras; **Sicherheit:** videoüberwacht; **Preiskat.:** €€; **Max. Stand:** 48 Std.; **Geöffnet:** ganzjährig; **Adresse/Kontakt:** Avenue Léo Lagrange, Tel. 0221 67784179 (deutschsprachiger Kundenservice), www.campingcarpark.com.

266pr-rh

61 Stellplatz Saint-Paul-lès-Durance

GPS 43.6876, 5.7146

Neuer, trotz naher Autobahn relativ ruhig gelegener Stellplatz der Kette AirePark am Rand von Durance. Die ebenen Parzellen sind großzügig bemessen und z. T. schattig. Im hinteren Bereich ist ein idyllischer Picknickplatz mit Tischen und Bänken. An manchen Tagen kann die nahe Motocross-Piste lästig werden. **Lage/Anfahrt:** ca. 500 m vom Ortskern am östlichen Ende von Durance an der Parallelstraße der D952; von der 952 auf die D11 (schmale Brücke) über den Kanal, rechts der Grand Rue und dem Stellplatzschild ca. 600 m folgen; **Platzanzahl:** 19; **Untergrund:** Schotter, fest; **Preiskat.:** €€€; **Max. Stand:** unbegrenzt; **Geöffnet:** ganzjährig; **Adresse/ Kontakt:** Rue du Martinet, 13115 Saint-Paul-lès-Durance, Tel. 0298537585, www.aireparkreservation.com.

430pr-sh

62 Aire Communale, Villeneuve

GPS 43.8961, 5.8616

Ein vorbildlicher, schön und ruhig gelegener Platz unter Pinien und Olivenbäumen mit Blick aufs Dorf. **Lage/Anfahrt:** an der D 216 hinterm Dorf am Hang; von der N 96 den Schildern folgen; jenseits des Dorfes am Friedhof rechts, dann links den Hang hinunter an einem Parkplatz vorbei; lange Anfahrt, aber gut zu fahren, beschildert; **Platzanzahl:** ca. 12; **Untergrund:** Schotter; **Sicherheit:** beleuchtet; **Preiskat.:** Stellplatz u. Ver-/Entsorgung kostenlos; **Max. Stand:** 48 Std.; **Geöffnet:** ganzjährig, Frischwasser nur März–Nov.; **Adresse/Kontakt:** 356 Le Clos d'Aubert, 04180 Villeneuve, Tel. 0492784231, mairie.villeneuve@wanadoo.fr; **Hinweis:** Der Platz ist beliebt und meist schon früh in der Saison voll belegt.

268p-rh

Südlich von Manosque befinden sich etwas außerhalb der Route zwei weitere Stellplätze (Camping-Car Park Sainte Tulle 60 und Stellplatz Saint-Paul-lès-Durance 61), die beide nicht zu den besten zählen, aber auch nicht zu den schlechtesten.

Villeneuve

(16 km ab Forcalquier, 119,5 km ab Sisteron)

Die N 100 und die D 12 führen von Forcalquier nach Osten aus den Bergen heraus ins breite Tal der Durance. Wer einen hübschen

Die Büßer von Mées

Die Form der Rochers de Mées erinnert an Mönche in ihren langen Kutten, weshalb sie auch die „Büßer von Mées" genannt werden. Eine Legende behauptet, dass hier im 6. Jh. eine Gruppe von Mönchen unterwegs gewesen sei, als ihnen just ein Tross leicht bekleideter Frauen begegnete. Die armen Mönche hatten das kurze Vergnügen, diesen Schönen den einen oder anderen Blick hinterher zu werfen – und das Pech, dass ausgerechnet auch noch der heilige Donatus hinzukommen musste, der sie, als Strafe für ihre „gierigen" Blicke, allesamt zu Stein erstarren ließ.

064pr-rh

Übernachtungsplatz sucht, wendet sich dort zuerst nach Süden und passt gut auf, dass er die mit einem Womo-Piktogramm markierte Abzweigung rechts nach **Villeneuve** nicht verpasst.

Die Schilder lotsen einen zuverlässig den Hang hinauf bis zu einem ruhig und reizvoll gelegenen **Stellplatz** 62 jenseits des Orts (nicht aufgeben – er kommt schon noch!).

Fahrradtour

Die schmale D 216 beim Friedhof nahe dem Stellplatz 62, die durch schöne Landschaft ungefähr 14 km weiter dem Kamm folgt, eignet sich ideal für eine Radtour!

PLATEAU DE GANAGOBIE

Von der D 5 biegt etwa 2 km vor ihrer Einmündung (bei GPS 43.9599, 5.8839) die kleine D 462 ab, die nach **Lurs** hinaufführt. Das kleine Dorf auf seinem Balkon über dem Durance-Tal war praktisch verlassen und dem Zerfall preisgegeben, als eine Gruppe von Grafikern es nach dem Zweiten Weltkrieg entdeckte, neu belebte und zu einem Zentrum der Druckkunst machte.

Rund 3,5 km nördlich der Einmündung D 5 in die D 96 zweigt links die schmale D 30 ab (wer sie verpasst, kann kurz danach auf einem Parkplatz wenden), die in engen Serpentinen und durch herrliche Natur das **Plateau de Ganagobie** erklimmt.

Nach ungefähr 4 km erreicht man den großen Parkplatz, der zum **Kloster von Ganagobie** gehört (schöne Aussicht auf das Durance-Tal!). Ein Spaziergang durch die parkartige Landschaft führt knapp 1 km bis zur Klosterkirche mit einem prachtvollen Portal und einzigartigen romanischen Mosaiken in der Apsis. Weitere Fußwege erschließen die ursprüngliche Natur des Plateaus mit Eichen, Pinien, uralten Ruinen, neolithischen Steinsetzungen und großartigen Aussichtspunkten. Wenn man kurz nach Abzweigung der D 30 nicht rechts hinauffährt, sondern dem Fahrweg geradeaus folgt (nur mit kleinen Mobilen oder zu Fuß!), so kommt man kurz danach zu einer **Römerbrücke.** Dahinter führt der Weg weiter nach **Lurs.**

Etwa 2 km nördlich von Peyruis führt nach links die schmale D 101 aus dem Tal heraus und erreicht etwa 2 km weiter die **Kirche St. Donat.** Der ebenso schlichte wie harmonische Bau ist eine der ältesten romanischen Kirchen des Landes, errichtet an einer Stelle, an der der heilige Donat sich zurückgezogen haben soll, nachdem er die Region christianisiert hatte.

Ver-/Entsorgung

- Biegt man ca. 2 km nördl. von Peyruis nicht nach links, sondern nach rechts (Südosten), so gelangt man in die ZA Mardaris, wo die Firma Alpes Provence Caravanes links der Straße Ersatzteile, Reparaturen und kostenlose Ver-/ Entsorgung bietet (Di.-Sa. 9-12 und 14-18 Uhr, Tel. 0492680476, https://alpesprovencecaravanes.fr), GPS 44.0438, 5.9554.

Folgt man weiter der Straße durch das Gewerbegebiet Mardaris, so überquert man kurz danach die Durance und erreicht **Les Mées** (25 km von Villeneuve, 144,5 km von Sisteron), wo man links abbiegend außerhalb des Ortes zu den fantastisch geformten **Rochers de Mées** gelangt, die wegen ihrer eigenartigen Form auch die „Büßer von Mées" genannt werden. An ihrem Fuß gibt es einen hübschen Parkplatz mit Toiletten, auf dem öfters Wohnmobile über Nacht stehen, wenngleich er etwas nahe der Straße liegt.

ABSTECHER: DIGNE-LES-BAINS

(ab Les Mees 25 km einfach)

Rund 6 km nordöstlich von Les Mées mündet die D 4 in die N 85 (Route Napoléon). Ganz in der Nähe dieser Einmündung findet man zwei interessante Stellplätze 63 64, die sich für eine ruhige Übernachtung anbieten, falls man nicht mehr weit fahren möchte.

Und knapp 8 km hinter Malijaj liegt rechts der Straße ein Maison du Pays (s. unten).

Einkaufen

- **Maison du Pays,** 896 Chem. A Moynier, Mallemoisson, GPS 44.0366, 6.1156, https://maisondepaysdignois.fr, mit einer guten Auswahl an Produkten der Region (geöffnet tgl. 10-12.30 und 13.30-19 Uhr)

Digne-les-Bains. Römische Säulen und die Kathedrale Saint Jérome mit typisch provenzalischem Glockenstuhl aus Schmiedeeisen

065pr-rh

Alexandra David-Néel – eine außergewöhnliche Frau

1868 in Paris geboren, verließ Alexandra David-Néel noch ehe sie volljährig war das Elternhaus, um allein mit dem Fahrrad durch Spanien zu touren – und das zu einer Zeit, als andere Mädchen noch nicht einmal ohne Aufsicht einen Nachmittagsspaziergang machen durften! Sie studierte Orientalistik und Musik und brach mit 23 Jahren nach Indien auf. Nachdem sie in der Musik über Provinz-Opern nicht hinausgelangt war, heiratete sie 1904 den steinreichen Ingenieur Philippe Néel – und startete kurz danach erneut nach Asien, wo sie die folgenden 13 Jahre unterwegs war. Sie lernte Mahatma Gandhi, Sri Aurobinbo und den Dalai Lama kennen, wanderte zu Fuß durch Tibet und lebte zwei Monate als Bettlerin verkleidet in der für Ausländer bei Todesstrafe verbotenen Stadt Lhasa.

1928 ließ sie sich in dem Haus in Digne nieder, das heute die Stiftung beherbergt, wurde zur führenden Tibetologin des Landes und hielt Vorträge in ganz Europa. Mit über 70 Jahren reiste sie erneut für mehrere Jahre durch China – und noch im Alter von 100 Jahren soll sie die Verlängerung ihres Passes für eine Russlandreise beantragt haben, ehe sie kurz vor ihrem 101. Geburtstag starb.

63 Aire Communale, Château-Arnoux-Saint-Auban

GPS 44.0943, 6.0096

Hierbei handelt es sich um einen großen, gemischten Parkplatz mit wenig Schatten. Sehr leicht zugänglich und nahe der Straße, sodass es nicht ganz ruhig ist. Andererseits steht man am Rand eines sehr schönen Parks, durch den sich ein Netz lohnender Spazierwege zieht. **Lage/Anfahrt:** parallel zur Durchgangsstraße N85 und nur etwa 20 m davon entfernt; **Platzanzahl:** 20, parzelliert; **Untergrund:** Asphalt, eben; **Service:** die Ver- und Entsorgungsstation liegt etwa 100 m nördlich des Stellplatzes; **Sicherheit:** beleuchtet; **Preiskat.:** kostenlos; **Max. Stand:** 72 Std.; **Geöffnet:** ganzjährig; **Adresse/ Kontakt:** Boulevard de la Liberté, Tel. 0492640264.

270pr-rh

64 Stellplatz Malijai

GPS 44.0443, 6.0297

Sympathischer, gemischter Parkplatz in recht ruhiger, schattiger Lage direkt am Fluss. Man kann sogar zwischen den Bäumen direkt oberhalb des Ufers stehen. **Lage/Anfahrt:** von der N85 etwa in der Ortsmitte nach Süden auf die Grande Rue (aber „Grande" ist relativ, denn an ihrem Ende ist eine ca. 80 m lange, recht enge Passage); **Platzanzahl:** 20, parzelliert; **Untergrund:** Asphalt, eben; **Service:** die Ver- und Entsorgungsstation liegt etwa 100 m nördlich des Stellplatzes; **Sicherheit:** beleuchtet; **Preiskat.:** kostenlos; **Geöffnet:** ganzjährig; **Adresse/Kontakt:** 3 Impasse des Bugadières, Tel. 0492340112; **Hinweis:** Die Ver-/Entsorgungsstation ist von November bis März geschlossen; **Achtung:** Der Platz ist überschwemmungsgefährdet. Bei Unwettern meiden!

271pr-th

Knapp 10 km weiter erreicht man **Digne-les-Bains.** Der Thermal-Kurort am nordöstlichen Rand der Provence ist ein Zentrum des Lavendelanbaus und liegt im **Geologischen Naturpark Haute Provence.**

Man kann einen Bummel durch die Altstadt machen und einige ihrer Museen besuchen: beispielsweise das **Musée Alexandra David-Neel** (27 Avenue Maréchal Juin, südlich des Zentrums an der N 85, in Richtung Südwest gleich links nach der Total Tankstelle, Eintritt kostenlos, Tel. 0492313238, www.alexandra-david-neel.com), das **Musée de la Réserve Géologique de la Haute Provence** (Montée du Parc Saint-Benoit, N 900 A in Richtung Barles, nach der Brücke links den Schildern folgen, vom Parkplatz noch ca. 1 km, mit interessanten Lehrpfaden, April–November 9–12 und 14–17.30 Uhr, Juli und August 9–19 Uhr, Tel. 0492367070, www.geoparchauteprovence.com/le-musee-promenade) oder den **Jardin Botanique des Cordeliers** (Place de Cordeliers, Avenue Paul Martin, nördlich des Boulevard Gassendi, geöffnet: 15. März–15. November, Montagvormittag, Sa./So. und an Feiertagen geschlossen, Eintritt frei, Tel. 0492315959), einen historischen Klostergarten mit Gewürzpflanzen und Heilkräutern.

Information

› **Office de Tourisme,** Place du Tampinet, 04000 Digne-les-Bains, Tel. 0492366262, www.dignelesbains-tourisme.com/de

Parken

› Trotz vieler großer Parkplätze (z. B. ein gebührenpflichtiger Platz gleich hinter dem Kreisverkehr bei GPS 44.0919, 6.2314) ist oft alles sehr voll und eng.

P **52 Intermarché Digne-les-Bains,** GPS 44.0897, 6.2376. Am günstigsten und doch sehr zentrumsnah parkt man beim Supermarkt (im Kreisverkehr gleich rechts, Av. 8 Mai 1945, D 20).

P **53 Parking Piscine Eaux Chaudes,** GPS 44.0904, 6.2336. Dieser Parkplatz ist ebenfalls gut geeignet, aber oft recht voll.

P **54 Digne, Bahnhof,** GPS 44.0884, 6.2223. Dieser Parkplatz bietet sich tagsüber an.

272pr-rh

65 René Cassin, Digne-les-Bains

GPS 44.0826, 6.2212

Parkplatz an einer Sackgasse hinter dem Stadion, auf dem Wohnmobile meist unter sich sind und ruhig stehen (sofern keine Großveranstaltung den Abend verhagelt). Man steht schattenlos unterhalb des Uferdamms, auf dem die Jogger unterwegs sind. Bis zur Stadt ist es am Fluss entlang gut 1 km. **Lage/Anfahrt:** von der N85 im Kreisverkehr rechts über den Fluss, dann via Rte de Grenoble nach Norden in Richtung Digne; beim Stadion Jean Rolland links in die Av. René Cassin; **Platzanzahl:** ca. 20; **Untergrund:** Asphalt, eben; **Preiskat.:** kostenlos; **Geöffnet:** ganzjährig; **Adresse/ Kontakt:** 4 Avenue René Cassin, Tel. 0492305200, www.dignelesbains.fr.

66 Aire Intercommunale „Les Thermes“, Digne-les-Bains

GPS 44.0801, 6.2603

Relativ ruhiger Parkplatz nahe dem Bach und vor schöner Bergkulisse bei den Thermalbädern. **Lage/ Anfahrt:** Avenue des Thermes, an der D 20 etwa 1 km östlich der Stadt (gute Zufahrt); **Platzanzahl:** ca. 50; **Untergrund:** Asphalt, Schotter, nicht ganz eben; **Preiskat.:** Stellplatz und Entsorgung kostenlos; Wasser kostenpflichtig (Jetons erhältlich an der Rezeption des Thermalbads); **Max. Stand:** unbegrenzt; **Geöffnet:** März–Ende November; **Adresse/Kontakt:** 29 Avenue des Thermes, 04000 Digne-les-Bains, Tel. 0492305200, www.dignelesbains.fr; **Anmerkung:** Etwa 10 km nördlich von Digne via D 900 gibt es kurz hinter dem Ort Le Brusquet rechts eine Aire de Détente (GPS 44.1633, 6.3201), die ruhig und weit abseits der Straße liegt.

273pr-rh

066pr-rh

„BONUS-TRACK": RUNDFAHRT DURCH DIE ALPES DE HAUTE PROVENCE

Digne-les-Bains ist das Verwaltungszentrum des Départements Alpes de Haute Provence, das den ordentlich sortierten Reisejournalisten etwas ins Schleudern bringen kann. Hört es sich doch ähnlich widersprüchlich an wie „Gebirgsmarine", „Dutch Mountains" oder „bayerische Ostseeküste". Ja, was denn nun, mag man sich fragen: Alpen oder Provence – denn für unser Empfinden sind das nun mal zwei Paar Stiefel. Ungeachtet jeder bürokratischen Grenzziehung lassen die meisten Kollegen daher in ihren Provence-Publikationen diesen Alpenteil schlicht unter den Tisch fallen. Richtig, könnte man meinen. Alpen sind nun mal Alpen und ein eigenes Thema.

Und doch: Es gibt da eine gar zu verlockende Rundstrecke, die wir nicht ganz unterschlagen und wenigstens in etwas komprimierter Form erwähnen möchten.

Tipp

Es lohnt sich, die Route in der hier beschriebenen Richtung zu fahren, um die geradezu dramatisch gestaltete Steigerung landschaftlicher Schönheit und „interessanter" Straßenführung zu genießen. Mindestens genauso beeindruckend ist die alternative Strecke über den 2326 m hohen Col de la Cayolle (s. S. 133).

Sperrung

Die Pass-Strecke über den Col d'Allos ist zwischen Pra-Loup und La Foux d'Allos für Fahrzeuge über 3,5 Tonnen gesperrt. Die Rundstrecke ist daher für größere Wohnmobile nicht geeignet.

DIGNE-LES-BAINS – BARCELONNETTE – CASTELLANE

(Digne – Barcelonette 82 km, Barcelonette – Castellane 94 km)

Entfernung: 177 km
Dauer: 2 Tage

Man verlässt Digne auf der D 900 nach Norden in Richtung Le Brusquet.

Dann geht es mit dem Womo durch eine ganz allmählich sich aufbauende Berglandschaft zunächst durch Wälder und vorbei an

⊡ *Blick auf den Lac de Serre-Ponçon*

schluchtartigen Tälern in zunehmend alpine Regionen empor. Zunächst findet man noch einige Parkplätze am Bach, dann wird das Tal enger, Zedern und Pappeln säumen die Straße und der mediterrane Baustil wird von einem alpinen abgelöst. Welch ein Kontrast zur Provence des Luberon!

Park-/Picknickplatz

D **55 Aire de Détente,** GPS 44.1633, 6.3201. Etwa 10 km nördlich via D 900 kurz hinter dem Ort Brusquet findet man rechts und weit abseits der Straße diesen schön und ruhig gelegenen, geschotterten Platz. Er ist recht uneben, aber es gibt schöne Picknicktische und zahlreiche Wander- und Mountainbike-Wege.

Über den **Col du Labouret** (1240 m) gelangt man ins reizvolle Bergtälchen der Bès und überquert ca. 10 km weiter den **Col de Maure** (1346 m). Kurz danach (knapp 1 km nach dem Pass) führt ein kleines Sträßchen links hinauf ins Skigebiet von **Seyne** mit einem Wohnmobil-Stellplatz.

Parken

P **56 Le Grand Puy, Seyne,** GPS 44.3220, 6.3931. Großer Schotterplatz ca. 5 km vom Ort entfernt an der Liftstation Le Grand Puy auf 1355 m mit weitem Ausblick. Lage/Anfahrt: Kurz hinter dem Col de Maure und vor dem Ort links Richtung Skistation „Le Grand Puy“ hinauf bis zum Ende der Asphaltstraße und ein kurzes Stück weiter; rechts des Restaurants „Le Chalet“; etwas steile aber problemlose Anfahrt; die letzten Meter Schotter; Platzanzahl: offiziell 3, im Sommer fast unbegrenzt! Untergrund: Schotter; Service: die Station ist nicht mehr vorhanden; Preise: kostenlos; Max. Stand: unbegrenzt; Geöffnet: ganzjährig (bei Frost kein Wasser); Kontakt: Tel. 0492350042.

67 Aire Communale, Selonnet

GPS 44.3686, 6.3154

Schattenloser, aber wunderschön in der Bergnatur gelegener Platz auf rund 1000 m Höhe südlich von Selonnet an einem kleinen Bach. **Lage/Anfahrt:** Quartier Boulangère, ca. 5 km nordwestlich von Seyne via D900, im Ort bei der Post auf die kleine Straße Saint Domitien nach Süden biegen, problemlos; **Platzanzahl:** 6; **Untergrund:** Schotter, etwas Gefälle; **Service:** Druckluft für Reifenbefüllung und Schlauch zum Autowaschen, Ver-/Entsorgung für 2 € in Jetons erhältlich in den Geschäften; **Preiskat.:** Stellplatz kostenlos; **Max. Stand:** unbegrenzt; **Geöffnet:** ganzjährig; **Kontakt:** Tel. 0492350638, www.selonnet.fr; **Hinweis:** Bach, Grillplatz, Wanderwege; manchmal stark genutzt (auch von Pkw und Jugendgruppen).

275pr-rh

276pr-rh

Etwa 12 km hinter Seyne erreicht man den **Col St. Jean** (1333 m) und bald darauf eröffnen sich schöne Ausblicke auf den südöstlichen Arm des **Lac de Serre-Ponçon.**

Die D 900 schlängelt sich breit und gut ausgebaut hinunter und folgt nach Osten biegend dem malerischen **Ubaye-Tal** (wo das Städtchen Lauzet einen sehr schönen Stellplatz 69 nahe dem See bietet) bis nach **Barcelonnette** (ca. 45 km von Seyne). Die Stadt hat heute leider keinen Wohnmobil-Stellplatz mehr. Die einstige Aire Communale musste einer neuen Wohnsiedlung weichen, auch wenn einige Schilder noch den Weg dorthin weisen. Zum Übernachten würden wir den sympathischen und schön gelegenen Camping Le Tampico 68 mit Restaurant empfehlen.

277pr-rh

⊼ *Hinter dem Col St. Jean eröffnen sich schöne Ausblicke auf den Lac de Serre-Ponçon*

⊳ *Das Ubaye-Tal verengt sich stellenweise zur Schlucht*

278pr-rh

69 Stellplatz Lauzet-Ubaye

GPS 44.4281, 6.4338

Wunderschön gelegener Parkplatz am Ortsrand über einem kleinen See, auf dem 5 Plätze für Wohnmobile reserviert sind. Traumhaft! **Lage/Anfahrt:** von der D900 im Ort nach Süden auf die Straße Le Village abbiegen, durch eine Haarnadelkurve und am Boulesplatz vorbei; **Platzanzahl:** 5; **Untergrund:** Kies, nicht ganz eben; **Preiskat.:** kostenlos; **Max. Stand:** 2 Nächte; **Geöffnet:** ganzjährig; **Kontakt:** Tel. 0492855127, www.lauzetubaye.fr/hebergements/aire-service-stationnement-camping-pra-loup-1600.

68 Camping Le Tampico ★★★, Barcelonnette

GPS 44.3832, 6.6346

Kleiner, schön gelegener Campingplatz mit freundlichem Service, hohen Kiefern und offener Wiesenfläche am Rand der Stadt – mit herrlichem Blick auf die Berge im Abendrot. Leider ist eine Straße in Hörweite, aber sie ist wenig befahren und nachts fast gar nicht. Der Platz hat eine Bar mit Terrasse, eine Pizzeria und ein ordentliches kleines Restaurant mit angenehmem Ambiente und einer soliden Küche, die überwiegend auf Produkte der Region zurückgreift. **Lage/Anfahrt:** direkt an der D902, der Zufahrt zum Col d'Allos und Col de la Cayolle; **Preiskat.:** €€€; **Geöffnet:** Anfang Mai–Ende September; **Adresse/Kontakt:** 70 Av. Emile Aubert, 04400 Barcelonnette, Tel. 0492810255, www.letampico.fr.

Einkaufen

› **Délices de Montagne,** 55 Av. Emile Aubert, Tel. 0620101594. Geschäft mit Spezialitäten der Region.

In Barcelonnette biegt man rechts und dann wieder rechts auf die D 902 und knapp 2 km hinter dem Ort nach der Brückendurchfahrt erneut rechts auf die Straße nach **Pra-Loup.** Kurz danach zweigt in einer Rechtskurve nach links die D 908 ab, die **Pass-Straße zum Col d'Allos.**

Sperrung

Die Pass-Strecke über den Col d'Allos ist bis La Foux d'Allos für Fahrzeuge über 3,5 Tonnen gesperrt. Und das ganz sicher mit gutem Grund: Sie ist sehr schmal, nicht überall in gutem Zustand und höchst kurvenreich. Größere Fahrzeuge riskieren bei Gegenverkehr durchaus Probleme. Zwischen 1.12. und 15.5. ist die Pass-Straße meist ganz gesperrt.

Dies ist die eigentlich spektakuläre Strecke der Tour – und vor allem bei schönem Wetter im Herbst schon für sich allein eine Reise wert! In endlosen Serpentinen und mit zahlreichen fantastischen Ausblicken windet sich das schmale Sträßchen in eine wahrhaft bezaubernde bis atemberaubende Bergwelt empor.

Auf der Passhöhe bei 2247 m hat man die Waldgrenze weit unter sich gelassen und befindet sich in alpiner Mattenlandschaft. Danach geht es in Serpentinen und streckenweise steil (bis ca. 12 %) zum Skiort **La Foux d'Allos** hinunter. Dort gibt es oberhalb der Ortschaft in Richtung Pass einen wunderschön gelegenen Parkplatz für ein Picknick mit Panoramablick.

57 La Foux d'Allos, GPS 44.2992, 6.5671

Auf einer breiteren und gut ausgebauten Straße – aber immer noch durch sehr reizvolle Berglandschaft – geht es das Tal des Verdon abwärts und nach ca. 8 km erreicht man den Skiort **Allos.**

Etwa 8 km hinter Allos erreicht man das Städtchen **Colmars** – und damit eine weitere Überraschung, denn etwas oberhalb am Hang entdeckt man zunächst die mächtigen Mauern und Türme der **Festung Savoie** und kurz darauf die malerische **Altstadt,** die einen kleinen Bummel unbedingt lohnt (sofern der Andrang der Besucher nicht zu stark ist). Die mittelalterliche Stadt mit Wehrmauer und Pflastergassen wurde als ehemalige Grenzstadt durch Vauban ausgebaut und befestigt. Sie beeindruckt durch ihren Reichtum an gut erhaltenen Militär- und Sakralbauten und das weitgehend geschlossene Stadtbild. Außerdem hat der Ort einen schön und ruhig gelegenen Stellplatz (71). Danach wird das Flusstal allmählich weiter, verliert aber nicht seinen Reiz, bis man etwa 28 km hinter Colmars nach **St. André les Alpes** gelangt.

Via N 202 und D 955 am Ufer des Lac de Castillon entlang erreicht man ca. 20 km weiter **Castellane** und hat dort Anschluss an die Verdon-Routen (s. S. 146).

Das kleine Städtchen Colmars überrascht mit einer fantastisch erhaltenen Altstadt

Einkaufen

› **Produits du Pays du Haut Verdon** (GPS 44.1426, 6.5931). In dem kleinen Ort Beauvezer, wenige Kilometer südlich von Colmars, befindet sich direkt

(70) Aire Communale, Allos

GPS 44.2430, 6.6222

Riesiger, aber schön gelegener und sonniger Parkplatz abseits der Durchgangsstraße bei der Base de Loisirs. **Lage/Anfahrt:** von Norden kommend nach der Brücke, aber vor Ortseingang rechts hinunter; **Platzanzahl:** 30; **Untergrund:** Asphalt; **Preiskat.:** Stellplatz kostenlos, Ver-/Entsorgung und Strom kostenpflichtig; **Max. Stand:** 3 Nächte; **Geöffnet:** ganzjährig; **Adresse/Kontakt:** Résidence Le Verdon, Tel. 0492830281; **Beachten:** Leicht unebene Fläche (Keile). Ideal mit Kindern, da gleich daneben ein herrlicher Spielplatz liegt!

an der Straße in einem lauschigen Park mit Picknicktischen ein historisches Gebäude, in dem im 19. Jh. ein Betrieb für Wollverarbeitung untergebracht war. Heute befindet sich darin ein Geschäft für landwirtschaftliche und handwerkliche Produkte der Region. Drechsler und andere Kunsthandwerker bieten ihre Waren an. Es gibt auch Mohair-Pullover, Wurstwaren, Lavendelhonig und vieles mehr und als Krönung kann man unter Anleitung von Meistern lernen, wie man seinen eigenen Génépi (Kräuterlikör) herstellt. Geöffnet: Mai–Sept. tgl. 9.30–12.30 und 14–18.30 Uhr, Okt.–April nur Fr./Sa./So., Tel. 0492835857.

Parken

P 58 **Ufer des Lac de Castillon,** GPS 43.9442, 6.5162. Parkplatz ohne Verbotsschilder und dafür mit einem schönen Badestrand findet man wenige Kilometer weiter südlich am Ufer des Stausees.

71 Aire Municipale, Colmars

GPS 44.1792, 6.6271

Am Ortsrand im Grünen gelegener, ruhiger, gemischter Parkplatz mit hohen Bäumen und eindrucksvoller Bergkulisse. **Lage/Anfahrt:** von der D908 nach dem Zentrum vor der Tankstelle links in die Straße La Bourgade (beschildert), dann gleich wieder links; **Platzanzahl:** ca. 20; **Untergrund:** Kies, nicht ganz eben; **Preiskat.:** Stellplatz und Ver-/Entsorgung kostenlos; **Max. Stand:** 24 Std.; **Geöffnet:** ganzjährig; **Adresse/Kontakt:** Parking de la Lance, Tel. 0492834321.

72 Aire Municipale, Saint André

GPS 43.9653, 6.5070

Einfacher, sauberer, relativ ruhiger, aber sehr steriler, schattenloser und leicht unebener Stadtparkplatz. **Lage/Anfahrt:** Parking des Ferrailles, Grande Rue. Nahe dem südlichen Ortsende links der N 202. Von Süden her gut, von Norden her kaum beschildert, problemlose Zufahrt; **Platzanzahl:** 40; **Untergrund:** Asphalt mit Gefälle; **Service:** Ver-/Entsorgung im Winter außer Betrieb; **Preiskat.:** Stellplatz und Ver-/Entsorgung kostenlos; **Max. Stand:** 72 Std.; **Geöffnet:** ganzjährig; **Kontakt:** Tel. 0492890204; **Tipp:** Einen weitaus schöneren Parkplatz findet man wenige Kilometer weiter südlich am Ufer des Lac de Castillon (s. oben). Weitere Parkplätze mit Badestellen gibt es an verschiedenen Stellen des Sees, z. B. bei GPS 43.9268, 6.5331.

COL DE LA CAYOLLE UND COL DES CHAMPS

(Barcelonnette – Saint Martin d'Entraunes 50 km, Saint Martin d'Entraunes – Colmars 28 km)

Eine fast noch spektakulärere Alternative zum Col d'Allos bietet der 2326 m hohe Col de la Cayolle zwischen Barcelonnette und Saint Martin d'Entraunes im oberen Tal des Flusses Var, dessen Quelle man passiert. Besonders im Herbst, bei schönem Wetter und golden verfärbten Lärchen, ist die Fahrt wahrhaft atemberaubend. Bei schlechtem Wetter sollte man den Pass besser meiden. Zwischen Dezember und Mai ist er meist gesperrt. Die Route führt eine lange Strecke durch das Kerngebiet des **Mercantour-Nationalparks** und in diesem Bereich ist das Nachtparken und Übernachten im Wohnmobil verboten.

Die **Cayolle-Passstraße D902** ist für Fahrzeuge bis 4,5 t zugelassen und führt etwa 8 km hinter Barcelonnette durch einen kurzen Tunnel, dessen Durchfahrtshöhe mit 3 m angegeben ist (mit unserem 3,10 m hohen Mobil konnten wir ihn eben noch passieren). Die Straße hat ein paar Serpentinen, die gut zu fahren sind. Auf weiten Strecken ist sie jedoch einspurig mit Ausweichbuchten und an manchen Stellen so schmal, dass man mit dem Wohnmobil sehr vorsichtig fahren muss, um seitlich nicht die Leitplanke oder den Fels zu streifen. Da sie einige Kilometer weit in West-Ost-Richtung verläuft, sollte man bei sonnigem Wetter von Barcelonnette nicht zu früh am Morgen losfahren. Sonst wird es vermutlich passieren, dass man ausgerechnet an einer der engsten Stellen um die Felsecke biegt und einem urplötzlich die Sonne so heftig ins Gesicht scheint, dass man nahezu blind fahren muss!

Um auf die unten beschriebene Route zurückzugelangen, kann man **ab Martin d'Entraunes auf der D78** den 2087 m hohen Col des Champs fahren, der nach Colmars (s. S. 131) im Tal des Verdon führt. Auch diese Strecke ist landschaftlich absolut spektakulär und führt durch eine traumhafte Bergwelt mit einigen herrlichen Parkplätzen für ein Picknick mit Panoramablick oder eine ruhige Nacht. Sie hat zahlreiche Serpentinen – insbesondere bei der Fahrt hinunter nach Colmars. Viele davon sind sehr eng, sodass **Fahrzeuge mit langem Radstand evtl. zurücksetzen** müssen. Unser Fahrzeug hat einen Wendekreis von 12,80 m und wir mussten in vier Kurven zurücksetzen. Auch Fahrzeuge mit langem Hecküberhang können im steilen Innenbogen der Serpentinen Probleme bekommen, weil das Heck eventuell aufsetzt. Im oberen Teil der Abfahrt nach Colmars hat die Straße zudem mehrere sehr abrupte und **tiefe Querrinnen,** um Regenwasser abzuleiten. Sie sind nicht immer gut zu erkennen und sollten mit höchster Vorsicht und niedrigstem Tempo durchquert werden – sonst könnte es in Ihrem Wohnraum hinterher wie nach einem Erdbeben aussehen!

208pr-rh

☒ Die Cayolle-Passstraße ist spektakulär – aber stellenweise sehr eng!

283pr-rh

73 Chez Julo, Saint André

GPS 43.9641, 6.5113

Ruhig gelegener, privater Stellplatz außerhalb der Ortschaft auf einem ehemaligen Campingplatz. **Lage/Anfahrt:** von der N202 im Kreisverkehr nahe dem südlichen Ortsende nach Osten auf den Chemin de Moulin, dann rechts und gleich wieder links fahren; schmale, aber problemlose Zufahrt; **Platzanzahl:** ca. 40; **Untergrund:** Wiese; eben, aber etwas holperig; **Service:** Strom über normale französische Steckdosen; **Preiskat.:** €; **Max. Stand:** 24 Std.; **Geöffnet:** April–Oktober; **Adresse/Kontakt:** 10 Chemin des Croues, 04170 Saint-André-les-Alpes, Tel. 0492834321.

DAS PLATEAU DE VALENSOLE UND DER GRAND CANYON DU VERDON

Auf der ursprünglichen Route geht es weiter entlang des **Plateau de Valensole.** Das Plateau zwischen den Tälern der Durance im Osten, der Bléone im Norden und des Verdon im Süden ist eine relativ arme, stille und ursprüngliche Region. Es liegt innerhalb des **Parc Naturel Régional du Verdon** (s. S. 140) und ist geprägt von kleinen Landsträßchen, mediterranen Wäldern und smaragdgrünen Stauseen – vor allem aber von blühenden Mandelbäumen im März und vom endlosen Lila des Lavendels im Juli.

Von **Les Mées** folgt man – je nachdem wie eilig man es hat via D 4, N 96 oder gar A 51 – dem Tal der Durance nach Süden.

Einkaufen

- Unterwegs kann man in **Oraison** die Moulin Paschetta Henry (4 Av. Charles-Richaud, Mo.–Sa. 9–12 und 14–18 Uhr, Jan. geschl., Tel. 0492786102, www.moulinpaschetta-henry.fr) besuchen, um Olivenöl direkt vom Erzeuger zu kaufen, oder man kann einen Abstecher nach Manosque machen (s. S. 119).
- An der D 6 südwestlich von Valensole findet man einen Lavendelerzeuger mit Direktverkauf. Er hat einen Verkaufsstand direkt an der Straße (GPS 43.8215, 5.9365) bei einem sehr schön gelegenen Parkplatz neben den Lavendelfeldern, der zum Fotografieren und Picknicken einlädt.

GRÉOUX-LES-BAINS

(25 km ab Villeneuve, 144,5 km ab Sisteron)

Bei Manosque verlässt man das Tal der Durance, erklimmt das Plateau via D 82 und fährt dann wieder hinunter in den Kurort **Gréoux-les-Bains** im Tal des Verdon.

In dem bis heute sehr beliebten und betriebsamen Kurort hatten schon die Römer ihre Thermen. Wer nicht kurt, kann einen kleinen Stadtbummel unternehmen und das mächtige **Château des Templiers** bewundern (nur von außen!).

Information

- **Office de Tourisme,** 7 Place de l'Hôtel de Ville, 04800 Gréoux-les-Bains, Tel. 0492780108, www.greoux-les-bains.com

Ver-/Entsorgung

› Eine Flot-Bleu-Station (2 €) findet man beim Carrefour Market von Vinon sur Verdon, 8 km westlich (ZA Pas de Menc, Chemin du Plan). GPS 43.7293, 5.8034.

Parken

P 59 Thermes, GPS 43.7569, 5.8914. Wohnmobile stehen ruhig und schattig auf dem großen Parkplatz vor den Thermes (am Kreisverkehr in Richtung „Thermes" abbiegen, dann wieder links).

P 60 Nahe Office de Tourisme, GPS 43.7573, 5.8840. Ein großer und sehr zentrumsnaher Parkplatz – allerdings mit wenig Schatten – befindet sich hinter dem Office de Tourisme.

74 Camping La Pinède ★★★★, Gréoux les Bains

GPS 43.7484, 5.8825

Im Pinienwald mit Pool und Spielplatz. Ver-/Entsorgungsstation und Parkplatz auch vorm Eingang. **Lage/Anfahrt:** ca. 1,5 km außerhalb an der D 8 in Richtung St. Pierre; **Preiskat.:** €€€; **Geöffnet:** April–Nov.; **Kontakt:** Tel. 0492780547, www.camping-lapinede-04.com.

75 Aire Municipale, Gréoux-les-Bains

GPS 43.7551, 5.8896

Ruhiger, terrassierter Platz mit hohen Bäumen und offenen Flächen südöstlich des Zentrums zwischen Sportplatz und Verdon auf dem Gelände des früheren Campingplatzes. Parzellierte, aber leider sehr knapp bemessene Stellplätze, manche mit Schatten; gute Ausstattung; leider stehen die Wohnmobile hier inzwischen dicht an dicht. **Lage/Anfahrt:** Chemin de la Barque, von der D952 im Kreisverkehr östlich des Zentrums nach Süden in die Avenue des Alpes abbiegen, nach der Total-Tankstelle in sehr spitzem Winkel nach links in den Chemin de la Barque (problemlose Zufahrt); **Achtung:** Die Zufahrt von der anderen Seite (Südosten) ab Avenue du Verdon ist am Anfang extrem schmal; **Platzanzahl:** 80; **Untergrund:** Schotter, teils mit Gras; **Sicherheit:** eingezäunt, beleuchtet, videoüberwacht; **Preiskat.:** €€; **Max. Stand:** 30 Tage; **Geöffnet:** ganzjährig; im Winter zeitweise kein Wasser; **Adresse/Kontakt:** 7302 Chemin de la Barque, 04800 Gréoux-les-Bains, Tel. 0492780986; **Achtung:** nur für Fahrzeuge bis 8 m Länge und 3,5 t (Schleusenschranke); da Greoux ein Kurort ist, wird der Platz viel von Kurgästen genutzt, die dort länger stehen.

285pr-rh

LAC D'ESPARRON

(13 km ab Gréoux, 157,5 km ab Sisteron)

Man verlässt **Gréoux** auf der D 952 nach Osten und biegt (sofern man kein zu großes „Dickschiff" fährt) ca. 2 km weiter rechts auf die D 315, die sich durch herrliche mediterrane Wälder auf das Plateau hinauf windet und bald Ausblicke auf die smaragdgrünen Wasser des Stausees **Lac d'Esparron** eröffnet. Wer kleine Sträßchen scheut, fährt auf der D 952 weiter bis Allemagne-en-Provence (s. rechts).

13 km nach **Gréoux** erreicht man den herrlich über dem See gelegenen kleinen Ort **Ésparron-de-Verdon** mit großen Parkplätzen über einer lauschigen Badebucht (der untere Parkplatz mit besserem Seeblick ist für Wohnmobile gesperrt). Der Ort besitzt eine alte Burg, einen kleinen Bootshafen, Campingplätze und eine gute touristische Infrastruktur.

Sonstiger Stellplatz

S 61 Parking d'Esparron, GPS 43.7428, 5.9739. Sehr ruhig in waldreicher Natur gelegener offizieller Platz nördlich des Orts, der aber für Wohnmobile nicht sehr gut zugänglich ist. Lage/Anfahrt: D82 nördlich von Esparron. Der straßennahe und gut zugängliche Platz westlich der D82 wurde weiter von der Straße weg den Hang hinauf verlegt, aber auch auf dem unteren Platz stehen regelmäßig Wohnmobile. Der obere Platz und seine Zufahrt sind für größere Fahrzeuge nicht geeignet; Platzanzahl: 6–8; Untergrund: Schotter; Service: keine Station; einen Wasserhahn findet man auf dem unteren Parkplatz; Preise: kostenlos; Max. Stand: unbegrenzt; Geöffnet: ganzjährig; Beachten: Der Platz liegt nicht am See.

76 Camping Le Soleil ★★★★, Esparron

GPS 43.7343, 5.9706

Kleiner, schön gelegener, sehr ruhiger und ausgesprochen angenehmer Campingplatz auf mehreren Terrassen am steilen Ufer über dem See. Viele schattige Bäume und einige Plätze mit schönem Blick auf den See. Doch vor allem bietet der Platz eine große Rarität: Er ist hundefrei. Die Treppen und Wege hinunter zum See sind etwas steil und mühsam und an den Badestellen ist das Wasser nicht immer ganz leicht zugänglich. Dennoch: einer unserer Lieblingsplätze! **Lage/Anfahrt:** östlich der Ortschaft Esparron von der D82 scharf rechts ab auf den Chemin de la Tuilière und dem schmalen Sträßchen etwa 1 km folgen; **Preiskat.:** €€€; **Geöffnet:** April bis Oktober; **Adresse/Kontakt:** 1000, Chemin de la Tuilière, 04800 Esparron de Verdon, Tel. 0492771378, www.camping-esparron-verdon.fr.

ALLEMAGNE-EN-PROVENCE

(22 km ab Lac d'Esparron, 179,5 km ab Sisteron)

Nordöstlich bieten mehrere winzige Landsträßchen durch einsame Natur verschiedene Varianten, um nach **Allemagne-en-Provence** zu gelangen (8 km von Ésparron), dessen Name nichts mit Deutschland zu tun hat, sondern von der Göttin Allemona herrühren dürfte, deren Statue den Schlosspark bewacht. Das **Renaissance-Schloss** ist bis heute bewohnt, kann aber teilweise auch besichtigt werden (einstündige Führungen, 10 €, www.chateaudallemagneprovence.com, Tel. 0492774678). Man kann auch Gästezimmer oder gleich einen Teil des Schlosses mieten!

Parken

P 62 Am Schloss, GPS 43.7827, 6.0069. Großer und relativ ruhiger Parkplatz mit öffentlichen Toiletten direkt vor dem Schloss. Kein offizieller Stellplatz, aber parkende Wohnmobile werden toleriert.

Abstecher via D 15 nach Quinson

› Wer kleine, ruhige Straßen sucht, kann von Allemagne auf der schmalen, kurvenreichen Landstraße D 15 durch einsame Landschaft nach **Quinson** fahren. Die Strecke führt knapp 16 km durch menschenleere Natur, wirkt aber noch länger. In Quinson befindet sich an der Durchgangstraße D 11 das bekannte **Musée de la Préhistoire** (Prähistorsiches Museum, www.museeprehistoire.com). Parken: Ein wenig weiter liegen links der D 15 große Parkplätze,

287pr-rh

die zum großen Teil durch 2-m-Barrieren abgesperrt sind, aber es gibt auch Plätze für Wohnmobile mit einer bescheidenen Ver-/Entsorgungs-Möglichkeit (GPS 43.9760, 6.0385).

› Hinter dem Ort geht die D 11 in die D 13 über und überquert den Verdon. Kurz danach kann man bei einer Bootsvermietung links abbiegen, um zu einem schönen **Parkplatz am See** zu gelangen. Auch hier ist der größte Teil durch 1,90-m-Barrieren abgesperrt, aber es gibt auch ein paar hübsche Winkelchen vor der Absperrung (GPS 43.6949, 6.0403; 364 m üNN).

Einkaufen

› 2 km hinter Allemagne findet man an der D 952 in Richtung Riez das **Maison des Produits du Pays du Verdon** (Juli–Sept. tgl. 9–20 Uhr, sonst 9.30–12 und 14–18.30 Uhr, 1. Jan.–15. Feb. geschl., Tel. 0492774024, https://produits-artisans-verdon.fr) mit einer breiten Auswahl an landwirtschaftlichen und handwerklichen Produkten der Region. Auf dem Parkplatz davor dürfen Wohnmobile auch nachts stehen (Schotter, Gefälle, Schatten, Tische).

Das Schloss von Allemagne-en-Provence

RIEZ

(8,5 km ab Allemagne-en-Provence, 188 km ab Sisteron)

Information

› **Office de Tourisme,** Place de la Mairie, 04500 Riez, Tel. 0492779909, www.ville-riez.fr/tourisme.html, www.durance-luberon-verdon.com

Das etwas verschlafen und zeitverloren wirkende Städtchen (via D 952 ca. 8 km nordöstlich von Allemagne) besitzt mit seinem **Baptisterium** aus dem 5. Jh. eines der ältesten christlichen Bauwerke Frankreichs. Der von außen höchst unscheinbar wirkende, quadratische Bau hat einen achteckigen Innenraum mit acht Apsiden, acht Säulen und einem achteckigen Taufbecken. Außerdem birgt er heute ein Lapidarium.

Es befindet sich beim Kreisverkehr am Ortseingang gleich links und kann zeitweise besichtigt werden (Apr.–Nov. oder auf Anfrage beim Office de Tourisme). Auf der anderen Seite des Flüsschens Colostre stehen ein paar Schritte stromab noch vier schlanke **korinthische Marmorsäulen** mit Architrav (Querbalken) von einem **Apollotempel** aus dem 1. Jh.

Lapidarium

(von lat. lapis = Stein) eine Sammlung von Steindenkmälern wie Skulpturen, Grabsteinen, Sarkophagen u. Ä.

121pr-rh

Bei einem Bummel durch das Städtchen kann man etliche einst imposante, aber recht zerbröckelnde **Bürgerhäuser** und den **Tour l'Horloge** entdecken – und gemütliche Provence-Atmosphäre genießen.

Der große Parkplatz im Zentrum von Riez ist für Wohnmobile gesperrt. Dafür wurde inzwischen ein sehr schöner, großer Wohnmobil-Stellplatz 77 nördlich der Ortschaft angelegt. Eine bescheidene Alternative für sechs bis acht Fahrzeuge bietet der Parkplatz des Musée de la Préhistoire von **Quinson,** der außerhalb des Orts ruhig und im Grünen liegt. Einer der schönsten Wohnmobil-Stellplätze der Region liegt etwa 7 km nördlich von Riez bei Puimoisson 79.

77 Aire Communale, Riez

GPS 43.8221, 6.0925

Großer, sehr schön gelegener und ruhiger, aber schattenloser Platz auf drei Terrassen nahe dem nördlichen Ortsrand. **Lage/Anfahrt:** Rue du Faubourg St. Sébastien, an der D953 nördlich von Riez, von Süden her via D953 in Richtung Intermarché um die Ortschaft herum fahren (lassen Sie sich nicht vom Navi durch die engen Gassen lotsen) und ca. 300 m nördlich des Supermarkts rechts abbiegen; **Achtung:** die Abfahrt setzt etwas steil an, sodass größere Fahrzeuge mit dem Heck aufsetzen können; **Platzanzahl:** 35–40; **Untergrund:** Schotter; **Service:** Ver-/Entsorgung im Winter nicht in Betrieb; **Preiskat.:** €; **Max. Stand:** unbegrenzt; **Geöffnet:** ganzjährig; **Kontakt:** Tel. 0492779909.

288pr-rh

Parken

P 63 Musée de la Préhistoire, GPS 43.6970, 6.0385, Schotter, eben, mit einfacher Entsorgungsmöglichkeit

Einkaufen

› **Maison de l'abeille et de la truffe,** kleines, kostenloses Imker- und Trüffelmuseum mit Verkauf, ca. 2 km außerhalb an der D 932 gelegen (Tel. 0492778415)

78 Camping Rose de Provence ★★★, Riez

GPS 43.8131, 6.0988

Sehr schöner, ruhiger und sympathischer Platz am östlichen Ortsrand (Zufahrt ausgeschildert) mit beheiztem Freibad, Solarium und günstigen Preisen. **Preiskat.:** €€€€; **Geöffnet:** Mitte April–Anf. Okt; **Adresse/Kontakt:** Rue Édouard Dauphin, Tel. 0492777545, www.rose-de-provence.com.

MOUSTIERS-STE.-MARIE

(13 km ab Riez, 201 km ab Sisteron)

Information

› **Office de Tourisme,** Place de l'église, 04360 Moustiers-Ste.-Marie, Tel. 0492746784, www.moustiers.fr/de

Über die D 11 nach SO ist es möglich, das 10 km entfernte **Ste.-Croix-de-Verdon** am Ufer des gleichnamigen Sees zu erreichen (s. S. 143) und eine schöne Rundfahrt entlang der Ufer anschließen – oder man fährt auf der D 952 15 km bis nach Moustiers-Ste.-Marie, das dank seiner eindrucksvollen Felsennest-Lage als wohl malerischstes Provence-Dorf gilt (was bei der Fülle an „schönsten Dörfern" etwas heißen will!).

Einen kleinen Bummel durch die Gassen oder einen Kaffee an der Straße sollte man sich nicht entgehen lassen. Ein lohnender Kreuzweg erklimmt die Stufen hinauf zur **Wallfahrtskapelle N.-D.-de-Beauvoir.**

79 Aire de Camping-Car Les Lavindins, Puimoisson

GPS 43.8697, 6.1307

Wunderschön und sehr ruhig gelegener Stellplatz auf einer großen Baumwiese nördlich der Ortschaft hinter dem Fußballplatz – mit einem traumhaften Panoramablick auf die Berge, die sich über der Verdon-Schlucht erheben, und das Plateau de Valensole. Ein Fußweg von ca. 500 m führt in den Ort. Einer der schönsten Plätze der Region. **Lage/Anfahrt:** nördlich der Ortschaft von der D953 nach Osten abbiegen; beschildert; **Platzanzahl:** ca. 40; **Untergrund:** Wiese, eben, aber etwas holperig; **Preiskat.:** €; **Geöffnet:** April–Oktober; **Adresse/Kontakt:** 2 Basses Touires, Tel. 0492745401; **Hinweis:** Der Automat funktioniert leider teilweise nicht oder hat kein Papier, manchmal bleibt das Ticket hängen, das man hinter die Scheibe legen soll. Kontrolliert wird gegen 19 Uhr. Im Sommer 2023 war die Ver-/Entsorgungsstation in sehr schlechtem Zustand.

289pr-rh

Am südöstlichen Ortsausgang kann man das **Musée de la Faïence** (Rue du Seigneur de la Clue, https://musee-moustiers.fr, Erw. 5 €) besichtigen, das an eine alte Tradition des Ortes erinnert, die bereits ausgestorben war, aber um 1930 wieder belebt wurde. Als Fayence (frz. *faïence*) bezeichnet man die französische Ausführung von zinnglasierter Majolika-Keramik.

290pr-rh

⊡ *Moustiers vor spektakulärer Felskulisse*

291pr-rh

⊡ *Das Faïence-Atelier „Soleil" bei Moustiers lohnt einen Besuch*

Außerdem ist der Ort Sitz für die Verwaltung des Naturparks Verdon: **Parc Naturel Régional du Verdon,** Domaine de Valx, 04360 Moustiers-Ste.-Marie, Tel. 0492746800, www.parcduverdon.fr.

Einkaufen

› **Faïence-Atelier „Soleil",** Chemin de Quinson, 04360 Moustiers-Ste.-Marie, www.soleil-deux.com, Tel. 0492746162 (von der D 952 nicht links hinauf in die Altstadt, sondern beim Stellplatz rechts hinunter und dann sofort links, täglich 9–19 Uhr, auch an Wochenenden). Hochwertige handbemalte Faïencen nach traditionellen Verfahren direkt vom Hersteller, der einem gerne seine Produktion zeigt und immer auch einige günstige Zweite-Wahl-Stücke hat. Die Zufahrt ist für Wohnmobile gesperrt, aber vom Wohnmobilstellplatz 80 sind es nur ein paar Schritte.

Parken

P 64 **Beim Faïence-Museum,** GPS 43.8457, 6.2226. Am südöstlichen Ortseingang nahe dem Museum (Achtung: Ortsdurchfahrt ist eine enge Einbahnstraße). In der Saison besser gleich auf dem Stellplatz 80 parken.

80 Camping-Car Park, Moustiers

GPS 43.8436, 6.2187

Schattenloser Platz (571 m üNN) am südlichen Ortsrand auf einer Terrasse mit Ausblick. Seit der Übernahme durch die Kette Camping-Car Park leider nicht besonders gut gepflegt. **Lage/Anfahrt:** von Westen kommend am Parkplatz unterhalb des Orts vorbei und wieder bergauf. Wo es links in den Ort hineingeht, rechts ab und sofort wieder rechts (links geht es zum Atelier „Soleil"); **Zufahrt:** für alle Fahrzeuge problemlos; **Platzanzahl:** 23; **Untergrund:** Kies, eben und fest; **Preiskat.:** €€; **Max. Stand:** 2 Nächte; **Geöffnet:** ganzjährig; **Adresse/Kontakt:** Chemin de Quinson, 04360 Moustiers-Sainte-Marie, Tel. 0221 67784179 (deutschsprachiger Kundenservice), www.campingcarpark.com; **Achtung:** Manche Besucher warnen vor Womo-Knackern! **Tipp:** Nur wenig unterhalb des Stellplatzes bei GPS 43.8435, 6.2179 befindet sich ein großer, ebener Wiesenparkplatz, auf dem man von 9 bis 20 Uhr kostenlos parken kann – danach kostet es 135 € (Strafe)!

292pr-rh

Etwa 2 km hinter Moustiers biegt die D 952 nach links und führt durch fantastische Wald- und Berglandschaft mit weißen Felsen hinauf zur Rundfahrt um die **Gorges du Verdon** (s. S. 145). Geradeaus fährt man auf der ebenso reizvollen D 957 weiter und erreicht bald einen der schönsten Aussichtsparkplätze der Region: Unvermittelt blickt man von hoch droben auf die blaugrüne Weite des **Lac de Ste.-Croix** vor der weißen Wand der Verdon-Berge, aus der direkt gegenüber der berühmte „Grand Canyon" hervorbricht. Als kleine verstreute Punkte heben sich drunten die Wohnmobile vom Uferkies ab – und man wird es eilig haben, selbst dort zu stehen.

Kurz danach überquert man auf einer Brücke den Schluchtausgang und erreicht wenig weiter die Abzweigung der D 19 zur Südstrecke der Verdon-Runde via **Corniche Sublime** (s. S. 146). Von der Straße am Nordost-Ufer des Stausees gibt es eine ganze Reihe von Abzweigungen hinunter zum Ufer, die allerdings für Wohnmobile gesperrt sind (wenngleich das manche schlicht ignorieren) und auf denen schon öfters Wohnmobile aufgebrochen wurden. Aber es gibt ganz in der Nähe bei **Les Salles-sur-Verdon** durchaus auch Möglichkeiten, ruhig und ganz legal in Ufernähe zu stehen – inzwischen allerdings nur noch am Tag. Direkt am See darf man zwischen 22 und 6 Uhr nicht stehen. Wer doch dort übernachten will, zahlt dafür fast 150 € pro Nacht!

Parken

P 65 Location Nautique, GPS 43.8035, 6.2475. Dieser Parkplatz nördlich der Brücke über den Verdon wird von manchen als Stellplatz angegeben. Man darf dort aber nur von 5 bis 22 Uhr stehen. Außerdem ist die Zufahrt auf den schön gelegenen Parkplatz zeitweise durch eine 1,90 m Barriere abgesperrt. Links der Zufahrt gibt es aber einen offenen Parkplatz für 3 bis 5 Wohnmobile.

Sonstiger Stellplatz

S 66 Camping Municipal les Ruisses, Les Salles du Verdon, GPS 43.7777, 6.2139. Einfacher, teilweise schattiger Parkplatz mit Gefälle, etwa 500 m nach dem Camping Municipal Les Ruisses in Richtung Les Salles. Lage/Anfahrt: An der D957 nördlich von Les Salles, problemlose Zufahrt; Untergrund: Schotter; Service: keine Station; Preise: kostenlos; Platzanzahl: ca. 10; Max. Stand: 7 Tage; Geöffnet: 1.4.-15.10.; Kontakt: Ruisse, Tel. 0494702184; Beachten: Im Sommer oft sehr früh schon voll belegt!

Der Stern an der Kette

Wer genau hinschaut, erkennt hoch über Moustiers einen Stern, aufgehängt an einer 225 m langen Kette, die sich über den weiten Abgrund zwischen zwei hohen Felsen spannt. Wer hat den Stern dort aufgehängt?! Die Legende behauptet, ein aus Moustiers stammender Ritter namens Blacas, der während eines Kreuzzugs in arabische Gefangenschaft geraten war, habe das Gelübde getan, über seiner Heimatstadt zu Ehren der heiligen Jungfrau einen Stern aus reinem Silber aufzuhängen, falls er je wieder dorthin zurückkehren würde. Offensichtlich hat es geholfen! Allerdings: Auf einem Gemälde aus dem 15. Jh. ist der Stern nicht zu sehen – und schon im 16. Jh. rätselten die Bewohner darüber, wer ihn wohl aufgehängt haben könnte. Inzwischen ist das 1,20 m große Schmuckstück zu einem Wahrzeichen der Stadt geworden. Der Stern ist zwar nicht mehr aus Silber – aber er wird regelmäßig erneuert, falls der Mistral ihn wieder einmal heruntergerissen hat.

81 Aire du Camping Le Galetas, Les Salles

GPS 43.7963, 6.2428

Relativ ruhiger Platz (503 m üNN) vor dem Campingplatz Le Galetas. Auf einer Terrasse mit schönem Ausblick auf den nur 300 m entfernten See, aber wenig Schatten; **Lage/Anfahrt:** direkt an der D 957 ca. 3,5 km vor Les Salles (nordöstlich); **Zufahrt:** problemlos, geöffnet 15-11 Uhr (Abreise spätestens 11 Uhr); **Platzanzahl:** ca. 15; **Untergrund:** Schotter, eben, fest, parzelliert; **Service:** die Sanitäranlagen des Campingplatzes dürfen genutzt werden (Campingplatz geöffnet 1.4.-15.10.); **Preiskat.:** €; **Max. Stand:** bis 11 Uhr; **Geöffnet:** 1.4.-15.10.; **Adresse/Kontakt:** Plan de Vernis, 83630 Aiguines, campinglegaletas@orange.fr, Tel. 0494702048; **Hinweis:** In Les Salles gibt es keine städtischen Plätze. Dafür wurde außerhalb beim Camping Municipal les Ruisses ein kostenloser Stellplatz (s. o.) eingerichtet.

293pr-rh

82 Aire Privée „Relais de l'Ermitage", Les Salles

GPS 43.7745, 6.2176

Sympathischer, ruhiger Platz (500 m üNN) beim Hotel de l'Ermitage nahe Les Salles (hinter der Tankstelle). **Lage/Anfahrt:** direkt an der D 957 zwischen den beiden Ausfahrten nach Les Salles; **Zufahrt:** für alle Fahrzeuge problemlos; **Platzanzahl:** ca. 15; **Untergrund:** Schotter, eben und fest; **Service:** Strom über ca. 10 nicht ganz leicht zu findende Dosen mit französischen Kontakten – Adapter erforderlich; **Preiskat.:** €€ (in der Saison kann man in dem kleinen Laden bei der Tankstelle bezahlen, Di. geschl., dann kommt der Platzwart gegen 19 Uhr vorbei); **Max. Stand:** unbegrenzt; **Geöffnet:** ganzjährig; **Kontakt:** Tel. 0494395417; **Hinweise:** Picknicktische, Nutzung des Hotelpools (ca. April–Nov.), Wellness-Angebote, gutes Restaurant.

294pr-rh

RUNDFAHRT UM DEN LAC DE STE.-CROIX

Gesamtstrecke ab/bis Moustiers: ca. 70 km
Dauer: ca. 3–4 Std. (mit Badepause 1 Tag)

Anstatt gleich zur Verdon-Schlucht hinaufzufahren, kann man zunächst eine Rundfahrt um den Lac de Ste.-Croix unternehmen oder zumindest einen Abstecher nach **Les Salles-sur-Verdon** machen (13 km von Moustiers, 214,4 km von Sisteron). Eine gute Straße führt von der D 957 nach rechts zu dem Uferstädtchen, das ein bisschen wie aus der Retorte wirkt, denn das alte Les Salles ist in den Fluten des Stausees versunken!

Der Ferienort bietet schöne Badestrände, einen kleinen Bootshafen, Wassersportmöglichkeiten, mehrere schön gelegene Campingplätze, gute Restaurants und drei **Reisemobil-Stellplätze.** Einen Stellplatz findet man ca. 3,5 km außerhalb beim Camping Le Galetas 81 und auf dem Parkplatz direkt gegenüber davon kann man am Tag auch noch mit dem Wohnmobil in Ufernähe stehen. Ein weiterer Stellplatz liegt nahe dem Camping Municipal (s. S. 142) und ein dritter an der Tankstelle beim Hotel l'Eremitage 82 zwischen den beiden Abzweigungen von der D 957 nach Les Salles. Die beiden städtischen Plätze beim Ort und in Ufernähe wurden längst geschlossen! Es lohnt sich leider auch nicht mehr, zum See hinunter zu fahren (außer natürlich auf einen der Campingplätze!), denn alle Parkmöglichkeiten für Wohnmobile wurden blockiert – und man findet allenfalls noch ein fürchterliches Gedränge auf der schmalen Straße.

Südlich von Les Salles verlässt die D 957 zunächst das Ufer, führt aber in Richtung Aups weiterhin durch reizvolle Landschaft bis sie ca. 12 km nach Les Salles die D 49 kreuzt, der man nach rechts folgt. Bei der nächsten Gabelung (6 km weiter) geht es rechts nach **Bauduen,** ebenfalls ein Ufer- und Badestädtchen, das aber Wohnmobilen gegenüber weniger aufgeschlossen ist als die anderen Orte. Eine **Uferstraße** zwischen

Les Salles und Bauduen ist geplant – aber noch nicht gebaut. Nach links auf der D 71 fährt man bald wieder in Ufernähe und hat auf den folgenden 11 km bis Ste.-Croix einige schöne Ausblicke auf Bauduen und den See. Unterwegs passiert man den **Staudamm,** bei dem es rechts immer am Ufer entlang auf der D 111 weitergeht.

Ste.-Croix, das einstige „Village perché" auf einem Felsensporn, ist durch den Staudamm unversehens zu einem Badeort mit Strand geworden. Seine Lage über dem blauen Wasser ist dadurch nur noch schöner und zudem besitzt es eine wunderschöne Badebucht und einen **Reisemobil-Stellplatz** mit herrlicher Aussicht auf den See und die weiße Wand der Verdon-Berge.

Der Lac de Sainte-Croix ist mit einem Fassungsvermögen von ca. 760 Mio. m³ Wasser Frankreichs zweitgrößter Stausee

Bis zu 700 m türmen sich die Felsen über dem blaugrünen Wasser des Verdon in die Höhe

83 Camping-Car Park Ste.-Croix-de-Verdon

GPS 43.7608, 6.1509

Herrlich gelegener Platz auf einer Terrasse hoch über dem See, fantastischer Ausblick; zu Fuß nur wenige Minuten zu Geschäften und Restaurants. **Lage/Anfahrt:** beschilderte Zufahrt an der kleinen, etwas steilen, aber guten Asphaltstraße zum Strand von Ste.-Croix, Abzweigung in sehr spitzem Winkel; **Untergrund:** Asphalt; **Preiskat.:** €€; **Max. Stand:** 21 Nächte; **Geöffnet:** ganzjährig; **Kontakt:** Tel. 01 83646921, www.campingcarpark.com; **Hinweise:** Oft sehr voll („... sodass man kaum die Tür aufkriegt", klagte ein Leser). Tagsüber kann man zum Strand hinunterfahren, an dem aber von 20 bis 8 Uhr für Reisemobile das Parken verboten ist. Nach links findet man einige schöne Parkmöglichkeiten (im Sommer natürlich sehr voll!) und den Parkplatz des Bootshafens mit einer 1,90-m-Schranke, die aber außerhalb der Saison oft offen ist.

Weiter kann man entweder am Ufer entlang in Richtung Norden auf einer kleinen Straße ohne Nummer nach **Moustiers** (s. S. 139) fahren (15 km; unterwegs einige traumhafte Parkplätze mit Blick über den See; am Ende ist ein kurviger und sehr steiler Abstieg zu bewältigen) oder über die D 11 rund 6 km nach **Riez** (s. S. 137) und von dort via D 952 weitere 15 km nach Moustiers.

RUNDFAHRT: VERDON-SCHLUCHT

Gesamtstrecke: ab/bis Moustiers ca. 138 km
Dauer: 1 Tag

Der **Grand Canyon du Verdon** ist eine der Hauptattraktionen der Provence und eines der großen Naturwunder Europas. „Nichts ist romantischer als diese Mischung aus Felsen und Abgründen, aus grünem Wasser und purpurnen Schatten", hat schon der in Manosque geborene Provence-Dichter Jean Giono geschwärmt. „Ici, c'est plus que loin, c'est ailleurs ..." („Hier ist man mehr als weit weg – man ist in einer anderen Welt ...")

Bis zu 700 m tief hat sich der Fluss mit seinem blaugrünen Wasser in die weißen Kalkfelsen geschnitten – ein spektakulärer Canyon, der durch fantastische Bergstraßen auf beiden Seiten erschlossen wird. Beide lassen sich zu einer Rundstrecke kombinieren, bei der verschiedene Varianten möglich sind. Wer nur Zeit für eine Seite (und damit die Qual der Wahl) hat, wird sich eher für die Südseite über die **Corniche Sublime** entscheiden (Moustier-Castellane ca. 64 km).

Als eine der großen Attraktionen lockt die Verdon-Schlucht jährlich rund eine Million Besucher an. Das heißt: Versuchen Sie möglichst, die Hauptsaison und die Wochenenden zu meiden! In der Nebensaison wird man die Straße zwar auch nicht für sich allein haben – aber es ist doch um einiges ruhiger und man kann auf nahezu jedem Parkplatz anhalten.

Information

- **Parc Naturel Régional du Verdon,** Maison du Parc, Domaine de Valx, 04360 Moustiers-Ste.-Marie, Tel. 0492746800, www.parcduverdon.fr
- **Maison des Gorges du Verdon,** Le Château, 04120 La Palud, Tel. 0492773802, www.lapaludsurverdon.com
- **Office de Tourisme D'Aiguines,** Allée des Tilleuls, 83630 Aiguines, Tel. 0494702164, www.lacs-gorges-verdon.fr/aiguines

Tipp

Besonders schön ist der Canyon Ende Sept./Mitte Okt., wenn das Laub sich verfärbt und nicht mehr so viele Touristen unterwegs sind.

Wetter

- **Météo St. Auban,** Tel. 0492649060

431pr-sh

VERDON-SÜDROUTE: CORNICHE SUBLIME

Gesamtstrecke:
Moustiers-Castellane: ca. 64 km;
Moustiers-Pont-de-Soleils
(Anschluss an die Nordroute): ca. 52 km
Dauer: ca. ½ Tag

Von **Moustiers** (s. S. 139) fährt man auf der D 957 am **Lac de Ste.-Croix** (s. S. 143) entlang, überquert den Schluchtausgang und biegt dann links auf die D 19, die sich in zahllosen Serpentinen den Hang empor windet. Der auf einer Hangterrasse gelegene, sehr touristische Ort **Aiguines** ist schon aus der Ferne an seinem schmucken **Renaissance-Schloss** zu erkennen und hat ein sehenswertes **Musée des Tourneurs** (Drechslermuseum, Mai/Juni Mo.–Sa. 10–18.30 Uhr, Juli/August tgl. 10–19 Uhr, September Mo.–Fr. 10–18.30 Uhr, 3,50 €, Tel. 0494709917, https://museedestourneurssurbois.com).

Wie hat der Verdon das geschafft?!

Wer darüber staunt, wie der „kleine, grüne Wurm da unten" diese hohen Felsen durchschneiden konnte, der sollte zweierlei bedenken: Erstens hat der Verdon nicht wirklich eine hohe Wand durchtrennt, sondern er floss hier bereits, als das Land noch eine Ebene war und sich erst allmählich zu heben begann, und zweitens hatte er in der Vergangenheit zeitweise eine Wasserführung von über 1000 m³/Sekunde, wogegen er heute mit 10–50 m³/Sekunde vergleichsweise dünn daherplätschert.

Mit dem **Col d'Illoire** erreicht man auf 965 m einen ersten Aussichtspunkt mit schönem Blick über den Schluchtausgang, den See und die Straße in den Felsen gegenüber. Weiter windet sich die Straße empor und erreicht über dem **Cirque de Vaumale** auf über 1200 m Meereshöhe und 700 m hoch über dem Verdon ihren höchsten Punkt. Weiter bis zur **Falaise des Cavaliers** folgt man entlang der **Corniche Sublime** dem Schluchtrand, wo es mehrere grandiose Aussichtspunkte gibt, von wo man bis tief hinunter zum Fluss blicken kann.

⊡ *Aussichtsbalkon über dem Cirque de Vaumale*

074pr-rh

296pr-rh

Weitere spektakuläre Ausblicke hat man kurz vor und zwischen den **Tunnels de Fayet**, wo man sich 300 m hoch fast senkrecht über dem Fluss befindet. Dann überquert man die **Pont de l'Artuby**, eine über 100 m lange Bogenbrücke, die diesen Nebenfluss des Verdon in 200 m Höhe überspannt (lockt im Sommer Bungee-Jumper von weither an) und erreicht wenig später die **Balcons de la Mescla** mit Ausblick auf den Zusammenfluss (provenzalisch *mescla*) von Artuby und Verdon (sowie gastronomischem Angebot). Ein kurzer Fußweg führt über eine Treppe zum besten Aussichtspunkt.

Danach verlässt die Straße den Schluchtrand und führt durch einsame Bergwälder und über Schafweiden, an deren Rand sich manch hübsches Picknickplätzchen findet. Bald zweigt in weniger spektakulärer Buschlandschaft links die D 90 ab und führt hinunter nach Trigance und ins Tal des Jabron. Geradeaus kann man weiter auf der D 71 einen Abstecher nach **Comps-sur-Artuby** machen. Das traumhaft auf seinem Felsen gelegene Dörfchen **Trigance** besitzt nicht nur eine imposante Burg aus dem 11. Jh. (heute Luxushotel) und eine schöne Lage, sondern hat zudem am Ortseingang einen **Stellplatz** 84 eingerichtet, der allerdings auch von anderen Fahrzeugen benutzt wird und nicht mehr so reizvoll ist wie früher. Schöner ist der Parkplatz etwas unterhalb der Ortschaft mit sehr schönem Blick auf das Dorf:

P **67 Trigance,** GPS 43.7586, 6.4446, unbefestigt, relativ ruhig, schöner Ausblick

Kurz hinter Trigance stößt man auf die D 955, auf die man nach links biegt, um 6 km weiter (hinter der Brücke Pont-de-Soleils) die D 952 zu erreichen. Dort kann man nach links weiterfahren, um die Rundstrecke fortzusetzen, oder nach rechts 12 km dem Verdon folgen, um **Castellane** zu erreichen. Unterwegs gibt es einige hübsche Parkplätze am Verdon, an denen aber Schilder Wohnmobile nachts fernhalten wollen.

Klein, aber oho: das Felsenstädtchen Trigance mit seiner imposanten Burg

Einkaufen/Essen

› **Moulin/Boulangerie du Soleil,** GPS 43.7952, 6.4430, Tel. 0494769262, geöffnet: Do.–Di. 9–19 Uhr. Exzellente Bio-Backwaren, hausgemacht aus besten Zutaten, bietet diese traditionelle Bäckerei/Konditorei und einstige Mühle. Man kann die Leckereien mitnehmen oder auf der hauseigenen Terrasse bei einem Kaffee genießen. Außerdem bekommt man dort auch andere regionale Produkte wie Ziegenkäse und Konfitüren. Für den größeren Hunger gibt es nebenan ein Restaurant, das einfache, aber gute Gerichte aus regionalen Zutaten serviert.

Wasserstand beachten!

Entlang dem Verdon-Ufer ist Vorsicht geboten, da Staustufen oberhalb den Wasserspiegel schlagartig ansteigen lassen können!

Park-/Picknickplatz

68 Verdon, GPS 43.8328, 6.4365. Von der Pont-de-Soleils via D952 in Richtung Castellane führt nach ca. 4 km ein steiler und stark ausgewaschener Weg zum Ufer hinunter (nur für etwas geländegängige Fahrzeuge geeignet) zu einem traumhaften Picknickplatz (675 m üNN). Hier sollte man jedoch nicht nachts stehen!

84 Aire Communale, Trigance

GPS 43.7605, 6.4424

Ruhiger Stellplatz mit fantastischer Aussicht. **Lage/Anfahrt:** am Ortseingang von Trigance; über kurvenreiche aber problemlose Asphaltstraße; D 955, D 90; **Platzanzahl:** 3; **Untergrund:** Asphalt, mit etwas Gefälle; **Preiskat.:** €, Ver-/Entsorgung kostenpflichtig (mit Jetons, die man in den örtlichen Geschäften erhält); **Max. Stand:** 3 Nächte; **Geöffnet:** 1. April–31. Oktober; **Kontakt:** Tel. 0494769101, mairie-de-trigance@orange.fr.

432pr-sh

CASTELLANE

(70 km ab Moustiers via Südroute, 271 km ab Sisteron)

Zwischen bewaldeten Bergen und inmitten weiter Natur gelegen, mit einer hübschen Altstadt, engen Gassen und einer romanischen Kirche, ist Castellane ein beliebter Ferienort und Treff zahlreicher Reisemobilisten.

Auf einem Felsen 180 m hoch über dem Ort steht die Wallfahrtskapelle **Notre-Dame du Roc,** die man über einen hinter der Kirche beginnenden Fußweg per „Kurz-Wallfahrt“ in 30 Minuten erreichen kann. Von dort hat man einen herrlichen Ausblick!

Information

- **Office de Tourisme:** Rue Nationale, 04120 Castellane, Tel. 0492836114, www.castellane-verdontourisme.com

Essen

- Zu angemessenen Preisen und mit Blick auf sein Wohnmobil kann man auf der Terrasse des **Nouvel Hôtel du Commerce** gute und fantasievolle provenzalische Küche genießen (Place Marcel Sauvaire, Tel. 0492836100, www.hotel-du-commerce-verdon.com. Das Restaurant war 2023 geschlossen, soll zur Saison 2024 aber wieder öffnen.

Aktivitäten

Verschiedene Anbieter mit überwiegend recht ähnlichen Preisen bieten Exkursionen in die Verdon Schlucht zum Rafting, Canyoning u. Ä.

- **Aboard Rafting,** 8 Place de l’Église, www.aboard-rafting.com, Tel. 0492837611
- **Aqua Verdon,** 9 Rue Nationale, 04120 Castellane, Tel. 0687144117, http://aquaverdon.com
- **Sports Passion,** 9, Rue du Mitan, Tel. 0620036018

Ver-/Entsorgung Castellane

- Eine Sanitärstation mit Steckdose gibt es beim Supermarkt Casino nördlich der Stadt. Die Jetons gibt es für 2 € im Geschäft. Leider ist die Zufahrt zu der Station durch eine große Werbetafel sehr eng verbaut. GPS 43.8518, 6.5097.

85 Camping Les Lavandes ★★, Castellane

GPS 43.8460, 6.5065

Kleiner, aber sympathischer und familiärer Platz, der von einer überaus freundlichen Familie betrieben wird, deren Mitglieder alle sehr gut Deutsch sprechen. Neue Sanitäranlagen, die stets sauber sind. **Lage/Anfahrt:** Route des Gorges du Verdon, 300 m vom Zentrum entfernt; **Preiskat.:** €€; **Geöffnet:** 1. April–Mitte Oktober; **Kontakt:** 22–23 Lotissement des Listes, 04120 Castellane, Tel. 0645986283, www.camping-les-lavandes.com; **Hinweis:** Insgesamt gibt es gut ein Dutzend Campingplätze rings um die Stadt – trotzdem ist im Sommer eine Reservierung dringend zu empfehlen.

Mandarom Shambhasalem – die heilige Stadt

Wer nördlich von Castellane in den Bergen wandert oder eine Radtour unternimmt, der wird vielleicht plötzlich vergoldete Stupas und Riesen-Buddhas erblicken und sich erstaunt fragen, wohin er sich nun wohl verlaufen habe. Keine Sorge: Sie sind nicht etwa im Himalaya gelandet, sondern stehen vor der „heiligen" Stadt Mandarom Shambhasalem.

Der Franzose Gilbert Bourdin (1924–1998), auch bekannt als Hamsah Manarah, hat sie hier 1969 gegründet. Sie bildet den Mittelpunkt seiner im gleichen Jahr geschaffenen Religion, die sich stark an den Buddhismus anlehnt und als „Aumismus" bezeichnet wird – abgeleitet von der heiligen Silbe Aum (Om). Neben Tempeln und Wohnhäusern ließ der selbsternannte „Kosmoplanetarische Messias der Synthese" monumentale Statuen errichtet: u.a. eine 22 m hohe Statue von Buddha Maitreya (1981) und eine 21 m hohe Statue des „Kosmischen Christus" mit Schwert und Schild (1987). Doch alle überragen sollte die 33 m hohe Statue des Religionsstifters Bourdin selbst. Sie wurde 1990 errichtet, aber nach einem Rechtsstreit um die Baugenehmigung 2001 wieder eingerissen. Die Sekte besteht auch nach dem Tod ihres Gründers weiter und bietet geführte Touren (5 €) durch die heilige Stadt und das Kloster.

› ***Mandarom Shambhasalem,** La Baume, 04120 Castellane, Tel. 0492836383, https://aumisme.org*

86 Aire Communale, Castellane

GPS 43.8460, 6.5154

Großer Parkplatz zwischen dem Verdon und der Felswand. **Lage/Anfahrt:** am östlichen Ortsende vor der Brücke links, problemlose Zufahrt; **Platzanzahl:** ca. 40; **Untergrund:** Asphalt; **Sicherheit:** beleuchtet; **Preiskat.:** € (Schranke mit Parkkartenautomat, zahlbar in Münzen oder mit Bankkarte, Wechselautomat rechts vor der Toilette); **Max. Stand:** 2 Nächte; **Geöffnet:** ganzjährig; **Adresse/Kontakt:** Ancienne Route de Grasse, 04120 Castellane; **Hinweis:** Oft sieht man Womos gegenüber auf dem Parkplatz nach der Brücke; aber dort ist man viel näher an der lauten Straße und inzwischen hängt dort eine Womo-Verbotstafel.

300pr-rh

87 Aire Privée Castellane Camping Cars

GPS 43.8714, 6.5117

Ausgesprochen sympathischer, schöner und familiärer Privatplatz, liebevoll angelegt von einem Ehepaar, das genau den Platz schaffen wollte, den sie sich auf ihren Reisen immer gewünscht haben. Einer der besten Plätze der ganzen Provence! **Lage/Anfahrt:** Abzweigung der D402 von der D995, ca. 4 km nördlich von Castellane, ganz problemlos auch für große Reisemobile; **Platzanzahl:** 38; **Untergrund:** Schotter; **Sicherheit:** bewacht; **Preiskat.:** €€; **Max. Stand:** unbegrenzt; **Geöffnet:** März–Nov., nachts 21–8.30 Uhr geschlossen; **Adresse/Kontakt:** Route de Saint André les Alpes, Tel. 0613043493. Idyllische Stellplätze zwischen den Pinien, isolierte Lichtungen für Gruppen mit 2–4 Wohnmobilen, Picknicktische, Brot- und Einkaufs-Service, zahlreiche Wege für Wanderungen und Radtouren in der Umgebung, 350 m vom Strand am Lac de Castillon entfernt. Sehr freundliches und sympathisches Ehepaar, das sich sehr bemüht und seine Gäste gelegentlich auch einmal zum Aperitif oder zum Grillen einlädt.

301pr-rh

88 Halte Napoleon, Castellane

GPS 43.8548, 6.5012

Großer, reizvoll gelegener Platz mit Wiese und Bäumen beim Musée de la Résistance. Große Stellplätze auch für längere Mobile oder Fahrzeuge mit Anhänger. **Lage/Anfahrt:** An der D4085 ungefähr 1,5 km nordwestlich der Stadt, problemlos auch für große Fahrzeuge; **Untergrund:** Schotterrasen, Wiese; **Sicherheit:** bewacht, Videoüberwachung; **Preiskat.:** €, Ver- und Entsorgung für Durchreisende 2 € (bitte im Museum bezahlen); **Max. Stand:** unbegrenzt; **Geöffnet:** ganzjährig; **Kontakt:** Tel. 0492837825.

302pr-rh

89 La Grange de Roux, Comps sur Artuby

GPS 43.7058, 6.5071

Schöner Stellplatz in der Bergnatur (913 m üNN) zwischen Felsen, Zedern und Pinien, mit Wiesen, einigen Picknicktischen, ruhig gelegen und doch zentrumsnah, **Lage/Anfahrt:** ungefähr 500 m südlich von Comps (enge Ortsdurchfahrt – aber mit Ampel) an der D 955 gelegen; **Zufahrt:** für alle Mobile problemlos; **Platzanzahl:** 15; **Untergrund:** Asphalt/Schotter; **Preiskat.:** Stellplatz kostenlos, Ver-/Entsorgung kostenpflichtig (Jetons sind in allen Geschäften in Comps und in der Pizzeria Le Rouable am Stellplatz erhältlich); **Max. Stand:** 24 Stunden; **Geöffnet:** ganzjährig (die Station ist im Winter außer Betrieb); **Beachten:** Der Platz ist wegen kurzer Parkbuchten für längere Wohnmobile weniger gut geeignet. Bei unserer letzten Übernachtung war die Nacht schön ruhig – aber leider schon um 5 Uhr vorbei, da dann bei der Pizzeria viel Fahrerei und Lärm begann. Die Plätze an der Südseite wären in dem Fall günstiger, aber dort stehen Recycling-Behälter, die ebenfalls früh am Morgen geleert werden.

303pr-rh

Tipp

Folgt man der N 85 (Route Napoléon) nach Südosten in Richtung Cannes, findet man viele ruhige Park- und Picknickplätze in schöner Natur. Jenseits einer Brücke zweigt rechts die D 102 ab – ein schmales, abenteuerliches Bergsträßchen, das zu Recht für Wohnmobile gesperrt und nur mit kleinen Campingbussen zur Befahrung zu empfehlen ist!

Wandern

Fährt man vom Stellplatz Halte Napoléon (88) auf der D4085 weiter, so geht es in Serpentinen hinauf auf über 1000 m und auf der anderen Seite gelangt man nach wenigen Kilometern zum Col des Lèques, wo man das Fahrzeug auf dem Parkplatz vor dem Camping les Sirènes abstellen kann, um eine herrliche Wanderung (ca. 8 km, 480 m Aufstieg, ca. 3½ Std.) zur Cadières de Brandis zu unternehmen, die einen fantastischen Ausblick eröffnet. Details und eine GPS-Route finden Sie unter www.visorando.com/randonnee-cadieres-de-brandis-depuis-le-col-des-le/carte-diagramme.html.

69 Parkplatz vor dem Camping les Sirènes, GPS 43.8657, 6.4643

Routenvariante zurück zur Schlucht

Will man von Castellane aus zurück zur Schlucht (etwa um die Nordroute zu fahren), so kann man als Alternative die etwas längere, aber wunderschöne Strecke via **Route Napoléon** (N 85 nach Südosten) wählen und dann nach 19 km bei **Le Logis-du-Pin** rechts auf die gut ausgebaute D 21 biegen, der man 16 km durch ein malerisches Bergtal und an einigen fantastischen Park-/Picknickplätzen vorbei nach **Comps-sur-Artuby** folgt.

Dort biegt man rechts auf die D 955 und fährt mit schönem Blick auf **Trigance** (s. S. 147) durch das Tal des Jabron 16 km bis zur Pont-de-Soleils, wo man links auf die Nordroute biegt. Gleich südlich von Comps liegt an der D 955 ein sehr schöner Stellplatz (89).

Park-/Picknickplatz

70 La Roque-Esclapon, GPS 43.7250, 6.6106. Einen sehr schönen Parkplatz in malerischer Natur findet man etwa 2–3 km nach La Bastide in Richtung Comps rechts der D 21.

VERDON-NORDROUTE (RIVE DROITE)

Gesamtstrecke:
Moustiers – Pont-de-Soleils (Anschluss an die Südroute): 33 km,
Moustiers – Castellane: 45 km
plus Rundstrecke „Route des Crêtes" (D 23): 23 km

Die „Diretissima" von Moustiers nach Castellane (D 952) bietet nur am Anfang und am Ende einige wenige Aussichtspunkte auf den Canyon, umso beeindruckender ist die Runde auf der **„Route des Crêtes"** (D 23), die zudem Einbahnstraße ist (im Uhrzeigersinn), sodass die sonst lästigen Probleme mit dem Gegenverkehr entfallen.

Etwa 2 km hinter Moustiers biegt die D 952 nach links und führt durch fantastische Wald- und Berglandschaft mit weißen Felsen hinauf über den Canyon.

Bald schon hat man vom **Belvédère de Galetas** einen imposanten Blick auf den Schluchtausgang und den blauen See, erklimmt dann den **Col d'Olivier** und erreicht den **Belvédère de Mayreste,** der einen Blick in die Tiefe der Schlucht eröffnet (markierter Fußweg, hin und zurück ca. 15 Min., bei Nässe rutschig!). Einen weiteren Ausblick hat man vom **Col d'Ayen** (ebenfalls 15 Min. Fußweg), von dem aus man aber nicht bis zum Fluss hinunter sieht.

La-Palud-sur-Verdon (www.lapaludsurverdon.com), Touristenort und Treff der Kletterer und Kanuten mit dem **Maison des Gorges du Verdon,** hat zwar einige Parkplätze, auf denen Wohnmobile aber entweder ganz verboten sind oder zumindest nachts nicht stehen dürfen. Danach erreicht man die Abzweigung der **Panoramastraße Route des Crêtes,** von der sich dicht nacheinander eine ganze Reihe spektakulärer Ausblicke bieten: hinunter in die Tiefe, hinüber zum anderen Schluchtrand und auf die nackten Wände, an denen als bunte Punkte die Kletterer kleben.

123pr-kw

90 Camping Municipal Verdon Carajuan ★★, Rougon

GPS 43.7955, 6.4362

Einfacher, naturnaher, sehr schön und ruhig gelegener Campingplatz nahe dem Verdon und mit Blick auf die Felsen. Keine Schranke an der Einfahrt. Sympathische Rezeption. **Lage/Anfahrt:** direkt an der D925 ca. 1 km südlich der Pont de Soleils und direkt am Ufer des Verdon; **Preiskat.:** €€; **Geöffnet:** Mitte April–Ende September; **Adresse/Kontakt:** 1355 Carajuan, RD 952, 04120 Rougon, Tel. 0492837094, http://camping-gorgesduverdon-carajuan-rougon.com; **Beachten:** In der Hauptsaison (Mitte Juli–Ende August) sollte man reservieren oder früh ankommen; **Tipp für Wanderer:** Ein Pendelbus verkehrt vom Campingplatz zum Beginn des Wanderwegs Blanc-Martel.

304pr-rf

Ab Jas d'Airc ist die Route des Crêtes eine Einbahnstraße und nur in Richtung Süden befahrbar. Ab der CAF-Schutzhütte **Châlet de la Maline** wird sie wieder in beide Richtungen befahren! Vom 15. Nov. bis 15. März ist sie zwischen dem Châlet de La Maline und dem Aussichtspunkt Escalès ganz gesperrt.

Vom Belvédère de Galetas hat man einen imposanten Blick auf den Schluchtausgang und den türkisfarbenen Lac de Ste. Croix

Wandern

Beim Chalet de la Maline beginnt der **Sentier Martel** (Wanderpfad GR 4; rot-weiße Markierung), der in die Schlucht hinunter und 14 km bis zum **Point Sublime** führt. Für die anstrengende Strecke muss man ungefähr 5 bis 6 Stunden reine Gehzeit rechnen. Feste Schuhe, Regenjacke, reichlich Trinkwasser, einen Imbiss und eine Taschenlampe für die Tunnel nicht vergessen.

Bei La Palud mündet die **Route des Crêtes** wieder zurück auf die D 592 und bald darauf hat man nach links einen sehr schönen Blick auf das Felsendorf **Rougon.** Etwas unterhalb des Dorfes führt von der D 952 ein markierter Pfad zum **Point Sublime,** dem nicht besonders hohen, aber wohl eindrucksvollsten Aussichtspunkt der Nordroute: auf den Eingang des Grand Canyon, die Einmündung des Baou und den fast senkrechten Einschnitt des Couloir Samson.

Am Point Sublime gibt es einen gebührenpflichtigen Parkplatz mit etwas eigenwilliger Preisgestaltung: 15 Minuten sind gratis, 14 Stunden kosten 86 €, aber wenn man sein Ticket verliert, kostet es wieder „nur" 46 €.

P 71 **Point Sublime,** GPS 43.7940, 6.3975, schön und relativ ruhig gelegen, aber für mehr als 1 bis 2 Stunden zu teuer

Nahe Rougon gibt es außerdem einen sehr schönen und preisgünstigen Camping Municipal 90.

Unmittelbar vor dem folgenden Tunnel führt eine schmale Straße hinunter zur Einmündung des Baou mit Blick auf den **Couloir Samson** und einen besonders wildromantischen Abschnitt des Verdon mit uriger Natur und gigantischen Felsblöcken. Hier endet der **Sentier Martel** (s. „Wandern" S. 153).

Danach passiert man die Kalkfelsen und Blöcke der **Clue de Carejuan** und erreicht einige Kilometer weiter ganz unten im Tal die Brücke Pont-de-Soleils und damit den Anschluss an die **Südroute** (Corniche Sublime, s. S. 146).

Anschlussroute

via Draguignan und Lorgues nach Le Thoronet (Route 6, s. S. 244)

ABSTECHER BARGEMON-FAYENCE

(D955 bis Bargemon 6,5 km, Bargemon – Fayence 18,5 km)

Wer von Comps in Richtung Draguignan fährt, um die Reise auf der Route 6 (s. S. 227) fortzusetzen oder auf der Route 7 (s. S. 249) nach Osten entlang der Côte d'Azur, der kann (wenn er es nicht eilig hat) einen lohnenden Abstecher durch einsame Landschaften nach Fayence unternehmen. Dazu biegt man nach Durchquerung des riesigen Truppenübungsplatzes von Canjuers von der D955 nach Osten auf die D19. Durch Wald und Weidelandschaften führt sie einen zunächst in das malerische und etwas verschlafene Bergdörfchen **Bargemon** mit einem kleinen Museum für Fossilien und (vor allem!) einem sehr schönen Stellplatz 92 am Ortsrand. Da die Gassen des Dörfchens ganz offensichtlich nicht für Wohnmobile konzipiert wurden, erfordert die Durchfahrt etwas Vorsicht und Fahrzeugbeherrschung – aber ein kleiner Bummel im Ort lohnt sich allemal! In der Ortsmitte biegt man links nach Norden und erreicht bald die Aire Communale beim Bouleplatz.

Essen

› **La Pescalune,** 13 Rue de La Résistance, Bargemon, GPS 43.6194, 6.5518, Tel. 0629946664, http://la-pescalune.fr. In ihrer offenen Küche bereitet Virginie Martinetti hier im Alleingang lokale und internationale Spezialitäten aus überwiegend regionalen Zutaten. Sie können sich Ihr Menü aus verschiedensten Vorspeisen und Hauptgerichten selbst zusammenstellen. Auch das Brot ist hausgemacht.

Auf der schmalen und kurvenreichen D19 geht es weiter in östlicher Richtung durch ausgedehnte Wälder und einsame Natur. Das Sträßchen ist perfekt für Radtouren – und so wird man hier sicher auch öfter Radfahrern begegnen. Nein, eilig haben darf man es nicht. Über **Seillans,** das ebenfalls zu den Plus Beaux Villages de France zählt, erreicht man schließlich das Städtchen **Fayence.** Lassen Sie sich durch den Namen nicht täu-

92 Aire Communale, Bargemon

GPS 43.6247, 6.5511
Wunderschön und sehr ruhig gelegener Stellplatz mit hohen Bäumen beim Bouleplatz und nur etwa 500 m vom Ortskern entfernt. Angenehme Atmosphäre, einige Picknicktische, sehr empfehlenswert. **Lage/Anfahrt:** in der Ortsmitte links nach NO in Richtung Seillans biegen, die Zufahrt ist für Fahrzeuge über 3,5 t gesperrt; **Platzanzahl:** ca. 10; **Untergrund:** Gras/Schotter, eben, parzelliert; **Sicherheit:** Beleuchtung; **Preiskat.:** Stellplatz und Ver-/Entsorgung kostenlos, Strom kostenpflichtig; **Max. Stand:** 72 Std.; **Geöffnet:** ganzjährig; **Adresse/Kontakt:** 24 Route de Seillans, Tel. 0494390920; **Tipp:** Das Restaurant La Pescalune im Dorf lohnt einen Besuch (s. S. 154).

305pr-rh

schen – mit Porzellan hat die Ortschaft nichts zu tun. Aber sie bietet eine fotogene Altstadt und gleich zwei Stellplätze.

91 Parkplatz P3, Fayence

GPS 43.6246, 6.6967
Schön gelegener Parkplatz mit Olivenbäumen und weitem Ausblick über die Stadt, allerdings meist sehr lärmig, sodass von „Nachtruhe" hier nicht wirklich die Rede sein kann. **Lage/Anfahrt:** D563 in Richtung Norden; nahe dem Ortsende links auf die Parkplätze abbiegen und über den ersten auf den höher gelegenen zweiten Parkplatz fahren, **Platzanzahl:** 3 für Wohnmobile reserviert; **Untergrund:** Asphalt, eben; **Service:** keine Ver-/Entsorgung; sie befindet sich beim anderen Stellplatz 93; **Preiskat.:** kostenlos; **Max. Stand:** 48 Std.; **Geöffnet:** ganzjährig; **Adresse/Kontakt:** Rue Saint-Pierre, 83440 Fayence, Tel. 0494391500.

306pr-rh

Das Städtchen Fayence hat nichts mit Porzellan zu tun, besitzt aber eine schöne Altstadt

93 Am Schwimmbad, Fayence

GPS 43.6326, 6.6481

Auf dem Parkplatz beim Schwimmbad ist es etwas ruhiger und es gibt eine Picknickwiese mit Tischen.

Lage/Anfahrt: von der D19 beim ersten Kreisverkehr die dritte Ausfahrt und dann sofort wieder links abbiegen; **Platzanzahl:** 3 für Wohnmobile reserviert; **Untergrund:** Asphalt; **Preiskat.:** Stellplatz und Ver-/ Entsorgung kostenlos; **Max. Stand:** 72 Std.; **Geöffnet:** ganzjährig; **Adresse/Kontakt:** Allée du Grand Jardin, Tel. 0494391500.

307pr-rh

94 Aire Privée Intermarché, Draguignan

GPS 43.5323, 6.4497

Parkplatz des Supermarkts. **Lage/Anfahrt:** Draguignan, 526 Av. Pierre Brossolette, D 557, Richtung Lorgues kurz vor dem Kreisverkehr; **Platzanzahl:** Parkmöglichkeiten sind vorhanden, aber keine Plätze für Womos ausgewiesen; **Untergrund:** Asphalt; **Preiskat.:** Stellplatz kostenlos, Ver-/Entsorgung kostenpflichtig; **Max. Stand:** unbegrenzt; **Geöffnet:** ganzjährig; **Kontakt:** Tel. 0494681819; **Tipp:** Die Tankstelle bietet auch Autogas (GPL).

308pr-rh

ROUTE 4

VON AVIGNON ZUR RHÔNE-MÜNDUNG: RÖMER, PÄPSTE UND FLAMINGOS

077pr-rh

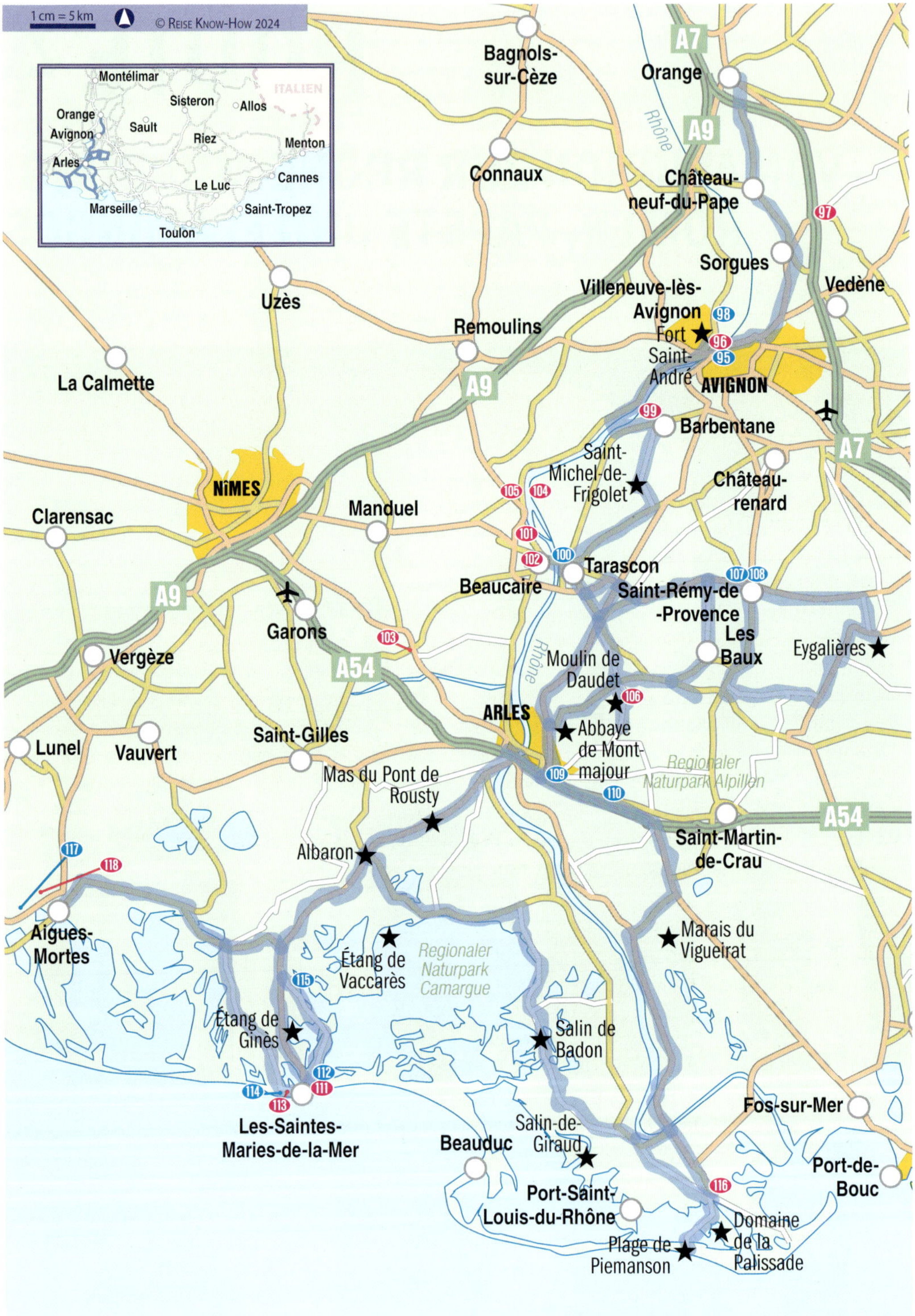
1 cm = 5 km
© Reise Know-How 2024
Montélimar
Sisteron
Allos
ITALIEN
Orange
Sault
Avignon
Riez
Menton
Arles
Le Luc
Cannes
Marseille
Saint-Tropez
Toulon
Bagnols-sur-Cèze
A7
Orange
Rhône
A9
Connaux
Château-neuf-du-Pape
97
Sorgues
Vedène
Uzès
Villeneuve-lès-Avignon
98
Fort Saint-André
96
95
AVIGNON
Remoulins
La Calmette
A9
99
Barbentane
Saint-Michel-de-Frigolet
A7
Château-renard
NÎMES
105
104
Clarensac
Manduel
101
100
102
Tarascon
Beaucaire
107
108
Saint-Rémy-de-Provence
A9
Garons
Les Baux
Eygalières
103
Vergèze
A54
Moulin de Daudet
106
ARLES
Abbaye de Montmajour
Lunel
Vauvert
Saint-Gilles
Mas du Pont de Rousty
109
110
Regionaler Naturpark Alpillen
A54
Saint-Martin-de-Crau
Albaron
117
118
Aigues-Mortes
Étang de Vaccarès
Regionaler Naturpark Camargue
Marais du Vigueirat
115
Étang de Ginès
Salin de Badon
112
114
111
113
Les-Saintes-Maries-de-la-Mer
Fos-sur-Mer
Beauduc
Salin-de-Giraud
Port-de-Bouc
116
Port-Saint-Louis-du-Rhône
Domaine de la Palissade
Plage de Piemanson

397pr-as©LianeM

ROUTENÜBERSICHT

Das breite Tal der Rhône ist das wichtigste Zugangstor zur Provence. Das wussten schon die Römer, die auf dem Strom ihre Waren transportierten und an seinen Ufern Städte wie Arles, Avignon und Orange errichteten. Und das hat sich bis heute nicht geändert – wie man rasch merkt, wenn man sich zu Reisezeiten durch verstopfte Städte quält oder auf der A 7 im Stau steht. So sehr es verständlich ist, wenn mancher dieses von Verkehrsadern, Zersiedelung, Lärm und Gedränge erfüllte Tal lieber rasch verlässt, so muss man doch zugeben, dass auch das Rhône-Tal touristisch viel zu bieten hat. Schließlich ist es nicht ohne Grund die „klassische" Provence mit den imposanten römischen Bauten von Orange und Arles, dem Papstpalast in Avignon, der Felsenzitadelle von Les Baux und Festungsstädten wie Tarascon und Aigues-Mortes – sowie mit den (leider ziemlich angegriffenen) amphibischen Landschaften und Flamingo-Sümpfen der Camargue.

Die „echte" Provence-Atmosphäre kann man im Miniaturgebirge der Alpilles entdecken: weiße Kalkfelsen, Zypressen-Alleen, malerische Städtchen, Ölbäume und duftende Kräuterwiesen.

Strecke:

Orange (s. S. 160) – **Châteauneuf-du-Pape** (11 km, s. S. 162) – **Avignon** (18 km, s. S. 162) – **Villeneuve-lès-Avignon** (3 km, s. S. 167) – **Barbentane** (17 km, s. S. 167) – **Tarascon** (17 km, s. S. 168) – **Beaucaire** (2 km, s. S. 171) – **Les Baux** (23 km, s. S. 175) – **Saint-Rémy-de-Provence** (11 km, s. S. 179) – **Arles** (31 km, s. S. 183) – **Les-Saintes-Maries-de-la-Mer** (44 km, s. S. 191) – **Salin-de-Giraud** (60 km, s. S. 195) – **Port-St.-Louis-du-Rhône** (8 km, s. S. 197)

Rundfahrten:

Durch die Alpilles bis Les Baux (50 km, s. S. 175), Durch die Alpilles d'Eygalières (45 km, s. S. 179), Camargue-Rundfahrt (160 km, s. S. 189)

Streckenlänge:

243 km ohne Abstecher;
Abstecher: Aigues-Mortes (60 km)

⌃ *Imposant: Abbaye de Montmajour (s. S. 179)*

« *S. 157: Die römische Arena von Arles ist nur eines von vielen hochkarätigen Bauwerken der „klassischen" Provence*

DURCH DAS RHÔNE-TAL

ORANGE

„Abgesehen von jenen römischen Resten und ihrem Namen ist Orange eine vollkommen gesichtslose Stadt", hat der Schriftsteller Henry James ziemlich harsch geurteilt. Aber es stimmt. Ihr Name verspricht mehr als die Kleinstadt hält – aber eben: abgesehen von „jenen römischen Resten". Und die sind einen Besuch von Orange allemal wert. Am besten kommt man dazu auf der N 7 von Norden, da man dann direkt auf den imposanten **römischen Triumphbogen** zufährt, der zu den schönsten und am besten erhaltenen zählt. Da Triumphzüge nur in Rom selbst abgehalten wurden, ist die Bezeichnung „Triumphbogen" nicht korrekt, betonen viele Bücher. Und das ist ja „im Prinzip" auch richtig. Der wuchtige Bau sollte daher eher als „Stadtgründungstor" bezeichnet werden, heißt es – nicht zu verwechseln mit einem Stadttor, denn zu den Befestigungsanlagen hat das Monument nie gehört. Vielmehr war es ein Propaganda-Bau, eine Demonstration römischer Macht und Überlegenheit: des römischen Triumphs über die Gallier – also doch wieder eine Art von „Triumph"-bogen, oder?!

Keinesfalls versäumen sollte man einen Besuch des um Christi Geburt errichteten **Théâtre Antique** (Rue Madeleine Roch, Tel. 0490511760, Jan./Feb. und Nov./Dez. 9.30–16.30 Uhr, März/Okt. 9.30–17.30 Uhr, April/Mai/Sept. 9–18 Uhr, Juni–Aug. 9–19 Uhr, Eintritt 10,50 € inkl. Kunst- und Geschichtsmuseum, www.theatre-antique.com), das etwa 9.000 Zuschauer fasste und das einzige römische Theater ist, dessen prachtvolle Bühnenwand erhalten geblieben ist. Diese über 100 m lange und fast 40 m hohe Wand soll der Sonnenkönig als die „schönste Mauer seines Königreichs" bezeichnet haben. Der Bau mit seiner exzellenten Akustik wird bis heute für Veranstaltungen genutzt und nirgends sonst kann man einen lebendigeren Eindruck von einem römischen Theater bekommen. Die Eintrittskarte gilt zugleich für das **Musée d'Art et d'Histoire** (Öffnungszeiten siehe Théâtre Antique, Eintritt 5,50 € oder Kombiticke s. o., Tel. 0490511760) schräg gegenüber, dessen Ausstellungen einen Besuch des Theater ideal ergänzen.

Information

› **Office de Tourisme,** 5, Cours Aristide Briand, 84100 Orange, Tel. 0490347088, www.orange-tourisme.fr

⌃ *Die berühmte Brücke von Avignon mit Brückenkapelle*

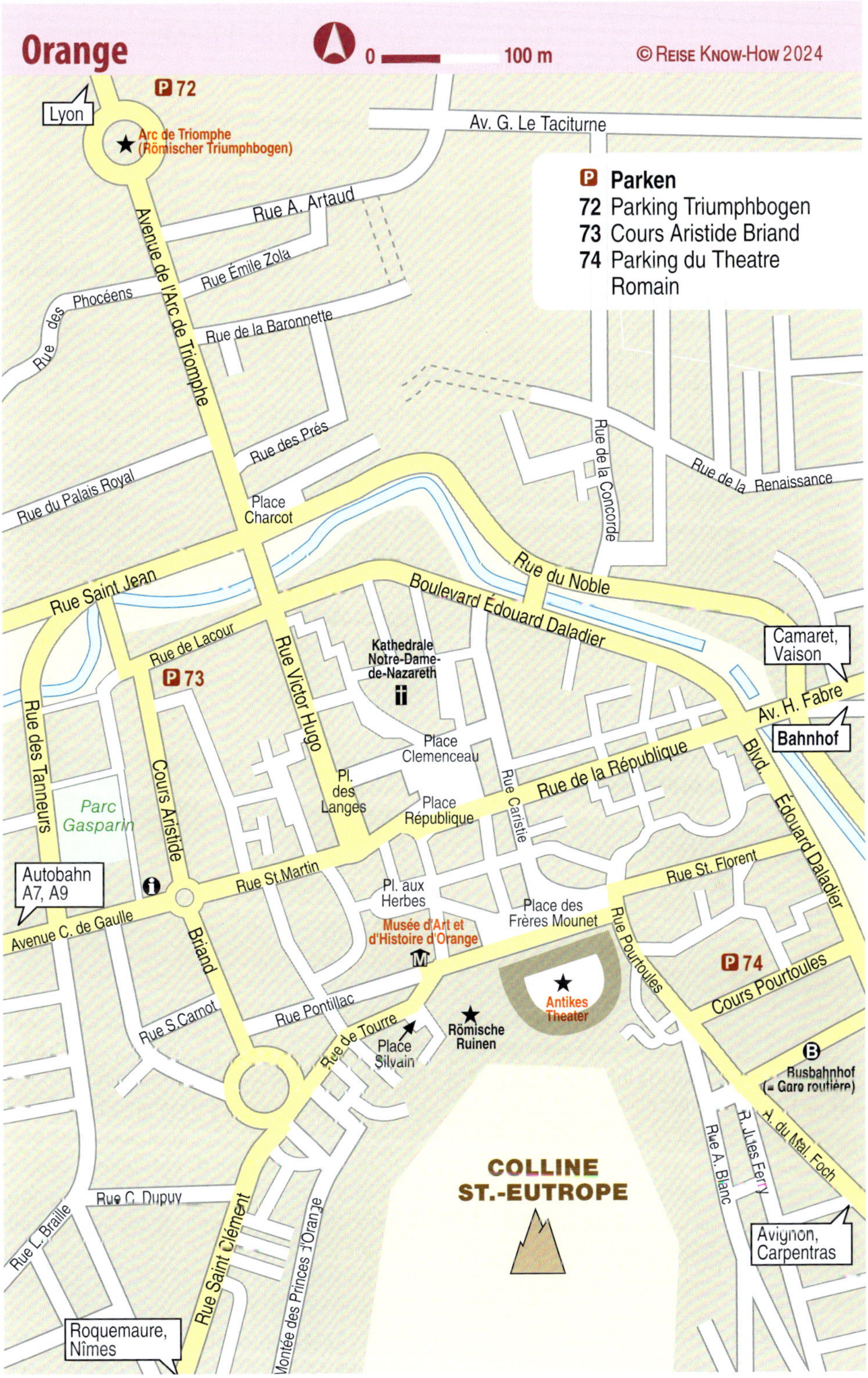
Orange
0
100 m
© Reise Know-How 2024
Parken
72 Parking Triumphbogen
73 Cours Aristide Briand
74 Parking du Theatre Romain
Lyon
Arc de Triomphe (Römischer Triumphbogen)
Av. G. Le Taciturne
Rue A. Artaud
Avenue de l'Arc de Triomphe
Rue Émile Zola
Rue des Phocéens
Rue de la Baronnette
Rue des Prés
Rue du Palais Royal
Place Charcot
Rue de la Concorde
Rue de la Renaissance
Rue Saint Jean
Rue du Noble
Boulevard Édouard Daladier
Camaret, Vaison
Rue de Lacour
Kathedrale Notre-Dame-de-Nazareth
Rue Victor Hugo
Av. H. Fabre
Bahnhof
Rue des Tanneurs
Cours Aristide
Place Clemenceau
Pl. des Langes
Rue de la République
Blvd. Édouard Daladier
Parc Gasparin
Place République
Rue Caristie
Autobahn A7, A9
Rue St.Martin
Rue St. Florent
Pl. aux Herbes
Avenue C. de Gaulle
Place des Frères Mounet
Musée d'Art et d'Histoire d'Orange
Rue Pourtoules
Briand
Cours Pourtoules
Antikes Theater
Rue S.Carnot
Rue Pontillac
Rue de Tourre
Place Silvain
Römische Ruinen
Busbahnhof (= Gare routière)
R. Jules Ferry
A. du Mal. Foch
Rue A. Blanc
COLLINE ST.-EUTROPE
Rue C. Dupuy
Rue L. Braille
Rue Saint Clément
Montée des Princes d'Orange
Avignon, Carpentras
Roquemaure, Nîmes

Feste

- **Festival Romain,** am letzten Samstag im Juli wird in den Straßen der Stadt die Römerzeit lebendig, mit Legionären und Gladiatoren, römischem Handwerk und einer Inszenierung im Theater.
- **Chorégis,** renommiertes Festival zwischen Mitte Juli und Anfang August mit Schauspiel, Oper und Konzert im römischen Theater.

Parken

P 72 **Parking Triumphbogen,** GPS 44.1428, 4.8056, Avenue de l'Arc de Triomphe. Gleich beim Triumphbogen links gibt es einen großen Parkplatz, auf dem man überraschend oft noch eine Lücke findet.

P 73 **Cours Aristide Briand,** GPS 44.1381, 4.8047. Fährt man hinter dem Triumphbogen geradeaus weiter und biegt hinter der Meune-Brücke nach rechts (Rue Lacour), so gelangt man links auf den Cours Aristide Briand, mit großen Parkplätzen (die ebenfalls nicht weit vom Zentrum und dem Theater entfernt sind, aber in der Hauptsaison recht voll sein können).

P 74 **Parking du Theatre Romain,** GPS 44.1353, 4.8112. Großer, gebührenpflichtiger, aber nicht überteuerter Parkplatz nahe dem römischen Theater.

Stellplätze in der Umgebung

- **Weingut Domaine du Parandou, Sablet** 31 (am Fuß der Dentelles, Route 2, S. 70)
- **Aire de Toronne, Clansayes** 26 (Route 1, S. 62)

MORNAS

Auf der Anfahrt nach Orange passiert man ca. 10 km nördlich den kleinen Ort **Mornas** am Fuße eines Felsens auf dem eine **Festungsruine** aufragt (steile Zufahrt nur für Fahrzeuge bis max. 3,10 m Höhe! Besser man geht zu Fuß).

Fest-Tipp

- **Marché Médiéval:** Mit Komödianten und Kostümen aus dem 12. Jh. wird in den Ruinen das Mittelalter neu belebt (www.mornas.fr).

Anschluss

Nach Osten lohnen sich Abstecher in die **Dentelles de Montmirail** (s. S. 69) mit Anschluss an Route 2.

CHÂTEAUNEUF-DU-PAPE

(11 km ab Orange)

Gleich südlich des Zentrums kann man in Orange von der N 7 rechts auf die D 68 biegen und durch 10 km ländlichere Gefilde und Weinberge nach Châteauneuf-du-Pape fahren, das nicht nur seinen Beinamen, sondern auch seine weltberühmten **Rotweine** den Päpsten von Avignon verdankt. Degustieren kann man die renommierten (aber nicht ausschließlich erstklassigen) Weine aus 13 verschiedenen Rebsorten an allen Ecken und Enden – oder im Anschluss an einen Besuch des **Musée du Vin** in der Kellerei Brotte Père Anselme (Eintritt 8 €, Tel. 0490835944, www.brotte.com). Einen sehr schönen Blick über den Ort und seine reizvolle Umgebung genießt man von der **päpstlichen Festung.**

Information

- **Office de Tourisme,** 3 Rue de la République, 84230 Châteauneuf-du-Pape, Tel. 0490837108, www.chateauneuf-du-pape-tourisme.fr

Weinproben und -verkauf

- **Vinadéa,** 8 Rue du Maréchal-Foch, Tel. 0490837069, www.vinadea.com, tgl. 10–13 und 14–18.30 Uhr

AVIGNON

(18 km ab Chateauneuf, 29 km ab Orange)

Via D 17 nach Südosten gelangt man nach 6 km wieder auf die N 7, die kurz darauf Avignon erreicht. Als einstige Papststadt und lebendiges Zentrum der Theaterkunst ist Avignon fraglos sehenswert – und doch fragt man sich, ob man Wohnmobilisten einen Besuch der Stadt empfehlen kann, denn geeignete Parkplätze gibt es kaum. Selbst außerhalb der Saison tut man sich schwer (und fragt sich entsetzt, wie es hier erst im Sommer aussehen mag!). Auf den überall empfohlenen **Parkplätzen entlang der Stadtmauer** haben wir selbst im März nichts gefunden –

und mussten mühsam rückwärts wieder herausmanövrieren! Achten Sie unbedingt darauf, **keinesfalls innerhalb der Stadtmauern zu fahren** (egal welche Parkplatzschilder dorthin locken!), denn in den engen Gassen voller Hindernisse und rechtwinkligen Kurven kann es selbst gelassenen Naturen etwas unbehaglich werden!

Der mit seinen über 50 m hohen, abweisenden Mauern und rund 15.000 m² Wohnfläche eher imposante als schöne **Papstpalast** ist fraglos die Hauptattraktion der Stadt (Tel. 0490743274, www.palais-des-papes.com). Da er – nachdem Avignon 1791 zu Frankreich kam – geplündert wurde und als Gefängnis und Kaserne diente, beeindruckt er mit seinen riesigen, kahlen Räumen auch von innen mehr durch seine schiere Dimensionen als durch seine Ästhetik.

Aber auch sonst hat Avignon innerhalb seiner hervorragend erhaltenen über 4 km langen **Ringmauer** so viel zu bieten, dass es den Rahmen eines Reisemobil-Führers sprengt. Allein für einen Rundgang im Viertel um den Papstpalast sollte man 3–4 Stunden veranschlagen: zur **Kathedrale** gleich neben dem Palast, zum **Petit Palais** und durch den Garten auf dem **Rocher des Doms** mit weitem Ausblick oder rechts am **Hôtel des Monnaies** vorbei durch das **Quartier de la Balance** (früher Zigeunerviertel, um 1970 von Grund auf renoviert) zur berühmten **Pont d'Avignon.**

Information

› **Office de Tourisme,** 41 Cours Jean Jaurès, 84000 Avignon, Tel. 0432743274, www.avignon-tourisme.com

Feste

› **Festival d'Avignon:** Das wohl berühmteste Theaterfestival Europas bringt die Stadt jedes Jahr im Juli/Aug. zum Überkochen. Informationen und Reservierungen: Office de Tourisme (s.links).

Ver-/Entsorgung Avignon

› Eine Flot-Bleu-Station hat der Hypermarché an der 37 Route de Montfavet, die Zufahrt ist allerdings problematisch. GPS 43.9419, 4.8265.

95 Camping Bagatelle ★★★, Avignon

GPS 43.9535, 4.7986

Ganzjährig geöffnet und zentrumsnah, aber weder besonders schön noch sehr sauber. **Lage/Anfahrt:** auf der Rhône-Insel via Daladier-Brücke und danach rechts via Chemin de Barthelasse und sofort wieder rechts auf den Chemin de la Bagatelle; **Preiskat.:** €€€€; **Adresse/Kontakt:** 25 Allée Antoine Pinay, Ile de la Barthelasse – 84000 Avignon, Tel. 0490863039, www.campingbagatelle.com.

079pr-rh

⊡ *Die Parkplätze entlang der Stadtmauer von Avignon sind selbst außerhalb der Saison meist drückend voll*

Stellplatz Pont d'Avignon
Camping Bagatelle
ÎLE DE LA BARTHELASSE
Île de la Barthelasse
Pont d'Avignon (Pont Saint-Bénézet)
Rhône
Pont Édouard Daladier
Villeneuve-lès-Avignon
Chemin de Bagatelle
Allée Antoine Pinay
Chemin des Berges
Chemin des Tennis
Chemin de l'Île de Piot
Boulevard du Rhône
Boulevard de l'Oulle
Boulevard Saint-Dominique
Boulevard du Quai
Porte du Rhône
Musée du Petit Palais
Rocher des Doms
Basilique Notre-Dame des Doms
Palais des Papes (Papstpalast)
Place du Palais
Hôtel des Monnaies
Place Crillon
Opéra Grand Avignon
Hôtel de Ville
Place de l'Horloge
Collégiale Saint-Agricol
Église Saint-Pierre
Chapelle de l'Oratoire
Palais du Roure
Monument du Comtat
Chapelle des Franciscains
Musée Calvet
Église Saint-Didier
Bibliothèque Ceccano
Musée Lapidaire
Musée Angladon
Chapelle Saint-Charles
Collection Lambert
Temple Saint-Martial
Square Agricol Perdiguier
Église des Célestins
Chapelle du Miracle
Porte Saint-Roch
Cloître St-Louis
Nîmes, A9, Spanien
Gare d'Avignon-Centre
Porte Saint-Charles
Gare Routière (Busbahnhof)
Rue Joseph Vernet
Rue de la République
Cours Jean Jaurès
Rue Victor Hugo
Rue d'Annanelle
Rue Saint-Agricol
Rue des Marchands
Rue Henri Fabre
Boulevard Raspail
Rue du Rempart Saint-Roch
Boulevard Saint-Roch
Cours du Président Kennedy
Avenue du 7ème
Rue Paul Mérindol
Avenue Eisenhower
Avenue du Blanchissage
Avenue du Maréchal de Lattre de Tassigny
Rue de la Bourse
Rue Agricol Perdiguier
Rue Frédéric Mistral
Rue des Trois Faucons
Place des Corps Saints
Rue Saint-Charles
Rue de la Velouterie
Rue de l'Observance
Rue Porte Évêque
Rue Bonneterie
Rue Grande Fusterie
Rue Petite Fusterie
Rue de la Balance
Rue Molière
Rue Corneille
Rue Racine
Rue Viala
Rue Rouge
Rue Favart
Rue Ferruce
Rue du Limas
Rue Saint-Étienne
Rue des Teinturiers

© Reise Know-How 2024
0
200 m
Avignon
Rhône
Quai de la Ligne
Boulevard du Quai
Porte de la Ligne
Porte Saint-Joseph
Lyon, Carpentras, A7
Avenue des Italiens
Saint-Lazare
Porte Saint-Lazare
Place Saint Lazare
Chapelle des Pénitents Noirs
Cour des Doms
Rue du Rempart de la Ligne
Rue Saint-Joseph
Rue des Trois Colombes
Rue Palapharnerie
Rue de la Carreterie
Rue des Infirmières
Jardin des Carmes
Cloître des Carmes
Eglise des Carmes
Place des Carmes
Rue Carnot
Rue Bertrand
Rue Sainte-Catherine
Rue du Four
Rue de la Croix
Rue du Portail Matheron
Rue Louis Pasteur
Place Louis Pasteur
Rue Guillaume Puy
Université
Jardin de l'Université d'Avignon
Boulevard Limbert
Rue Bonneterie
Tour Saint Jean
Place Pie
Les Halles (Markthalle) und Place Pie
Place Jerusalem
Rue du Vieux Sextier
Place de la Pignotte
Chapelle de la Visitation
Rue Thiers
Porte Thiers
Rue des Écoles
Rue Notre Dame des Sept Douleurs
Impasse Notre Dame des Sept Douleurs
Préfecture de Vaucluse
Avenue de Saint-Jean
Rue du Roi René
Square Pétramale
Ancienne Aumône Générale
Rue des Lices
Rue des Teinturiers
Rue Saint-Christophe
Rue Séverine
Rue du 58ème Régiment d'Infanterie
Tribunal Judiciaire
Route de Montfavet
Rue Portail Magnanen
Porte Magnanen
Boulevard Saint-Michel
Rue du Rempart Saint-Michel
Rue Vallin
Rue Ninon
RN7 Marseille, Aix, Nice, A7
Avenue Pierre Semard
Rue Jacques Tatti
Avenue de la Trillade
Avenue des Sources
Avenue de l'Arrousaire
Impasse des Villas Saint-Michel
Impasse du Jasmin
St. Rémy, Arles
Rue Génie
Avenue Saint-Ruf
Boulevard de la Liberté
Boulevard Denis Soulier
Blvd Paul Chabas
Avenue Ferdinand
Blvd Henri Dunant

On y danse?

Die berühmte „Brücke von Avignon" heißt mit „bürgerlichem Namen" korrekt Pont St.-Bénezet. Der Legende zufolge soll ein Mönch 1177 von einem Engel den Auftrag zu ihrem Bau erhalten haben. Obwohl alle ihn wegen der Unmöglichkeit des Unterfangens auslachten, ließ er sich nicht beirren und begann mit der Arbeit. Und sie wurde fertig gestellt! Auch wenn sie heute einen eher „unvollendeten" Eindruck macht. Doch im 17. Jh. hat sie ein Hochwasser zerstört und seither endet sie mitten im Fluss, noch ehe sie die Rhône-Insel erreicht. Trotzdem ist sie bis heute – vielleicht noch vor dem Papstpalast – die bekannteste Attraktion von Avignon.

Getanzt allerdings – so wie das populäre Lied es behauptet – wurde auf der Rhône-Brücke auch in früheren Zeiten noch nie. Die Tanzlokale lagen vielmehr auf der Flussinsel Bartelasse unter den Brückenbogen.

Kardinals-Livrées

Als der Heilige Stuhl 1309 unversehens nach Avignon verlegt wurde, genügte es nicht, den früheren Bischofspalast zum Papstpalast auszubauen und die Stadt besser zu befestigen. Es musste auch Platz für die gesamte Kurie und ihre Dienerschaft geschaffen werden. In wenigen Jahrzehnten verdoppelte sich die Einwohnerzahl. Ganz Avignon verwandelte sich in eine riesige Baustelle. Dutzende von Klöstern, Kirchen und Kapellen entstanden – und die prachtvollen Livrées der Kardinäle, palastartige Residenzen mit mächtigen Toren, die um einen Innenhof herum gebaut und zusätzlich befestigt wurden (viel Gottvertrauen scheint man nicht gehabt zu haben). Die Bezeichnung Livrée soll sich entweder von der Kleidung ihrer Dienerschaft herleiten – oder von der Tatsache, dass den Kardinälen die ersten Residenzen zunächst von anderen Besitzern abgetreten (frz. „livré") werden mussten.

96 Stellplatz Pont d'Avignon

GPS 43.9557, 4.7991

Städtischer Platz auf einer Flussinsel, leider direkt an lauter Straße gelegen. **Lage/Anfahrt:** Parallelstraße zur D228 (Route de l'Islon); **Platzanzahl:** 28; **Sicherheit:** umzäunt, aber es wurden hier schon reihenweise Wohnmobile aufgebrochen; **Max. Stand:** unbegrenzt; **Preiskat.:** €€; **Geöffnet:** April–Oktober; **Adresse/Kontakt:** 35, Chemin de la Barthelasse, Tel. 0490806350. Eher für Stadtbesuche als für eine Übernachtung geeignet. Zu Fuß sind es ungefähr 30 Minuten über die Brücke bis ins Zentrum. Ab dem 10 Minuten entfernten Chemin de la Traille gibt es aber auch Busverbindungen. **Beachten:** Leider macht die Elektronik hier manchmal Schwierigkeiten, sodass man entweder keine Jetons für die Station bekommt oder erst gar nicht durch die Schranke kommt. **Hinweis:** Der häufig empfohlene Parkplatz am Chemin des Berges nahe der Brücke (GPS 43.9523, 4.7994) ist kostenlos und nahe einer Bushaltestelle, aber meist problematisch: Oft ist alles zugeparkt, längere Fahrzeuge (über 5 Meter) können nur auf den wenigen Plätzen unter der Brücke stehen und viele Besucher trauen sich (zu Recht!) nicht, ihr Wohnmobil dort unbeaufsichtigt stehen zu lassen.

97 Aire Communale, Bedarrides

GPS 44.0392, 4.9031

Sehr reizvoller, ruhiger und schön angelegter städtischer Platz am Ortsrand im Grünen nahe dem Ufer der Ouvèze – aber leider nur mit 4 Stellplätzen. **Lage/Anfahrt:** Südlich des Zentrums im Kreisverkehr von der D16 nach Osten auf den Chemin des Sences (beschildert), für alle Fahrzeuge problemlos erreichbar; **Platzanzahl:** 4; **Untergrund:** Schotter; **Sicherheit:** umzäunt; **Preiskat.:** Stellplatz kostenlos, Strom/Wasser kostenpflichtig (Jetons erhältlich in den Geschäften); **Max. Stand:** 72 Stunden; **Geöffnet:** ganzjährig; **Adresse/Kontakt:** 4 Chemin des Sences, Tel. 0490330148. **Beachten:** Nicht geeignet für Fahrzeuge über 7 m Länge; an Wochenenden wird der Platz auch viel von Pkw genutzt.

VILLENEUVE-LÈS-AVIGNON

(3 km ab Avignon, 32 km ab Orange)

Jenseits der Rhône (und damit genau genommen nicht mehr in der Provence) liegt die Schwesterstadt Villeneuve-lès-Avignon - sehr zu Unrecht im Schatten des großen Avignon. Denn es ist keine gesichtslose Wohnsiedlung, wie der Name „Villeneuve“ (= Neustadt) vermuten lassen könnte. Neu war die Stadt im 14. Jahrhundert, aber inzwischen hat sie nicht nur ordentlich Patina angelegt, sondern einen für ihre Größe ungewöhnlichen Reichtum sehenswerter Bauwerke angesammelt: Eng an den Felsen drängen sich mittelalterliche Häuser, Kirchen, Klöster und **Kardinals-Livrées** im Schutz der mächtigen **Festung St. André** mit ihren schönen italienischen Gärten.

Eine „Stadt in der Stadt“ ist die **Chartreuse du Val de Bénediction** (60 Rue de la République, Führungen 1 Std., Tel. 0490152424), die etwas versteckt hinter den Häuserfassaden liegt. Den schönsten Blick auf Avignon genießt man vom **Tour Philippe-le-Bel** (13. Jh.), gleich hinter der Brücke rechts via D 980.

Information

› **Office de Tourisme,** Pl. Charles-David, 30400 Villeneuve-lès-Avignon, Tel. 049037060, www.avignon-tourisme.com

98 Camping de la Laune ★★★, Villeneuve-lès-Avignon

GPS 43.9711, 4.7991

Ein ruhiger, schattiger Platz mit großen Stellplätzen, guten und behindertengerechten Sanitäranlagen, Pool und Tennisplatz. Busse der Linie 11 nach Avignon halten direkt vor dem Eingang (eine gute Lösung, um Avignon ohne Parkplatzstress zu besuchen). **Lage/ Anfahrt:** Chemin St. Honoré (nahe der Festung); **Preiskat.:** €€; **Geöffnet:** März–Oktober; **Kontakt:** Tel. 0490257606, www.camping-villeneuvelez avignon.com.

080pr-rh

BARBENTANE

(17 km ab Villeneuve-les-Avignon, 49 km ab Orange)

Wenn man der Provence im engeren Sinne durch den Abstecher aufs jenseitige Ufer schon untreu geworden ist, so ist es keine schlechte Idee, gleich am jenseitigen Ufer auf der D 2 weiter nach Süden zu fahren und die Rhône erst bei der Brücke von Aramond wieder zu überqueren. Andernfalls muss man etwas kompliziert durch Avignon und dann via N 570 und D 36 nach Barbentane fahren.

Der kleine und auf den ersten Blick unscheinbare Ort am Hang über dem Rhône-

Der Tour Anglica ist alles, was von der Festung von Barbentane noch übrig ist. Dahinter findet man einen ruhigen Parkplatz.

Tal besitzt ein klassizistisches **Schloss,** das unerwartet an Pariser Palais-Pracht erinnert, aber inzwischen leider nicht mehr für Besucher geöffnet ist. Am Kreisverkehr die D 77 B hinauffahren und ehe man das Rathaus erreicht rechts in die Rue du Moulin biegen (Einbahnstraße, leicht zu übersehen). Auch im Ort selbst gibt es schöne alte Bauten.

Überragt wird Barbentane vom **Tour Anglica,** dem Donjon einer längst verschwundenen Festung. Es lohnt sich, dort hinaufzufahren (via D 35 E bergauf und dann bei der Windmühle links), denn man hat dort nicht nur einen schönen Blick über den Ort, sondern findet außerdem Picknickplätze, einen herrlich ruhigen Parkplatz und Spazierwege durch die schattige Parklandschaft.

Information

› **Office de Tourisme,** 3 Rue des Pénitents, 13570 Barbentane, Tel. 0490908586, www.barbentane.fr

Park-/Picknickplatz

P 75 Tour Anglica, GPS 43.3354, 5.7594

Folgt man weiter der D 35 E, so fährt man durch die wunderschöne und wochentags meist angenehm ruhige Berglandschaft der **Montagnette** mit traumhaften Picknickplätzen (Vorsicht: Waldbrandgefahr!).

99 Aire Communale, Barbentane

GPS 43.9031, 4.7415

Ruhig gelegener, städtischer Platz nordwestlich der Stadt im Grünen, nicht sehr schön angelegt und recht ungepflegt mit oft nicht funktionierender Station. **Lage/Anfahrt:** am Chemin du Pont de la Gaffe, der nordwestlich der Stadt von der D35 (Route de Boulbon) abzweigt, für alle Fahrzeuge problemlos; **Platzanzahl:** ca. 10; **Untergrund:** Schotter; **Preiskat.:** € (bezahlbar mit Bankkarte); **Max. Stand:** unbegrenzt; **Geöffnet:** ganzjährig; **Kontakt:** Office de Tourisme, 3 Rue des Pénitents, Tel. 0490908586, www.barbentane.fr.

KLOSTER ST.-MICHEL DE FRIGOLET

Ungefähr 5 km weiter hat man das „Miniatur-Gebirge“ schon fast durchquert und erreicht das Kloster St.-Michel de Frigolet (geöffnet 7–12 und 13–19 Uhr, im Winter bis 18 Uhr, Führungen 15 Uhr, So. 16 Uhr).

Essen

› Mittags und abends kann man im Kloster ein gutes Menü zu günstigen Preisen bekommen und wer möchte, kann auch ein Zimmer mieten. Wir haben die Bouillabaisse probiert, die uns allerdings nicht ganz überzeugt hat.

Einkaufen

› Klosterlikör, Kräuter, Bücher und Allerlei verkauft der betriebsame Kloster-Shop.

Parken

P 76 St.-Michel de Frigolet, GPS 43.8597, 4.7271. Auf dem (im Sommer gebührenpflichtigen) Klosterparkplatz inmitten der schönen Natur kann man – zumindest außerhalb der Saison – eine ruhige Nacht unter Pinien verbringen (Achtung: Diebstahl ist aber auch vor der Klosterpforte nicht ausgeschlossen!). In der rechtwinkligen Kurve direkt vor dem Kloster nach Westen (rechts) abbiegend, erreicht man nach knapp 100 m einen großen, kostenlosen Wiesenparkplatz.

TARASCON

(17 km ab Barbentane, 66 km ab Orange)

Weiter via D 81 das hübsche Tal hinunter und dann auf der N 970 nach Süden (links) erreicht man ungefähr 11 km vom Kloster entfernt die Stadt Tarascon, bekannt für ihr wuchtiges und wehrhaftes **Château Royal** (Tel. 0490910193) auf einem Felsen hoch über der Rhône. Einst Grenzfeste zwischen der Provence und Frankreich, ist es heute einer der imposantesten und am besten erhaltenen Wehrbauten der Region. Ihm gegenüber erhebt sich die **Kirche Ste. Marthe** aus dem 12. Jh., später gotisch umgebaut.

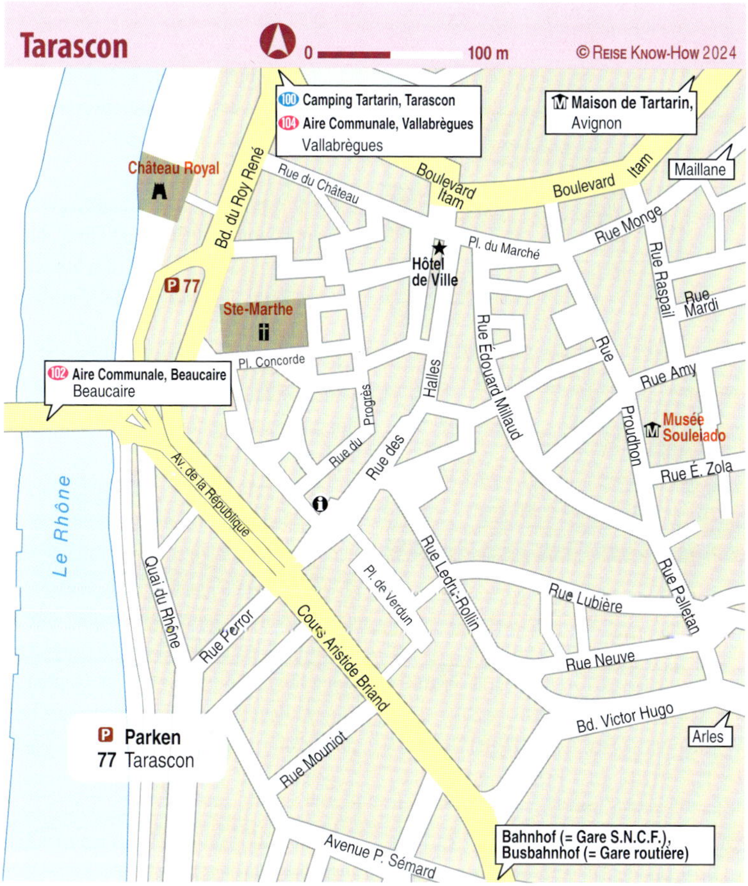

Indiennes-Stoffe

Die provenzalischen Indiennes-Stoffe aus Indien und anderen orientalischen Ländern mit leuchtenden Farben und exotischen Mustern kamen etwa ab 1600 über den Hafen von Marseille und die große Messe von Beaucaire in die Provence. Und da diese farbenfroh und originell bedruckten, leichten Baumwollstoffe ganz dem Lebensgefühl der Provenzalen entsprachen, wurden sie unter dem Namen Indiennes zu einem modischen Renner. Rasch lernten auch einheimische Manufakturen die Kunst des Stoffdrucks, bereits 1648 wurden die Stoffe in Marseille bedruckt und es entstand sogar der Beruf des „Indienneurs“. Da der große Erfolg der Indiennes eine ernste Konkurrenz für die königlichen Manufakturen darstellte, wurden sie 1686 verboten. Daraufhin wichen die Produzenten ins päpstliche Avignon aus; und als sie durch ein Konkordat zwischen Papst und König auch dort schließen mussten, verlegten sie ihre Produktion in die Schweiz – und der Schmuggel blühte. Ab 1758 schließlich gestattete die königliche Finanzbehörde wieder den Verkauf der Stoffe, damit sich „auch die ärmsten Bürger billige Kleidung beschaffen können“. Bis heute wird diese Kunst von zwei traditionellen Firmen gepflegt und weiter entwickelt: der Firma Souleïado in Tarascon, deren Name praktisch zu einem Synonym für Indiennes geworden ist, und von der 1818 gegründeten Manufaktur Les Olivades im nur 6,5 km entfernten St. Étienne-du-Grès, die mit etwas anderen Techniken arbeitet.

Wer sich für die berühmten provenzalischen Indiennes-Stoffe interessiert, sollte sich an der Rue Proudhon 39 das **Musée Souleiado** (April–Oktober Mo.–Sa. 10–19 Uhr, im Winter Mo.–Sa. 10–18.30 Uhr, Tel. 0490910880, Eintritt 7 €; Führungen 10 €/ Person) nicht entgehen lassen, das unter anderem 40.000 Druckmuster besitzt und zudem einen Direktverkauf von Stoffen sowie auch Kurse anbietet.

Information

- **Office de Tourisme,** 62 Rue des Halles, 13150 Tarascon, Tel. 0490910007, www.tarascon.org

Besuchstipps

Lassen Sie es nicht – wie viele Besucher – bei einem kurzen Schlossrundgang bewenden. Die nach Bombenangriffen von 1944 neu aufgebauten Häuserfronten täuschen: Dahinter verbirgt sich eine reizvolle Altstadt. Besuchen Sie Tarascon möglichst nicht bei Südwind, da dann der Gestank der nahen Papierfabrik heftig ist!

Als Wahrzeichen von Tarascon ragen die mächtigen Mauern des Château du Roi René hoch in den Himmel

Einkaufen

Indiennes-Stoffe werden heute nicht nur für die Herstellung von Kleidern verwendet, sondern auch als Tischdecken, Kissen, Bettüberwürfe, Sets etc. verkauft.

- **Souleïado,** 39, Rue Proudhon, 13150 Tarascon, Tel. 0490915011
- **Les Olivades,** 5 Avenue du Docteur Baberin, 13103 Saint Étienne-du-Grès, Juni–Sept. Mo.–Sa. 9.30–18.30 Uhr, Okt.–Mai Mo.–Sa. 10.30–12.30 und 14–18 Uhr, Tel. 0490491919, www.olivades.fr

Feste

Beim **Tarasque-Fest** am letzten Juni-Wochenende wird eine Nachbildung des legendären Drachen durch die Stadt geführt. Viel gefährlicher (weil aus echter Muskelmasse bestehend!) sind allerdings die Hauptdarsteller des zu diesem Anlass durchgeführten Stiertreibens! Der Legende zufolge soll seit grauer Vorzeit in den Rhône-Fluten beim Felsen von Tarascon ein fürchterlicher Drache gehaust haben: „die" Tarasque – denn das amphibische Monster, das den Fluten entstieg, um kleine Kinder und unvorsichtige Fährleute zu verschlingen, wurde als weibliches Wesen gesehen. Eines Tages jedoch kam glücklicherweise die heilige Martha des Weges und hat das Ungeheuer mit ihrem Kreuz besiegt. Die wackere Martha wurde daraufhin zur Schutzheiligen der Stadt – und die Tarasque zum Anlass für ein ausgelassenes Fest!

Parken

P 77 **Tarascon,** GPS 43.8056, 4.6549. Zwischen Schloss und Kirche erstreckt sich ein großer Parkplatz, auf dem man, zumindest außer der Saison, meist einen Platz findet.

100 Camping Tartarin ★★★, Tarascon

GPS 43.8084, 4.6555

Hübscher, familiärer Platz auf einer Wiese am Rhône-Ufer. Einfache, sympathische und ruhige Anlage mit Schwimmbad, aber ohne Riesen-Wasserrutschen und Spektakel. Aufgrund der Flusslage bei Welsanglern beliebt. **Preiskat.:** €€€€; **Geöffnet:** März–November; **Adresse/Kontakt:** Route de Vallabrègues (D 81 A), www.campingtartarin.fr, Tel. 0490910146.

BEAUCAIRE

(2 km ab Tarascon, 68 km ab Orange)

Auch wenn es schon wieder nicht mehr „Provence" ist: Wer Tarascon besucht, sollte einen Abstecher über die Rhône hinweg nach Beaucaire nicht versäumen. Hübsch und einladend ist schon die Straße zu beiden Seiten des **Kanals** (Canal du Rhône à Sète) mit Cafés, mediterranen Fassaden, bunten Booten und schattigen Parkplätzen.

Wie die Schwesterstadt, so besitzt auch Beaucaire ein mächtiges **Château,** errichtet im 11. Jh. auf dem „schönen Felsen" *(beau caire)* nördlich des Kanals. Die einst bedeutendste Festung Südfrankreichs wurde zwar 1632 durch Richelieu geschleift, ist aber selbst als Ruine noch imposant. Zwischen dem Kanal und der Ruine erstreckt sich die denkmalgeschützte **Altstadt,** die schon als Filmkulisse diente. In ihren schattigen Gassen kann man bei einem Bummel die Barockkirche **N.-D.-des-Pommiers,** das imposante **Rathaus** sowie einige prachtvolle **Hôtels particuliers** aus dem 17./18. Jh. bewundern, die den Reichtum widerspiegeln, den Beaucaire seiner berühmten **Messe** verdankt.

In der Umgebung laden zwei Bauernhöfe zu einer Zeitreise ein: der **Vieux Mas** (südlich der Stadt an der D 15, 1352 Chemin de Végère, GPS 43.7530, 4.5952, Tel. 0466596013, www.vieux-mas.com, 13,50 €), ein Hof aus der Zeit um 1900 mit Tierhaltung, Handwerken, Vorführungen etc. sowie der **Mas des Tourelles** (D 38 in Richtung St. Gilles, Tel. 0466591972, www.tourelles.com, ganzjährig geöffnet, 5,80 €), ein gallo-römischer Hof mit Weinkellerei, Weinpressen und römischen Weinproben!

Information

› **Office de Tourisme,** 24 Cours Gambetta, 30300 Beaucaire, Tel. 0466592657, www.provence-camargue-tourisme.com, www.beaucaire.fr

Feste

› Die **Festivales de Beaucaire** (die letzten 10 Tage im Juli) erinnert mit Mittelaltermarkt, zahlreichen Stiervorführungen, Feuerwerk und Folklore an die glorreichen Zeiten der Messe von Beaucaire (Tel. 0466591006, http://leguidedesfestivals.com).

Lauschige mediterrane Atmosphäre und gemütliche Straßencafés findet man entlang des Kanals von Beaucaire

0802r-rh

Die Messe von Beaucaire

Auch wenn man es dem Städtchen heute nicht mehr ansieht: Es war über Jahrhunderte hinweg eine der bedeutendsten Messestädte des Landes. Seine bereits 1217 durchgeführte Handelsmesse war in ganz Europa bekannt und wegen ihrer günstigen Lage und der gewährten Steuerfreiheit ein wahres Dorado für Käufer und Verkäufer. Zu ihrer Blütezeit im 18. Jh. brachte die Messe einen ganzen Monat hindurch nicht weniger als 300.000 Händler, Gaukler und sonstiges Volk in die Stadt (die heute gerade einmal 16.000 Einwohner zählt!). Hier wurde schlicht alles gehandelt, was irgend „käuflich" ist. Und die in Beaucaire ausgefeilschten Preise galten als Richtpreise im ganzen Königreich.

Ver-/Entsorgung

› 4 Quai de la Paix Nord, Port de Plaisance, EuroRelais-Station (Jetons à 2 €). GPS 43.8061, 4.6374.

101 Aire Privée, Beaucaire

GPS 43.8167, 4.6411

Sehr reizvoll angelegter, sympathischer und ruhiger privater Platz in parkartiger Umgebung. **Lage/Anfahrt:** Nördlich des Zentrums via Chemin des Marguilliers, problemlose Zufahrt; **Platzanzahl:** ca. 10; **Untergrund:** Schotter; **Sicherheit:** umzäunt, bewacht; **Preiskat.:** €€; **Max. Stand:** unbegrenzt; **Geöffnet:** ganzjährig; **Adresse/Kontakt:** 214 Chemin des Marguilliers, 30300 Beaucaire, Tel. 0660937054, **Hinweis:** Wenn das Tor geschlossen ist, kann man klingeln oder die o. g. Nummer anrufen.

312pr-as©Boris Stroujko

102 Aire Communale, Beaucaire

GPS 43.8061, 4.6374

Städtischer Platz in zentrumsnaher und doch relativ ruhiger Lage am Kanal neben abgewrackten Booten. **Lage/Anfahrt:** 3 Quai de la Paix; von der D15 südlich der Brücke nach Westen abbiegen, für alle Fahrzeuge problemlos; **Platzanzahl:** 6; **Untergrund:** Asphalt; **Preiskat.:** Stellplatz kostenlos, Ver-/Entsorgung kostenpflichtig (Jetons beim Touristenbüro); **Max. Stand:** unbegrenzt; **Geöffnet:** ganzjährig; **Kontakt:** Office de Tourisme, Quai de la Paix, Tel. 0466592657, www.ot-beaucaire.fr; **Hinweis:** Nur 5 Min. vom historischen Zentrum; Service-Station funktioniert oft nicht.

103 Am Kanal, Bellegarde

GPS 43.7443, 4.5188

Einen weiteren schönen Platz etwas abseits der Route gibt es südlich von Bellegarde am Kanal. **Lage/Anfahrt:** südlich von Bellegarde zwischen der D38 und dem Kanal, nahe der D6113; **Platzanzahl:** 8 (parzelliert); **Untergrund:** Feinkies/Gras; **Preiskat.:** Stellplatz kostenlos, Ver-/Entsorgung kostenpflichtig; **Geöffnet:** ganzjährig; **Adresse/Kontakt:** Port de Plaisance, 30127 Bellegarde, Tel. 0686481486; **Hinweis:** direkt an der Straße und mit entsprechender Lärmbelästigung.

◁ Die Messestadt Beaucaire wird von den Ruinen eines Schlosses überragt

104 Aire Communale, Vallabrègues

GPS 43.8582, 4.6254

Schön angelegter, meist ruhiger Platz in schöner Lage außerhalb des Orts nahe der Rhône. **Lage/Anfahrt:** ungefähr 8 km nördlich von Tarascon und unmittelbar nördlich von Vallabrègues via D183 (Route d'Aramon); **Platzanzahl:** ca. 6; **Untergrund:** Schotter, eben; **Preiskat.:** Stellplatz kostenlos; **Max. Stand:** keine Angabe; **Geöffnet:** ganzjährig; **Adresse/Kontakt:** Route d'Aramon D 183, 30300 Vallabrègues. **Hinweis:** Wir haben den Platz in guter Erinnerung, doch andere Wohnmobilisten beschweren sich über Jugendliche, die dort in der Nacht Lärm machen.

313pr-rh

105 Aire Communale, Comps

GPS 43.8544, 4.6083

Wunderschön am Ufer des Gardon und beim Bouleplatz gelegener und sehr ruhiger Platz in einem Park mit hohen Bäumen und Picknickplatz. **Lage/Anfahrt:** Östlich der Ortschaft, die Zufahrt ist beschildert, teils eng und für große Mobile mit Anhänger nicht ganz einfach. An einer Stelle fährt man mitten durch die kleine Stierkampf-Arena; **Platzanzahl:** 80; **Untergrund:** Schotter, Schotterrasen; **Service:** die Ver- und Entsorgungsstation befindet sich etwas südlich via Rue Nelson Mandela (GPS 43.8532, 4.6088), im Preis für die Übernachtung inbegriffen; **Preiskat.:** €; **Max. Stand:** 72 Stunden; **Geöffnet:** ganzjährig; **Adresse/Kontakt:** 25 Rue des Arènes, Tel. 0466745099; **Kommentar:** Idyllisches Plätzchen am Wasser, perfekt für Spaziergänger, Paddler, Vogelbeobachter und Angler (mit zwei behindertengerechten Angelstellen!). **Hinweis:** Meist ist der Platz sehr ruhig, aber gelegentlich machen Jugendliche nachts und am Morgen manchmal die Müllabfuhr Lärm. Bei Regen kann der Grund morastig werden und zeitweise werden die Moskitos recht lästig.

314pr-rh

Anschluss

Von Tarascon oder Beaucaire kann man links oder rechts der Rhône in Richtung Süden nach **Arles** weiterfahren. Sehr empfehlenswert ist es aber, zunächst eine Rundfahrt durch die malerischen **Alpilles** einzuflechten, die ein Höhepunkt jeder Provence-Reise sind.

LES ALPILLES: DIE ESSENZ DER PROVENCE

Les Alpilles, die „kleinen Alpen", nennt sich das karstige Miniaturgebirge, das sich (in Fortsetzung des Luberon) zwischen Tarascon und Salon-de-Provence als letzter Riegel vor das Rhône-Delta schiebt. Sie gelten als das Herzstück und als Inbegriff der Provence – mit ihren weißen Kalkfelsen über einem Gürtel silbrig glänzender Olivenhaine, mit kleinen Bergsträßchen und Alleen schlanker Zypressen, mit duftenden Kräuterwiesen, sonnigen Weinbergen, einzigartigen Lichtstimmungen und einer reichen Fülle von Baudenkmälern. Sie sind die Heimat von Frédéric Mistral, dem Dichter der Provence, und hier hat Vincent van Gogh das Wesen dieser Landschaft in seinen Bildern verewigt. Es ist die Provence der Bildbände und der Reiseträume – herb und paradiesisch zugleich. Am besten besucht man sie zeitig im Frühjahr oder ab September. Denn wenngleich sie sich erstaunlich viel von ihrer Ursprünglichkeit bewahrt haben: Ein Geheimtipp sind die Alpilles längst nicht mehr.

Die meisten landschaftlichen Reize und kulturellen Attraktionen der Alpilles kann man auf zwei Rundstrecken erkunden, die jeweils in **St. Rémy-de-Provence** beginnen und enden: Die eine Runde führt durch den westlichen Teil der Berge, die **Alpilles des Baux,** und die andere durch die östlichen **Alpilles d'Eygalières.** Beide lassen sich zu einer großen Acht kombinieren (Gesamtstrecke ab Tarascon bis Arles: ca. 98 km, Dauer: mindestens ein ganzer Tag).

Durch ein grünes Tal, gesäumt von weißen Felszacken, klettert die D 27 zum Kamm der Alpilles empor

083pr-rh

DURCH DIE ALPILLES BIS LES BAUX

Gesamtstrecke: ca. 50 km
Dauer: ca. 5 Std.
Beste Zeit: Frühjahr oder Herbst, definitiv **nicht** in der Hauptsaison!

Folgen Sie von Tarascon der gut ausgebauten D 99 nach Osten in Richtung St. Rémy-de-Provence.

Etwa 8 km nach dem Dorf **St. Étienne-du-Grès** biegen Sie rechts auf die D 27 (Wegweiser: „Les Baux 7 km"). Das Sträßchen ist so schmal, dass man Gegenverkehr nicht überall problemlos passieren kann (und zur Hauptsaison kann es schon mal Gedränge geben), aber es wird auch von Bussen befahren – und zumindest in der Nebensaison sollte man sich eine Fahrt auf dieser Route nicht entgehen lassen.

Durch ein grünes Tal klettert die D 27 zum Kamm der Alpilles empor, bietet herrliche Ausblicke und schlängelt sich durch ein Labyrinth bizarr geformter Felsen, aufgelassener Gruben und eigenartiger Grotten, in denen früher **Bauxit** abgebaut wurde. „Man kommt von Saint-Rémy, wo die Provence-Erde lauter Felder von Blumen trägt – und auf einmal schlägt alles in Stein um," hat Rilke diesen Kontrast in Worte gefasst.

Aussicht

Nahe der Passhöhe zweigt nach links (östlich) ein kleiner, steiler und etwas holperiger Asphaltweg ab, auf dem man ca. 1 km zum **Plateau de Bringasses** hinaufspazieren (oder mit kleineren Mobilen bis 3,5 t auch fahren) kann, um dort die bizarre Felslandschaft und den schönsten Panoramablick auf Les Baux zu genießen.

An der folgenden Gabelung links via D 27A in Richtung Les Baux passiert man bald linker Hand die **Carrieres de Lumieres** anstelle der früheren Cathédrale d'Images. Dort werden jährlich wechselnde Werke berühmter Künstler präsentiert – aber nicht in gewohnter Form, sondern wahrhaft spektakulär: In der Kulisse der über hundert Jahre fast vergessenen, unterirdischen Bauxit-Mine mit ihren hohen Hallen werden sie mit 70 Videoprojektoren auf die bis zu 14 m hohen Wände, Säulen und die gesamte Bodenfläche projiziert – auf eine Gesamtfläche von 6000 m^2! Der Besucher taucht ein in eine wahre Wunderwelt aus Farben, Formen, Licht und Musik. Dieses Erlebnis sollte man sich nicht entgehen lassen und es wird auch diejenigen begeistern, die sonst für Kunst vielleicht nicht viel übrig haben (14,50 €, Kombiticket mit dem Schloss 18 bzw. 20 €, ohne/mit Animation, Tel. 0490492002, http://carrieres-lumieres.com). Die Steinbrüche sind nur etwa 500 m von Les Baux entfernt und gut zu Fuß erreichbar.

Unmittelbar danach kommt man nach Les Baux.

Les Baux
(23 km ab Beaucaire, 89 km ab Orange)

Selbst wenn das Felsendorf als „Freilichtmuseum" und Opfer seiner Popularität heute ganz und gar in der Hand des Tourismus ist, so lohnt sich ein Spaziergang durch seine Gassen doch allemal. Wer nicht außer der Saison kommen kann, sollte wenigstens versuchen, ganz früh am Morgen durch die

Bauxit

In der Umgebung von Les Baux – insbesondere entlang der beschriebenen D 27 – entdeckt man links und rechts der Straße zwischen Felsen und Gebüsch immer wieder eigenartige Gruben und Grotten. Das aluminiumhaltige Mineral, das hier 1822 entdeckt und über 150 Jahre lang abgebaut wurde, hat dem Felsendorf zu einem wirtschaftlichen Aufschwung verholfen – und von ihm dafür seinen Namen erhalten: Bauxit. Erst um 1990 wurden die letzten Gruben geschlossen.

315pr-rh

Steingassen zu streifen. Immerhin werden die rund 400 Bewohner des Dorfes jährlich von mehr als einer Million Besuchern überflutet!

Jahrhundertelang war der steile Felsen (provenzalisch *„bàus“*) der Stammsitz der mächtigen Grafen von Les Baux, die ihre Abstammung auf Balthasar, einen der drei Weisen aus dem Morgenland, zurückführten. Seit 1642 sind Fels, Stadt und Festung im Besitz der Grimaldis, der Fürsten von Monaco. Nachdem seine Festung zweimal geschleift worden war, bot Les Baux im 19. Jh. das traurige Bild einer toten und nahezu verlassenen Stadt. Heute sind die alten Adelshäuser renoviert und die verschachtelten Gassen gesäumt von Restaurants und Souvenirgeschäften, die Santon-Püppchen und in Säckchen verpackte Provence-Kräuter verkaufen. Doch wer sich dadurch nicht ablenken lässt, entdeckt zwischen Tand und Touristennepp eine Fülle prachtvoller Renaissance-Fassaden und hübscher Details – und er kommt in den seltenen Genuss einer ausgesprochen behutsam renovierten Altstadt: ohne Autos, ohne Telefondrähte und ohne Fernsehantennen.

Über das **Musée d'Histoire des Baux,** am Ende der Rue Trencat, hat man Zugang hinauf zur Oberstadt und zum **Schloss** (Tel. 0490492002, www.chateau-baux-provence.com, 8/10 € (ohne/mit Animationen); Kombi-Ticket mit Carrières de Lumières 18 bzw. 20 €). Die Festung auf dem nordöstlichen Teil des Plateaus erreicht man nach einem ca. 1,2 km langen Fußweg mit mehreren fantastischen Aussichtspunkten. Sie ist teilweise direkt aus dem Fels gehauen und so eng mit ihm verwachsen, dass man kaum sagen kann, wo das eine aufhört und das andere anfängt.

Information

› **Office de Tourisme,** Rue Porte Mage, 13520 Les Baux, Tel. 0490543439, www.lesbauxdeprovence.com

Parken

› Gebührenpflichtige Parkplätze säumen die Straße, die **Wohnmobil-Parkplätze** erreicht man allerdings erst ein ganzes Stück hinter dem Ort und den jenseitigen Hang wieder abwärts etwa ab GPS 43.7450, 4.8001 (wer „fremd“ zu parken versucht, wird feststellen, dass die Polizei meist schneller dasteht, als er den Zündschlüssel abziehen kann).

P 78 **Vallon de la Fontaine,** GPS 43.7432, 4.79283. Ein weiterer für Wohnmobile geeigneter Parkplatz liegt auf der anderen Seite des Orts im Vallon de la Fontaine (s. S. 177), von wo ein Fußweg nach Les Baux hinaufführt.

⌃ Die Festung von Les Baux scheint direkt aus dem Fels zu wachsen

› Die „Daudet-Mühle“: Dass der Schriftsteller tatsächlich nie darin gewohnt hat, hält die Touristenscharen nicht von einem Besuch ab.

Fährt man vom Wohnmobil-Parkplatz zurück den Berg hinauf und biegt auf der anderen Seite links, so gelangt man via D 27 an der Westseite des Plateaus in das Tal **Vallon de la Fontaine** mit dem **Pavillon de la Reine Jeanne** (auch auf einem Fußweg von der Porte Eyguières zu erreichen), einem kleinen Renaissance-Pavillon, der Frédéric Mistral als Vorlage für sein Grab gedient hat. Weiter nach Westen erstreckt sich das **Val d'Enfer** (Höllental) mit steinzeitlichen Höhlenwohnungen und einer bizarren Felsenlandschaft, das man auf einem kurzen Spaziergang (15–20 Min.) erkunden kann.

Weiter via D 78F und D 17 nach Osten erreicht man bald den Ort **Paradou** (provenzalisch für „Paradies"). Wer Geschmack an solchen Dingen findet, der kann dort in der **Petite Provence** (rechts der D 17 in Richtung Fontvieille, 75, Avenue de la Vallée des Baux de Provence, www.lapetiteprovencedu paradou.com, Tel. 0490543575, Jan.–März/ Okt./Nov. 10–12.30 und 14–18 Uhr, April/ Mai/Dez. 10–12.30 und 14–18.30 Uhr, Juni–Sept. 10–12.30 und 14–19 Uhr, 9 €) das „ganze provenzalische Leben" auf wenigen Quadratmetern erleben: nachgestellt mit – teils animierten – Santon-Puppen (s. Exkurs S. 88).

Moulin de Daudet

(13 km ab Les Baux, 102 km ab Orange)

Via D 17 erreicht man 6 km westlich von Paradou das typische Provence-Städtchen **Fontvieille** und biegt dort links auf die D 33 (Av. des Moulins), die wenige Kilometer außerhalb links der Straße einen großen, schön gelegenen (und abends sehr ruhigen) **Stellplatz** mit Toiletten (106) passiert.

Ein kurzer Fußweg führt von diesem Parkplatz auf ein kleines Kalkplateau und zur buchstäblich(!) „legendären" **Moulin de Daudet** (OT Fontvieille, Avenue des Moulins, 13990 Fontvieille, Tel. 0490546749, www.fontvieille.fr/le-sentier-des-moulins), die offenbar jeder Franzose einmal besucht haben muss. Sie hat das vorher namenlose Bauern- und Steinbruch-Städtchen zu einer erstrangigen Attraktion gemacht – ganz einfach, indem ein findiger Kopf die alte Mehlfabrik kurzerhand zu eben jener Mühle erklärte, in der Alphonse Daudet seine „Briefe aus meiner Mühle" geschrieben haben soll – und die wiederum sind Pflichtlektüre an jeder französischen Schule. Dass Daudet tatsächlich nie in dieser Mühle gewohnt (und seine Briefe überwiegend in Paris verfasst) hat, scheint keinen zu stören. Jeder weiß es – trotzdem strömen sie in Scharen und aus zahllosen Autobussen.

All das ändert auch nichts daran, dass die gut erhaltene Windmühle (besonders zu ruhigeren Zeiten und im Abendlicht) einen wirklich hübschen Anblick bietet – und in ihrem Inneren zudem je ein kleines **Mühlen-** und ein **Daudet-Museum.** Und schließlich gibt es in ihrer Umgebung auch noch einige schöne Spazierwege zu weiteren Windmühlen.

Am Ortsausgang von Fontvieille in Richtung Mühle D 33 (Avenue des Moulins) sieht man auf einem (nicht sonderlich schönen!) **Parkplatz** links der Straße hinter der Arena gelegentlich Grüppchen von Wohnmobilen stehen. Viel schöner und auch ruhiger ist jedoch der große **Parkplatz** bei der Mühle, der inzwischen ein offizieller Stellplatz ist.

085pr-rh

Römer und Technik

Haben Sie schon einmal überlegt, warum fast keine technischen Anlagen aus der Römerzeit erhalten sind? – Weil es kaum welche gab! Sklavenarbeit war damals billiger als die Technik. Auch die Mühle bei Fontvieille stammt aus der späten Römerzeit, als der Nachschub an Sklaven knapp wurde.

086pr-rh

Abstecher zum Aqueduc de Barbegal

Weiter lohnt sich ein kleiner Abstecher die D 33 nach Süden und 4 km von Fontvieille nach links in ein sehr schmales, namenloses Sträßchen (einspurig) hinein, das ein kurzes Stück danach zu den **Ruinen des Aqueduc de Barbegal** führt (nicht zu verfehlen, da es von der Straße durchschnitten wird, aber nur wenige Parkmöglichkeiten am Straßenrand vorhanden).

Auf einem kleinen Trampelpfad kann man den teils gut erhaltenen, teils malerisch zerfallenen Bögen des 2000 Jahre alten Monumentes folgen, das gerade deshalb so reizvoll ist, weil es touristisch völlig unerschlossen inmitten der Felder steht. Es wurde erbaut, um das Wasser von den Alpilles zu einer riesigen **Mühlenanlage** südlich des steil abfallenden Hangs zu leiten.

◁ *Das römische Aqueduc de Barbegal zieht sich ohne großen Touristenrummel mitten durch die Felder*

316pr-rh

⑩⑥ Aire Communale, Fontvieille

GPS 43.7196, 4.7118

Der einstige Parkplatz bei der „Moulin de Daudet" ist ein offizieller Stellplatz und einer der schönsten der Region mit schattigen Bäumen, einer hohen Felsböschung, die vor Mistralwinden schützt, und sehr ruhigen Plätzen im hinteren Bereich (nach der Schranke links). **Zufahrt:** von Fontvieille via D33 (Av. des Moulins) nach Süden, gute Asphaltstraße, beschildert, ohne Probleme; **Platzanzahl:** 30–40; **Untergrund:** Schotter, eben (einige Stellen zwischen den Bäumen können bei Regen morastig werden); **Sicherheit:** Schranke, gelegentlich zirkuliert die Polizei; **Preiskat.:** €€; **Max. Stand:** 48 Stunden; **Geöffnet:** ganzjährig; **Kontakt:** Tel. 0490546749, www.fontvieille.fr.

Abbaye de Montmajour

Folgt man von Fontvieille der D 17 westwärts, so erreicht man nach 4,5 km kurz vor den Toren von **Arles** (s. S. 183, Anschluss an Rundfahrt „Camargue") die **Abbaye de Montmajour** (Parkplätze mit einem lauschig gelegenen Restaurant befinden sich gegenüber, rechts der Straße zwischen Buschwerk, 6 €, www.abbaye-montmajour.fr, Tel. 0490546417). Die Abtei erhebt sich auf einem Felsen, der einst von Sümpfen und Wasser umgeben war.

Wunderschön ist auch der Anblick der romanischen **Chapelle Ste. Coix,** ungefähr 200 m links neben der Klosteranlage hinter einem Bauernhof, vor der noch die Umrisse in den Fels gehauener Gräber zu erkennen sind.

Um die Runde zu schließen, fährt man von Fontvieille über die D 33 zwischen Ölbäumen und Weinbergen nach Norden und passiert dann nach ungefähr 6 km die ebenfalls sehr schöne romanische **Chapelle St. Gabriel** (auf Anfrage geöffnet, Tel. 0490910352), die überaus romantisch in einem alten Olivenhain liegt.

Anschließend geht über die D 32 und D 99 weiter und nach 12 km ist **St. Rémy-de-Provence** erreicht.

Parken

› Entlang der Rundstrecke gibt es einige hübsche Parkplätze, aber bislang keinen offiziellen Stellplatz. Eine schöne und ruhige Möglichkeit in der näheren Umgebung ist der **Parkplatz Les Antiques** (s. S. 181).

P 79 **Parkplatz Francois Mitterand,** GPS 43.6384, 4.8136, 1 Avenue Nostradamus, 13310 Saint-Martin-de-Crau. Ein ganzes Stück abseits der Route in Saint-Martin-de-Crau gibt es auf dem großen, asphaltierten und eher öden Parkplatz etwas östlich des Zentrums sechs ebene Wohnmobil-Stellplätze auf Asphalt (max. 24 Stunden), eine Toilette und eine Ver-/Entsorgungsstation. Die Nutzung ist kostenlos – aber sehr ruhig ist es so direkt an der Straße natürlich nicht, zum Übernachten eher eine Notlösung.

DURCH DIE ALPILLES D'EYGALIÈRES

Gesamtstrecke: ca. 45 km
Dauer: ca. 4 Std.

Saint-Rémy-de-Provence
(11 km ab Les Baux, 100 km ab Orange)

Saint-Rémy-de-Provence ist das Zentrum der Alpilles und für viele der Inbegriff einer malerischen Provence-Stadt mit mediterranem Charme, Platanen-Boulevards, kleinen Plätzen und lauschigen Cafés. Bekannt ist St. Rémy aber auch als Geburtsort von Nostradamus (1503) und weil van Gogh hier ein Jahr in der Nervenheilanstalt verbracht hat. So schön das Städtchen in ruhigeren Zeiten sein kann – während der Saison würden wir es lieber meiden.

Die Kirche **Collégiale St.-Martin,** gegenüber des Place de la République, passt mit ihrer wuchtigen klassizistischen Fassade eigentlich nicht so recht ins Bild des gemütlichen Städtchen (vom Vorgängerbau aus dem 14. Jh. ist nur der Turm erhalten), aber gleich dahinter geht es durch die Gässchen der verschachtelten Altstadt.

An der Rue Hoche (nach der Kirche gleich rechts) stand das **Geburtshaus des Nostradamus.**

Nach links geht es zum **Musée des Alpilles** (1 Place Charles Favier, Tel. 0490926824, Mai–Okt. Di.–So. 10–18 Uhr, sonst Di.–Sa. 13–17.30 Uhr, 5 €) in einem schönen Renaissance-Bau, das über Natur und Menschen der Alpilles informiert.

Jenseits des Platzes, an der Rue du Parage ist im prachtvollen Stadtpalais **Hôtel de Sade** das **Musée Archéologique** untergebracht, das Funde aus der nahen Römerstadt zeigt.

Information

› **Office de Tourisme,** Pl. Jean-Jaurès, 13210 St.-Rémy-de-Provence, Tel. 0490920522, www.alpillesenprovence.com

Feste

› **Fête de la Transhumance**: Am Pfingstmontag treiben die Schäfer ihre Herden durch den Ort und hinauf in die Alpilles.

Parken

P 80 Place de la République, GPS 43.7882, 4.8297. Außerhalb der Saison kann man auf dem Place de la République gegenüber der Kirche parken.

P 81 Place Général de Gaulle, GPS 43.7929, 4.8297. Sonst fährt man via Av. A. Schweitzer (D 571) nach Norden, wo man unweit des Zentrums nahe dem Kreisverkehr an dem die D 5 von der D 99 abzweigt einen großen Parkplatz findet, der allerdings zeitweise abgesperrt sein kann.

107 Camping Monplaisir ★★★★, Saint-Rémy-de-Provence

GPS 43.7971, 4.8245

Kleiner, familiärer und zugleich komfortabler Platz auf dem Lande, 1 km vom Zentrum, ruhig, schattig, mit Pool. Die Betreiberfamilie ist absolut aufmerksam und wirklich sehr um die Zufriedenheit ihrer Gäste bemüht. **Lage/Anfahrt:** D 5 in Richtung Maillane; **Preiskat.:** €€€€; **Geöffnet:** Mitte März–Mitte Okt.; **Adresse/Kontakt:** 345 Chemin Monplaisir, Tel. 0490922270, www.camping-monplaisir.fr.

108 Camping Mas de Nicolas ★★★★, Saint-Rémy-de-Provence

GPS 43.7967, 4.8391

Sehr moderne und stets gepflegte Anlage mit Pool und Spa. Parzellierte Stellplätze auf ebener Wiese, überwiegend schattig. **Lage/Anfahrt:** beim Stadion ca. 800 m vom Zentrum; **Preiskat.:** €€€€; **Geöffnet:** Ende März–Anfang Oktober; **Adresse/Kontakt:** Avenue Plaisance du Touch, Tel. 0490922705, www.camping-masdenicolas.com.

Monastère St. Paul-de-Mausole

Gleich südlich von St. Rémy via D 5 erreicht man zwischen Olivenhainen das **Monastère St. Paul-de-Mausole** (Chemin Saint-Paul, Tel. 0490927700, www.saintpauldemausole.fr; 19. Mai–30. Dez. tgl. 9.30–19 Uhr, 7 €) mit einem reich verzierten Kreuzgang und einer sehr schönen romanischen Kirche. Nach der Revolution wurde es zur Nervenheilanstalt umfunktioniert – und ihr berühmtester Patient war Vincent van Gogh, der hier u. a. seine „Sternennacht" gemalt hat.

Der **Van-Gogh-Weg** erschließt die Landschaften, die den Meister inspiriert haben. Führungen werden von April bis Mitte Oktober angeboten (Do. und Sa. 10 Uhr), aber man kann auch ungeführt spazieren, denn auf Schautafeln an rund 20 Stationen sind die Bilder dargestellt, die an dieser Stelle vermutlich entstanden sind. Und wann sonst hat man schon einmal Gelegenheit, weltberühmte Kunstwerke so unmittelbar mit ihrer Originalvorlage zu vergleichen?

Nur 200 m entfernt kann man den **Mas de la Pyramide** (Tel. 0490920081) entdecken, mit (teils bis heute genutzten) Höhlenwohnungen und einem Landmaschinen-Museum in den ehemaligen römischen Steinbrüchen von Glanum, in dessen Zentrum sich ein rund 20 m hoher Monolith erhebt.

Knapp 2 km südlich des Ortes führt die D 5 zwischen den Ruinen von Glanum (links) und den Antiques (rechts) hindurch.

Glanum und die Antiques

Die Antiques sind zwei römische Bauwerke aus der Zeit um Christi Geburt. Das außergewöhnlich gut erhaltene und 18 m hohe **Julier-Monument** (Mausoleum) ist nicht wirklich ein Grab, sondern ein Denkmal – entweder für die Enkel des Kaisers Augustus oder für eine der reichen Bürgerfamilien von Glanum. Etwas weniger gut erhalten, aber dennoch sehr imposant ist das (manchmal auch als Triumphbogen oder Ehrenbogen) bezeichnete **Stadtgründungstor** mit Reliefs gefangener Gallier.

Auf der Straßenseite gegenüber befindet sich der Eingang zum **Ausgrabungsgelände** (Tel. 0490922379, www.site-glanum.fr, 8 €, Kombiticket mit Montmajour 11 €), auf dem bislang Fundamente und Säulen aus drei Epochen freigelegt wurden: ein Brunnenheiligtum der Gallier aus dem 6. Jh. v. Chr. auf der Erhebung ganz am südlichen (jenseitigen) Ende, eine griechische Siedlung und die römische Stadt mit Forum, Tempeln, Thermen etc., die zeitweise bis zu 5000 Einwohner gezählt haben muss. Wie bei allen ähnlichen Ausgrabungen sind auch hier ein erläuternder Plan (und eine gute Portion Fantasie!) sehr hilfreich.

Parken/Übernachten

82 Parking Les Antiques, GPS 43.7760, 4.8312. Die weitläufigen Parkplätze westlich der Straße gegenüber den Antiques offerieren auch schöne und ruhige Übernachtungsmöglichkeiten: Nach der Einfahrt nicht gleich links abbiegen, sondern geradeaus den Hang hinunterfahren und dann rechts halten. So gelangt man auf einen großen, ruhigen, von Bäumen und Wiesen gesäumten Schotterplatz, der holperig und uneben ist, aber dennoch gute Stellplätze bietet.

Nahe der Passhöhe (ca. 240 m) passiert die D 5 einen sehr schön gelegenen **Waldparkplatz**, von dem aus man herrliche **Spaziergänge und Wanderungen** unternehmen kann: z. B. auf dem GR 6 nach Osten bis zur D 24 bei Eygalières oder nach Westen zur D 27 bei Les Baux (s. S. 175) und weiter durch die ganzen Alpilles bis nach St.-Étienne-du-Grès und zur Kirche St. Gabriel an der D 33 (s. S. 179). Zumindest den Spaziergang hinauf zum **La-Caume-Panorama-Gipfel** (387 m; etwa 3 km; einfach) sollte man sich nicht entgehen lassen. Außerdem kann man auf dem Parkplatz sicher auch eine ruhige Nacht verbringen (keine Verbotstafel, aber auch kein offizieller Stellplatz).

Parken

83 La Caume Waldparkplatz, GPS 43.7564, 4.8338

Vogelschutzgebiet

Die Berge des La-Caume-Massivs sind ein Greifvogel-Schutzgebiet, in dem noch Bonelli-Adler, Geier und Uhus heimisch sind. Aus Rücksicht auf diese gegen Störungen sehr empfindlichen Vögel sollte man sich bei Wanderungen stets strikt an markierte Wege halten.

Maussane-les-Alpilles

Den Südhang der Alpilles hinunter (mit schönen Blicken auf die Berge!) passiert man 3 km nach dem Pass die Abzweigung links nach Les Baux (s. S. 175) und erreicht ungefähr 2,5 km weiter den Ort **Maussane-les-Alpilles,** der für sein exzellentes Olivenöl schon mit der AOC-Auszeichnung (*Appellation d'Origine Controllé,* wie bei gutem Wein) prämiert wurde.

Einkaufen

› **Moulin Cornille,** Rue Charloun Rieu, Tel. 0490543237, www.moulin-cornille.com, Webshop. Die Mühle der Kooperative für das Vallée de Baux arbeitet noch weitgehend mit traditionellen Methoden. Besichtigung mit oder ohne Führung (6,50/4 €)

087pr-rh

Les Antiques: Ein römisches Stadtgründungstor und das Julier-Monument erheben sich direkt neben der Straße

317pr-rh

möglich, Ostern–Ende Sept. Direktverkauf Mo.–Sa. 9.30–12.30 und 13.30–18 Uhr.

- **Moulin St. Michel,** im benachbarten Mouriès, Cours Paul Revoil, 13890 Mouriès, Tel. 0490475040, https://moulinsaintmichel.net (mit Webshop), Mo.–Sa. 9–12 und 14–18 Uhr, ganzjährig kostenlose Besichtigungen, Führungen Juli/Aug. Di. und Do. 10.30 Uhr, 3 €. Schön restaurierte Ölmühle aus dem 18. Jh., die einen interessanten Einblick in die Ölherstellung bietet und neben Öl auch verschiedene andere Produkte der Region verkauft.

Eygalières

Weiter folgt man nach Osten der D 17 und biegt dann gleich wieder links auf die D 78, die am Fuß der Alpilles entlang durch Olivenhaine führt. Nach 8 km stößt man auf die D 24, biegt wieder nach links und überquert den Kamm der Alpilles noch ein weiteres Mal.

Nach etwa 7,5 km auf der D 24 geht es rechts via D 24 durch **Eygalières,** ein malerisches (und noch relativ stilles!) Provence-Dörfchen, das von einem alten Festungsturm überragt wird und einen schönen Blick auf die Berge bietet.

Etwa einen Kilometer östlich des Örtchens liegt links auf einem kleinen Felsenhügel die ebenso schlichte wie bezaubernde romanische **Kapelle St. Sixte,** die in ihrer einsamen Lage zwischen himmelragenden Zypressen von einem geradezu magischen Zauber umgeben ist – insbesondere, wenn man sie bei Sonnenuntergang und zu einer ruhigen Zeit besucht.

Weiter kann man nun entweder der D 24 bis Orgon folgen und dann im Bogen via N 7 und D 99 nach St. Rémy zurückkehren (ca. 20 km ab der Kapelle).

088pr-rh

Tödlicher Wasserzauber

Die Kapelle St. Sixte wurde im 12. Jh. an der Stelle eines alten, keltischen Ritualplatzes errichtet und an jedem Ostermontag wird dort eine provenzalische Messe zelebriert, die jenen uralten heidnischen Wasserzauber fortleben lässt. Die Verlobte reicht ihrem Zukünftigen einen Becher des heiligen Quellwassers. Wenn er es trinkt, wird er sie noch im selben Jahr heiraten – oder sterben!

Picknickplatz am Bach bei Eygalières

Die Ruinen des römischen Theaters von Arles – von den Christen niedergebrannt und als Steinbruch ausgeplündert

Picknickplatz

84 Picknickplatz bei Eygalières, GPS 43.7575, 4.9240. Einen schönen Picknickplatz mit Bach und Brücke findet man in stiller Natur westlich von Eygalières.

2 km nördlich von Eygalières gelangt man auf die D 99, der man links biegend zurück nach St. Rémy folgen kann.

Entweder über eine der oben beschriebenen Routen durch die Alpilles oder auf der N 570 erreicht man schließlich (ca. 20 km von St. Rémy) Arles, Schatzkammer der Kulturgeschichte und das „Tor zur Camargue".

Was ist ein Mas?

Ein Mas ist der typische provenzalische Gutshof, ein imposanter, großer Bau, der meist Wohn- und Nebengebäude, Stallungen, Scheune und Vorratshaltung unter einem Dach vereint. Hauptraum, wenngleich von eher bescheidenen Dimensionen, ist die Küche, die im Erdgeschoss direkt auf den Hof führt. Auch Backofen, Stallungen und Vorratsräume befinden sich zu ebener Erde. Darüber lagen traditionell die Schlafräume, ein Raum für die Zucht von Seidenraupen (magnanerie), Taubenschlag und Speicher. Dieser Grundplan kann je nach Region und Größe des Guts variieren – und manche der Räume können auch in Anbauten untergebracht sein.

ARLES

(31 km ab Saint Rémy, 131 km ab Orange)

Für viele ist die alte Stadt am Beginn des Rhône-Deltas das eigentliche Herz der Provence. Keine andere ist so reich an wertvollen Baudenkmälern, in keiner ist das römische Erbe so sehr gegenwärtig und keine hat den unaufdringlichen, heiter-melancholischen Charme dieser wahrhaft klassischen Provence-Stadt. Seit 1981 in die UNESCO-Liste des Weltkulturerbes aufgenommen, ist Arles ein Ort, den niemand versäumen wird, der die Provence hauptsächlich wegen ihres kulturellen Erbes besucht. Tatsächlich ist die Stadt der Künstler und des Lichts so reich an Baudenkmälern, dass Spötter sie gar als „Reliquien-

149pr-fo©dietwalther, stock.adobe.com

schrein der Provence" bezeichnet haben. Was nicht stimmt, denn Arles ist keineswegs ein Museum für Touristen, sondern eine durchaus sehr lebendige Stadt. In der römischen Arena finden auch heute wieder spektakuläre Veranstaltungen statt, altes Brauchtum und die wunderschönen arlesischen Trachten werden bei vielen Anlässen gepflegt und die zahlreichen Feste sind nicht etwa Touristenspektakel, sondern lebendige Tradition.

Wer eine Parkmöglichkeit gefunden oder sich auf einem der nahen Campingplätze einquartiert hat, der sollte sich wenigstens einen Tag Zeit nehmen, um einige der Kulturschätze von Arles kennenzulernen. Für einen Rundgang zu den Hauptattraktionen kann ein halber Tag reichen, wer hingegen auch einige Museen besuchen will, der sollte zwei Tage einplanen.

Vom Parkplatz Quai 8 Mai 1945 verlässt man das Rhône-Ufer und gelangt durch die Rue Voltaire rasch zum **Amphitheater** (**Arènes,** Tel. 0891700370, www.arenes-arles.com). Das 136 m lange Oval mit einer ca. 70 m langen Arena stammt aus dem 1. Jh. und fasste über 20.000 Zuschauer. Im Mittelalter nutzten die Bewohner den mächtigen Mauerring als schützende Befestigung und bauten ihre Häuser in die Arena hinein, sodass eine Stadt in der Stadt entstand. Erst im 19. Jh. wurde der heutige Zustand wieder hergestellt, wobei aus der Festungszeit nur die Wehrtürme erhalten blieben, von denen man einen schönen **Ausblick** über die Dächer von Arles genießt.

Durch die Rue Port de Laure nach Süden sind es vom Amphitheater nur wenige Schritte bis zur zweiten römischen Hauptattraktion, dem **Théâtre Antique,** das aus der Zeit kurz vor Christi Geburt stammt und Platz für rund 12.000 Zuschauer bot (während heutige Großstadt-Theater gerade einmal 2000–3000 Personen fassen). Der Schriftsteller Maurras soll das römische Theater von Arles als „eine der schönsten Ruinen der Welt" bezeichnet haben – aber sicher wäre es noch schöner, hätten es die Christen nicht im 5. Jh. als Stätte heidnisch-unsittlicher Schauspiele niedergebrannt und hernach als Steinbruch für Baumaterial genutzt.

Andererseits haben sie sich keineswegs geniert, Teile dieses so verruchten Sündenpfuhls in ihr Gotteshaus zu integrieren – in die berühmte romanische **Kathedrale St. Trophime,** die heute zum Weltkulturerbe zählt und vor allem durch ihr überaus prachtvolles **Portal** fasziniert, neben dem der übrige Bau eher schlicht wirkt. Das dazugehörige **Kloster St. Trophime,** im Übergang zwischen Romanik und Gotik erbaut, ist eines der berühmtesten und elegantesten der Provence. Um seine Atmosphäre genießen zu können, lohnt es sich, zu einer möglichst ruhigen Zeit zu kommen.

Einen etwas längeren – aber lohnenden – Fußweg (vom Kloster ca. 750 m nach Südosten via Bv. des Lices und Av. des Alyscamps) muss man in Kauf nehmen, um die **Alyscamps** zu besuchen – über Jahrhunderte hinweg die gefragteste Begräbnisstätte des Christentums.

Von den einstigen Dimensionen und der früheren Pracht ist zwar nur noch ein bescheidener Abglanz erhalten, dennoch lohnt sich ein Spaziergang durch die von Marmor-Sarkophagen und schattigen Alleebäumen gesäumte Straße der Vergangenheit, an deren Ende sich die Ruine der romanischen Kirche **St. Honorat** erhebt.

Max Frisch über die römische Arena

„Was ihre Arenen betrifft, verwundert mich am meisten, welche Riesenarbeit sich dieses Lebewesen macht, um sich zu unterhalten, um in seiner eroberten Muße nicht zu verzweifeln. Welche Bastion gegen die Langeweile! Und wie fleißig das gewölbt ist, wie unwitzig, wie massenhaft, wie römisch! … Eine unsägliche Arbeit, bis unser Lebewesen wenigstens für einige Stunden auf seine Rechnung kommt: zu sehen, wie einer den anderen in die Fresse haut …"
Max Frisch, „Tagebuch"

Information

› **Office de Tourisme,** 9 Boulevard des Lices, 13200 Arles, Tel. 0490184120, www.arlestourisme.com, für die Monumente: www.patrimoine.ville-arles.fr, Tel. 0490493636

Feste

› **Fête des Gardians** am 1. Mai mit Umzug und Vorführungen der Camargue-Cowboys in der Arena

› **Feria Pascale,** Stiertreiben, spanische Corrida und unblutige provenzalische Stierspiele am Osterwochenende

› **Pegoulado,** Umzüge mit Trachten und Fackeln (Ende Juni/Anfang Juli) und Wahl der Königin von Arles

› **Reservierungen:** Bureau des Arènes, www.arenes-arles.com (für Veranstaltungen im Amphitheater)

Essen

› Sehr angenehm und bei heißem Wetter zudem schattig-kühl sitzt man im Innenhof des **Le patio des alyscamps,** 14 Av. Alyscamps, Tel. 0488652292, www.patiodesalyscamps.com, So./Mo. geschlossen. Gute regionale Küche mit frischen Zutaten und gutem Preis-Leistungs-Verhältnis.

Alyscamps, die Edel-Nekropole des Mittelalters

Schon zu gallisch-römischer Zeit pflegten die Bewohner von Arles (wie die Bewohner vieler römischer Städte) ihre Toten entlang einer Allee draußen vor den Toren beizusetzen. Dass die Via Aurelia vor den Pforten von Arles zur berühmtesten und begehrtesten Ruhestätte des Abendlandes aufstieg und als „Champs Elysées" legendären Ruhm erlangte, verdankt sie der Tatsache, dass hier der heilige Bischof St. Trophime seine (vorerst) letzte Ruhe fand – und dass man sich von seiner Nähe dereinst beim Jüngsten Gericht einen deutlichen „Strafnachlass" versprach. Der Ruhm dieser „himmlischen Gefilde" verbreitete sich im ganzen Land – und bald kamen die Toten von weit her, um in den Genuss eines so namhaften Fürsprechers zu gelangen.

Um Kosten und lange Wege zu sparen – so heißt es – profitierte man dabei von der Lage der Stadt an der Rhône: In Holzsärgen oder auch in leeren Salzfässern ließ man die Dahingeschiedenen den Fluss hinuntertreiben, nachdem man ihnen (als Obolus für den Totengräber) ein Goldstück zwischen die Zähne gesteckt hatte. Zeitweise war der Andrang so stark, dass man entlang einer Strecke von zwei Kilometern die Sarkophage in mehreren Lagen übereinander stapeln musste, während die einfacheren Leute in endlosen Reihen dahinter beigesetzt wurden. Als man 1152 die Reliquien des St. Trophime in die Kathedrale überführte, kam die Nekropole allmählich aus der Mode. Die prachtvollsten Sarkophage wurden als Souvenirs verschenkt – oder als Baumaterial genutzt. Und im 19. Jahrhundert fiel ein Teil der elysischen Gefilde dem Eisenbahnbau zum Opfer. Einige der schönsten noch erhaltenen Sarkophage sind heute im Musée d'Art Chrétien zu sehen – aber auch die Alyscamps sind noch einen Bummel wert.

318pr-rh

Einkaufen

- Die traditionellen **Märkte** von Arles (Mi. und Sa.) gehören zu den schönsten und beliebtesten der Provence.

Parken

- Zahlreiche gebührenpflichtige Parkplätze säumen den **Blvd. des Lices** und den **Blvd. Émile Combes** am Stadtring (Mi. und Sa. 0–15 Uhr wegen Markt gesperrt, sonst meist voll).

P **85 Quai du 8 Mai 1945,** GPS 43.6839, 4.6302. Bessere Chancen bietet der Parkplatz nördlich des Zentrums am Quai du 8 Mai 1945 (früher Wohnmobil-Stellplatz), der aber ebenfalls gebührenpflichtig und zeitweise von Jahrmärkten belegt ist.

P **86 Musée Arles Antique,** GPS 43.6719, 4.6155. Einen weiteren geeigneten Parkplatz gibt es südwestlich des Zentrums beim Museum, via Avenue Jean Monnet.

P **87 Aire Municipale Arles,** GPS 43.6769, 4.6172. Städtischer Platz am Ufer der Rhône mit Blick auf die Stadt, der zu Fuß ca. 15 Min. vom Zentrum entfernt liegt. Ziemlich heruntergekommen, schmutzig, nahe der Autobahnbrücke recht laut.

319pras©Sen

Für eine Übernachtung nicht zu empfehlen, auch am Tag unsicher. Lage/Anfahrt: auf der anderen Rhôneseite im Stadtteil Trinquetaelle, via Av. de Camargue in Richtung Parkplatz P5; Platzanzahl: ca. 40; Untergrund: Schotter, Schotterrasen; Preiskat.: kostenlos, tagsüber (9–19 Uhr) 5 €; Max. Stand: 7 Tage; Geöffnet: ganzjährig; Kontakt: Office de Tourisme, Tel. 0490493636, www.arlestourisme.com/fr/j-arrive-en-camping-car-arles-camargue.html; Achtung: Es werden öfter Fahrzeugeinbrüche gemeldet; Hinweise: Die EuroRelais-Station ist auf der anderen Brückenseite (GPS 43.6765, 4.6165). Parken Sie möglichst weit von der Brücke entfernt, falls Sie übernachten wollen.

Östlich der Stadt an der Straße nach St. Martin-de-Crau findet man zwei Plätze, die beide nicht begeistern, aber als Basis für Stadtbesichtigungen dienen können (vom L'Arlésienne fahren Busse der Linie 3 in die Innenstadt):

109 Camping City ★★★, Arles

GPS 43.6698, 4.64452

Am nächsten beim Zentrum, schattig, mit Schwimmbad – aber teils auch mit vielen Moskitos! **Preiskat.:** €€; **Adresse/Kontakt:** 67 Rt. de Crau, Tel. 0490930886, www.camping-city.com.

110 Camping L'Arlésienne ★★★, Arles

GPS 43.6584, 4.6554

Platz mit wenig Schatten (außer den Plätzen vor der Rezeption) und durch die nahe Straße nicht sehr ruhig; ebenfalls mit Moskitos. Sehr moderne Poolanlage mit verschiedenen Rutschen. **Lage/Anfahrt:** 3 km südöstlich von Arles via N 543; **Geöffnet:** April–Ende Okt.; **Preiskat.:** €€€€; **Adresse/Kontakt:** 149 Draille Marseillaise, Pont de Crau, Tel. 0490960212, www.larlesienne.com.

Die römischen Zeugnisse prägen bis heute das Altstadtbild von Arles

Der Aire Municipale in Arles

DIE CAMARGUE

Über 90.000 ha groß ist das von der Rhône angespülte Schwemmland aus Sand und Kies, das sich von Arles bis an die Küste zwischen den beiden Hauptarmen des großen Stroms erstreckt. Ihr höchster Punkt (abgesehen von den Salzhalden!) liegt etwa 4 m über dem Meeresspiegel – ihr tiefster sogar mehr als einen Meter darunter.

Die Küste der Camargue verändert sich ständig. Über 20 Millionen Kubikmeter Sand und Geröll schwemmt die Rhône alljährlich heran, sodass die Küste stellenweise bis zu 30 und 40 m pro Jahr ins Meer vorrückt. An anderen Stellen hingegen holt sich das Meer die verlorenen Flächen wieder zurück. Das Städtchen Les-Saintes-Maries-de-la-Mer zum Beispiel, das einst mehrere Kilometer von der Küste entfernt lag, hat heute einen Hafen und muss mit Deichen gegen die anbrandenden Wogen geschützt werden.

Für manche ist diese eigentümliche Landschaft aus Land und Wasser, Salz und Sonne eines der letzten großen Wildnisgebiete und das exotischste Naturparadies Europas – für andere ein ödes Sumpfland voller Reisäcker, Moskitos, Touristen und Autoknacker. Beides stimmt. Es sind die zwei Seiten einer Münze. Gewiss ist die Camargue längst keine ursprüngliche Wildnis mehr, sondern durch Dämme und Kanäle vom Menschen „gezähmt" und kontrolliert. Unbestreitbar ist, dass weite Teile der amphibischen Landschaft bereits zerstört sind. Von Norden her schieben sich monotone Reisfelder immer weiter vor, im Osten rauchen die Schlote der Industrieanlagen von Fos sur Mer, im Westen türmen sich die Ferienanlagen von La Grande Motte und im Süden hat sich Les-Saintes-Maries-de-la-Mer zu einem weiteren Zentrum des Massentourismus entwickelt, um das sich immer neue Gürtel von Ferienhäusern und Hotels legen. Und doch ist sie weder ganz verschwunden noch völlig zum Touristen-Spektakel degradiert. Nach wie vor findet man hier faszinierende und höchst eigenartige Landschaften. Nach wie vor sind die Sümpfe und Étangs ein Paradies für zahlreiche, teils seltene Vogelarten. Und trotz Cowboy-Mythos für Touristen gehören schwarze Stiere, weiße Pferde sowie die Gardians und ihre harte Arbeit auch heute zum Alltag des Rhône-Deltas. Wie man die Camargue erlebt hängt ganz davon ab, wann und wie man dieses für Mitteleuropa einzigartige Sumpfland zwischen den Deltaarmen der Rhône besucht.

1970 wurde der **Parc Naturel Régional de la Camargue** geschaffen, um die letzten intakten Gebiete dieses einzigartigen Ökosystems zu erhalten. Kein leichtes Unterfangen, denn es gilt dabei, Landwirtschaft, Wassernutzung,

In der Camargue leben halbwilde, weiße Pferde

Tourismus und Natur in Einklang zu bringen. Das allgemein zugängliche Schutzgebiet umfasst mit 86.000 ha praktisch die gesamte Fläche zwischen den beiden Flussarmen der Kleinen und der Grand (Großen) Rhône.

Innerhalb dieses Parks liegt die 13.000 ha umfassende **Réserve nationale de Camargue,** die das Kernland um den **Étang de Vaccarès** schützt und nur von befugten Biologen betreten werden darf. Aber auch in den Randzonen hat man gute Möglichkeiten, viele der rund 350 Vogelarten zu beobachten, die zu bestimmten Jahreszeiten in großen Schwärmen hier einfallen.

Information

- **Parc naturel régional,** Centre d'Information du Parc, Mas du Pont de Rousty, 13200 Arles, Tel. 0490971082, www.parc-camargue.fr
- **Réserve Nationale,** La Capelière, C134 Route de Fiélouse, 13200 Arles, Tel. 0490970097, www.snpn.com/reservedecamargue
- **Musée de la Camargue,** Mas du Pont de Rousty, 13200 Arles, Tel. 0490971082

CAMARGUE-RUNDFAHRT

Entfernung: ca. 160 km ab/bis Arles
Dauer: ca. 1–2 Tage (mit Spaziergängen, Badepausen u. Ä. mindestens 2 Tage)

Verlässt man Arles auf der D 570 in Richtung Stes. Maries-de-la-Mer nach Südwesten, so fährt man zunächst durch eher enttäuschende Landschaft mit Weiden, Äckern und Reisfeldern. Aber vielleicht bald schon sieht man die ersten Camargue-Pferde, einen Silberreiher oder Flamingos und freut sich gespannt auf weitere Entdeckungen.

Eine hervorragende Gelegenheit, gleich zu Beginn eine gute Einführung in Natur und Leben im Rhône-Delta zu erhalten, bietet das **Musée de la Camargue** (ca. 9 km hinter Arles links, Oktober–März 10–12.30 und 13–17 Uhr, April–Sept. 9–12.30 und 13–18 Uhr, im Jan. Di. geschlossen, ca. 1 Std., 7 €; Tel. 0490971082) im **Mas du Pont de Rousty,** einem ehemaligen Hof, in dem auch die Parkverwaltung ihren Sitz hat. Die sehr gut und anschaulich gestalteten Ausstellungen über Entstehung, Geschichte und Kultur der Camargue sind mit einem europäischen Museumspreis ausgezeichnet worden. Sie zeigen u. a. Leben und Arbeit ihrer Bewohner ohne romantisch-folkloristische Verbrämung.

Wandern

Ein 3,5 km langer Fußpfad beginnt hinter dem Museum und führt durch die Weiden und Sümpfe des Hofes. Er bietet die seltene Gelegenheit, Landschaften und Kulturen eines typischen **Mas** der Camargue kennen zu lernen.

Autoknacker

Während der Saison kann man es in der Camargue kaum riskieren, das Kfz auch nur für Minuten unbeaufsichtigt auf einem Parkplatz zu lassen, um ein Foto zu schießen!

Etwa 5 km weiter erreicht man **Albaron** an der Petit Rhône, einen Weiler mit Festungsturm und Pumpstation. Biegt man hier auf die D37 nach Norden und kurz danach auf den Chemin de Figares nach Westen, so gelangt man zum Mas de la Vigne mit dem **Maison du Riz** (GPS 43.6135, 4.4553, Tel. 0631034011, www.maisonduriz.com). Dort erfährt man, wie in der Camargue Reis angebaut wird und kann verschiedenste Reisprodukte direkt vom Erzeuger erwerben (u. a. Reisbier). Unmittelbar südlich von Albaron biegt von der D570 die D 37 zum **Étang de Vaccarès**

Étang

(von lat. stagnum) bezeichnet generell ein stehendes Gewässer von geringer Tiefe; die Étangs in der Camargue enthalten außerdem fast immer Brackwasser (eine Mischung aus Salz- und Süßwasser).

Vogelbeobachtungen

Die Camargue ist nicht nur die Heimat weißer Pferde und schwarzer Stiere, sondern auch Rückzugsgebiet für Wildtiere wie Füchse, Wildschweine und Nutria (Sumpfbiber). Aber vor allem ist die amphibische Landschaft als Vogelparadies bekannt. Die wohl berühmtesten gefiederten Bewohner der Camargue, die Flamingos (Flamant rose), sind das ganze Jahr über anzutreffen – ebenso verschiedene Reiherarten. Bei den übrigen Spezies ist zu beachten, dass viele von ihnen Zugvögel und daher nicht jederzeit hier „zu Hause" sind. Den Winter hindurch (zwischen September und März) kann man vor allem Enten beobachten, die mit rund einem Dutzend Arten und Zehntausenden von Exemplaren vertreten sind. Besonders günstige Zeiten sind Frühjahr und Herbst, wenn zahlreiche Arten aus Mitteleuropa auf dem Durchzug hier Station machen. Im Sommer kann man u. a. Uferschnepfen und Stelzenläufer, Bienenfresser, Blauracken und Wiedehopfe beobachten.

- *Die beste Tageszeit für Beobachtungen sind der frühe Morgen (bis ca. 10 Uhr) und die Abenddämmerung.*
- *Geeignete Stellen sind die Parkplätze entlang dem Étang de Vaccarès, die Pfade von la Capelière und der Domaine de la Palissade, der Digue à la Mer und natürlich der Parc Ornithologique (Vogelpark) von Pont-de-Gau.*
- *Am besten lassen sich Vögel und Tiere vom geparkten Auto aus beobachten (da sie an Fahrzeuge gewöhnt sind) – oder von speziellen Beobachtungsposten.*
- *Ein gutes Fernglas ist unerlässlich.*
- *Für Fotos braucht man ein Teleobjektiv von mindestens 300 mm (möglichst lichtstark) und auf jeden Fall ein Stativ.*
- *Vergessen Sie nicht, ein gutes Mückenmittel mitzunehmen, denn vor allem im Frühjahr und Herbst (Mitte Mai bis Mitte Juni und Sept./Okt.) können die geflügelten Blutsauger zur wahren Plage werden.*

(s. S. 193) ab, der man gleich folgen kann, falls man nicht nach Stes.-Maries fahren will. Knapp 10 km von Albaron passiert man rechts der Straße das **Château d'Avignon** (Tel. 0490975860), eine mit 150 m Länge imposante aber nicht sonderlich interessante Schlossanlage aus dem 19. Jh. mit einem reizvollen botanischen Fußweg durch den großen Park. Auf der anderen Seite zweigt die Zufahrt zum Mas de la Cure mit dem **Maison du Cheval Camargue** ab (Mas de la Cure, Chemin de Bardouine, 13460 Les-Saintes-Maries-de-la-Mer, Tel. 0490977637, www.maisonduchevalcamargue.com, Führungen April–Sept. Mi. und Fr. 10–12 Uhr, Reservierung erforderlich), eine Zuchtstation, die in Zusammenarbeit mit dem Park über die Camargue-Pferde informiert und einige Pfade durch verschiedene Biotope sowie Pferde- und Stierweiden bietet.

Rund 14 km nach Albaron zweigt links die Nebenstrecke D 85A nach Stes.-Maries ab. Geradeaus weiter auf der D 570 gelangt man etwa 4 km nach der Abzweigung zum **Centre d'Information de Ginès** (Apr.–Sept. tgl. 9–18 Uhr, sonst Sa.–Do. 10–17 Uhr, Eintritt frei, Tel. 0490978632), das zum Regionalpark gehört. Es informiert über Natur, Salinen und das Leben in der Camargue, bietet durch große Fenster Blicke auf den **Étang de Ginès** und seine Bewohner und macht auf die Empfindlichkeit seiner Ökosysteme aufmerksam.

Besonders interessant ist der dazugehörende **Parc Ornithologique du Pont-de-Gau** (April–Sept. 9 Uhr – sonst 10 Uhr – bis ca. 1 Std. vor Sonnenuntergang, 8 €, Führungen für Gruppen ab 15 Personen 12 €, Tel. 0490978262, www.parcornithologique.com), der auf rund 60 ha mit Volieren und Freianlagen hervorragende Möglichkeiten bietet, die Vogelwelt der Sümpfe zu beobachten und mithilfe von Tafeln zu identifizieren. Im Sommer die Mittagszeit meiden, da es wenig Schatten gibt.

Les-Saintes-Maries-de-la-Mer
(44 km ab Arles, 175 km ab Orange)

Etwa 4 km weiter und durch ein Spalier von imitierten Schilfdachhütten der Gardians und Mitleid erregenden Camargue-Pferden, die in der Hitze auf Reiter warten, erreicht man schließlich **Les-Saintes-Maries-de-la-Mer** – sofern man nicht vom Rummel entsetzt bereits vorher kehrt macht. Das einst abgelegene Städtchen zwischen Sumpf und Meer ist heute – nicht nur im Sommer – vor allem eines: ein rappelvoller **Badeort,** voller Souvenir-Shops, Touristen-Restaurants und Menschenmassen. Zudem ist der Ort trotz zwei großer Stellplätze alles andere als wohnmobilfreundlich!

Wer heute im Sommer den Trubel an den Stränden von Stes.-Maries erlebt, der wird sich kaum vorstellen können, dass der Ort vor hundert Jahren noch gar nicht am Meer lag. Doch zum Glück für den örtlichen Tourismus kam der Strand in diesem Fall zur Stadt. Das Meer fraß sich immer näher an den Ort heran. Aber jetzt droht es gar, ihn anzuknabbern!

Wer (weit!) außerhalb der Saison kommt oder gegen Gedränge unempfindlich ist, kann das **Musée Baroncelli** mit recht faden Ausstellungen über Tiere und Menschen der Camargue besuchen oder die hübsche **Wehrkirche** besichtigen, bis in die **Krypta** mit den Reliquien vordringen (sofern er ganz sicher keine Platzangst hat!) und den sehr schönen **Ausblick von ihrem Dach** (53 Stufen!) genießen. Und wer sich im Gedränge gar wohl fühlt, der kann auch zu einer der **Wallfahrten** kommen (24./25. Mai zur Wallfahrt der Zigeuner mit der Statue der Sara oder Ende Oktober am Wochenende nächst dem 22. für die Wallfahrt der Marie Salomé). Außerdem hat Stes.-Maries zwei große Wohnmobil-Plätze, die – wiederum wenn einen das Dicht-an-dicht einer Wohnmobil-Stadt nicht stört – gut als Basis für Exkurse (z. B. auf den Digue à la Mer) dienen können oder auch für ein paar Tage Badeurlaub am Sandstrand – den man hier durchaus auch noch Ende September genießen kann.

Information

› **Office de Tourisme,** 5 Av. Van-Gogh, 13460 Les Stes.-Maries-de-la-Mer, Tel. 0490978255, www.saintesmaries.com

Küstenschutz

Mehrere Pfade führen vom Deich zu Badestellen. Das Betreten der extrem empfindlichen Dünenlandschaft ist jedoch strikt untersagt!

Wandern/Radfahren

Ein interessanter und sehr lohnender Weg (der auch mit dem Mountainbike befahren werden kann) führt östlich von Stes.-Maries auf dem **Digue à la Mer** rund 12 km bis zum **Phare de la Gacholle** (Leuchtturm) mit Observatorium und Info-Stelle, geöffnet an Wochenenden und in den Schulferien 11–17 Uhr, Tel. 0490970097. Der Damm wurde 1857/58 zum Schutz der Küste gebaut und bietet eine der wenigen Möglichkeiten, zwischen Meer und Sümpfen ein Stück innerhalb der Kernzone zu wandern. Wer noch weiter gehen möchte, erreicht bald danach eine Piste, die

Das Camargue-Pferd

Die weißen halbwilden Pferde gehören unverzichtbar zum Bild der Camargue: Sie galoppieren durch das brackige Wasser der Sümpfe, über staubige Salzsteppen und dösen im Schatten der Tamariskensträucher. Die ersten Jahre ihres Lebens verbringen diese drahtigen, kleinen Pferde (Schulterhöhe nur 135–145 cm) tatsächlich in voller Freiheit wie echte Wildpferde – und verhalten sich ebenso vorsichtig und scheu – bis sie im Alter von etwa sechs Jahren eingefangen und zugeritten werden. Die zähen, trittsicheren Schimmel, die tagelang im Salzwasser stehen können, ohne Schaden zu nehmen, sollen angeblich von den Przewalski-Wildpferden abstammen. Wie bei allen Schimmeln kommen ihre Fohlen schwarz oder braun zur Welt und werden erst mit fünf Jahren weiß. In der Hauptsaison sieht man dieses Symboltier der Camargue leider meist in langen Reihen gesattelt und angebunden in der Sonne stehen und auf Touristen warten.

nach Süden einem Deich folgt, der den **Étang de Galabert** vom **Étang de Fangassier** trennt. Hier liegt das Brutgebiet der Flamingos, auf dem sie ihre eigenartigen Hügelnester bauen und wo jedes Jahr Anfang Juni rund 8000 Küken schlüpfen. Zum Schutz der Vögel sind die meisten Wege gesperrt, aber vom **Observatorium** neben dem Parkplatz an der D 36C sind sie schön zu beobachten.

Wohnmobil-Verbot

Für die Parkplätze entlang dem Strand gilt ein Womo-Verbot, sodass man einen Platz in der strandnahen „Womo-Siedlung" ergattern oder mit dem Rad pendeln muss. Einen am Tag kostenlosen (aber meist überfüllten) **Parkplatz für Wohnmobile** gibt es links an der Zufahrt zum zweiten Stellplatz: Av. Docteur Carbon (GPS 43.4539, 4.4336).

111 Aire Communale, Saintes-Maries-de-la-Mer, nahe Strand

GPS 43.4534, 4.4365

Einen ebenfalls großen, aber weit schöneren Platz in Strandnähe findet man östlich von Stes.-Maries hinter dem Campingplatz. **Lage/Anfahrt:** hinter dem Camping La Brise 112, durch den Ort bis zum Strand fahren, dort links, durch den Parkplatz hindurch in den Sandweg und dann wieder links; **Platzanzahl:** 40; **Untergrund:** Asphalt; **Preiskat.:** €€; **Max. Stand:** unbegrenzt; **Geöffnet:** ganzjährig; **Hinweis:** Manche Gäste scheinen recht zufrieden, aber viele beschweren sich über laute Musik, sonstigen Lärm und Gestank. 2023 gab es angeblich zeitweise ein Verbot für Wohnmobile, evtl. wird der Platz bald geschlossen; **Tipp:** Über den Deich kann man schöne Spaziergänge oder Radtouren bis ins Schutzgebiet und zum alten Leuchtturm unternehmen.

112 Camping La Brise ★★★, Saintes-Maries-de-la-Mer

GPS 43.4558, 4.4360

Nahe Zentrum und Strand, riesige, aber schattenlose Anlage mit Pool und überwiegend jungem Publikum; **Preiskat.:** €€€€; **Geöffnet:** Februar–November; **Adresse/Kontakt:** Rue Marcel-Carrière, Tel. 0490978467, www.camping-labrise.fr.

113 Clos du Rhône, Saintes-Maries-de-la-Mer

GPS 43.4497, 4.4056

Dieser westlich der Stadt gelegene Stellplatz beim gleichnamigen Campingplatz ist nicht der attraktivste oder sauberste, aber er liegt nur 200 m hinter dem Strand und ist wohl klar der beste von Saintes-Maries. Er hat keinen Schatten und einige Moskitos, aber die gibt es überall in dieser Gegend. **Lage/Anfahrt:** in der Stadt bis zum Strand und dann nach rechts der D38 folgen; **Platzanzahl:** rund 100, parzelliert; **Untergrund:** Kies; **Service:** Wasser nur 9 bis 12 Uhr; **Preiskat.:** €€, kassiert wird am Morgen; **Max. Stand:** 48 Std., kann für jeweils 24 Std. verlängert werden; **Geöffnet:** ganzjährig, keine Schranke; **Adresse:** Chemin du Clos du Rhône; **Tipp:** Ein Fahrrad o. Ä. ist empfehlenswert, da es vor Ort keine Geschäfte gibt und es bis zur Stadt etwas weit ist.

So leer ist der Oststrand von Les-Saintes-Maries-de la Mer nur außerhalb der Saison – und mittlerweile versperrt eine Barriere die Zufahrt für Womos

130pr-rh

⑭ Camping Le Clos du Rhône ★★★★, Saintes-Maries-de-la-Mer

GPS 43.4494, 4.4014

Relativ kleiner und familiärer, aber sehr gut ausgestatteter Platz mit Pool, Rutschen und einem Spa-Bereich. **Lage/Anfahrt:** Zwischen Petit Rhône und Meer, ca. 2 km westlich via D 38; **Preiskat.:** €€€€; **Geöffnet:** Anfang April–Anfang November (für Juli/August schon im Winter reservieren!); **Adresse/Kontakt:** Route d'Aigues Mortes, Tel. 0490978599, www.camping-leclos.fr.

⑮ Camping du Clos Peyron, Saintes-Maries-de-la-Mer

GPS 43.5218, 4.4069

Einfacher, aber netter Platz, Camping auf dem Bauernhof. **Lage/Anfahrt:** nördlich via D 85 A, Route de Cacharel; **Preiskat.:** €€; **Adresse/Kontakt:** Frigoulés, Route de Cacharel, CD 85a, 13460 Les-Saintes-Maries-de-la-Mer, Tel. 0490975631, http://mill.free.fr/camarguecamping.

Étang de Vaccarès

Von Stes.-Maries kann man alternativ zur Anfahrtstrecke der D 85A zurück nach Norden folgen, gelangt bei Pioch Badet wieder auf die D 570 und biegt bei Albaron rechts auf die D 37. Über eine Ebene mit vereinzelten Bäumen und isolierten Gehöften kommt man nach 15 km zum Weiler **Villeneuve** und biegt nach rechts auf die kleine Straße (C 134, Chemin de Fielouse) in Richtung „Étang de Vaccarès".

Nach einem kleinen Wäldchen erreicht der schmale Asphaltweg den von Schilf und Tamarisken gesäumten **Étang de Vaccarès** mit mehreren kleinen Parkplätzen, schönen Ausblicken und Beobachtungspunkten, von denen aus man fast mit Sicherheit Flamingos, Silberreiher, Enten und andere Wasservögel sehen wird. Im Sommer kann es sowohl auf den Parkplätzen als auch auf der Straße sehr eng werden – aber außerhalb der Saison steht man dort herrlich ungestört und kann – direkt aus dem Wohnmobil-Fenster – beim Kaffee oder Picknick stundenlang dem Treiben auf dem Wasser zusehen, die einsa-

Tanz der Flamingos

Flamingos wird man auf einer Rundfahrt durch die Camargue fast mit Sicherheit sehen. Am schönsten sind sie im Flug, denn nur dann sind an den Flügeln die rosa Flecken zu erkennen. Sonst sind sie nahezu weiß. Tatsächlich ist dies ja die natürliche Färbung der „rosaroten Flammen", wie die Franzosen sie nennen. Nur in einigen Gegenden Afrikas ist ihr gesamtes Gefieder rosa getönt, weil sie sich dort von Kleintieren mit rötlichem Panzer ernähren. In unseren Zoos hilft man mit rotem Farbstoff als Futterzusatz nach, weil die Besucher nun mal rosafarbene Flamingos sehen wollen. Wenn Sie einer Gruppe zusehen, die im flachen Wasser der Étangs gelandet ist, so werden Sie sich vielleicht über die eigenartig tänzelnden Bewegungen dieser ungewöhnlichen Vögel wundern. Es ist kein Balzverhalten. Mit den „Tanz"-schritten wirbeln sie Kleingetier vom Grund des Wassers auf, das sie anschließend mit ihrem hochspezialisierten Seiherschnabel aus den Fluten filtern (ähnlich wie Wale mit ihren Barten den Krill).

me Schönheit der Landschaft genießen oder einen traumhaften Sonnenuntergang über dem Wasser erleben. Der Étang de Vaccarès, von den Römern „Vaccarium Regio“ (Gebiet der Kühe) genannt, umfasst eine weite Fläche von über 600 ha, ist aber mit einer maximalen Tiefe von 2 m sehr flach. Er ist durch den Digue à la Mer vom Mittelmeer abgetrennt und bildet zusammen mit dem südlich daran anschließenden Labyrinth aus Sumpfinseln und Wasser das streng geschützte Kernstück des Parks. Das brackige Flachwasser, dichtes Buschwerk und unzugängliche Inseln machen ihn zu einem Paradies für zahlreiche Vogelarten. Was dabei vielleicht überraschen mag: Man befindet sich hier immer noch auf dem Stadtgebiet von Arles, das vom Zentrum rund 30 km weit bis ans Meer reicht und den größten Teil der Camargue umfasst!

Knapp 5 km hinter der Abzweigung liegt links der Straße **La Capelière,** das Informationszentrum der **Réserve nationale de Camargue** (Tel. 0490970097, www.snpn.com/reservedecamargue, 7 €) mit einigen Ausstellungen, vor allem aber mit wunderschönen Fußwegen (ca. 1,5 km) durch Dickicht und zu Teichen mit Beobachtungsstellen, die zu ruhigeren Zeiten gute Möglichkeiten zum Kennenlernen der Vogelwelt bieten (auch Eidechsen und Schlangen sieht man entlang der Pfade oft).

Etwa 7 km weiter und ca. 3 km nach dem Weiler Fiélouse gelangt man zur **Salin-de-Badon,** einer ehemaligen Saline, die heute ebenfalls zur Réserve nationale gehört. Sie ist Ausgangspunkt sehr interessanter Fußwege mit Info-Tafeln und Observatorien durch ursprünglich erhaltene Landschaft mit besonders vielen Vogelarten. Diese Pfade dürfen nur zu bestimmten Tageszeiten (vor 10 Uhr oder nach 16 Uhr) und nur mit besonderer Genehmigung (erhältlich beim Infozentrum La Capelière) betreten werden, die Besucherzahl ist auf max. 20/Tag begrenzt.

3,5 km weiter erreicht man kurz nach einem scharfen Rechtsknick bei **Le Paradis** eine Abzweigung, bei der man der D 36C links nach Süden folgt. Geradeaus geht es noch einige Kilometer weiter bis zum Deich.

Engpass

Am Beginn des Deichs gibt es für große Fahrzeuge nur begrenzte Wendemöglichkeiten. Danach kann man auf einer rauen Piste noch fast bis zum Leuchtturm fahren.

323pr-as©o1559kip

Beauduc

Wer die eigenartige **Aussteigersiedlung** mit endlos langem Sandstrand besuchen will, wird enttäuscht sein: Die ganze Anlage wurde schon vor Jahren geräumt und planiert. Inzwischen ist auch die Straße dorthin ab Salin de Giraud komplett gesperrt und durch Felsblöcke (ca. 2,10 m Abstand) abgeriegelt. Der Zugang zum Strand ist außerdem durch eine 2-m-Schranke abgesperrt. Viel besser ausgebaut und einfacher zu befahren ist der Zugang zum ebenfalls riesigen Sandstrand von Piemanson (s. S. 196). Aber auch hier ist man inzwischen dabei, den Zugang zum Strand zu kontrollieren und zu regeln.

Salin-de-Giraud
(60 km ab Les-Saintes-Maries,
235 km ab Orange)

Auf der D 36C und schließlich auf der D 36 erreicht man 8 km weiter das Städtchen **Salin-de-Giraud** nahe der Mündung der Grand Rhône. Die 1860 am Rand der Salzbecken gegründete Siedlung der Salinenarbeiter überrascht durch schnurgerade Straßen mit Reihen roter Ziegelhäuser, die so gar nicht in die Landschaft passen. Es ist die Wohnsiedlung für die größten Salinen Europas – und mit der für damalige Zeiten modernen Retortenstadt hat man Arbeiter aus ganz Europa in diesen abgelegenen Winkel gelockt. Neben Spaniern, Italienern und Türken lebten hier viele Griechen, an die noch eine kleine griechisch-orthodoxe Kirche erinnert.

Gleich außerhalb des Ortes ragen schon die weißen Salzberge in den Himmel, die aus der Nähe betrachtet allerdings nicht mehr gar so schneeweiß sind. Riesige Schaufelbagger, Planierraupen und Förderbänder türmen den Stoff, der einst die Frühstückseier würzen soll, zu gigantischen Bergen (den höchsten Erhebungen der Camargue!). Allerdings sind die jährlich „geernteten" 800.000 Tonnen Meersalz nicht wirklich zum Würzen bestimmt, sondern dienen der chemischen Industrie für die Chlorgewinnung und zum Herstellen der berühmten Seifen von Marseille.

320pr-rh

Sonstige Stellplätze

S 88 Aire Communale, Salin-de-Giraud, GPS 43.4123, 4.7311. Der offizielle Übernachtungsplatz am Ortsrand existiert noch, wird von der Gemeinde aber nur sehr dürftig gepflegt. Die Ver-/Entsorgungsstation funktioniert häufig nicht. Vorsicht vor den Moskitos! Lage/Anfahrt: in Richtung Zentrum fahren und dann den Schildern folgen; problemlose Zufahrt; Platzanzahl: 10, davon 5 Plätze mit Flot-Bleu-Station (teils defekt); Untergrund: Schotter; Service: Station geschlossen; Preise: Übernachtung kostenlos; Max. Stand: 1 Nacht; Geöffnet: ganzjährig zugänglich; Adresse/Kontakt: 5 Rue de la Bouvine, 13129 Arles, Salin-de-Giraud, Tel. 0490184120, annexe-salin@ville-arles.fr.

S 89 Aire de Stationnement, Stadion, Salin-de-Giraud, GPS 43.4124, 4.7359. Großer, schattenloser, aber ruhig gelegener offizieller Übernachtungsplatz beim Stadion neben dem Campingplatz Les Bois Flottés. Lage/Anfahrt: Blvd. des Arènes, vom Ortszentrum nach Süden, von der D36 via Rue des Vanelles nach Westen, für alle Fahrzeuge problemlos; Platzanzahl: 49; Untergrund: Asphalt, Schotter; Service: nicht vorhanden; Sicherheit: umzäunt, Tor; Preise: kostenlos; Max. Stand: unbegrenzt; Geöffnet: ganzjährig; Kontakt: Office de Tourisme, Tel. 0490184120.

◁ *In der Camargue befinden sich die größten Salinen Europas*

△ *Der große Stellplatz beim Stadion von Salin-de-Giraud*

Salins du Midi

In Salin sollte man nicht kehrt machen, sondern auf der schmalen, aber problemlos befahrbaren D 36D weiter nach Süden bis zum äußersten Zipfel der Camargue fahren (Beschilderung „Plage d'Arles"). Hier gelangt man in die **Salzfelder** der Salins du Midi: Bis zum Horizont erstreckt sich über eine Fläche von 11.000 ha das Labyrinth mosaikförmig angeordneter Becken, deren Wasser in verschiedensten rostroten Tönen schimmert. Nach ca. 2 km erreicht man einen Aussichtspunkt mit Blick auf die Salzberge *(camelles)* und Salinen (besonders schön bei Sonnenuntergang!). Im Sommer kann man von dort mit einem kleinen Zug eine Rundfahrt durch diese Mondlandschaft machen – im Schatten und ohne die Beine anzustrengen.

Domaine de la Palissade

Ein weiterer Stopp lohnt sich 9 km außerhalb von Salin bei der Domaine de la Palissade (Chemin des Allemands, Tel. 0442868128, www.palissade.fr), einem 700 ha großen Gebiet, das als einer der letzten Winkel der Camargue noch nicht durch Deiche gezähmt, sondern von ursprünglichen Sümpfen, Lagunen, Uferwäldern, Dünen und Salzsteppen bedeckt ist. Eine kleine **Ausstellung** mit Vögeln, Pflanzen und Aquarien gibt einen ersten Einblick, dann kann man auf verschiedenen Pfaden die Camargue und ihre Flora und Fauna so kennenlernen, wie sie früher einmal war: auf einem gut ausgebauten 1,5 km langen Lehrpfad und zwei weiteren Pfaden von 3 und 7,5 km Länge.

Von April bis Oktober werden im Schutzgebiet auch interessante **Ausritte** angeboten (entweder 1 Std. oder einen ganzen Tag und auf „echten" Camargue-Pferden, nicht den traurigen „Touristen-Tieren" an den Straßen), auf denen man sehr viel sehen und lernen kann.

Strand von Piemanson

Weiter zieht sich das schmale Sträßchen auf dem Damm in Richtung Strand, mitten im Mosaik der Becken. Bei Mistral wird der weiße Salzschaum in dicken Flocken über die Fahrbahn getrieben. Links und rechts stelzen die Flamingos durch den Salzschlamm und dann steht man plötzlich auf einer riesigen

⊡ *In der Camargue gibt es nur noch wenige Stellen, an denen man so nah am Wasser stehen kann*

321pr-rh

Sandfläche: dem Strand von Piemanson (auch Plage d'Arles genannt). Nach einigem Hin und Her sind die Behörden inzwischen dabei, die Nutzung zu regeln: Links der Straße zum Wasser hin gibt es einen großen Schotterparkplatz. Außerdem wurde ein großer Strandbereich mit Pfosten eingefasst. Aber Vorsicht: Immer wieder bleiben Fahrzeuge im Sand stecken! In diesem Bereich und auf dem Parkplatz dürfen Wohnmobile uneingeschränkt den Tag über stehen (6–22 Uhr). Nachts dürfen im Strandbereich keine Fahrzeuge parken (auch nicht auf dem Parkplatz).

Blickt man nicht gerade in nordöstlicher Richtung zum Horizont, wo sich hinter den Dünen die Schornsteine der Industrieanlagen von Fos-sur-Mer erheben, so kommt man sich auf dieser gigantischen Sandebene wie mitten in der Wüste vor. Der Strand ist hier (abgesehen vom Müll der Badegäste!) tatsächlich noch in weitgehend ursprünglichem Zustand – kein Restaurant, keine Toilette, keine Wasserversorgung (nur in der Hauptsaison zeitweise eine Imbissbude). Im Sommer drängen sich die Massen – aber in der Vor- oder Nachsaison ist es ruhig und man sieht nur noch vereinzelte Grüppchen am Rand der Dünen parken. Und wer die letzten Hüllen fallen lassen will, der findet dazu im östlichen Bereich Platz genug.

Untergrund

Der etwas dunklere Sand ist fest und kann problemlos befahren werden, aber hellere Stellen sollten Sie meiden wie der Teufel das Weihwasser! Hüten sie sich außerdem, nachts auf dem Strand zu stehen (besonders bei Südwind!), da er dann vom Meer überspült wird und zudem jede Wasserbewegung um die Reifen herum Sand abspült, sodass die Fahrzeuge immer tiefer einsinken!

Parken

P 90 **Zwischen den Salzbecken,** GPS 43.4029, 4.7536. Ein großer, unbefestigter Parkplatz auf hartem Sand befindet sich zwischen den Salzbecken südlich der Stadt. Am Tag stehen dort oft Wohnmobile und zumindest außerhalb der Saison werden sie offenbar auch nachts toleriert.

Port-St.-Louis-du-Rhône

(8 km ab Salin-de-Giraud, 243 km ab Orange)

Für die Rückfahrt nach Arles kann man die D 36 wählen (ca. 30 km ab Salin-de-Giraud). Alternativ kann man mit der kostenpflichtigen **Fähre Bac de Bacarin** (von Salin-de-Giraud via D 35B den Schildern folgen, verkehrt alle 15–20 Min., Pause zwischen 1.50 und 4 Uhr, Wohnmobile 10 €) die Grand Rhône überqueren und ca. 2,5 km danach auf die D 35 biegen, um durch die Reisfelder der Grand Rhône nach Norden zu folgen.

Richtung Süden erreicht man rasch **Port-St.-Louis-du-Rhône**, das einen Wohnmobilstellplatz 116 etwas außerhalb des Orts mit Blick auf den Hafen besitzt.

Ungefähr 7 km südöstlich der Stadt gelangt man auf der kleinen D 36 D zum feinsandigen **Plage Napoléon.** Diesen Strand finden wir wegen seiner Nähe zu den Ölhäfen und Industrie-Anlagen jedoch nicht besonders verlockend.

Essen

› **Restaurant Glacier Le Passe Port,** Quai Bonardel, Port St. Louis, Tel. 0442862442, www.restaurantlepasseport.com. Im ersten Stock des kleinen Hafengebäudes mit Panoramablick betreiben Vater und Sohn ein schlichtes, aber rundum gelungenes Restaurant, das uns sofort begeistert hat. Man hat die Wahl zwischen Meer (Fisch je nach Fang, Oktopus, Tintenfisch, Gambas, Muscheln) und Land (Pata Negra, Stier, Rind, Ente) – zubereitet auf dem Holzgrill direkt im Speisesaal. Das Pata Negra war exzellent, die Portionen reichlich und der Service tadellos. Nicht umsonst essen hier überwiegend Einheimische. Im Sommer sollte man besser vorab reservieren.

Anschluss

Via N 268 (15 km) und N 568 (ca. 20 km) kann man über Fos-sur-Mer nach **Martigues** (s. S. 220) fahren, um an die **Route 5** anzuschließen. Die Fahrt dorthin ist aber eine wahre Gruselstrecke durch die flachen, öden, schauerlichen Industrie- und Hafenanlagen rings um Fos!

Marais du Vigueirat

Fährt man die D 35 in Richtung Arles, kann man eine wenig bekannte, sehr ursprüngliche Sumpflandschaft der Camargue kennenlernen, die zwar außerhalb des Parks liegt, aber auch unter Schutz steht: die Marais du Vigueirat (April–Sept. 9–17, Okt.–März 9.30–17 Uhr, Tel. 0490987091, www.marais-vigueirat.reserves-naturelles.org, Eintritt 6 €). Im Weiler Mas Thibert (bei der Abzweigung der D 24) folgt man den Schildern über eine kleine Asphaltstraße, dann knapp 3 km auf einem unbefestigten Weg (Achtung: Bodenwellen und teils „Wellblech"). Die 1000 ha große Sumpflandschaft bietet verschiedene Pfade (u. a. Lehrpfad für Kinder) und geführte Wanderungen zu Verstecken und Aussichtstürmen, von denen aus man die reiche Tier- und Vogelwelt beobachten kann. Sehr lohnend! Etwa 16 km weiter kommt man wieder nach Arles.

Parken

P 91 Marais du Vigueirat, GPS 43.5355, 4.7519, 8 m üNN. Der Besucherparkplatz liegt inmitten stiller, ursprünglicher Natur, bietet aber höheren Wohnmobilen keinen Schatten. Parken über Nacht ist inzwischen verboten – aber die Picknicktische sind in der Saison mit Moskitonetzen ausgestattet.

116 Camping-Car Park, Port St. Louis

GPS 43.3844, 4.8192

Der etwas öde und schattenlose Platz zwischen alten Hafenanlagen ist parzelliert. Einige nette Plätze liegen direkt am Wasser; zeitweise viele Moskitos! **Lage/Anfahrt:** auf der D 35 (Av. du Port) quer durch den Ort, beim Hafen rechts Richtung Office de Tourisme und den Schildern folgen; **Platzanzahl:** ca. 100 parzellierte Plätze; **Untergrund:** Asphalt, eben; **Service:** Frischwasser (mit dem Einlass-Code) und Abwasser sind im Preis enthalten, WLAN wird angeboten, kommt auf dem großen Platz allerdings nicht überall an; **Preiskat.:** €€; **Max. Stand:** 21 Tage, ab 3 Tage nur mit Reservierung; **Geöffnet:** ganzjährig; **Adresse/Kontakt:** 1233 Quai de la Suisse, Tel. 0221 67784179 (deutschsprachiger Kundenservice), www.campingcarpark.com.

322pr-rh

ABSTECHER NACH AIGUES-MORTES

(ab Saintes Maries 60 km hin und zurück)

Auch wenn es ganz streng genommen nicht mehr in der Provence liegt, Aigues-Mortes gehört einfach zur Camargue und einen Abstecher dorthin wird man sich nicht entgehen lassen: von Stes.-Maries auf der breiten D 570 12 km nach Norden und dann nach links und 19 km auf der ebenfalls guten D 58. Oder aber in Stes.-Maries nach Westen an der Arena vorbei auf die D 38 an der Küste entlang und dann nach Norden der Petit Rhône folgend bis man auf die D 58 stößt (ca. 14 km). Bislang konnte man von der D 38 auch mit der Fähre (Bac Sauvage, kostenlos, April–Sept. 6–12 und 13.30–20 Uhr, sonst 6.30–12 und 13.30–19 Uhr alle 30 Min.) über die Petit Rhône setzen und dann der schmalen D 85 durch Reisfelder und am Rhône-Ufer entlang nach Norden bis zur D 58 folgen (ca. 7,5 km ab der Abzweigung, schmale Straße, aber gut fahrbar). Inzwischen werden auf der Fähre keine Wohnmobile mehr akzeptiert, da bei der steilen Auf- und Abfahrt oft Frontspoiler beschädigt wurden; bei geeigneten Fahrzeugen sind jedoch Ausnahmen möglich.

Aigues-Mortes ist nicht nur eine hervorragend erhaltene mittelalterliche Stadt mitsamt vollständiger Stadtmauer (was schon ungewöhnlich genug wäre) – sondern zugleich eine am Reißbrett geplante Stadt mit rechtwinkligem Straßenmuster wie Manhattan! Ein Widerspruch? Nicht ganz. Aigues-Mortes („Tote Wasser") ist nicht historisch gewachsen (und hat daher auch nicht die verschachtelten Winkelgassen alter Städte), sondern wurde im 13. Jh. planmäßig angelegt, als Ludwig IX., der Heilige, zum Kreuzzug blies – aber dummerweise keinen Hafen am Mittelmeer besaß (die Provence gehörte ja noch nicht zu Frankreich!). Also erwarb er das billige, weil nutzlose Sumpfland nahe der Mündung der Petit Rhône, um Stadt und Hafen bauen zu lassen. Die Lage war strategisch günstig, doch hatte man die Rechnung ohne den Wirt (die Rhône!) gemacht. Der Hafen versandete rasch und wurde schließlich aufgegeben. Die Stadt in den Sümpfen verlor jegliche Be-

⊡ *Vom einstigen Womo-Stellplatz an der Rue du Port (heute Parkplatz) genießt man einen schönen Blick über den Hafen auf die Stadtmauern*

deutung und versank in einen Dornröschenschlaf – der sie letztlich bis heute so hervorragend konserviert hat!

Bevor man aber ihre trutzig-abweisenden **Stadtmauern** erblickt, muss man den (vielleicht noch abweisenderen?) Sperrriegel der Vororte und Gewerbegebiete durchqueren. Aber umso reizvoller ist nachher der Bummel durch die Straßen und entlang der etwa 1,6 km langen und 11 m hohen Mauer mit ihren mächtigen Türmen. Besonders im Abendlicht bietet sich von Südwesten her ein fantastischer Blick auf die endlos lang erscheinende Bastion.

Lohnend ist neben dem **Stadtbummel** vor allem ein Besuch der **Festungsanlagen** (Zugang vom Place Anatole-France bei der Port de la Gardette rechts, Dauer ca. 1½ Std., Mai–Aug. tgl. 10–19 Uhr, sonst 10–17.30 Uhr, Kasse schließt 13–14 Uhr und 45 Min. vor letztem Einlass, 8 €, www.aigues-mortes-monument.fr/en, Tel. 0466536155) mit dem Festungsturm Tour de Constance (1240/49), hinter dessen 6 m dicken Mauern zeitweise die Hugenotten eingesperrt wurden. Von seiner 40 m hohen Spitze (die einst als Leuchtturm diente) genießt man einen weiten Ausblick über die Stadt und ihre Umgebung.

Information

› **Office de Tourisme,** Place Saint Louis, 30220 Aigues-Mortes, Tel. 0466537300, www.ot-aiguesmortes.fr

Feste

› **Fête de Saint-Louis** (Fest des Heiligen Ludwig), letztes August-Wochenende mit Mittelaltermarkt, Umzügen, Ritterturnier und nachgestellter Einschiffung zum Kreuzzug

Vorsicht

In Aigues-Mortes gilt rechts vor links an Stellen, an denen man sich ganz sicher auf der Vorfahrtstraße glaubt! Das ist auch in anderen Städten Frankreichs eine gefährliche Falle – aber hier besonders. Außerdem sollte man hier sein Wohnmobil nirgends unbeaufsichtigt abstellen!

324pr-as©Pascale Gueret

Parken

P 92 Parkplatz Nr. 4, GPS 43.5651, 4.1969. Derzeit die einzige Möglichkeit ist der gebührenpflichtige Parkplatz am Boulevard Diderot unmittelbar südöstlich der Stadtmauer (wenn man via D979 auf die Mauer zufährt, links abbiegen), der für einen Stadtbesuch zwar günstig liegt, auf dem man aber das Fahrzeug besser nicht allein lässt! 100 Plätze, 20 € für 24 Std. Trinkwasser, Abwasser. **Vorsicht:** Trotz des hohen Preises (der dem vieler Campingplätze entspricht) gibt es keine Sicherheit. Unser Fahrzeug ist hier schon während eines kurzen Stadtbummels aufgebrochen worden! Nach Aussagen der Polizei wird der Platz inzwischen per Videokameras überwacht und es soll keine Probleme mehr geben.

117 Camping La Petite Camargue ★★★★, Aigues-Mortes

GPS 43.5643, 4.1604

Großer Platz mit Pool, im Sommer kostenloser Buszubringer zum Strand – aber happig teuer. Einige Wohnmobil-Stellplätze außerhalb des Geländes, zeitige Reservierung erforderlich. **Preiskat.:** €€€€; **Geöffnet:** Mai–Mitte Sept.; **Adresse/Kontakt:** D 62, Tel. 0466539898, www.yellohvillage.fr/camping/la_petite_camargue.

Sonstiger Stellplatz

S 93 Intermarché Aigues-Mortes, GPS 43.5781, 4.1999. Kostenloser, aber gewiss nicht schön gelegener Parkplatz des Intermarché im Gewerbegebiet zwischen Hauptstraße und Müllcontainer. Lage/Anfahrt: von der D 46 kommend am Ortseingang nach dem großen Kreisverkehr am zweiten Kreisverkehr gleich rechts; Anfahrt kein Problem (aber manchem wird es wichtiger sein, dass er schnell wieder weg kommt); die meisten Womos parken daher links des Intermarché vor der Banque Populaire, wo die Atmosphäre etwas angenehmer ist; Platzanzahl: ca. 4; Untergrund: Asphalt; Sicherheit: beleuchtet; Preise: kostenlos; Max. Stand: unbegrenzt; Geöffnet: ganzjährig.

Der schönste Blick auf Aigues-Mortes bietet sich von der Meerseite

118 Aire Privée Poissons d'Argent, Aigues-Mortes

GPS 43.5621, 4.1657

Ruhiger, naturbelassener und schön gelegener, allerdings etwas unordentlicher privater Platz an Fischteichen gegenüber vom Camping Petite Camargue. Schattenplätze sind etwas knapp. Die Plätze an der grünen Peripherie sind einladend, doch die weite, offene Fläche in der Mitte ist nicht sehr attraktiv. **Lage/Anfahrt:** D62 in Richtung Le Grau du Roi, im Kreisverkehr kurz nach dem Camping Petite Camargue dritte Ausfahrt und ungefähr 500 m auf der D62 wieder in Gegenrichtung, dann rechts ab auf einen sandigen Privatweg zum Fischteich; großes, beleuchtetes Schild „Poissons d'Argent". Von der etwas holprigen, etwa 200 m langen Zufahrt zwischen den Büschen nicht abschrecken lassen. **Platzanzahl:** 74 (ca. 32 mit Strom); **Untergrund:** Sand; **Sicherheit:** Privatplatz mit Tor, Schranke und Bewachung nachts; **Preiskat.:** €€; **Max. Stand:** unbegrenzt; **Geöffnet:** März–Oktober; **Kontakt:** Tel. 0466713794, https://les-poissons-dargent.com; **Essen:** Das optisch eher an einen Imbiss erinnernde Restaurant am See mit Blick auf Aigues-Mortes bietet ein recht günstiges Mittagsmenü mit regionalen Fisch-, Muschel- und Grillgerichten inklusive ¼ l Wein. Die Spezialitäten sind frischer Meerbarsch, Goldbrasse und Riesengarnelen gegrillt auf dem Holzfeuer. Man bekommt auch Gerichte zum Mitnehmen und frischen Fisch zum Selbstzubereiten. **Tipp:** Der Radweg „Via Rhona" verbindet den Platz mit Aigues-Mortes (ungefähr 20 Minuten, zu Fuß ca. 45 Minuten).

325pr-rh

ROUTE 5

VON AIX-EN-PROVENCE ZUR CÔTE BLEUE: WO DAS SAVOIR-VIVRE ZU HAUSE IST

106pr-rh

Strecke:

Rundfahrt durch die Montagne Ste.-Victoire (75 km, s. S. 209) – **Rundfahrt zwischen Étang de Berre, Alpilles und Luberon** (145 km, s. S. 212) – **Rundfahrt um den Étang de Berre** (110 km, s. S. 218) – **Rundfahrt an der Côte Bleue** (65 km, s. S. 221)

Streckenlänge:

395 km

◁ *Vorseite: Die Côte Bleue zieren malerische Küstenorte*

398pr-rh

ROUTENÜBERSICHT

Aix-en-Provence, das ist für viele der Traum. Es ist die Stadt, in der die meisten Franzosen am liebsten leben würden. „Wer hier geboren wurde, ist verloren. Nichts anderes gefällt ihm mehr!" soll Cézanne ausgerufen haben.

Doch dabei hat er gewiss nicht nur die Stadt gemeint, sondern mehr noch ihre Umgebung – besonders die wahrhaft paradiesische Montagne Ste. Victoire, die gleich hinter den östlichen Vororten beginnt.

Aber auch im flacheren Land nach Westen gibt es Überraschungen und Entdeckungen: etwa im Vallée de l'Arc und rings um den Étang de Berre.

Ein wahrer Höhepunkt (wenngleich für größere Wohnmobile nicht ganz leicht zugänglich) sind die malerischen Küstenorte und Calanques entlang der Côte Bleue mit ihren engen Felsenbuchten.

⊡ *Vor der mächtigen Kulisse der Montagne Ste.-Victoire fühlt man sich in die Schluchtenlandschaften des Balkans versetzt (s. S. 209)*

AIX-EN-PROVENCE

Wenn Arles das Herz der Provence ist, dann ist Aix ihr Gemüt. Als Badeort, Künstler-, Kultur- und Universitätsstadt ist das sonnige Aix Inbegriff von Lebensqualität und „Savoir-vivre“. Straßencafés und prachtvolle Barock-Fassaden, der grüne Tunnel der Platanen-Alleen und plätschernde Brunnen, die belebte Flaniermeile des Cours Mirabeau und bunte Märkte, Noblesse und Reichtum eines traditionellen Kurorts und die Dynamik einer Studentenstadt. Aix atmet Entspanntheit und Lebensfreude.

Was für viele Städte gilt, das gilt für Aix gleich doppelt: Um sie wirklich kennen zu

lernen, reicht es nicht, ihre Sehenswürdigkeiten abzuklappern – wichtiger ist es, ihre Atmosphäre zu atmen, durch die Straßen zu bummeln und in den Cafés zu sitzen, um das Leben der Straßen zu beobachten, insbesondere entlang dem **Cours Mirabeau.** Das ist Aix – das ist die Provence, das Leben. Daneben und zwischendurch kann man natürlich

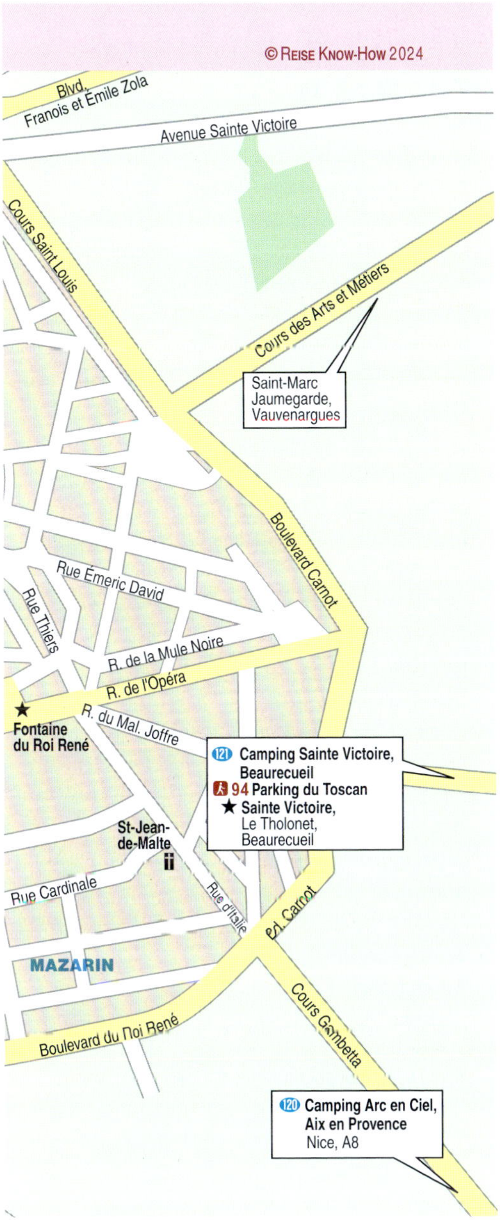

auch einige ihrer Baudenkmäler besuchen. Etwa das romanische Cloitre St. Sauveur (kostenlose Führungen organisiert die Association Cathédrale vivante im Sommer alle 30 Min. zwischen 10 und 12 sowie zwischen 14.30 und 17.30 Uhr – außer während religiöser Veranstaltungen, Tel. 0899235971) und die Cathédrale de St. Sauveur, den Place de l'Hôtel de Ville (Rathausplatz) mit seinem Tour de l'Horloge (Uhrturm) oder die Thermen des Sextius, die renoviert wurden und innerhalb der heutigen Badeanlagen zu besichtigen sind.

Außerhalb des Zentrums liegt das sehenswerte Museum der **Fondation Vaserély** (Av. Marcel Pagnol, zu erreichen mit der Buslinie 2, Tel. 0442200109, www.fondationvasarely.org, tgl. 10–18 Uhr, 12 €). Lohnend ist auch ein Spaziergang auf den Spuren von Paul Cézanne, dem berühmtesten Sohn der Stadt. Das Office de Tourisme hat eine Route (Circuit Paul Cézanne) zusammengestellt, auf der man die Orte besuchen kann, die auch der Meister frequentierte und die ihn inspiriert haben. Zentraler Punkt ist das **Atelier Paul Cézanne** (9 Av. Paul Cézanne, nördl. der Altstadt und etwas östl. der D 14, via Av. Pasteur, Eintritt 6,50 €, Führung 9,50 €, Tel. 0442210653, www.cezanne-en-provence.com/les-sites-de-cezanne/atelier-de-cezanne, Buslinie 1 vom Platz „La Rotonde" neben dem Hotel Saint Christophe alle 20 Min. bis Haltestelle „Cézanne") – aber die Route führt über die Stadt hinaus und in die buchstäblich „malerischen" Montagnes Ste. Victoire.

Information

› **Office de Tourisme**, 300 Avenue Giuseppe Verdi, 13100 Aix-en-Provence, Tel. 0442161161, www.aixenprovencetourism.com

Parken

„Ja, Aix, das wäre wirklich nett, wenn es nur einen Parkplatz hätt'!", mag mancher stöhnen. Reiseführer warnen dringend davor, mit dem eigenen Auto in die Innenstadt zu fahren (also erst recht nicht mit dem Wohnmobil!) – und selbst in den Randbezirken sind

Parkplätze Mangelware. Stimmt! Wir haben (im Oktober!) gut eine Stunde lang gesucht – im Zentrum und in den Außenbezirken: vergebens! Wer als Wohnmobilist die Stadt kennenlernen möchte, der hat eigentlich nur zwei Möglichkeiten: Er kann auf einem der großen Parkplätze an der Ringstraße stehen und mit dem Bus in die Innenstadt fahren oder – noch besser – er quartiert sich auf dem Wohnmobilplatz 119 südlich der Stadt ein, der sich auch nicht weit von einer Bushaltestelle entfernt befindet.

119 Aire Privée, Aix-en-Provence

GPS 43.5077, 5.4359

Sehr sympathischer, ruhiger und einladender Platz in reizvoll ländlicher Lage ca. 3 km außerhalb des Zentrums von Aix, mit Bäumen für Schatten und Windschutz und kleinem Schwimmbad. Hubert und Jennifer empfangen ihre Gäste sehr freundlich und kümmern sich gut um alles. **Lage/Anfahrt:** auf der N8 in Richtung Süden, ca. 500 m von der Autobahn A8; **Platzanzahl:** ca. 10; **Untergrund:** Schotter/Gras, eben; **Sicherheit:** eingezäunt und überwacht; **Preiskat.:** €€; **Max. Stand:** unbegrenzt; **Geöffnet:** 15.7.–15.10.; **Tipp:** nur 300 m von der Haltestelle der Busse nach Aix und Marseille entfernt (Linie 7 nach Aix); **Adresse/Kontakt:** 642 Avenue Fortuné Ferrini, Tel. 0695120122.

120 Camping Arc en Ciel ★★★★, Aix-en-Provence

GPS 43.5124, 5.4714

Schöner Platz in einer Parkanlage am Fuß der Berge mit Pool, Bach und Stadtbus-Haltestelle; nur die nahe Autobahn stört etwas. **Lage/Anfahrt:** 2 km südöstl. via A 8 Ausfahrt Trois-Sautets oder via N 7; **Preiskat.:** €€€€; **Geöffnet:** Mitte Mai–Oktober; **Adresse/Kontakt:** Pont des Trois-Sautets, Tel. 0442261428, www.campingarcenciel.com.

121 Camping Sainte Victoire ★★, Beaurecueil

GPS 43.5173, 5.5412

Sehr sympathischer, kleiner Familienplatz in ruhiger, naturnaher Lage; 13 Busse pro Tag nach Aix; WLAN gratis, aber nur an der Rezeption, gute Ver-/Entsorgungsstation; Vorsicht: niedrige Äste auf manchen Stellplätzen! **Lage/Anfahrt:** ca. 7 km östlich der Stadt via D10, in St Marc Jaumegarde rechts abbiegen; **Preiskat.:** €€€; **Geöffnet:** März–Nov.; **Kontakt:** Tel. 0442669643, www.campingsaintevictoire.com.

326pr-rh

Calissons – die süße Verführung

Schon die Leckermäuler der Antike stellten aus Mandeln und kandierten Früchten eine Süßigkeit her, die in Griechenland kalistounia hieß und in Italien calisone. Ihren Siegeszug in Frankreich begann sie unter dem Namen „Calisson" 1473 in Aix-en-Provence. Die junge Braut des Königs René, so heißt es, sei erst damit zur Hochzeit verführt worden. Seinen großen Durchbruch feierte das zu je einem Drittel aus Mandeln, kandierten Melonen und Zucker gefertigte Konfekt mit seiner typischen „Schiffchenform" im 19. Jh. Und da Aix-en-Provence das weltbekannte Zentrum des Mandelanbaus ist, war und ist es auch bis heute die Stadt der Calissons.

Traditionelle Calissons-Hersteller:

- ***Confiserie Léonard Parli,*** *35 Av. Victor Hugo, Tel. 0442260571, www.leonard-parli.com, Mo.–Sa. 9.30–19 Uhr*
- ***Confiserie Brémond,*** *16 Rue d'Italie, Tel. 0442380170, Mo.–Sa. 10–19 Uhr, So. 10.30–14 und 14.30–18 Uhr, www.maison-bremond-1830.com (mit Internetshop)*

⑫② **Aire Communale, Gréasque**

GPS 43.4335, 5.5353

Großer, ruhiger und einladender Platz in reizvoller Lage auf einer Terrasse über der Stadt vor dem Bergbaumuseum, schöner Blick auf die Montagne Sainte Victoire, kein Schatten, zwei Picknicktische. **Lage/Anfahrt:** von Norden (Aix) via N96 und dann rechts auf die D46; in der Stadt am ersten Kreisverkehr geradeaus, am zweiten die letzte (vierte) Ausfahrt und am dritten Kreisverkehr die dritte Ausfahrt in die Route Puits Hely d'Oissel; gute Asphaltstraße ohne Probleme; von der Stadt aus beschildert; **Platzanzahl:** ca. 30; **Untergrund:** Schotter, eben; **Preiskat.:** €€; (es wird am Morgen gegen 8 Uhr kassiert); **Max. Stand:** 72 Std./Monat; **Geöffnet:** ganzjährig; **Adresse/Kontakt:** Route Puits Hely d'Oissel.

327pr-rh

RUNDFAHRT DURCH DIE MONTAGNE STE.-VICTOIRE

Entfernung: ab/bis Aix-en-Provence ca. 75 km
Dauer: etwa ½ bis 1 Tag

Das malerische Massiv der **Montagne Sainte Victoire,** das unmittelbar vor den Toren von Aix mit weißen Zacken tausend Meter hoch in den blauen Himmel ragt, gehört für uns zu den schönsten Landschaften der gesamten Provence. Und da sind wir nicht die einzigen. Cézanne hat diese Berge immer wieder und wieder durchstreift, um ihre Farben und Formen, ihre wechselnden Lichtstimmungen und ihren unfassbaren Zauber auf die Leinwand zu bannen. Peter Handke („Die Lehre der Sainte-Victoire") hat – magisch von ihnen angezogen – „beseligende Momente in der rauen Einsamkeit" dieser Kalkberge erlebt. Und schon die Saurier haben dort bevorzugt ihre Eier gelegt!

Man verlässt Aix auf der D 17 nach Osten in Richtung Le Tholonet und folgt dabei der sogenannten „Route Paul Cézanne". Dies ist *nicht* der Straßenname, sondern eine thematische Bezeichnung für diese Strecke, die auch der Künstler immer wieder einschlug, um seine geliebten Berge zu besuchen und zu malen. Wer nicht sowieso von Aix her kommt, kann die Stadt umgehen und von der N 7 via D 46C oder D 64E nach Le Tholonet fahren. Die Straße schlängelt sich durch parkartige Pinienwälder, in denen sich die traumhaft gelegenen Wochenendhäuser wohlhabender Bewohner von Aix verbergen.

Le Tholonet, ein reizvoller kleiner Ort voller Wochenend-Atmosphäre, besitzt ein Schloss aus dem 17. Jh. (das man allerdings nicht besichtigen kann) und einige schöne, große, ruhige und schattige Parkplätze (von denen man allerdings Womos mit allen Mitteln auszusperren versucht). Am Ortsende links er-

329pr-rh

blickt man die **Cézanne Windmühle,** – leider ohne Flügel – und etwa 2 km weiter passiert man neben zerfurchter roter Lehmerde einen großen, sehr schön unter Eichen und Pinien gelegenen **Park- und Picknickplatz.** Dann windet sich die Straße höher hinauf, verlässt allmählich die Wälder und eröffnet immer noch schönere Blicke auf die weißen Zackengipfel, die wie der Rücken eines urweltlichen Monsters aus dem Grün aufragen.

Park-/Picknickplatz

94 Parking du Toscan, GPS 43.5215, 5.5273, links der Straße, unbefestigt, nicht ganz eben

Das malerische Massiv der Montagne Sainte Victoire

Wandern

Eine Reihe schöner Wanderwege führen hinauf in die Felsen und zur Refuge Cézanne, darunter der GR 9, den man über einen Pfad kurz vor der Abzweigung nach Beaurecueil erreicht und der dem Kamm folgend bis nach Puyloubier führt.

Rund 3 km hinter Le Tholonet passiert man die Abzweigung nach **Beaurecueil,** zu einem kleinen Ort, von dem aus man einen der schönsten Blicke auf die Südflanke der Berge hat (Camping Sainte Victoire 121). Aber noch schöner ist es, wenn man noch etwa 4,5 km weiter fährt, vorbei am Ausflugsgebiet von **Roques-Hautes** und heraus aus den Wäldern, um droben kurz hinter der Abzweigung nach **St. Antonin** auf den Bergwiesen sein Wohnmobil schließlich auf einen der wunderschönen, ruhigen Plätze zu stellen (z. B. bei GPS 43.5207, 5.5886, es folgen viele weitere in kurzen Abständen, die alle schön liegen – aber auf allen besteht auch die Gefahr von Diebstahl und Vandalismus!).

Dort kann man dann im Schatten einiger Büsche und in aller Gemütsruhe beim Kaffee oder Rotwein die wechselnden Lichtstimmungen auf den Felsen beobachten – vielleicht sogar bis zur *„Heure Cézanienne“,* der Cézanne-Stunde, zu der die untergehende Sonne die Landschaft in ein weiches, warmes Licht taucht.

In **St.-Antonin-sur-Bayon** befindet sich das Maison Sainte-Victoire (Tel. 0413319470) mit Ausstellungen und einer Multimedia-Show über Flora, Fauna und Geschichte der Berge. Weiter informiert es über die Wiederaufforstung nach dem verheerenden Brand von 1989 und besitzt einige der in der Umgebung des Ortes gefundenen Saurier-Eier.

Weiter nach Osten folgt man der Kette auf einer flacheren Bergschulter und vorüber an einigen idyllisch gelegenen Gehöften zwischen Obstgärten und Weinbergen.

Man passiert den kleinen Ort **Puyloubier** mit seinen hübschen Fassaden und erreicht bald die Weinbaugebiete um **Pourrières.** Von dort kann man auf der D 23 und D 6E einen kurzen Abstecher von 8 km einfach hinunter nach **Trets** im Tal der Arc machen, das eine hübsche mittelalterliche Altstadt mit Stadtmauer, Schloss und Synagoge besitzt und einen schönen Blick auf die Ste. Victoire Berge bietet.

Anschluss

via St. Maximin zu Route 6

Die Rundstrecke folgt der D 23 nach Norden in Richtung Rians und schlängelt sich dabei etwa 7 km durch die östlichen Ausläufer der Berge, ehe man links auf die D 223 bzw. D 10 biegt und durch die traumhaften Wälder an der Nordseite des Massivs in Richtung Vauvenargues fährt – zunächst über eine trockene Plateau-Landschaft, dann durch den Col des Portes zwischen Felsen steil hinunter (15 %) in die wildromantischen **Gorges de l'Infernet** (wirklich schön, auch wenn sie nicht mit sonstigen „Gorges" zu vergleichen sind).

Abstecher

Kurz vor (östlich von) Vauvernargues zweigt nach Norden die schmale und besonders im ersten Teil sehr reizvolle D 11 ab, die sich durch eine enge Schlucht in die **Montagne des Ubacs** hinaufführt und nach 17 km **Jouques** erreicht, von wo es via D 265 knapp 12 km in Richtung Osten bis nach **Rians.**

Vauvenargues ist ein hübsches kleines Städtchen, das man zunächst oberhalb passiert, um dann nach links auf der Einbahnstraße zurück durch den Ort zu fahren (nicht in der Hauptsaison). Am Ortsrand findet man einen ruhigen Parkplatz mit Blick auf das **Renaissance-Schloss,** das Pablo Picasso 1958 erwarb und in dessen Park er begraben liegt (nicht zu besichtigen).

Wandern

Kurz hinter dem Ort, beim Hof Les Cabassols führt von einem kleinen Parkplatz links der Straße der GR 9 hinauf zum Gipfel **Croix de Provence** (945 m), der ringsum einen weiten Panoramablick bietet (hin und zurück gut 3 Std.).

Kurz darauf passiert man den Stausee **Barrage de Bimont** (keine Bademöglichkeit), ehe man durch den Vorort St. Marc Jaumegarde zurück nach Aix gelangt.

099pr-rh

☐ *Vauvenargues: das Schloss, in dem einst Picasso residierte*

RUNDFAHRT ZWISCHEN ÉTANG DE BERRE, ALPILLES UND LUBERON

Entfernung: ab/bis Aix: ca. 145 km
Dauer: mind. 1 Tag, bei vielen Besichtigungen besser 2 Tage

Westlich und nördlich von Aix erstreckt sich ein weites, flaches Beckenland, heute durchzogen von Schnellstraßen, Autobahnen, Kanälen und TGV-Linien. Das Land selbst ist wenig spektakulär. Aber dazwischen verbirgt sich immer noch ländliche Idylle mit Parks und Bastides (den Herrenhäusern der Adeligen von Aix), mit römischen Ruinen – und den Überraschungen, auf die man in der Provence immer wieder so unerwartet stößt.

Man verlässt Aix via N 8 nach Süden in Richtung Marseille und fährt zunächst via Luynes durch wenig reizvolle Landschaft entlang der Autobahn. Nach etwa 10 km erreicht man westlich von Bouc-Bel-Air bei dem Weiler Croix-d'Or die **Jardins d'Albertas** (5 €; Tel. 0442229471, www.jardinsalbertas.com), eine Gartenanlage aus dem 18. Jh., die italienische und provenzalische Traditionen verbindet.

Etwa 1,5 km weiter biegt man rechts auf die D 8 und fährt unter der Autobahn hindurch nach **Cabriès,** ein hübsches Provence-Dorf mit einem Schloss, das eine kleine archäologische Sammlung und das Edgar-Mélik-Museum (www.amismuseemelik.fr, Tel. 0442224281) beherbergt. Weiter über die D 8 gelangt man auf die D 543, biegt in Calas links auf die D 9B und dann wieder links auf die D 9.

Abkürzung

Wer sich für Gärten, Schlösser und den Maler Edgar Mélik nicht sonderlich interessiert, kann von Aix gleich über die D 64 (Route de Galice und Route de Roquefavour) zum Aquädukt gelangen (ca. 10 km).

100pr-rh

Hinter dem Stausee **Réservoir du Réaltour** biegt man rechts auf die D 65D und folgt dem Kanal de Marseille durch die flache aber reizvollere Landschaft nach Norden. Hinter Mérindole biegt man links auf die D 65 und erreicht etwa 1 km weiter das **Aqueduc de Roquefavour,** eine 1842–47 erbaute Anlage, mit deren Hilfe der Canal du Marseille das Tal des Arc überqueren konnte und zugleich (bis 1973!) die Hafenstadt mit Wasser versorgte. Ähnlichkeiten mit dem Pont du Gard sind sicherlich nicht zufällig – und wenn das drei Etagen und über 80 Bogen umfassende Monument auch die Grazie und die Bedeutung des antiken Vorbilds nicht ganz erreichen mag, so ist es mit 83 m Höhe und 375 m Länge nicht nur deutlich größer als dieser (49 m hoch und 275 m lang), sondern der größte Aquädukt der Welt.

Unter dem Aquädukt hindurch erreicht man nur 500 m weiter rechts die Abzweigung der D 64 hinauf nach **Ventabren,** das mit seinen malerischen Gassen und der Ruine mit Ausblick auf den Étang de Berre eines der schönsten und ältesten Dörfer des Départements ist (wer allerdings ein Fahrzeug mit mehr als 3,30 m Gesamthöhe fährt, passt nicht unter die Eisenbahnbrücke und muss weiter bis zur D 64A oder D 10, um den Ort von Norden her zu erreichen).

Bei Ventabren gelangt man auf die gut ausgebaute D 10 und folgt ihr ca. 20 km nach Westen zum Nordufer des **Étang de Berre** (s. „Rundfahrt Étang de Berre", S. 218).

St.-Chamas ist ein ruhiges Provence Städtchen ohne Touristengedränge

Das Aqueduc de Roquefavour kopiert den römischen Pont du Gard

330pr-th

St.-Chamas

(ab Aix 40 km direkt, 60 km via Cabriès)

Am Ortseingang von St.-Chamas (ca. 24 km von Ventabren) sollte man die **Pont Flavien** nicht übersehen, eine römische Brücke aus dem frühen 1. Jh. mit zwei repräsentativ verzierten Torbogen an beiden Enden.

Auch der Ort selbst mit der reizvoll-ruhigen Atmosphäre seiner Altstadt und des Uferparks, seinem kleinen Aquädukt und seinen eigenartigen Felsenwohnungen in einem Sandsteinriegel, der sich quer durch den Ort zieht, seiner barocken Stadtkirche und den Resten der mittelalterlichen Stadtmauer ist durchaus einen Bummel wert – umso mehr als man hier ein Provence-Städtchen ohne Touristengedränge kennenlernen kann. Zudem hat der Ort einen reizvoll gelegenen Wohnmobil-Stellplatz (123) nahe einem kleinen Badestrand.

Information

- **Office de Tourisme,** 17 Rue du 4 Septembre, 13250 Saint-Chamas, Tel. 0490509054, www.tourismesaintchamas.fr

(123) Aire Communale, St.-Chamas

GPS 43.5465, 5.0326

Neu angelegter, relativ ruhiger und doch zentrumsnaher Platz in schöner Lage am Étang nahe dem Bootshafen und einem kleinen Badestrand; etwas Anwohner- und Zugverkehr ist hörbar. **Lage/Anfahrt:** auf der D10 von Süden kommend ca. 250 m nach dem ersten Kreisverkehr links in Richtung „Ecole de Voile" auf die Av. Seyssaud abbiegen und den Schildern folgen; schmale Asphaltstraße, aber ohne Probleme; **Achtung:** Auch wenn Sie von Norden kommen, sollten Sie auf der D10 an der Stadt vorbeifahren und den Platz von Süden her ansteuern, lassen Sie sich nicht vom Navi durch die enge Altstadt lotsen; **Platzanzahl:** ca. 7 gekennzeichnete (mehr möglich); **Untergrund:** Feinschotter (Achtung: bei Nässe evtl. weiche Stellen), eben; **Preiskat.:** €, Ver-/Entsorgung kostenpflichtig (Jetons beim Office de Tourisme); **Max. Stand:** 48 Std.; **Geöffnet:** ganzjährig; **Adresse/Kontakt:** Avenue Marx Dormoy, Tel. 0490509054, www.tourismesaintchamas.fr/en/motorhome; **Beachten:** zeitweise viele Moskitos. **Achtung:** Zeitweise (unabhängig von der Saison) gibt es eine Höhenbeschränkung auf 2 m.

Abstecher/Anschluss

Von St.-Chamas kann man zunächst eine Runde um den Étang de Berre (s. S. 218) und zur Côte Bleu (s. S. 221) einflechten.

Château de La Barben

Von St.-Chamas folgt man der D 15 in Richtung Nordosten (Abstecher nach **Cornillon-Confoux** s. S. 218), bis man nach ca. 15 km auf die D 572 stößt. Anstatt gleich links nach Salon-de-Provence zu fahren, kann man dieser Straße zunächst rechts in Richtung Osten durch schöne Pinienwälder folgen, beim ersten Kreisverkehr geradeaus, beim zweiten rechts fahren und dann die nächste Abzweigung links, um das prachtvolle **Château de La Barben** zu besuchen, das mit Türmen und Zinnen auf seinem Felsen idyllisch aus den grünen Wäldern emporragt und nicht nur prunkvolle Innenräume, sondern auch eine weite Aussicht bietet. Während der Ferien wird man mit verschiedensten Mittelalter-Animationen und im Mai mit der Grande Fête Médiévale unterhalten (www.rochermistral.com, Tel. 0805298028, Eintritt mit Animation Tag 28 €, Abend 22 €, Tag und Abend 39 €, im Internet billiger).

An der Zufahrt zum Schloss passiert man den **Zoo mit Safaripark** (www.parcanimalier-labarben.com, Tel. 0490551912, 10–18 Uhr, 17 €), der mit ca. 35 ha und über 600 Tieren zu den größten in Südfrankreich zählt.

Einen **Wohnmobil-Stellplatz** (124) findet man in Pélissane 2,5 km westlich der Abzweigung zum Schloss via D 572A.

Park-/Picknickplätze

95 **Zoo La Barben,** GPS 43.6238, 5.2056. Einen großen, sehr schön gelegenen und außer der Saison sehr ruhigen Parkplatz auf flachem, festem Wiesengrund mit Schotter findet man gegenüber vom Zoo an der Zufahrt zum Schloss.

96 **Route de Saint Cannat,** GPS 43.6254, 5.1799. Auch an der D 572 gibt es nahe der Abzweigung zum Schloss einen sehr schönen, großen und ruhigen Parkplatz unter Pinien. Der Erdgrund ist nicht ganz eben, kein Feuer!

(124) Aire Communale, Pélissane

GPS 43.6282, 5.1535

Kommunaler Parkplatz in relativ ruhigem Außenbezirk am Stadion. Der Stellplatz und die angrenzenden Parklätze sind stark frequentiert, man muss früh da sein, um einen Platz zu ergattern. **Lage/Anfahrt:** beim Stade de la Prouvenque, von Osten kommend vor der Innenstadt links, dann zweite Straße rechts; beschildert; **Platzanzahl:** 20 markierte Plätze; **Untergrund:** Asphalt; **Preiskat.:** kostenlos; **Max. Stand:** 36 Std.; **Geöffnet:** ganzjährig, aber in der Osterwoche und den zwei ersten Wochen im September wegen Veranstaltungen gesperrt; bei Frost manchmal kein Wasser; **Adresse/Kontakt:** 10 Chemin de la Prouvenque, Tel. 0490551152, ot.massif.des.costes@wanadoo.fr.

⊡ *Nostradamus als Hausschmuck*

Salon-de-Provence – die Nostradamus-Stadt

(19 km ab St. Chamas)

Der Name des hübschen Provence- (und Provinz-)Städtchens ist untrennbar mit dem des Arztes und Astrologen **Nostradamus** (bürgerlich: Michel de Notre Dame) verbunden, der zwar nicht hier geboren wurde, aber eingeheiratet hat und rund 20 Jahre in Salon lebte und wirkte. 450 Jahre danach sind seine Prophezeiungen noch ebenso gefragt und umstritten wie zu seinen Lebzeiten. Was allerdings auch Nostradamus nicht vorhersagen könnte: Wo gibt es einen freien Parkplatz?! Doch trotz Parkproblemen und nicht sehr einladender Außenbezirke – ein Rundgang durch die Innenstadt lohnt sich. Mit seinen Brunnen und Straßencafés, schattigen Boulevards und belebten Fußgängerzonen ist es eine Provence-Stadt wie man sie sich vorstellt – und dabei jung und lebendig wie Aix.

Neben einem Stadtbummel kann man sich das **Château de l'Empéri** (Montée du Puech, Tel. 0490447280) anschauen, eine mächtige Festung auf einem Felsen über der Altstadt, die eine riesige Militaria-Sammlung beherbergt, oder (natürlich!) das **Maison de Nostradamus** (Nostradamus-Haus, 11 rue Nostradamus, Mo./Di./Do./Fr. 13.30–18 Uhr, in den Schulferien 10–12.30 und 14–18 Uhr, Sa., So. 14–18 Uhr, Tel. 0490566431, 9 €) mit nachgestellten Szenen aus seinem Leben (Kombi-Tickets sind erhältlich).

Seit dem 15. Jh. ist Salon eines der wichtigsten Zentren der Erzeugung von Olivenöl der Provence – und im 19. Jh. wurde es für seine daraus hergestellten kostbaren Seifen berühmt. Ein mit blauen Pflastersteinen markierter **Circuit des Savonneries** führt zu verschiedenen Orten, die mit der Geschichte und Tradition der Seifenherstellung verknüpft sind (Faltblatt beim Office de Tourisme).

Eine lohnende Möglichkeit bietet auch die **Savonnerie,** 148 Av. Paul-Bourret, Tel. 0490532477, www.marius-fabre.com, mit einem kleinen Museum, sehr interessante

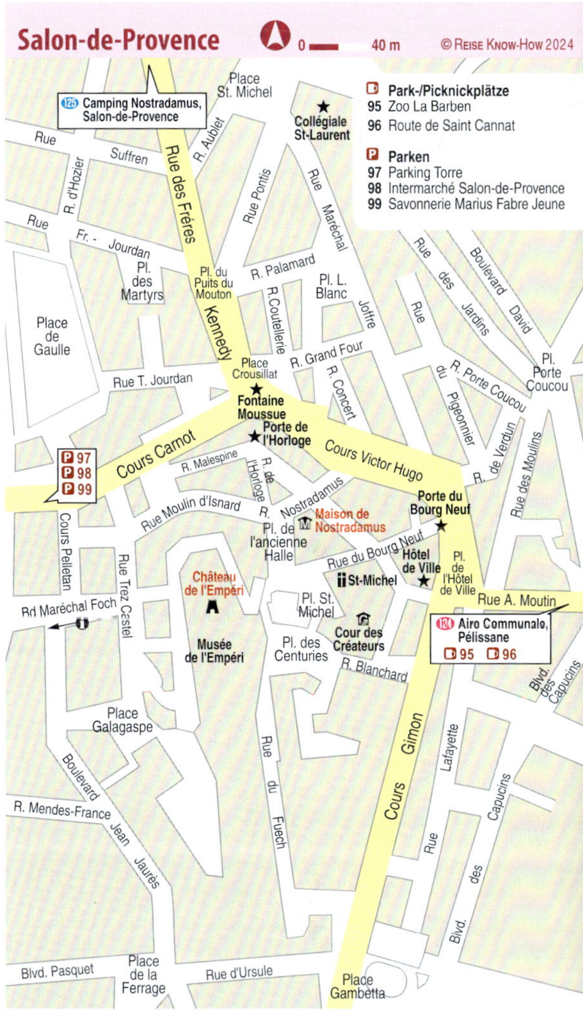

101pr-rh

Führungen (Eintritt und Führung für Einzelbesucher gratis) und Seifenverkauf ab Fabrik.

Information

› **Office de Tourisme,** 249 Place Morgan, 13664 Salon-de-Provence, Tel. 0490562760, www.visitsalondeprovence.com

Einkaufen

› Markt ist mittwochvormittags auf dem Place Morgan.

102pr-rh

Die Höhlen von Cales waren noch bis ins 16. Jahrhundert bewohnt

Parken

P 97 Parking Torre, GPS 43.6354, 5.0911. Die besten Chancen hat man wohl auf dem Parking Torre (beim Stadion südwestlich der Altstadt).

P 98 Intermarché Salon-de-Provence, GPS 43.6341, 5.0910. Sonst parkt man auf dem Parkplatz des Supermarkts (von Westen via D 16 von Osten via D 64A und Blv. Reine Jeanne), von dem man aber gut 1 km bis zum Zentrum geht.

P 99 Savonnerie Marius Fabre Jeune, GPS 43.6376, 5.0903. Die Savonnerie bietet ihren Besuchern auch einige Parkplätze direkt auf dem Firmengelände.

125 Camping Nostradamus ***, Salon-de-Provence

GPS 43.6767, 5.0634

Großer, teils schattiger Wiesenplatz entlang einem Kanal mit eher ungewöhnlichem Konzept: viele Aktivitäten sind auch Tagesbesuchern zugänglich; Schwimmbad. **Lage/Anfahrt:** 5 km nordwestlich der Stadt via D 17; **Preiskat.:** €€€; **Geöffnet:** März–Oktober; **Adresse/Kontakt:** 2837 Route d'Eyguières, Tel. 0490560836, www.camping-nostradamus.com.

Höhlen von Cales

Man verlässt Salon auf der N 538 nach Norden und biegt nach 8 km beim Kreisverkehr nach Westen auf die D 17D (dritte Ausfahrt), die etwa 1 km weiter nach **Lamanon** führt (zweimal rechts).

Dort kann man sein Fahrzeug auf dem Parkplatz bei der Kirche abstellen, um die **Höhlen von Cales** (Juli/August geschlossen!) zu besuchen – ausnahmsweise einmal keine prähistorischen Steinzeit-Grotten, sondern in den Felshang gegrabene Höhlenwohnungen, die von der Keltenzeit bis ins 16. Jahrhundert bewohnt waren. Ein blau markierter Wanderweg (ca. 1½ Std.) führt zu den verschiedenen Höhlen und zur Burgruine, ein zweiter, grün markierter Rundweg (ca. 2½ Std.) führt zu der malerischen Kapelle **St. Denis** aus dem 12. Jahrhundert und der Ruine einer weiteren Kapelle.

331pr-rh

Parken

P 100 Höhlen von Cales, GPS 43.7009, 5.0838, bei der Kirche, für größere Fahrzeuge ungeeignet

Abstecher: Ca. 6 km nach Westen bis **Eguyères** und dann auf der D 569 ca. 2 km nach Norden erblickt man **Castelas de Roquemartine,** ein Ensemble malerischer Festungsruinen, die wie ein Adlernest auf einem Felsen thronen und nicht nur nach Räubergeschichten aussehen, sondern tatsächlich Schlupfwinkel der Bande des berüchtigten Raymond de Turenne waren! Bislang konnten wir allerdings keine Zufahrt zu den Ruinen entdecken und wir wissen auch nicht, ob sie zu besichtigen sind.

Von Lamanon auf der D 17D nach Osten erreicht man via **Alleins** nach ca. 9,5 km die N 7, der man rechts nach Süden folgt. Nach 3 km rechts auf die D 22, von der 1 km weiter die Zufahrt zum Parkplatz von **Château-Bas** abzweigt. Dort kann man inmitten der Weinberge die Ruinen eines **römischen Tempels** und der romanischen **Kapelle St. Césaire** bewundern (Eintritt frei, beim Weingut Château-Bas fragen, Tel. 0490591313, Parkplatz rechts der Einfahrt zum Weingut).

Landschaft nahe Lambesc

Parken

P 101 Weingut Château-Bas, GPS 43.6839, 5.1945

Auf der N 7 passiert man nach 9,5 km **Lambesc** mit einigen prachtvollen Herrenhäusern und einer imposanten Kirche, kommt nach 14 km durch **St.-Cannat** und erreicht nach 23,8 km den Kreisverkehr, in dem man links (erste Ausfahrt) auf die D 63 nach Osten biegt. 3,5 km weiter geht es rechts auf die D 14 und dann links auf den Weg zum Plateau d'Entremont, am Stadtrand ca. 3 km nördlich des Zentrums von Aix, wo man die Überreste des **Oppidum d'Entremont** (Juni–September Mi.–Fr. 9–12 und 14–18 Uhr, Oktober–Mai Mo./Mi./Do./Fr./erstes Wochenende im Monat 9–12 und 14–18 Uhr, kostenlos, https://archeologie.culture.fr/entremont/en) besichtigen kann. Fundstücke aus dieser einstigen Hauptstadt des keltischen Stammes der Saluvier sind im **Musée Granet** von Aix zu besichtigen (Place St. Jean de-Malte, neben der Kirche Jean-de-Malte, Eintritt 6,50 €, mit Sommerausstellungen 8 €, Tel. 0442528832, www.museegranet-aixenprovence.fr).

Abstecher/Anschluss

An der Einmündung in die N 7 kann man ostwärts der D 561 nach **Roque d'Anthéron** und zum Kloster **Silvacane** (s. S. 106) folgen, wo man Anschluss an die Route 2 hat.

RUNDFAHRT UM DEN ÉTANG DE BERRE

Gesamtstrecke: ab/bis St.-Chamas ca. 110 km
Dauer: ca. 1 Tag

Étang de Berre

Mit einer Fläche von ca. 160 km² ist der Étang de Berre der größte See Südfrankreichs. Sein salzhaltiges Wasser hat nur eine Tiefe von etwa 5 m. Mehreren Zuflüssen, an deren Mündungen sich Sümpfe und Lagunen dehnen, steht nur eine schmale Verbindung zum Meer gegenüber.

Touristisch ist er ein weißer Fleck – was nicht verwundert, steht sein Name doch für eines der größten Industriegebiete Frankreichs. Eingesäumt von gigantischen Erdölraffinerien, mehreren Militär- und Zivilflughäfen, den Hafen- und Industrieanlagen von Fos und dem Geflecht der Verkehrswege ist seine Attraktivität auf den ersten Blick gewiss sehr begrenzt.

Tatsächlich jedoch kann man in nächster Nachbarschaft zur Industriewüste auch einige ganz unerwartet schöne Überraschungen entdecken: malerische Dörfer, ursprüngliche Uferlandschaften, römische Bauwerke und provenzalischen Charme. Und vor allem: fast immer ganz ohne Touristengedränge! Für einen Badeurlaub indes ist der See kaum zu empfehlen, denn durch die hohe Umweltbelastung ist das Wasser so stark verschmutzt, dass die Fische für den Verzehr zu gifthaltig sind – sofern sie nicht sowieso in Massen der Vergiftung zum Opfer fallen. Die Werte sollen sich zwar bessern – doch für eine Entwarnung scheint es noch zu früh.

Oppidum

(lateinisch) – bezeichnet eine durch Ringwälle befestigte Siedlung der Kelten, die bereits Jahrhunderte vor unserer Zeitrechnung in vielen Teilen Europas verbreitet waren und die ältesten Stadtsiedlungen nördlich der Alpen sind. In diesen ausgedehnten Anlagen lebten Bauern, Handwerker und Händler; einige Siedlungen waren zugleich Sitz eines Stammesfürsten.

Cornillon-Confoux

Von **St.-Chamas** lohnt sich zunächst ein kurzer Abstecher (ca. 5,5 km) via D 15 und D 70A nach Cornillon-Confoux. Das kleine Bergdorf mit einem hübschen Rundweg bietet provenzalischen Charme ohne Touristenrummel und einige sehr schöne Ausblicke auf den See und die Ebene bis zum Ventoux und zum Luberon.

Miramas-le-Vieux
(8 km ab St. Chamas)

Weiter folgt man der D 70A nach Norden und dann der D 70 und der D 16 nach Südwesten (ca. 8 km) bis **Miramas-le-Vieux,** ein weiteres hübsches und überraschend ruhiges Städtchen mit einer gut erhaltenen Stadtmauer und einem Schloss aus dem 13. Jh.

Im Ort nimmt man die D 16 nach Süden, die rund 7 km entlang einer der schönsten Uferstrecken des Sees bis nach Istres führt. Im ersten Kreisverkehr gleich rechts (Route de St. Chamas) und dann nach knapp 300 m die übernächste wieder rechts (D 53, Rue des Oliviers) kann man zunächst eine kleine Rundfahrt um den **Étang de l'Olivier** einflechten, ehe man nach **Istres** hineinfährt.

Istres
(12 km ab Miramas)

Trotz seines schlechten Rufes hat der Ort (www.istres.fr) eine hübsche provenzalische Altstadt, ein **Museum,** das über Geschichte und Tierwelt der Region informiert, und einen sehr netten Wohnmobil-Stellplatz (126).

Das Ausgrabungsgelände von St. Blaise

126 Aire Municipale, Istres

GPS 43.5155, 4.9931

Sehr schön angelegter, ruhiger und teils schattiger Platz direkt am Etang de l'Olivier und doch nur 300 m von Markt und Zentrum entfernt. **Lage/Anfahrt:** Parking du Castellan, von der D16 nach Westen in Richtung Rathaus (Mairie), problemlos; **Achtung:** zwei Poller sollen Fahrzeuge/Gespanne über 9 m Länge aussperren; **Platzanzahl:** 12 parzelliert; **Untergrund:** Schotter; **Sicherheit:** umzäunt; **Preiskat.:** €; **Max. Stand:** 2 Nächte; **Kontakt:** 1 Rue des Arnavaux, Tel. 0413295000, www.istres-tourisme.com/aire-de-stationnement-pour-campings-cars.html; **Tipp:** Spazier- und Radwege am Ufer des Sees; **Hinweis:** Zu Fuß sind es etwa 10 Min. ins Zentrum, aber es fahren auch kostenlose Pendelbusse. **Achtung:** im Sommer oft Moskitos.

Ausgrabungsgelände von St. Blaise

Für die Weiterfahrt folgt man zunächst der D 569 in Richtung Fos und biegt am Ortsausgang kurz nach dem Centre Commercial links auf die D 52. Nun am Ufer eines kleinen Sees entlang, 2 km danach geradeaus weiter auf die D 52A (Rt. de St. Blaise), die wenig später in die D 52 übergeht. Zwischen dem Étang de Lavalduc und dem Étang de Citis führt ein lohnender Abstecher zum Ausgrabungsgelände von St. Blaise (ca. 5,5 km von Istres, kostenlos). Vom Parkplatz führt ein Fußweg zu den Ausgrabungen, die mit einem keltoligurischen Oppidum aus dem 7. Jh. v. Chr. beginnen und weiterhin eine griechische sowie eine frühchristliche und mittelalterliche Siedlung umfassen. Auf dem Hügel steht die schöne romanische Kapelle St. Blaise, nach der das Gelände benannt ist. Auf dem ruhigen Schotterparkplatz zwischen Kiefern und hoch über den Étangs kann man auch über Nacht stehen.

Parken

P **102 Kapelle St. Blaise,** GPS 43.4644, 4.9812, Übernachtung möglich

St. Mitre-les-Remparts

(8 km ab Istres)

Weiter entlang der D 51 und beim Kreisverkehr über die D 5 erreicht man St. Mitre-les-Remparts, das die letzten Bewohner von St. Blaise gegründet haben, nachdem ihre Stadt 1390 zerstört worden war. Ihre Befestigungen aus dem 15. Jh. sind noch erhalten und schaffen somit die direkte Fortsetzung zu den Ausgrabungen.

332pr-rh

103pr-rh

Poutargue – der Kaviar von Martigues

Poutargue, die traditionelle Spezialität von Martigues, gibt es nur hier und nirgendwo sonst. Und es sind nur noch zwei oder drei Fischer, die sie herstellen. Dazu wird ein riesiges Netz quer über den ganzen Kanal Galiffet gespannt, in dem dann alle Fischeier hängen bleiben, die von der Strömung durch den Kanal zwischen Meer und Étang gespült werden. Sie werden gereinigt und tüchtig gesalzen, mehrere Tage zwischen schweren Steinen gepresst und dann an der Luft getrocknet. Man isst sie als Vorspeise auf einem Stück Landbrot. Aber in geringen Mengen – denn das Kilo kostet über 150 Euro!

Martigues

(7 km ab Mitre-les-Remparts)

Weiter auf der D 5 nach Süden gelangt man wieder zum Étang de Berre und nach ca. 7,5 km in das Städtchen Martigues. Der als „provenzalisches Venedig" gepriesene einstige Fischerort zwischen Étang de Berre und Meer ist einen Bummel wert. Auch wenn das schwärmerische Etikett sicher übertreibt, der **Miroir aux Oiseaux** („Spiegel für die Vögel") mit kleinen Booten und bunten provenzalischen Fassaden hat seinen ganz eigenen Reiz!

Information

- **Office de Tourisme;** Rond point de l'Hôtel de ville, 13500 Martigues, Tel. 0442423110, www.martigues-tourisme.com

Essen

- **Le Miroir aux Oiseaux,** 4 Rue Marcel-Galdy, im Herzen der Altstadt auf der Insel nahe der Église de la Madeleine, Tel. 0442805045, www.restaurantlemiroir.com, mit einer sonnigen Terrasse am Kanal. Man hört viel Lob für Lage und Atmosphäre, aber zunehmend Kritik an Qualität und Service (hier kann man Poutargue kosten!).

Parken

P 103 **Parkplatz Martigues,** GPS 43.4089, 5.0515. Gute gebührenfreie Parkmöglichkeit, nur wenige Gehminuten vom Zentrum entfernt.

Marignane

(21 km ab Martigues)

Ab Martigues folgt man zunächst durch ein wenig einladendes Labyrinth von Verkehrsadern und Raffinerie-Anlagen der N 568, die zwischen dem Étang und der **Chaîne de l'Estaque** nach Osten führt, und biegt dann auf die D 9 nach Nordosten via **Marignane,** das sowohl ein Schloss besitzt als auch das interessante kleine Musée des Arts et Traditions popularies, das über Fischerei, Jagd und das traditionelle Leben rings um den Étang informiert.

Vitrolles
(10 km ab Marignane)

Weiter fährt man auf der D 9 am Flughafen Marseille-Provence entlang und biegt dann im Verkehrsknoten östlich des Gewerbegebietes La Bastide Blanche nach Norden auf die D 55F (Avenue de Marseille) und östlich an der Altstadt von Vitrolles entlang.

Auf dem Parkplatz vor dem Friedhof kann man sein Fahrzeug abstellen und die Treppen zum **Rocher de Vitrolles** hinaufsteigen, um den ganzen Kontrast des Ortes und des gesamten Étang de Berre zu erleben: den Panoramablick auf die glitzernde Fläche des Salzsees, aber auch auf die Schlote der Raffinerien, auf endlose Industrieviertel und über die öden Hochhaussiedlungen der Neustadt von Vitrolles, die mit ihren Fabriken, Wohnsilos, Schnellrestaurants, Supermärkten und von breiten Straßen zerschnitten zum Synonym für Landschaftszerstörung und die Fehler moderner Stadtplanung wurde. Diese anonyme und seelenlose Landschaft bildet einen krassen Gegensatz zum alten Vitrolles mit seinem Hügel, seinen Festungsanlagen und dem Sarazenen-Turm aus dem 11. Jh.

Weiter geht es auf der N 113 an der Raffinerie von Berre-l'Étang vorbei, bis man nach ca. 12 km auf die D 10 stößt, der man nach Westen folgt. Knapp 3 km weiter zweigt rechts die D 21 ab, der man ca. 1,7 km weit bis zu einem unasphaltierten Weg folgen kann, der nach links zu einer Erddeponie führt. Dort kann man sein Fahrzeug abstellen und einen Spaziergang (ca. 15 Min.) hinauf zum **Aussichtspunkt von Lançon** machen. Weiter über die D 10 nach Westen trifft man 10 km nach der Abzweigung der D 21 wieder in St.-Chamas (s. S. 213) ein.

Variante
Route entlang der **Côte Bleue** (s. rechts)

Kleine Boote und bunte provenzalische Fassaden am Kanal von Martigues

RUNDFAHRT AN DER CÔTE BLEUE

Entfernung: ab/bis Martigues ca. 65 km
Dauer: ½ Tag; mit Kaffee- und Badepause leicht auch ein ganzer Tag

Die Côte Bleue
Von der überraschend ursprünglichen und reizvollen Bergkette **Chaîne de l'Estanque** gegen den Étang de Berre und seine Industriegebiete abgeriegelt erstreckt sich zwischen Fos und Marseille über ca. 25 km die wunderschöne Côte Bleue mit ihren traumhaften Buchten, die kobaltblau und saphirgrün zwischen den weißen Felsen hervorleuchten. Hinter trockenen Karstkämmen und teils in steilen, schwer zugänglichen **Calanques** verborgen ist sie bisher von ausländischen Touristen noch kaum entdeckt – und hauptsächlich Naherholungsgebiet der Bewohner von Marseille. Die Zufahrt zu einigen der in sehr steilen und eng eingeschnittenen Calanques gelegenen Fischer- und Badeorte ist allerdings für größere Wohnmobile ungeeignet und selbst für kleinere schwierig genug. Stellen Sie – zumindest in der Hauptsaison – das Fahrzeug lieber oben ab und gehen Sie zu Fuß hinunter.

Engpässe
Am Ende manch enger Serpentinenstraße in den Calanques östlich von Carry-le-Rouet gibt es praktisch keine Wendemöglichkeit!

Die Calanques
an der Felsenküste östlich und westlich von Marseille sind fjordartige, enge Buchten und Kanäle zwischen steil aufragenden weißen Kalkfelsen – ursprünglich Flusstäler, die durch den Anstieg des Meeresspiegels unter Wasser gerieten (s. Exkurs S. 239).

Tipp

Wer ein zu großes Wohnmobil fährt (oder eine Schwäche für nette kleine Bähnchen hat!), der kann die Côte Bleue auch mit dem kleinen **Bummelzug** entdecken, der auf einer sehr reizvollen bis atemberaubenden Trasse zwischen Felsen und Meer von Marseille bis nach Fos die Küste und Calanques erschließt.

Für die Rundfahrt verlässt man **Martigues** auf der D 49E (wer auf der Autobahn von Westen kommt, nimmt die Ausfahrt 12 und hält sich dann immer links) entlang dem Südufer des Kanals nach Westen und biegt im zweiten Kreisverkehr (kurz vor der Autobahnbrücke) auf die D 9 nach Südosten (dritte Ausfahrt).

Das Straßengeflecht in dieser Gegend ist etwas verwirrend! Rund 800 m weiter biegt man bei der ersten richtigen Kreuzung rechts und folgt nach Süden in Richtung Carro der D 5 (Route de St.-Pierre), die bald über die Autobahn und in die von weißen Felsen durchsetzte Trockensteppe der **Chaîne de l'Estaque** hinaufführt.

127 Parking du Port, Carro

GPS 43.3293, 5.0403

Herrlich gelegener und inzwischen sehr beliebter Platz zwischen Hafenbucht und Meer, auf dem man sich wie mitten auf dem Wasser fühlen kann. **Lage/ Anfahrt:** in Carro, am Ende der D 49B; jenseits des Hafens links halten; Anfahrt auf guter Asphaltstraße; stellenweise etwas eng, aber machbar; **Platzanzahl:** ca. 78; **Untergrund:** Asphalt; **Sicherheit:** umzäunt, beleuchtet, bewacht, im Sommer den ganzen Tag, im Winter vormittags; nicht in der Nacht; **Preiskat.:** €€, Bezahlung nur mit Bankkarte möglich; **Max. Stand:** 72 Stunden (wer länger steht, bezahlt den doppelten Preis); **Geöffnet:** ganzjährig. Angenehm in der Vor- und Nachsaison (auch um früh am Morgen den Fischmarkt zu besuchen!), im Sommer sehr viele Badegäste aus der Umgebung und inzwischen ist der Platz selbst außerhalb der Saison oft sehr voll; **Adresse/ Kontakt:** 6 Quai Jean Verandy, 13500 Martigues, Tel. 0442413939, www.semovim-martigues.com/site_stationnement/?page_id=21; **Beachten:** Wirklich schön ist der Platz nur, wenn er einigermaßen leer ist. Mittlerweile kann es allerdings selbst in der Nebensaison leicht sein, dass man keinen Platz findet oder in der Mitte eingekeilt zwischen anderen Fahrzeugen steht.

334pr-rh

333pr-fh

Carro
(12 km ab Martigues)

Nach etwa 3 km geht sie in die D 49 über und weitere 4 km danach biegt man rechts auf die D 9B, der man in das hübsche Küstenstädtchen Carro folgt. Einen ersten kleinen Parkplatz über einer netten Badebucht findet man gleich am Ortseingang links.

Fährt man durch den kleinen Ort hindurch und nach links um das Hafenbecken herum, so gelangt man zu einem herrlich gelegenen und auf drei Seiten vom Meer umspülten Stellplatz 127, der allerdings nicht nur in der Saison stark gefragt ist. **Beachten:** Der Parkplatz für Badegäste am Ortsrand von Carro ist inzwischen für Wohnmobile gesperrt.

Sausset-les-Pins
(8 km ab Carro)

128 Aire Camping-Car Park La Couronne, Martigues

GPS 43.3352, 5.0686

Kleiner, aber sehr schöner und gut ausgestatteter Stellplatz der Kette Camping-Car Park gegenüber dem Campingplatz La Source und nur wenige Meter vom Plage de la Saulce. Der Platz ist 13 km von Martigues entfernt. Das WLAN-Signal ist ziemlich schwach.
Lage/Anfahrt: von der D49 im Ortsteil La Couronne via Chemin du Stade und Route de la Saulce nach Süden; **Platzanzahl:** 9; **Untergrund:** Schotter; **Preiskat.:** €€; **Max. Stand:** unbegrenzt; **Geöffnet:** ganzjährig; **Adresse/Kontakt:** Route De La Saulce, La Couronne, Tel. 0442496257, Tel. 0221 67784179 (deutschsprachiger Kundenservice), www.campingcarpark.com.

Entweder auf der besser ausgebauten D 9 oder auf der schmaleren, aber strandnäheren D 49 geht es zurück und in Richtung Osten nach Sausset-les-Pins. Der Fischereihafen und Badeort besitzt längere Strände und eine schöne Hafenpromenade, ist aber im Sommer ebenfalls recht voll.

Abstecher zum Strand

In La Couronne zweigt beim Restaurant „Le Phare" der Chemin du Phare nach rechts von der D 49D ab und führt 1,4 km zum **Cap Couronne** mit Leuchtturm, sehr schöner Aussicht und Badestränden, die im Sommer vor allem von der Jugend von Marseille frequentiert werden.

Das Städtchen Carro besitzt einen traumhaft gelegenen Wohnmobilstellplatz

Cabanons

Cabanons („Hüttchen") sind ursprünglich kleine Geräteschuppen direkt am Meer, in denen die Fischer ihr Bootszubehör, Netze etc. aufbewahrten – und in denen sie nach der Rückkehr vom Fang gerne bei einem Pastis oder Rotwein zusammensaßen. Mit dem Rückgang der Fischerei dienen sie zunehmend letzterem Zwecke und sind dann so etwas wie ein maritimes Gegenstück zu unseren Schrebergarten-Häuschen. Obwohl kaum so groß wie eine Garage und oft auch nicht viel besser ausgestattet, sind sie doch als Wochenendhäuschen äußerst gefragt.

Strandparkplatz

P 104 Chemin des Paluds, GPS 43.3303, 5.0831. Kurz vor Sausset im Kreisverkehr nach Süden auf den Chemin des Paluds abbiegend, erreicht man nach 1 km einen schönen Strandparkplatz. Er ist zwar durch eine 1,90-m-Barriere abgeriegelt, aber auch vor der Barriere gibt es Parkmöglichkeiten nahe dem Strand.

Blick über die Calanque de Niolon auf den Hafen von Marseille

129 Aire Camping-Car Park, Sausset-les-Pins

GPS 43.3385, 5.1086

Der bisherige, einfache und wenig attraktive Parkplatz an der Straße nahe dem Fußballplatz, ca. 1 km vom Zentrum entfernt, wurde inzwischen von Camping-Car Park aufgebessert. Ruhig ist er durch die nahe Straße immer noch nicht. **Lage/Anfahrt:** von der D9 via D5 und im ersten Kreisverkehr links (nach Osten) auf die Rue Pierre Martaja abbiegen, problemlos; **Platzanzahl:** 17 parzelliert; **Untergrund:** Asphalt, ziemlich uneben; **Preiskat.:** €€; **Max. Stand:** 2 Nächte; **Geöffnet:** ganzjährig; **Adresse/Kontakt:** Allée des Pins Maritimes, Tel. 0183646921, www.campingcarpark.com.

Carry-le-Rouet
(4 km ab Sausset)

Entlang der D 5 geht Sausset fast nahtlos in den nächsten Badeort mit Fischerhafen über: Carry-le-Rouet, das nach Osten an der Bucht von Rouet-Plage einige schöne Strände besitzt und gespickt ist mit schönen Villen (und im Sommer mit Badegästen!).

Strandparkplatz

P 105 Carry Plage, GPS 43.3350, 5.1751. Am Ostende von Carry kann man im Kreisverkehr rechts abbiegen und gelangt zu einem großen gebührenpflichtigen Parkplatz, der 8–24 Uhr offen ist.

› Etwas weiter folgt links (nördlich) der Straße ein kleiner Wohnmobilstellplatz (s. u.).

Sonstiger Stellplatz

S 106 Aire Communale, Carry le Rouet, GPS 43.3383, 5.1592. Kleiner, für Wohnmobile reservierter offizieller Übernachtungsplatz auf einem Parkplatz nahe Straße und Bahnlinie. Lage/Anfahrt: Avenue Pierre Sémard D5C, problemlos; Platzanzahl: 5; Untergrund: Asphalt; Service: kein Service; Preise: kostenlos; Max. Stand: 2 Nächte; Geöffnet: ganzjährig. Der Platz ist nicht ruhig und daher für Übernachtungen weniger geeignet, zudem wird er öfter von Lkw blockiert.

Calanque de la Madrague

Danach verlässt man die Küste wegen steiler Felsen und fährt über die D 9 – oder schöner via D 5 durch das Vallon de l'Aigle mit Pinien- und Eichenwäldern – nach **Ensuès-la-Redonne** hinauf.

Hier zweigt rechts die D 48D ab, die (steil: 18 %!) in die sehr schöne (und sehr enge!) **Calanque de la Madrague** hinunterführt. Nichts für größere Fahrzeuge – und auch für kleine nur außer der Saison. Sonst besser oben parken und spazieren, denn unten wird das Wenden schwer! Wer ganz hinunterfahren möchte, sollte sich links halten und via D 48E zur Calanque de la Redonne fahren, denn rechts in der Calanque de la Madrague gibt es für größere Fahrzeuge keine Wendemöglichkeit.

Calanque de Redonne
(ca. 12 km ab Carry)

Die Zufahrt zur **Calanque de la Redonne** via D 48E ist zwar ebenfalls sehr steil, aber da es unten einen etwas größeren Parkplatz gibt, kann man sich (außerhalb der Saison!) auch mit dem Wohnmobil hinunter trauen – wenn es entsprechend motorisiert ist, um wieder heraufzukommen!

Blick auf die Calanque de Redonne mit dem Eisenbahnviadukt

105pr-rh

Der (zur richtigen Zeit!) geruhsame kleine Hafenort vor weißen Felsen und einem Bahnviadukt spiegelt sich im faszinierend blaugrünen Wasser der Bucht. Er ist ein bekanntes Tauchzentrum – aber im Frühjahr und Herbst auch ein netter Ort für einen Stopp und gemütlichen Kaffee am Hafen.

Calanque de Niolon

Ca. 2 km östlich von Ensuès zweigt von der D 5 nach rechts die D 48 ab, die durch ein malerisches Felsental mit Ausblick auf Marseille in eine der schönsten Calanques der Côte Bleu hinunterführt: die Calanque de Niolon.

Die Zufahrt bis kurz vor die Ortschaft ist problemlos. Unmittelbar vor dem letzten steilen Stück (20 %!) befindet sich rechts der Straße ein Parkplatz mit sehr schönem Ausblick über den ganzen Ort bis nach Marseille. Weiter sollte man mit dem Wohnmobil lieber nicht fahren, da unten (nach der Bahnbrücke) die Wendemöglichkeiten sehr schlecht sind!

Zufahrt gesperrt

Im Sommer ist die Zufahrt zu einigen Calanques (darunter diejenigen bei Redonne und die von Niolon) auch für Pkw gesperrt.

Wieder zurück auf der D 5 erreicht man bald die N 568, der man nach Osten noch einige Kilometer durch schöne Landschaft in Richtung Marseille folgen kann, ehe man beim einst malerischen Fischerdorf, aber heute stark zersiedelten Industrie-Vorort **L'Estaque** kehrt macht und via N 568 nach **Martigues** zurückkehrt – oder über Marignane an die Runde um den **Étang de Berre** anschließt (s. S. 218).

Anschluss

Quer durch Marseille und via D 559 nach **Cassis** (Route 6, s. S. 237)

Wandern

Zwischen Carry und Niolon gibt es einen Wanderweg entlang der Küste, der eine schöne Möglichkeit bietet, die Calanques kennenzulernen. Allerdings ist er nicht immer gut beschildert. Zwischen Carry und der Calanque de Redonne führt er recht oft durch kleine Ortschaften und Feriensiedlungen. Ab der Calanque de Mejean verläuft er durch die Felsen und wird auch für Naturfreunde sehr reizvoll. Bis kurz vor Niolon ist er gut ausgebaut, dann passiert er einen kleinen Tunnel, kreuzt die Bahnlinie und verliert sich zu einem Pfad durch sehr steiles Gelände. Wir haben an dieser Stelle gewendet und sind das Tal hinauf von der Küste weggewandert – und oben auf dem Plateau dann zurück nach Ensuès (eine lange Durststrecke!). Falls der letzte Abschnitt bis Niolon nicht besser ausgebaut ist, wäre es sicher besser, auf dem gleichen Weg nach Mejean zurückzukehren.

Achtung: Reichlich Getränke und einen Imbiss mitnehmen. Außerhalb der Saison hat auch in den Ortschaften fast alles geschlossen, sodass man nirgends einkehren oder etwas kaufen kann.

Wer etwas für größere, quirlige, exotische und bunt-belebte Städte übrig hat, sollte sich einen Besuch von **Marseille** nicht entgehen lassen. Allerdings ist das per Wohnmobil leider nicht einfach. Das Fremdenverkehrsamt konnte uns keinen sicheren Parkplatz für Wohnmobile nennen.

ROUTE 6

KÜSTE UND HINTERLAND: ZWISCHEN STRANDLEBEN UND FELSEN-EINSAMKEIT

107pr-rh

Strecke:

Toulon (s. S. 230) – **Cassis** (45 km, s. S. 237) – **Cuges-les-Pins** (20 km, s. S. 239) – **Masif de la Ste-Baume – St. Maximin** (66 km, s. S. 243) – **Abstecher St. Zacharie** (17 km einfach, s. S. 244) – **Brignoles – Le Thoronet – Le Cannet des Maures** (55 km, s. S. 246) – **Collobrières – Bormes-les-Mimosas–Toulon** (95 km, s. S. 247)

Streckenlänge:

281 km ohne Abstecher;
Abstecher: 34 km
Strecke mit Abstechern: 315 km

Vorseite: Die Landschaft entlang der Route des Crêtes ist eindrucksvoll

399pr-rh

ROUTENÜBERSICHT

Auch wenn jede Route durch die Provence reich an Kontrasten ist – diese ist in ganz besonderem Maße voller Gegensätze. Nicht nur zwischen Strand und Bergen – auch zwischen buntem Leben und rauer Einsamkeit, zwischen den Schwindel erregenden Klippen der Route des Crêtes und den atemberaubenden Märchenbuchten der Calanques, zwischen dem kargen Felsenland des Massif de la Sainte-Baume und den unwegsam-dichten Wäldern aus Kastanien und Korkeichen des Massif des Maures, mit abschreckend verbauten Städten voller chaotischem Straßenlabyrinth und der Harmonie romanischer Klosteranlagen in ländlicher Idylle. Daher ist diese Route auch in sich weniger homogen und konsequent als die anderen. Das heißt: Sie bietet durchaus Möglichkeiten, einzelne Abschnitte auszulassen, abzukürzen, zu variieren oder Teilstrecken daraus in andere Routen zu integrieren. Auf solche Möglichkeiten wird an entsprechender Stelle der Streckenbeschreibung verwiesen.

Ein Parkplatz unter Palmen

DIE KÜSTE ÖSTLICH VON MARSEILLE

Die Küste östlich von Marseille beginnt ebenso faszinierend, wie sie westlich davon endet – oder sogar noch etwas grandioser: mit malerischen Calanques und Schwindel erregenden Felsklippen. Ab La Ciotat folgt dann die Küste der Badestrände, die für Reisemobilisten etwas problematischer ist, da der Platz hier recht eng wird, Stellplätze teils rar und viele Parkplätze für Wohnmobile verboten oder abgeriegelt sind. Wir haben dennoch die Beschreibung weiter bis Toulon ausgedehnt – und im Hinterland eine knappe Route durch das wahrhaft fantastische Massif des Maures eingefügt.

Anfahrt

Als Ausgangspunkt für die Beschreibung haben wir **Six-Fours-les-Plages** gewählt. Aber man kann diese Route sehr gut auch von **Aix-en-Provence** her an die Runde Mt. Ste.-Victoire (s. S. 209) anschließen, nach einer Rundfahrt um den Lac de Ste.-Croix (s. S. 143) via **Aups** ansteuern oder im Anschluss an eine Verdon-Fahrt von **Castellane** oder **Comps-s-Artuby** auf den landschaftlich wunderschönen Routen D 955 oder D 25 via Draguignan erreichen. Oder sogar an eine Fahrt entlang der Côte Bleue (s. S. 221) anschließen, falls man durch Marseille hindurchfahren will. Im Osten kann man sie auf der Côte-d'Azur-Route (s. S. 249) bis zur italienischen Grenze fortsetzen. Sucht man hingegen eine schöne und ruhige Basis für einen etwas längeren Aufenthalt, so sind Orte etwas im Hinterland wie **Cuges-les Pins** (s. S. 239) besonders zu empfehlen.

TOULON

Die Hauptstadt des Départements Var ist zugleich der wichtigste Militärhafen Frankreichs – aber nicht unbedingt ein Ferienort! Schon die Vorstädte mit ihrem chaotischen Labyrinth von Verkehrswegen, häufigen Staus und öden Betonfassaden wirken eher abweisend. Ein Bummel durch das alte Hafenviertel mit kleinen Gassen, Märkten und Läden kann sich trotzdem lohnen (falls man einen Parkplatz findet!). Außerdem kann man das Marinemuseum (Musée Naval) besuchen oder mit der Kabinenbahn auf den Mont Faron fahren. Aber dass Toulon in diesem Buch erscheint, verdankt es vor allem der Tatsache, dass Reisemobilisten in seiner engeren Umgebung einige interessante **Stellplätze** und Einrichtungen finden.

147pr-rh

Information

› **Office de Tourisme,** 12 Place Louis Blanc, 83000 Toulon, Tel. 0494185300, www.toulontourisme.com

Parken

P **107 Parking des Lices,** GPS 43.1270, 5.9363. Am ehesten findet man einen kostenlosen Parkplatz nördlich der Altstadt beim Parc des Lices, etwa auf halber Strecke zwischen Hafen und Talstation der Kabinenbahn.

Park-/Picknickplätze

108 Parking Corniche Merveilleuse, GPS 43.0629, 5.8653 und

109 Aire du Boeuf, GPS 43.0658, 5.8668. Zwei schön gelegene, einfache Parkplätze hoch über dem Meer und von Wäldern gesäumt findet man auf dem stadtnahen und doch überraschend ursprünglichen Cap Sicié, an der schmalen Straße zur **Kapelle N. D. du Mai.** Von La Seyne geht es via D 18 nach Süden, in Les Sablettes links auf die D 816 (Richtung „N. D. du Mai") und im nächsten Kreisverkehr (ca. 1,6 km weiter) die erste Ausfahrt „Corniche Varoise" (immer noch D 816) hinauf. Beide sind zumindest außerhalb der Saison überraschend ruhig (und ohne Verbotstafeln). Im Sommer kann die Zufahrt wegen Waldbrandgefahr zeitweise gesperrt sein.

Mit kleineren Fahrzeugen und außerhalb der Saison kann man auch eine reizvolle **Runde** fahren, indem man von der anderen Seite kommend ab **Sanary-sur-Mer** via D 616 in Richtung Brusc fährt, am Kreisverkehr kurz nach dem Restaurant „St.-Pierre-Chez-Marcel" auf die D 16 (dritte Ausfahrt) nach Osten biegt, dann 1 km weiter auf die D 816 (Chemin de Mourret) der man in Richtung „N. D. du Mai" durch den Wald aufwärts folgt (Route Forestier W 46), bis man nach ca. 6 km auf die oben beschriebene „Corniche Varoise" stößt.

336pr-as©P-ILETDOM

130 Marina Coudoulière, Six-Fours-les-Plages

GPS 43.0974, 5.8115

Stellplätze am Bootshafen direkt am Meer mit schönem Blick über die Bucht. **Anfahrt:** Six-Fours-les-Plages, westlich von Toulon; D 616 (Corniche de la Coudoulière) nach Süden in Richtung Brusc; dann hinter dem Hügel rechts (ggf. Schranke öffnen); problemlose Zufahrt; **Platzanzahl:** ca. 5; **Untergrund:** Asphalt; **Sicherheit:** umzäunt, beleuchtet, die ganze Nacht bewacht; **Preiskat.:** €€, zu bezahlen vor Abreise bei der Capitainerie; **Max. Stand:** 48 Std.; **Geöffnet:** Oktober–April; **Kontakt:** Tel. 0494348034; **Achtung:** Leider ist der Platz sehr klein und im Sommer nicht zugänglich. Eine Ausweichmöglichkeit bietet der Stellplatz in St. Mandrier 132, der allerdings auch sehr klein und meist belegt ist. Weit näher und empfehlenswerter ist der private Platz Au Jardin de la Ferme 133.

Parkmöglichkeiten mit Meerblick sind zwischen Toulon und Marseille leider eine absolute Rarität

Von Toulon führt eine Seilbahn auf den 584 m hohen Mont Faron

335pr-rh

⑬③ Camping Au Jardin de la Ferme, Six-Four-les-Plages

GPS 43.0783, 5.8114

Familiärer, naturnaher, sehr schön und ruhig gelegener Campingplatz auf einem Bauernhof in den Außenbezirken der Stadt und nur etwa 400 m vom Strand. Sehr sympathisch, mit offenen Flächen, aber auch parkartigen Bereichen mit vielen verschiedenen Baumarten. **Lage/Anfahrt:** von der Marina auf der Uferstraße D616 weiter nach Süden; im Kreisverkehr am Plage de la Coudoulière geradeaus auf die Cor. de la Coudoulière; nach dem Plage du Cros links auf die Av. des Charmettes, im Kreisverkehr wieder links und dann rechts auf den Chemin des Faïsses; falls Sie dem Navi folgen, wird es Sie evtl. durch die recht enge Gasse Traversé du Queirard lotsen; **Preiskat.:** €€€; **Geöffnet:** ganzjährig; **Adresse/Kontakt:** 688 Chemin des Faïsses, Tel. 0494340107, www.au-jardin-de-la-ferme.com; **Beachten:** In der Hauptsaison (Mitte Juli–Ende August) sollte man reservieren; im Juli und August sind Haustiere nicht zugelassen; **Tipp:** Claude und Sophie Mercheyer-Schell verkaufen auch Olivenöl und Wein aus eigenem Anbau.

⑬① Aire Privée Chemin de la Forêt, Six-Fours-les-Plages

GPS 43.0795, 5.8304

Wunderschöner, kleiner Privatplatz im Pinienwald, von dem viele schwärmen – der aber nicht grade billig ist. Außerdem ist die Zufahrt für Fahrzeuge von über 2 m Breite problematisch. Neben einem sehr freundlichen und hilfsbereiten Empfang gibt es ein reichhaltiges Angebot an Freizeiteinrichtungen – gegen Aufschlag sogar einen Whirlpool. **Lage/Anfahrt:** von der D559 im Kreisverkehr nach Süden auf die D16 Av. Laennec fahren; knapp 300 m weiter nach links in die Av. de Guignon bis zum Chemin de la Forêt, dem man knapp 1 km nach Süden folgt; **Platzanzahl:** 5, parzelliert; **Untergrund:** Waldboden; **Preiskat.:** €€€€; **Max. Stand:** unbegrenzt; **Geöffnet:** ganzjährig; **Adresse:** 689 Chemin de la Forêt; **Achtung:** Höhenbegrenzung 3 m; Länge maximal 7 m. Lassen Sie sich vom Navi nicht durch die Rue Taliani lotsen! Anfahrt definitiv nur über die Avenue de Guignon – und auch die ist noch eng genug, sodass der Platz eigentlich nur Vans zu empfehlen ist.

⑬② Aire Communale, St. Mandrier

GPS 43.0776, 5.9044

Sehr kleiner, relativ ruhiger Asphaltplatz nahe dem Tennisplatz, die Ver-/Entsorgungsstation befindet sich etwas entfernt an der Einfahrt zum Tennisplatz. **Lage/Anfahrt:** die Einfahrt ist verwinkelt und für längere Fahrzeuge schwierig; **Platzanzahl:** 3–5; **Untergrund:** Asphalt; **Service:** Ver-/Entsorgung 100 m westlich vor dem Tennisclub; **Preiskat.:** kostenlos;

Max. Stand: 2 Nächte; **Adresse/Kontakt:** 153-293 Chemin Départemental 18, 83430 Saint-Mandrier-sur-Mer, Tel. 0494115177; **Achtung:** Der Platz ist selbst in der Nebensaison meist schon sehr früh komplett belegt.

Die etwas nördlich von Toulon am Hang gelegene, historische Stadt **Ollioules** hat einen nicht sonderlich hübschen, aber recht zentrumsnahen Stellplatz 134 eingerichtet.

134 Aire Municipale, Ollioules

GPS 43.1414, 5.8484

Der von der Stadt vor einigen Jahren eingerichtete Stellplatz war anfangs zwar recht gefragt, aber nicht sonderlich attraktiv, sondern hat eher an eine Baustelle oder einen Schuttplatz erinnert. Die Bauarbeiten sind mittlerweile abgeschlossen, allerdings wird der Platz häufig von Pkw belegt. **Lage/Anfahrt:** direkt an der Durchgangsstraße DN8 nahe dem nördlichen Ortsende; **Platzanzahl:** 8; **Untergrund:** bisher Schotter; **Preiskat.:** €€, zahlbar nur mit Bankkarte an der elektronischen Schranke; **Max. Stand:** 48 Std.; **Geöffnet:** ganzjährig; **Adresse:** 307-493 Route des Gorges; **Tipp:** Fußweg ins Zentrum.

Parken

Die Plätze des Aire Municipale waren bisher rasch belegt. Es gibt jedoch noch zwei weitere geeignete Parkplätze in Ollioules – allerdings ohne Service.

- P 110 **Parking Bleuets,** GPS 43.1346, 5.8509. Ein kleiner, ebener Asphaltparkplatz in relativ ruhiger Lage beim Sportplatz (kann bei Veranstaltungen gesperrt sein); kostenlos.
- P 111 **Chemin du Seigneur,** GPS 43.1470, 5.8750. Ein riesiger, unbefestigter Parkplatz mit längerer Anfahrt, ganz außerhalb der Stadt. Er umfasst offene Flächen und einen Teil unter hohen Kiefern, kostenlos. Bei unserem Besuch war er sehr leer und ruhig.

DIE KÜSTE ZWISCHEN TOULON UND CASSIS

Um etwas Meeresluft zu schnuppern, kann man von Toulon auf der Küstenstraße D 559 in Richtung La Ciotat fahren. Sie ist gut ausgebaut, aber landschaftlich nicht gerade berauschend.

Unterwegs bieten sich einige schöne Blicke aufs Meer und man passiert einige verlockend aussehende Sandstrände – aber Reisemobile sind in den meisten Orten bislang offenbar nicht sonderlich willkommen.

Sanary-sur-Mer besitzt einige Parkmöglichkeiten zwischen Straße und Meer, die bislang nicht ausdrücklich für Wohnmobile gesperrt sind. Empfehlenswert sind außerdem der Campingplatz Mogador 135 und der nicht weit davon entfernte Stellplatz Aire Azur 136.

337pr-th

Ollioules: Der Parkplatz am Chemin du Seigneur erfordert leider eine etwas längere Anfahrt

338pr-rh

136 Aire Azur, Sanary-sur-Mer

GPS 43.1210, 5.7840

Sehr schöner (aber nicht leicht zu findender) Stellpatz mit Ver-/Entsorgungsstation beim Centre Azur in ruhiger und grüner, parkartiger Lage; 2 ha groß und nur 800 m vom Portissol-Strand entfernt. Das Zentrum bietet außerdem einige Freizeiteinrichtungen. **Lage/ Anfahrt:** von der D559 in den Chemin de Bacchus abbiegen; hinter dem Campingplatz Mogador 135 vorbei, im Kreisverkehr geradeaus und dann links in die Avenue du Théâtre, wieder links in die Avenue des Pins und ein drittes Mal links in die Av. du Nid; das Centre Azur liegt hinter dem Altenheim Le Verger. Wundern Sie sich nicht, wenn der Weg etwas im Kreis zu führen scheint; **Platzanzahl:** 6; **Service:** Waschraum; **Preiskat.:** €€€; **Max. Stand:** unbegrenzt; **Geöffnet:** ganzjährig; **Adresse/Kontakt:** 149 Avenue du Nid, 83110 Sanary-sur-Mer, Tel. 0494741887, https://centre-azur.fr/aire-de-camping-car; **Beachten:** Da nur wenige Plätze zur Verfügung stehen, ist es ratsam, vorher zu reservieren oder kurz anzurufen; **Tipp:** Das Centre Azur bietet außerdem ein gutes Restaurant und vielfältige kulturelle und touristische Programme.

135 Camping Mogador ★★★★, Sanary-sur-Mer

GPS 43.1237, 5.7877

Komfortabler, kinderfreundlicher und ruhig gelegener Campingplatz 900 m von den Stränden entfernt; sauber und komfortabel ausgestattet mit Spielplatz, Pool, beheiztem Kinderbecken und Jacuzzi-Bereich. Außerdem gibt es einen Minimarkt, frische Backwaren am Morgen und ein Restaurant mit großer Terrasse. **Lage/ Anfahrt:** von der D559 (Route de Bandol) nach Westen auf den Chemin de Beaucours und 150 m weiter nach links auf den Impasse Cybelle; **Preiskat.:** €€€€; **Geöffnet:** ganzjährig; **Adresse/Kontakt:** 167 Chem. de Beaucours, Impasse Cybelle, 83110 Sanary-sur-Mer, Tel. 0494745316, www.campasun.eu/parc-mogador/le-camping; **Beachten:** In der Hauptsaison (Mitte Juli–Ende August) sollte man reservieren.

Bandol hat zwar einen gebührenpflichtigen Parkplatz am Strand östlich des Ortes, der aber mit einer 190-cm-Schranke ausgestattet und zudem für Wohnmobile ausdrücklich verboten ist.

Les Lecques hat einen von 8 bis 21 Uhr gebührenpflichtigen Parkplatz am Jachthafen (Parking Nouveau Port), auf dem auch Reisemobile stehen dürfen. Der große, am Tag gebührenpflichtige Parking des Lecques an der Durchgangsstraße D559 (GPS 43.1825, 5.6850) hat auf der linken Seite eine Höhenbegrenzung und rechts eine Einfahrt mit sehr engem Radius, die für Wohnmobile kaum passierbar ist.

Skulptur zum Thema „Strandleben" bei St.-Cyr-sur-Mer

St. Cyr-sur-Mer besitzt eine ganze Reihe gebührenpflichtiger Parkplätze am Meer, die aber meist mit Höhenbeschränkungen ausgestattet sind oder durch enge Kurven die Zufahrt mit dem Wohnmobil verhindern. Aber außerhalb der Saison findet man am Blvd. de la Plage direkt an der Straße oft einen strandnahen Parkplatz (z. B. GPS 43.1739, 5.6938), der am Tag ebenfalls gebührenpflichtig ist. Dort steht man direkt am Sandstrand unter Palmen und kann ein Bad im Meer genießen.

In **La Ciotat** konnten wir keinen Parkplatz für Wohnmobile finden. Nach Auskunft anderer Wohnmobilisten soll der **Parking La Pétanque** (in der Nähe des Friedhofs) für Reisemobile zugelassen und kostenlos sein, doch bei unserem Besuch war er durch eine Höhenbegrenzung abgeriegelt.

Baie des Anges – am Ortsende von La Ciotat in Richtung Toulon findet man bei der Ausfahrt Arène de Cres/Baie des Anges (Einbahnstraße) einige (bislang!) auch für Reisemobile bis zu 3,5 t zugängliche Parkplätze in wunderschöner Lage direkt am Meer (GPS 43.1878, 5.6461).

Hinweis

Generell werden **Parkplätze entlang der Küste** zunehmend nicht mehr mit Höhenbegrenzungen, sondern **mit seitlichen Hindernissen** ausgestattet, die nur kleinere bzw. wendige Fahrzeuge passieren lassen.

137 Camping Santa Gusta ★★, La Ciotat

GPS 43.1894, 5.6452

Lassen Sie sich bei Ankunft vor der Rezeption nicht durch den Anschein einer Tankstelle täuschen. Dahinter verbirgt sich ein angenehmer und entspannter, relativ kleiner Campingplatz unter hohen Pinien. Er ist in Terrassen angelegt und von einigen davon genießt man einen schönen Meerblick; der Platz hat jedoch keinen Badestrand. **Lage/Anfahrt:** Eingang direkt an der D559; **Preiskat.:** €€€€; **Geöffnet:** ganzjährig; **Adresse/Kontakt:** RD559 Fontsainte, 13600 La Ciotat, Tel. 0442831417, www.santagusta.com; **Beachten:** In der Hauptsaison (Mitte Juli–Ende August) sollte man reservieren.

339pr-rh

108pr-rh

DIE CORNICHE DES CRÊTES

Entfernung: La Ciotat – Cassis ca. 12 km
Dauer: etwa 1–2 Std.

Diese fantastische Küstenstrecke über die **Montagne de la Canaille** sollte man sich keinesfalls entgehen lassen. Sie gehört zu den eindrucksvollsten Küstenrouten Europas und führt über die höchsten Klippen Frankreichs (Cap Canaille 362 m, Grande Tête 399 m!). Von zahlreichen Aussichtspunkten mit Parkmöglichkeit entlang der Strecke kann man man atemberaubende Ausblicke über das tiefblaue Meer genießen.

Die Strecke ist gut ausgebaut, umfasst jedoch viele Serpentinen, einige schmalere Stellen und einige sehr steile Abschnitte (besonders hinunter nach Cassis!). Wenn möglich sollte man die Route daher außerhalb der Saison oder auf jeden Fall zu einer ruhigeren Tageszeit fahren.

⊡ *Baie des Anges: einer der wenigen (noch?) für Wohnmobile zugänglichen Parkplätze am Meer*

Sturmwarnungen

Bei Mistral oder sonstigen Sturmwarnungen die Strecke meiden! Die Böen sind wahrhaft enorm!

In La Ciotat biegt man nahe dem westlichen Ortsende von der D 559 im Kreisverkehr (dritte Ausfahrt) nach links auf die D 141 ab und folgt den Schildern mit der Aufschrift „Corniche des Crêtes“. Etwa 2 km nach dem Kreisverkehr biegt die D 141 scharf nach rechts (Av. M. Camusso) und führt den Berg hinauf durch karges Felsenland – mit einigen fantastischen Ausblicken auf die Stadt und das Meer sowie auf eine Naturbrücke, die von der Erosion aus dem Kalkfels modelliert wurde. Ungefähr 3,5 km weiter erreicht man den Grat und kann links via D 141B einen kurzen Abstecher zum **Aussichtspunkt Sémaphore** machen.

Man sollte auf keinen Fall bis zum Ende der Straße fahren, sondern sich kurz nach der Abzweigung am Parkplatz links halten – sonst steht man vor dem Tor der Militärstation und hat nur wenig Raum zum Wenden!

Ein weiterer Stopp empfiehlt sich am **Cap de la Canaille,** wo der Fels 362 m tief senkrecht ins Meer abfällt.

Ab dem **Pas de la Colle** mit schönem Blick auf Cassis, die Felsen und das Meer geht es dann sehr steil (ca. 20 %!) hinunter in Richtung **Cassis,** das für Wohnmobilisten leider schwer zugänglich ist. Eigentlich ist es ein durchaus sehenswertes Städtchen mit malerischen Gassen, schönen Stränden und einigen empfehlenswerten Restaurants.

Parken

Die Zufahrt in den Ort ist für Wohnmobile meist gesperrt und die Parkplätze sind durch Höhenbegrenzungen abgeriegelt. Der von manchen Verzeichnissen angegebene Stellplatz „Les Gorguettes" beim Tennisplatz, GPS 43.2293, 5.5340, ist ein außerhalb der Stadt gelegener Parkplatz an der Straße, auf dem einige Buchten für Wohnmobile reserviert sein sollen. Entdecken konnten wir sie nicht – und in jedem Fall sind die Parkplätze abschüssig und so schmal, dass man mit zwei Rädern entweder auf dem Bordstein oder auf der Straße stehen muss.

Essen

- **Le Grand Bleu,** 12 Quai des Baux, Tel. 0442012323. Unser bevorzugtes Restaurant am Hafen (insbesondere die Meeresfrüchte sind zu empfehlen). Es vereint traditionellen Charme, einen schönen Blick auf den Hafen, teils recht illustre Gäste und eine gute mediterrane Küche mit Schwerpunkt auf Meeresfrüchten. Absolut empfehlenswert sind die gratinierten Miesmuscheln als Vorspeise.
- **Nino,** 1 Quai Jean Jacques Barthelemy, Tel. 0496302966. Das Restaurant hat ein moderneres Ambiente als das Grand Bleu und bietet einen etwas gehobeneren Standard (mit entsprechend gehobeneren Preisen). Neben mediterraner Küche werden zeitweise auch asiatische Spezialitäten serviert. Der Service ist von schwankender Qualität. Auch hier hat man einen schönen Blick auf den Hafen.

Warnung vor den Wellen

Vor allem Feriengäste vom Binnenland unterschätzen immer wieder die Wucht der Wellen – und manche bezahlen das mit ihrem Leben. Man hält es für einen großen Spaß und amüsiert sich – ohne zu ahnen, dass man sich in Lebensgefahr begibt. Wellen dieser Höhe (s. Foto) können auch geübte Schwimmer in Gefahr bringen, indem sie sie auf den Grund drücken oder durch gefährliche Strömungen erschöpfen.

Selbst in Ufernähe ist man nicht immer sicher, denn zwischendurch kommen immer wieder auch höhere Wellen, die einen erfassen und mitreißen können.

341pr-rh

340pr-th

Die Calanques – Karstfjorde und Pflanzenparadiese

Die Calanques gehören zu den eigenartigsten und faszinierendsten Küstenlandschaften Europas: fjordartige, enge Buchten und Kanäle mit kobaltblauem und smaragdgrünem Wasser zwischen steil aufragenden weißen Kalkfelsen. Eine bizarre Landschaft von unirdisch exotischer Schönheit. Gegraben wurden diese engen Canyons zu einer Zeit der Erdgeschichte, als der Meeresspiegel noch tiefer lag. Als das Meer dann nach der letzten Eiszeit durch das Abschmelzen der Gletscher anstieg, ertranken die Täler und ihre steinzeitlichen Höhlenwohnungen in den Fluten.

Die nach Süden gerichteten Felswände sind vor dem eisigen Mistral geschützt, von der Sonne durchglüht, karstig und sehr trocken. Ihr ganz eigenes, extremes Klima mit Temperaturen, die um 10 Grad höher sein können als wenige Kilometer weiter nördlich, hat hier eine einzigartige Flora und Fauna erhalten: Wärme liebende tropische Pflanzenarten, die andernorts in Europa längst ausgestorben sind, Eidechsen von mehr als einem halben Meter Länge, die bis zu 2 m lange Montpellier-Natter und der äußerst seltene Bonelli-Adler.

Die bis zu 1,5 km langen Felsenbuchten sind ein Paradies für Naturfreunde, Kletterer, Skipper und Badegäste. Aber durch verheerende Brände und Überlastung sind sie zunehmend gefährdet – obwohl die meisten nur zu Fuß oder per Boot zugänglich sind.

Aktivitäten

- ***Wandern:*** *Der Wanderweg GR 98 führt von Cassis bis Callelongue ca. 28 km durch die Felsen und Buchten der Calanques (10–12 Stunden). Von Callelongue kann man in ca. 2½–3 Std. bis zur Calanque de Sormiou wandern oder von Cassis in gut einer Stunde zum Calanque de Port-Pin. Die Wege (zu denen meist schon der Zugang bis zum Parkplatz für Wohnmobile gesperrt ist) sind von Juli bis Mitte September wegen Brandgefahr gesperrt. Am besten im Frühjahr, feste Schuhe, Sonnenschutz und reichlich Trinkwasser(!) mitnehmen.*
- ***Klettern:*** *CAF Marseille-Provence, 12 Rue Fort-Notre-Dame, 13007 Marseille, Tel. 0491542584*
- ***Bootstouren:*** *ab Ciotat, Quai Ganteaume, Tel. 0609352568 mit Katamaranen mit Glasboden (Touren zu ca. 25 €)*

ÜBER DEN CALANQUES

Am Ortsrand von **Cassis** stößt man auf die D 559, die einen um den Ort herum führt (für Reisemobile ist die Zufahrt ins Zentrum gesperrt!) – und auf der anderen Seite wieder hinauf in die karge Felslandschaft über den **Calanques** in Richtung Marseille. Die Straße (Cassis-Marseille ca. 14 km) ist ebenfalls reizvoll, entfernt sich jedoch von der Küste und ist nicht mit der Corniche des Crêtes zu vergleichen. Die Calanques sind von der Straße aus nicht zu sehen, sondern nur auf Fußwegen (oder von unten per Boot!) zu erreichen.

Am Ortseingang von Marseille kann man entweder wenden, um die Runde weiter fortzusetzen, oder durch Marseille nach **L'Estaque** fahren, wo man Anschluss an die Route entlang der Côte Bleue (s. S. 221) hat.

Zurück bei Cassis kann man auf der D 559 durch ein reizvolles Tal nach La Ciotat fahren und dort beim zweiten Kreisverkehr nach Nordosten (dritte Ausfahrt) auf die D 40A in Richtung **Ceyreste** biegen. Rasch liegen Küstentrubel und Straßengewirr hinter einem und man folgt dem (in die D 3 übergehenden) Sträßchen hinauf in die malerischen Berge.

Etwa 5,5 km nach dem Zentrum von Ceyreste zweigt links die schmale D 3D ab und führt 5 km durch reizvolle Berg- und Waldlandschaft, ehe sie auf die N 8 stößt.

Hier lohnt es sich – falls man einen netten Übernachtungsplatz sucht – zunächst nach rechts zu biegen und direkt nach Cuges-les-Pins zu fahren. Oder man fährt eine hübsche kleine Runde zunächst 7 km auf der D 3 und D 2 (Route de Garrigue) bis zur N 8 und dort links nach **Cuges-les-Pins**, das einen der sympathischsten und am schönsten gelegenen **Stellplätze** der Region besitzt.

‹ Farbige Fassaden am Hafen von Cassis

› Die Corniche des Crêtes eröffnet buchstäblich atemberaubende Blicke

110pr-rh

˄ Der reizvoll gelegene Stellplatz von Cuges-les-Pins (138)

109pr-rh

138 Aire Communale, Cuges-les-Pins

GPS 43.2813, 5.7055

Super-schön gelegener und sehr sympathischer Platz mit Terrassen in einem lichten Waldtal mit Pinien am Ortsrand, der sich hervorragend als Basis für Exkursionen eignet – per Fahrzeug, zu Fuß oder mit dem Fahrrad. **Lage/Anfahrt:** von Westen kommend in Cuges kurz vor der Kirche und gegenüber der Pharmacie links via Blvd. Gambetta; gut ausgeschildert; schmale und recht holperige Straße, aber ohne Probleme; geben Sie nicht zu rasch auf – es lohnt sich; **Platzanzahl:** 25; **Untergrund:** Schotter, Schotterrasen; **Sicherheit:** umzäunt, bewacht; **Preiskat.:** €, zu bezahlen per Bankkarte an der Schranke; der Automat gibt Ihnen einen 6stelligen Code, den Sie eingeben müssen; #-Taste nicht vergessen! Den Code unbedingt aufheben, da Sie ihn bei der Ausfahrt wieder brauchen; **Max. Stand:** unbegrenzt; **Geöffnet:** ganzjährig; **Kontakt:** Tel. 0442739761.

342pr-rh

DURCH DAS MASSIF DE LA SAINTE-BAUME

Gleich hinter dem oben genannten sympathischen Wohnmobilplatz von Cuges steigt das Massif de la Sainte-Baume empor, ein über 1000 m hohes Waldgebirge, das zu den romantischsten und einsamsten Landschaften der Provence gehört – und so dicht am Küstentrubel (nur 15 km vor den Pforten von Marseille!) eine wahre Überraschung darstellt. Ursprüngliche Landschaften, gekrönt von weißen Felsenzinnen. Und mit seinen urigen Mischwäldern, Bergweiden und Garrigue-Hängen, mit Steineichen und Kiefern sowie mit malerischen Wacholderheiden besitzt es zudem sehr vielfältige Landschaften und Ökosysteme. Besonders überraschend und charakteristisch sind aber seine riesigen urwüchsigen Wälder mit ihrem reichen Bestand an alten Buchen, Ulmen und Eichen, Linden, Ahornbäumen, Eschen, Fichten und Tannen, unter deren Dach üppige Farne, Stauden und Efeuranken wuchern. Eine märchenhaft-verwunschene Waldlandschaft, die seit Jahrhunderten streng geschützt wird – und die man hier in der sonnigen Provence so gar nicht erwartet. Zu verdanken ist sie dem hohen Bergrücken des Massivs, das schattige Kühle spendet und für reichlich Regen, Nebel und Bodenfeuchtigkeit sorgt.

Schon den Kelten waren diese Nebelwälder heilig und ein Ort der Spiritualität – und auch in christlicher Zeit haben sie ihre mythische Kraft nicht verloren. Der Legende nach soll die Heilige Maria-Magdalena – bei den ersten Christenverfolgungen aus Palästina vertrieben – mit einem Boot über das Meer bis zur Küste der Camargue gelangt sein und dann 33 Jahre in einer Höhle (provenzalisch *Baume*) in den Wäldern dieses Massivs verbracht haben.

Von Gémenos führt ein Sträßchen zum Col del'Espigoulier hinauf

111prrh

343prrh

⑬⑨ Aire Communale, Gémenos

GPS 43.2978, 5.6295

Zentrumsnaher und doch relativ ruhiger Parkplatz bei der Post (an schönen Abenden ist es allerdings mit der Ruhe leicht vorbei – dann ist hier Jugendtreff!). **Lage/ Anfahrt:** Richtung Vallée de la Baume (D 2), dann links auf den großen Parkplatz, den man ganz überquert(!), um dahinter wieder links hinter die Häuser zu fahren; gut beschildert; etwas versteckt, aber problemlose Anfahrt – außer wenn die Zufahrt durch andere Fahrzeuge behindert wird; **Untergrund:** Asphalt; **Platzanzahl:** 3; **Sicherheit:** Videoüberwachung; **Preiskat.:** Stellplatz und Ver-/Entsorgung kostenlos; **Max. Stand:** 24 Stunden; **Geöffnet:** ganzjährig; **Adresse/Kontakt:** 1–25 Rue de Versailles; Office de Tourisme, Tel. 0442328900.

Tipp

Von der Straße aus wirkt der Wald meist gar nicht sonderlich beeindruckend. Daher lohnt sich ein kleiner Spaziergang unbedingt, z. B. auf dem Pilgerweg zur Grotte (s. rechts).

Um in die Berge hinauf zu gelangen, fährt man von Cuges auf der N 8 nach Westen über den **Col des Anges** und biegt nach 7 km rechts auf die D 396 nach **Gémenos** (2,5 km). Das hübsche kleine Städtchen am Zugang zum grünen Tal von St. Pons hat keine großen Attraktionen – aber eine sympathische Atmosphäre und einen kleinen **Wohnmobil-Stellplatz** (139), der im Zentrum liegt – und dennoch relativ ruhig.

Man verlässt Gémenos auf der D 2 (Schilder „Vallée de la Baume") nach Norden und fährt nach Osten biegend durch ein malerisches Tal, in dem man nach ungefähr 2 km den **Parc de St.-Pons** erreicht.

Dort konnte man früher sein Fahrzeug auf einem schönen Waldparkplatz abstellen (inzwischen ist er durch eine 2-m-Barriere abgesperrt und daneben gibt es kaum Platz – auch nicht, um zu wenden), um dem Fußpfad am Bach entlang zu folgen. Nach einem kurzen Spaziergang stößt man inmitten malerischer Wälder auf eine verlassene Mühle, nahe der ein kleiner Wasserfall plätschert, sowie auf die Reste einer Zisterzienserabtei aus dem 13. Jahrhundert und die Kapelle St.-Martin.

Nach dem Parc de St.-Pons windet sich die Straße höher und höher in die Berge hinauf, verlässt allmählich den Wald und eröffnet immer neue Blicke auf Zinnen und schroff gezackte Felsenrücken.

Man passiert den **Col del'Espigoulier** (728 m) mit einem der besten Ausblicke der Provence und erreicht 15 km hinter Gémenos die D 80, auf die man rechts abbiegt. Links führt die D45 durch die herrliche Berglandschaft hinunter nach Auriol.

Etwa 3 km hinter der Einmündung folgt der kleine Ort **Plan d'Aups** mit einer romanischen Kirche.

Wandern

Der **„Chemin du Canapé"** (1½ Std. zur Grotte und zurück) beginnt links der Gebäude und führt durch ein großes Blockfeld. Ein zweiter etwa gleich langer Weg, der **„Chemin des Rois"**, beginnt ungefähr 500 m weiter östlich an der Gabelung der D 95 und D 80 (Carrefour de Trois Chênes). Beide treffen sich beim Carrefour d'Oratoire, einem Oratorium, das der Erzbischof von Arles 1516 errichten ließ und von dem eine Treppe mit 150 Stufen bis zur Grotte hinaufführt. Wer noch weiter gehen (und sehen!) will, der kann vor dem Oratorium rechts dem rot-weiß markierten GR 9 folgen, der an einer mittlerweile wieder schön restaurierten Kapelle vorbei und im Zickzack zum 994 m hohen Gipfel des **St. Pilon** hinaufführt (ab/bis Oratorium knapp 2 Std.).

Etwas weiter erreicht man den **Forêt Domaniale de la Ste.-Baume,** fantastisch verwachsene Urwälder mit alten Eiben, Eichen, Farnen, Efeu und Stechpalmen. Bevor er sich ganz von beiden Seiten schließt (ca. 3 km nach Plan d'Aups), steht rechts der Straße die **Hôtellerie de la Ste.-Baume,** eine ehemalige Pilgerherberge und bis heute beliebter Ausgangspunkt für Wanderungen zur **Grotte** und zum Gipfel des **St. Pilon.**

Parken

- Auf den Parkplätzen **bei der Hôtellerie** stehen oft Wohnmobile über Nacht. Besser angelegt sind die Plätze gegenüber und östlich davon.

P **112 Westlich der Hôtellerie,** GPS 43.3352, 5.7547. Reizvoller und straßenferner, aber sehr holperiger und steiniger Platz.

113 Parking Est, GPS 43.3357, 5.7656. Ruhig ist auch der Wanderparkplatz ein kurzes Stück weiter östlich.

114 Grand Gaudin, GPS 43.3532, 5.8521. In Richtung Mazauges folgt nach einigen Kilometern links im Wald ein schöner Picknickplatz.

Gegenüber der Hôtellerie befindet sich das **Écomusée de la Sainte-Baume,** das nicht nur über die verschiedenen Ökosysteme dieser Berge informiert, sondern auch über die traditionellen Aktivitäten ihrer Bewohner

(Les chênes de Meyran, Allée de Sant Jaume, 83640 Plan d'Aups, Tel. 0442625646).

Hinter der Abzweigung der D 80 nach Nans schlängelt sich die D 95 weitere 15 km durch einsame Berglandschaft. Kurz nachdem links ein schmales Sträßchen in Richtung Rougiers weggeht, beginnt rechts ein Waldweg zur **Glacière de Pivaut,** einer restaurierten Anlage zur Erzeugung von Eis. Sie ist Teil des „Musée de la Glace" (s. u.).

Auf dem Weg nach **Mazaugues** findet man weitere idyllische Waldparkplätze (z. B. GPS 43.3535, 5.8539; 612 m üNN) und in der Stadt selbst kann man an der Esplanade du Château das **Musée de la Glace** (derzeit leider nur für Gruppen auf Anmeldung, Tel. 0494863924, http://glace.asercentrevar.fr) besichtigen, um zu erfahren, wie in der Zeit vor Kühl- und Gefrierschränken dafür gesorgt wurde, dass die Bewohner von Marseille bei Sommerhitze Lebensmittel frisch halten und Bier kühlen konnten. Auch Plan d'Aups hat einen großen, schönen Parkplatz am Ortsrand mit Ausblick auf die Berge.

Von Mazaugues gelangt man über die schmale, aber reizvolle D 64 rund 15 km nördlich nach **St. Maximin-la-Ste.-Baume.**

Vom 994 m hohen Gipfel des St. Pilon genießt man eine herrliche Aussicht

ENTDECKUNGEN IM HINTERLAND

ST. MAXIMIN-LA-STE.-BAUME

Information

- **Office de Tourisme,** Place Jean Salusse, 83470 St. Maximin, Tel. 0494592589, www.la-provence-verte.net/ot_stmaximin

Die kleine provenzalische Stadt ist vor allem wegen ihrer mächtigen gotischen **Basilika Ste.-Madeleine** (tgl. 9–18 Uhr) ein Ziel von Kunstfreunden und Wallfahrern. Diese größte gotische Kirche der Provence birgt die Reliquien der hl. Maria Magdalena und des hl. Maximin, die in der noch aus dem 4. Jh. stammenden Krypta beigesetzt sind.

140 Camping Le Provençal ★★★, Saint-Maximin-la-Sainte-Baume

GPS 43.4289, 5.8651

Schattiger, großzügiger Platz mit sauberen Sanitäranlagen, Pool, Laden und Restaurant. **Lage/Anfahrt:** Route de Mazaugues (ca. 3 km südlich des Zentrums); **Preiskat.:** €€€€; **Geöffnet:** 1. April–30. Sept.; **Adresse/Kontakt:** 1866 Route De Mazaugues, Tel. 0494781697, www.camping-le-provencal.com.

ABSTECHER NACH ST. ZACHARIE

Via N 560 in Richtung Südwesten kann man einen Abstecher nach St. Zacharie machen, das ein sehenswertes **Arboretum** besitzt (Arboretum du Parc du Moulin Blanc, Ortsausgang in Richtung Aubagne, Mai–Nov. Sa., So., Feiertage 14–18 Uhr, www.parcsetjardins.fr/jardins/949-le-parc-du-moulin-blanc, Tel. 0442627130, Eintritt 4 €). Bereits um 1850 angelegt, umfasst es neben sämtlichen Baumarten des Sainte-Baume-Massivs auch viele exotische Arten.

Von St. Zacharie führt die schmale D 85 durch ein enges Tälchen zum **Pas de la Couelle** (eine sehr reizvolle Strecke, aber doch nicht so imposant wie die Strecke durch die Ste.-Baume-Berge), geht über in die D 12 und erreicht nach 14 km das Städtchen **Trets** (Anschluss an Route 5 durch die großartige Landschaft der **Montagne Ste.-Victoire,** s. S. 209). Von Trets gelangt man über die D 6 und die N 7 (ca. 21 km) wieder nach St. Maximin.

345pr-rh

Von St. Maximin fährt man ca. 14,5 km auf der N 7 nach Osten und biegt dann rechts auf die D 54 und sofort wieder links auf die D 405, um nach **La Celle** zu gelangen, wo man am Ortsrand die **Abbaye de la Celle** anschauen kann. Das einstige Kloster beherbegt heute teils ein Nobelhotel, teils einen Wein-Vertrieb, hat aber noch einen schönen Garten und eine schlichte romanische Kirche.

ABBAYE DE THORONET

Via D 43 gelangt man zurück zur N 7, der man bis **Brignoles** folgt. Wo die N 7 in Brignoles nach rechts biegt, fährt man geradeaus weiter auf der D 554 und hält sich sofort danach rechts, um auf die D 24 zu gelangen, der man etwa 13 km durch eine reizvoll-stille Landschaft bis zum **Lac de Carcès** folgt. Nun kann man entweder den See sofort wieder verlassen und via D 13 und D 79 knapp 5 km bis zum Kloster Thoronet fahren.

Wer aber kleine Sträßchen nicht scheut und das richtige Fahrzeug dafür hat, kann vorher einen wunderschönen kleinen Abstecher machen, indem man zunächst der D 13 am Seeufer entlang nach Norden folgt und dann nach 5 km rechts auf die kleine D 279 biegt, die sich durch idyllische Wein- und Wald-Landschaft etwa 6 km bis zur Abbaye de Thoronet schlängelt.

Das **Kloster Thoronet** sollte man sich nicht entgehen lassen – es lohnt auch eine längere Anfahrt. Thoronet ist die älteste und wohl schönste Zisterzienserabtei der Provence – vielleicht nicht ganz so populär wie Sénanque, aber dafür sicher noch etwas formvollendeter und zudem ganz idyllisch im Forêt de la Darboussière gelegen und (zumindest in der Vor- und Nachsaison) deutlich ruhiger.

Die Abbaye de Thoronet verbirgt sich im Forêt de la Darboussière

Parken

P 115 Thoronet, GPS 43.4605, 6.2604. Der Parkplatz mit kleinem Imbiss – wenige Schritte vom Kloster entfernt auf der anderen Seite des wenig befahrenen Sträßchens – liegt angenehm ruhig zwischen den Bäumen. Übernachten darf man dort nicht, aber am Tag steht man ruhig und es gibt eine schöne Picknickwiese.

Beachten

Der in manchen Publikationen genannte Stellplatz im Ort (42 Boulevard du 17 Août 1944, GPS 43.4510, 6.3034) existiert offenbar nicht mehr. Die Ver-/Entsorgungsstation ist vorhanden, aber seit Jahren defekt.

Kanu- und Radtouren

› Etwas nördlich von Tholon an der D562 befindet sich eine Basis von **Naturevasion** (93 Route des Carcès, Tel. 0494802844, https://naturevasion.com, GPS 43.4818, 6.2884), einem erfahrenen Veranstalter, der verschiedene Radtouren und Kanu-Expeditionen auf dem faszinierend ursprünglichen Flüsschen Argens organisiert.

Abstecher/Anschluss-Routen

› Folgt man der D 13 weiter nach Norden, so gelangt man via Carcès nach Cortignac und ab dort auf der D 22 nach **Sillans-la-Cascade** (ca. 13 km ab Carcès). Dort findet man mehrere (inzwischen durchweg gebührenpflichtige) Parkplätze, von denen aus man einen Spaziergang (ca. 800 m) zu dem höchst romantischen Wasserfall machen kann, dem der Ort seinen Beinamen verdankt. Bis zu dem 40 m hohen Wasserfall sind es etwa 15 Minuten. Das Baden unterhalb des Wasserfalls ist aus Sicherheits- bzw. Haftungsgründen verboten (was die Franzosen wenig beeindruckt), aber in den von dschungelartiger Vegetation umgebenen Kaskadenbecken etwas weiter unterhalb darf man noch ganz offiziell im klaren Wasser baden. **Beachten:** Der in manchen Publikationen genannte Stellplatz am südlichen Ortseingang bei GPS 43.5673, 6.1824 existiert nicht mehr! Dafür hat das wenige Kilometer entfernte Salernes einen Stellplatz 141 direkt an der Bresque. Von Sillans gelangt man weiter via D 22 nach **Aups** (9 km) und dann auf der D 957 7,5 km weiter nördlich zur Rundstrecke um den **Lac de Ste. Croix** (s. S. 143). Von Carcès nach Osten 3 km der D 562 folgend, dann nach links und 5 km auf der schmalen D 61, findet man den Weg nach **Entrecasteaux** mit dem berühmten **Château d'Entrecasteaux,** einem der imposantesten Schlösser der Provence, das manche sogar der Abtei von Thoronet gleichstellen.

Das Château d'Entrecasteaux ist eines der imposantesten Schlösser der Provence

347pr-rh

141 Aire Municipale, Salernes

GPS 43.5588, 6.2335

Direkt am Bach gelegener Stellplatz mit einigen hohen Bäumen, der teils auch von Dauergästen benutzt wird. Leider ist auf der nahen Straße oft lauter Verkehr. Der Platz und die Ver-/Entsorgungsstation sind nicht sonderlich sauber und hygienisch und im Sommer können die Moskitos zur Plage werden. **Lage/Anfahrt:** von der D31 am südlichen Ortseingang beim Friedhof nach Westen (links) abbiegen und dann gleich wieder links am Keramikmuseum Terra Rossa vorbei; **Platzanzahl:** ca. 15; **Untergrund:** Schotter/Erde; **Preiskat.:** Stellplatz und Ver-/Entsorgung kostenlos; **Max. Stand:** unbegrenzt; **Geöffnet:** ganzjährig; **Adresse:** Rte des Quatre Chemins; **Beachten:** nach Regen morastige Stellen.

› Vom Kloster über Le Thoronet, dort links auf die D 17 und dann rechts auf der D 562 via Lorgues gelangt man nach **Draguignan** (27 km), von wo man über die D 25 oder die D 955 (beide sehr schön!) nach **Comps-s-Artuby** fahren kann (32–36 km), um an die Route 3 zur **Verdon-Schlucht** anzuschließen.

Vom Kloster Thoronet führt die weitere Rundstrecke über den kleinen Ort Le Thoronet und die D 17 auf die dicke N 7 und dort rechts biegend nach **Le Cannet des Maures** (ca. 16 km). Etwa 2,5 km weiter biegt man im Kreisverkehr vor Le Luc auf die N 97 (zweite Ausfahrt), der man ca. 9 km bis **Gonfaron** folgt.

Wie weiter? Ab hier kann man weiter durch eine recht monotone Landschaft der N 97 folgen – bis kurz hinter Cuers oder bis ganz nach Toulon. Diese Gegend – eine flache, stark zersiedelte Tallandschaft – hat dem Besucher nicht viel zu bieten. Es sei denn, er hat ein kompaktes Reisemobil und ein abenteuerliches Gemüt. Dann kann er in Gonfaron nach links in die kleinen Gassen biegen und über teils abenteuerliche Sträßchen eine „Expedition" durch das **Massif des Maures** unternehmen.

DAS MASSIF DES MAURES

Der rund 60 km lange Gebirgszug im Hinterland der überlaufenen Côte d'Azur ist eine überraschend abgeschiedene, einsame und ganz eigene Welt: Ein abenteuerliches Labyrinth aus Bergzügen und dichten Wäldern, das man so nahe bei den überfüllten Städten und Stränden sicher nicht erwarten würde. Sein Name hat übrigens nichts mit der Volksgruppe der Mauren zu tun, sondern leitet sich vom provenzalischen Wort *maouro* ab, das einen dichten, undurchdringlichen Wald bezeichnet. Und genau das wird man in diesen Bergen kennenlernen: dichte, dunkle, undurchdringliche Buschwälder, die sich grundlegend von den Wäldern des Massif de la Ste.-Baume oder der Montagne Ste. Victoire unterscheiden. Verwachsene Kastanien- und Korkeichenwälder mit Ginsterdickicht und Stechpalmen. Eine sehr dünn besiedelte Waldwildnis durchzogen von einem Labyrinth von kleinen und kleinsten Sträßchen und Forstwegen, auf denen man sich tatsächlich noch verirren kann.

Eine schöne Möglichkeit, diese Waldwildnis zu durchqueren, bietet die schmale D 39, die von Gonfaron nach Südosten hinaufklettert und kurz vor **Collobrières** in die D 14 mündet. Der kleine Ort in einem Bachtal, in dem sich das Dickicht nach langer Strecke erstmals lichtet, sieht aus, als würden dort Hänsel und Gretel leben. Man feiert dort im Herbst ein großes Kastanienfest und lebt von Maronenmus, eingemachten Kastanien und Korkprodukten. Kurz hinter Collobrières kann man dann links hinauf der D 41 folgen, die über den **Col de Babaou** führt, weiter durch verwunschene Wälder und dann hinunter zur Küste bei Lavandou. (Besonders diese letzte Strecke ist schmal, aber frisch asphaltiert und in sehr gutem Zustand – und ein Traum für Radfahrer!)

Tipp

Wer mit einem großen Fahrzeug reist und ganz kleine Sträßchen nicht mag, erhält auf der D 558 einen guten Eindruck von der Natur des Massif des Maures. Wenn man kleine Sträßchen bevorzugt, ist neben der D 39 und der D 41 auch die D 75 östlich von Gonfaron ein Leckerbissen. Sie führt durch schöne Heidelandschaft mit vielen Parkmöglichkeiten und idyllischen Picknickplätzen.

Parken

116 Bormes-les-Mimosas, GPS 43.1881, 6.3296. Ruhiger und idyllischer Wiesenplatz zwischen den Korkeichen (360 m üNN).

Daneben gibt es ein ganzes Geflecht winziger Sträßchen, auf denen, wer Spaß daran hat, diese Berge tagelang kreuz und quer durchfahren kann. Allerdings: Die wenigsten davon wurden für Wohnmobile gebaut – und die meisten sind nur für Fahrzeuge im Kaliber zwischen „Bulli“ und Geländewagen geeignet. Was die Bezeichnung „D plus Ziffer“

Korkeichen bestimmen die wilde Vegetation des Massif des Maures

348pr-as©arl-Heinz Strüdel

Im Massif des Maures führen kleine Sträßchen durch Korkeichen- und Kastanienwälder

trägt, kann man damit noch in Angriff nehmen, aber was mit „RF“ (= Route Forestière!) bezeichnet ist, sollte man auch mit kompakten Fahrzeugen nur behutsam angehen.

Taucht man an der Küste aus den Kork-Urwäldern wieder auf, so fährt man rechts 14 km via N 98, biegt kurz vor Hyères erneut rechts via D 559 auf die D 12, die nach 15 km in die D 14 mündet (links biegen). Über die D 14 schließlich, die 7 km weiter (bei Cuers) in die N 97 mündet, gelangt man wieder auf die eigentliche Rundstrecke zurück – und denkt sich nichts dabei, dass man vorübergehend die „eigentliche“ Provence verlassen hat.

Von **Cuers** könnte man nun auf der N 97 direkt und auf kürzestem Wege durch den Straßendschungel von Toulon zurück zum Ausgangspunkt gelangen (ca. 35 km) – es lohnt sich jedoch, zunächst noch einen Abstecher über die landschaftlich reizvolle D 554 zu machen (bei Solliès Pont rechts, erste Ausfahrt im Kreisverkehr und unter der Autobahnbrücke durch), die in Richtung Norden nach Méounes-Lès-Montrieu führt.

Nach ca. 11 km kann man links auf die D 202 biegen, die etwas später in die D 2 übergeht und via **Signes** durch mediterranes Hügelland mit Pinien und einigen herrlichen Parkplätzen im lichten Wald nach Westen führt.

Etwa 21 km nach Abzweigung der D 202 kreuzt man die N 8 und kann nun entweder rechts zu dem herrlichen Stellplatz nach **Cuges** (s. S. 239) fahren (6 km) oder links auf der N 8 via Le Beausset und **Ollioules** (mit mehreren einfachen Stellplätzen, s. S. 233) zum Stellplatz am Jachthafen von **Six-Fours-Les-Plages** 130 (ca. 28 km).

ROUTE 7

DIE CÔTE D'AZUR VON HYÈRES BIS MENTON: BADEPARADIES UND PROMIKÜSTE

374pr-as©Boris Stroujko

Vorseite: Da es an Fläche mangelt, nutzt man in Monaco (s. S. 274) die dritte Dimension

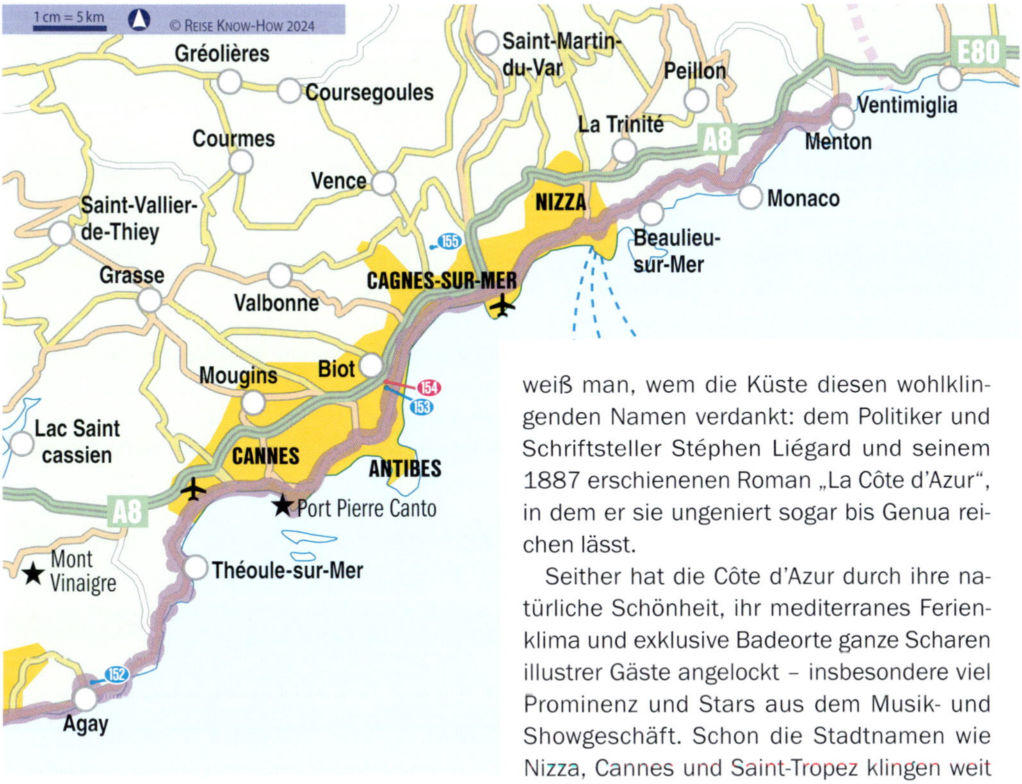

ROUTENÜBERSICHT

Côte d'Azur, die „Blaue Küste" – wie ein Zauberwort beschwört dieser Name verlockende Bilder und Urlaubsflair pur: kristallklar glitzerndes Wasser, schöne Sandstrände und lauschige Badebuchten, Palmenpromenaden und mediterrane Üppigkeit, aber auch Roulette-Tische und Rolls-Royce, Promi-Partys und die Glitzerwelt der Fürsten und Filmstars. Auf die einen wirkt die Côte d'Azur wie ein Magnet, auf andere eher abschreckend. Kaum einen lässt sie ganz gleichgültig. Überraschungen sind sicher – und mancher wird sich wundern, was es alles zu entdecken gibt.

Mit dieser Ferienküste ist es ganz ähnlich wie mit der Provence: Wo sie beginnt oder endet, kann keiner so genau sagen. Der Kernbereich zwischen Saint-Tropez und Menton ist klar, aber ob man sie bei Hyères beginnen lässt oder weiter westlich bei Marseille, das bleibt jedem selbst überlassen. Immerhin weiß man, wem die Küste diesen wohlklingenden Namen verdankt: dem Politiker und Schriftsteller Stéphen Liégard und seinem 1887 erschienenen Roman „La Côte d'Azur", in dem er sie ungeniert sogar bis Genua reichen lässt.

Seither hat die Côte d'Azur durch ihre natürliche Schönheit, ihr mediterranes Ferienklima und exklusive Badeorte ganze Scharen illustrer Gäste angelockt – insbesondere viel Prominenz und Stars aus dem Musik- und Showgeschäft. Schon die Stadtnamen wie Nizza, Cannes und Saint-Tropez klingen weit mehr nach Filmstars und Glitter als nach einem Strandurlaub mit der Familie. Doch wo die Promis ins Meer steigen und die Grundstückspreise in den Himmel, da ist natürlich nicht viel Platz für Wohnmobile. Stellplätze sind eine Rarität – und von den wenigen, die es gibt, müssen die meisten als Notlösung gelten.

Strecke:
Hyères (s. S. 252) – **Giens** (Halbinsel, 13 km, s. S. 252) – **Le Lavandou** und **Bormes-les-Mimosas** (38 km, s. S. 255) – **Saint-Tropez** (44 km, s. S. 259) – **Fréjus** (36 km, s. S. 264) – **Cannes** und **Antibes** (51 km, s. S. 267) – **Nizza** (34 km, s. S. 269) – **Monaco** (22 km, s. S. 274) – **Menton** (10 km, s. S. 278)

Streckenlänge:
248 km

HYÈRES UND DIE HALBINSEL GIENS

(13 km – km 13)

Hyères war bereits im 18./19. Jh. ein gefragter Winterkurort und ist damit eines der ältesten Ferienzentren der Côte d'Azur. Die Stadt liegt jedoch nicht direkt am Meer und hat bei Weitem nicht den Glanz (und folglich auch nicht den Rummel) wie Nizza oder Cannes. Da sich der Tourismus hier zudem mehr auf die Strände der Halbinsel Giens konzentriert, überrascht das mittelalterliche Zentrum mit der Atmosphäre einer provenzalischen Kleinstadt, sodass man hier relativ entspannt einen Bummel durch die Gassen machen kann, um die alten Stadttore und die stattlichen Kirchen Saint-Louis und Saint-Paul zu entdecken oder gemütlich in einem Straßencafé zu sitzen.

Südlich der Stadt ragt die **Halbinsel Giens** weit ins Meer hinaus. Eine Besonderheit wie man sie an der ganzen Côte d'Azur kein zweites Mal findet. Bis zur Zeit der ersten Besiedelung durch Griechen und Römer war sie noch eine richtige Insel. Dann schufen Wind und

142 Domaine Bouisse-Matteri, La Moutonne

GPS 43.1168, 6.0834

Einfache Wiese bei einem Weinbauern, der mit France Passion zusammenarbeitet. Die Lage ist recht ruhig – bis auf einige vorbeifahrende Traktoren am Tag. Die Wiese ist ohne Schatten, etwas holperig und zeitweise staubig. Man steht neben verschiedenen Landmaschinen. Im Winter ist der Platz geschlossen und dient als Weide für die Schafe. **Lage/Anfahrt:** Östlich der Ortschaft La Moutonne von der D276 nach Süden abbiegen; **Platzanzahl:** 5; **Untergrund:** Gras; **Preiskat.:** kostenlos; **Max. Stand:** 1 Nacht; **Geöffnet:** im Sommer; **Einkaufen:** Der Winzer hat neben dem Stellplatz einen kleinen Laden (Mo.–Sa. 9–19 Uhr), in dem er eigene Erzeugnisse (Wein und Oliven) sowie andere Produkte der Region verkauft; **Kontakt:** www.bouisse-matteri.fr.

349pr-rh

Strömungen zwei parallele, etwa 4 km lange Sandbrücken als Verbindung mit dem Festland. Zwischen beiden dehnt sich eine weite Lagune aus, die besonders im Herbst zahlreiche Flamingos anlockt. Aber auch viele andere Vogelarten sind hier heimisch oder nutzen die Lagune als Rastplatz auf ihren Flügen. Starke Mistral-Winde und die besonderen Bedingungen durch die Sandbarriere haben den **Plage d'Almanarre** westlich der Lagune zu einem Mekka für Windsurfer gemacht, die hier jedes Jahr im März ihren World Cup austragen.

Über die breitere östliche Landbrücke führt eine gute Asphaltstraße, gesäumt von Campingplätzen und einigen Parkplätzen, auf denen man zumindest außerhalb der Saison den Tag über stehen kann. Sehr verlockend sind sie jedoch nicht, da die Straße meist stark befahren ist und die Fahrer von Quads und Motorrädern gern phonstark auf sich aufmerksam machen.

Über den schmaleren, westlichen Sandstreifen führt nur ein kleines, aber weitaus reizvolleres Sträßchen, die sogenannte **Route du Sel** (Salzstraße). Früher konnte man beide Straßen zu einer schönen Rundfahrt verbinden, doch seit einigen Jahren ist dies nur noch mit niedrigen Vans (oder per Fahrrad) möglich, da beide Zufahrten der Route du Sel durch eine Höhenbegrenzung abgeriegelt wurden. Außerhalb der Saison kann sich ein Versuch dennoch lohnen, denn wir haben es auch schon erlebt, dass die Barrieren geöffnet waren. Besser vermeiden sollte man hingegen den Versuch, im südlichen Teil der Halbinsel die breite Hauptstraße zu verlassen, denn in den Nebensträßchen kann es für Wohnmobile ungemütlich eng werden!

In der Umgebung der Stadt – insbesondere auf der Halbinsel Giens – gibt es zwar zahlreiche (im Sommer sehr volle) Campingplätze, aber nur wenige geeignete Wohnmobil-Stellplätze. Entweder sie sind unattraktiv, laut und zudem sehr klein oder sie sind (wie der sehr schöne Parkplatz an der Route du Sel, s. S. 254) keine offiziellen Stellplätze und für normale Wohnmobile meist nicht zugänglich.

350pr-rh

Information

› **Office de Tourisme Hyères,** Rotonde du Park Hôtel, 16 Avenue de Belgique, 83400 Hyères, www.hyeres-tourisme.com

Sonstige Stellplätze

S 117 Les Salins, Hyères, GPS 43.1143, 6.1955. Einfacher Parkplatz nahe der Straße und daher mit erhöhter Lärmbelästigung. Zudem nahe einem Strandclub, der einen bis nach Mitternacht mit Musik versorgt. Und trotzdem: Wer hier einen Platz finden will, muss selbst außerhalb der Saison zeitig kommen. Lage/Anfahrt: nördlich der Stadt direkt an der D42; Platzanzahl: 10; Untergrund: Schotter, eben; Service: nicht vorhanden; Preise: kostenlos; Max. Stand: 24 Std.; Geöffnet: ganzjährig; Adresse/Kontakt: Parking Les Cabanes du Gapeau, 2411 Blvd. Du Front de Mer, Tel. 0494007878, 0494018450, Beachten: Von der Straße her gesehen rechts befindet sich ein abgesperrtes Militärgelände; nach links erreicht man Picknicktische und den Strand Plage

⊡ *Schattige Stellplätze sind an der Küste sehr gefragt*

de la Gare. Im Sommer 2023 war ein Schild angebracht, welches das Nachtparken verbietet, hier folgt evtl. bald eine Höhenbeschränkung.

S 118 Parkplatz Route du Sel, Hyères, GPS 43.0474, 6.1320. Traumhafter, aber die meiste Zeit durch eine Höhenbegrenzung von 1,90 m abgesperrter Parkplatz an der Route du Sel. Entweder nur für niedrige Vans oder mit Glück auch außerhalb der Saison, wenn die Barrieren offen sind. Lage/Anfahrt: im südlichen Teil der Route du Sel, erreichbar von Norden via D559 und D42; Platzanzahl: 5; Untergrund: sandig, fest; Service: Dusche, Toilette; Preise: kostenlos; Max. Stand: k. A.; Geöffnet: ganzjährig; Beachten: In der Saison ist die Route du Sel nur für Fahrzeuge bis 2,10 m Höhe passierbar; die Zufahrt zu o.g. Parkplatz ist gewöhnlich durch eine 1,90 m hohe Schranke abgeriegelt. Aber dann kann man immer noch entlang der Straße stehen, auf der nachts kaum Verkehr herrscht.

143 Camping Eurosurf ★★★★, Hyères

GPS 43.0560, 6.1474

Großer und sehr komfortabler Platz auf der Halbinsel Giens mit schattigem Pinienwald, eigenem Sandstrand und vielen Sport- und Freizeitangeboten. **Lage/Anfahrt:** direkt an der D97; **Preiskat.:** €€€€; **Geöffnet:** April–Oktober; **Adresse/Kontakt:** 2947 Route de Giens, Tel. 0494580020, https://vacances-andretrigano.com; **Hinweis:** Busverbindung in die Stadt.

Hinter Hyères zieht sich die D98 nach Osten an Salzbecken entlang, in denen man gelegentlich Flamingos sieht. Die Ortschaft **La Londe** hat am Ortseingang gleich beim Kreisverkehr einen kleinen Stellplatz mit Ver-/Entsorgungsstation 145. Beim Kreisverkehr in der Ortsmitte lohnt es sich, nach Süden auf die D42A zu biegen, um zu den Stränden zu gelangen. Und die Besonderheit: Bei **Cabasson** gibt es endlich auch einen schönen Sandstrand, der für Wohnmobilisten zugänglich ist.

144 Parkplatz Plage de Cabasson

GPS 43.1002, 6.3262

Großer, unbefestigter und schattiger Parkplatz unter hohen Pinien mit Picknicktischen, Spielplatz und gutem Restaurant direkt hinter dem Plage de Cabasson. Sehr einfach, aber ruhig und angenehm. **Lage/Anfahrt:** von der D559 nach Süden auf die D42A (Route de Cabasson) abbiegen; nach ca. 3 km links auf die D42D in Richtung Cabasson; teils sehr schmale Straße; **Platzanzahl:** ca. 50; **Preiskat.:** €€€; **Max. Stand:** 7 Tage; **Geöffnet:** ganzjährig; **Adresse/Kontakt:** 1772–1954 Avenue Guy Tezenas, 83230 Bormes-les-Mimosas; **Beachten:** einige tiefhängende Äste. Das Übernachten ist offiziell nicht gestattet, wird aber seit Jahren geduldet. Selbst an fest aufgebauten Vorzelten scheint sich hier niemand zu stören.

351pr-rh

145 Aire Municipale, La Londe des Maures

GPS 43.1319, 6.2306

Einfacher, kleiner Parkplatz mit ordentlicher Ver-/Entsorgungsstation – aber direkt am Kreisverkehr und daher mit Lärmbelästigung. **Lage/Anfahrt:** von der D559A via Blvd. des Commandos d'Afrique; **Platzanzahl:** 4; **Untergrund:** Asphalt, eben; **Preiskat.:** Stellplatz kostenlos; Wasser und Strom kostenpflichtig; **Max. Stand:** 24 Std.; **Geöffnet:** ganzjährig; **Adresse/Kontakt:** 315 Avenue Henri Matisse; Tel. 0494015310.

LE LAVANDOU UND BORMES-LES-MIMOSAS

(38 km – km 51)

Etwas vor Cabasson knickt die D42A nach Norden und führt als „Route de Cabasson" in das Küstenstädtchen **Le Lavandou,** das seinem Namen einer seltenen Lavendelart verdankt, die nur hier gedeiht. Das einstige Fischerdorf ist heute ein trubeliger Badeort mit Campingplätzen, Jachthafen und touristischer Infrastruktur.

Sehr hübsch und luftig über dem Meer liegt das Städtchen **Bormes-les-Mimosas,** das seinen Beinamen den Mimosen verdankt, die hier in großer Zahl gedeihen. Es hat die etwas entspanntere Atmosphäre einer Sommerfrische, ist aber sehr touristisch und zudem mit größeren Wohnmobilen nicht leicht zugänglich. Die D41 hinauf in den Ort zweigt gleich beim ersten Kreisverkehr nach Norden ab und führt recht schmal und in etlichen Serpentinen hinauf. Oben kann man nahe dem Ortsende scharf rechts abbiegen zum Parkplatz St. Francois. Nach der Abzweigung geht es geradeaus zu einem Parkhaus; gleich wieder links und sehr(!) steil abwärts gelangt man zu dem schön gelegenen Parkplatz.

Einen offiziellen Stellplatz für Wohnmobile gibt es leider nicht, weshalb der große Parkplatz beim Supermarkt Casino sich zu einer Übernachtungsmöglichkeit entwickelt hat. Schön ist er nicht, aber man kann dort eine relativ ruhige Nacht verbringen. Und mangels wirklicher Alternativen ist er auch sehr gefragt – besonders bei Wohnmobilisten, die gerne etwas „unter sich" sind. Der Parkplatz bietet keinerlei Einrichtungen, aber eine Ver-/Entsorgungsstation findet man nicht weit entfernt in der Stadt – wenngleich nicht in sehr günstiger Lage (s. S. 256).

Parken

P 119 Parkplatz Casino, Bormes-les-Mimosas, GPS 43.1386, 6.3504. Einfacher, großer Asphaltparkplatz beim Casino-Supermarkt ohne jeden Service, auf dem aber selbst in der Nachsaison oft Dutzende von Wohnmobilen stehen. Lage/Anfahrt: von der D559 im Kreisverkehr beim Cinema Grand Bleu nach Westen in die Av. André del Monte; problemlos; Platzanzahl: ca. 50; Service: nicht vorhanden; eine V/E-Station befindet sich in der Stadt (s. S. 256); Sicherheit: beleuchtet; die Polizei fährt gelegentlich ihre Runden; Preise: kostenlos; Max. Stand: unbegrenzt; Geöffnet: ganzjährig; Adresse/Kontakt: 1–93 Avenue des Ligures; Tipp: zum Strand sind es etwa 2 km.

P 120 Parkplatz St. Francois, Bormes-les-Mimosas, GPS 43.1513, 6.3461. Großer Parkplatz in parkartiger Landschaft nahe dem Zentrum von Bormes, der trotz Stadtnähe sehr ruhig und angenehm ist. Lage/Anfahrt: von der D559 nach Norden und via D241 und D41 (Blvd. du Soleil) in Serpentinen hinauf; dann via Pl. St. Francois zum Chemin des Sésames; sehr steile Zufahrt hinunter zum Parkplatz; Platzanzahl: ca. 10, die im unteren Teil des Parkplatzes reserviert sind; Service: nicht vorhanden; kostenlose Ver- und Entsorgung in der Stadt am Boulevard du Front de Mer (s. S. 256); Preise: kostenlos; Max. Stand: unbegrenzt; Geöffnet: ganzjährig, Adresse/Kontakt: Parking St. Francois, Chem. des Sésames, 83230 Bormes-les-Mimosas; Achtung: steile Zufahrt mit Kurven.

352pr-rt

Beim Casino-Supermarkt von Bormes-les-Mimosas kann man unter Palmen parken

Ver- und Entsorgung

› **Bormes-les-Mimosas,** GPS 43.1247, 6.3617. Kostenlose Ver-/Entsorgungsstation in der Stadt am Boulevard du Front de Mer. Es ist wenig Platz, um anzuhalten, aber die Straßenführung ermöglicht es anderen Fahrzeugen, auszuweichen.

Information

› **Office de Tourisme du Lavandou,** La Maison du Lavandou, Quai Gabriel Péri, 83980 Le Lavandou, Tel. 0494004050, www.ot-lelavandou.de

› **Office de Tourisme Bormes les Mimosas,** 1 Pl. Gambetta, 83230 Bormes-les-Mimosas, Tel. 0494013838, www.bormeslesmimosas.com

Aktivitäten

› **Spaziergang zur Chapelle de Constance.** Vom Parkplatz St. Francois in Richtung Office de Tourisme und dann weiter nach Westen erreicht man nach wenigen Hundert Metern nahe dem Monument Hyppolit Bouchard die Abzweigung des Chemin de Constance, von dem kurz danach wieder rechts der Kreuzweg abzweigt, der zur Chapelle de Constance hinaufführt. Hier kann man zwischen Eichen, Zypressen und Pinien einen schönen Spaziergang zur Wallfahrtskapelle unternehmen. Der Weg mit schönem Ausblick bis zum Meer ist hin und zurück etwa 3 km lang und gesäumt von zahlreichen Mimosen, die im Februar und März prachtvoll blühen.

354pr-as©PHILETDOM

KÜSTENSTRASSE CORNICHE DES MAURES

Östlich von Le Lavandou beginnt die **Küstenstraße Corniche des Maures** (D559), die sich in zahlreichen Kurven, teils nahe dem Meer und an Stränden entlang, teils hoch darüber durch die Hänge schlängelt. Sie vermittelt das typische Flair der Côte d'Azur: mediterrane Vegetation, schicke Ferienhäuser und blumenumrankte Villen, Sandstrände, Parks und Campingplätze – aber im Sommer gibt es hier leider viel Verkehr und häufige Staus. Die Strände sind für Wohnmobilisten meist nicht zugänglich, da ihnen die nötigen Parkmöglichkeiten versagt werden. **Tipp:** In der Gegend von Cavalière lohnt es sich, bei den Wohnmobil-Verbotstafeln etwas genauer hinzusehen, denn öfters ist im „Kleingedruckten" angegeben, dass sie nur von April bis Oktober gelten, sodass man zumindest in der Vor- und Nachsaison die Chance auf einen Parkplatz hat.

Der eher gesichtslose, aber sehr beliebte Badeort **Cavalière** hat einen langen, weit geschwungenen Sandstrand und sogar einen wahrhaftigen (privaten) Wohnmobil-Stellplatz 146, der östlich des Zentrums fast direkt am Strand liegt. Allerdings sind die Preise dort für Frankreich schon recht überzogen. Nicht weit entfernt haben wir den sehr empfehlenswerten Campingplatz Les Mimosas 147 gefunden, auf dem wir dann ruhig und außerdem günstiger übernachtet haben.

Sehenswertes

› **Domaine du Rayol,** Av. Des Belges, Le Rayol, GPS 43.1558, 6.4811, Tel. 0498044400, www.domainedurayol.org, geöffnet: täglich 9.30–18.30 Uhr (im Winter bis 17.30 Uhr), Eintritt: 14 €. Ein 20 Hektar großer, sehenswerter Park mit Vegetation aus allen Teilen der Welt – von Chile über Kalifornien, Südafrika und Australien bis nach China.

Das einstige Fischerdorf Le Lavandou ist heute ein beliebter Badeort

146 Aire Privée, Le Lavandou, Cavallère

GPS 43.1523, 6.4308

Großer und einfacher, in Terrassen angelegter privater Stellplatz an der Küstenstraße. Sein Hauptvorteil ist die Nähe zum Strand. Leider wirkt er zunehmend verwahrlost und wird dafür immer teurer. Nahegelegene Campingplätze sind teils günstiger; **Lage/Anfahrt:** direkt an der Küstenstraße D559; **Platzanzahl:** ca. 60; **Preiskat.:** €€€; **Max. Stand:** unbegrenzt; **Geöffnet:** ganzjährig; **Adresse/Kontakt:** 18 Avenue du Cap Nègre, 83980 Le Lavandou; **Hinweis:** Die D559 ist am Tag stark befahren, nachts wird es etwas ruhiger.

353pr-rh

147 Camping Les Mimosas ★★★, Cavalière

GPS 43.1563, 6.4289

Komfortabler, sauberer und frisch renovierter Campingplatz der Trigano-Gruppe mit entspannter Atmosphäre und nur etwa 500 m vom Strand; mit großen Parzellen, schattigen Bäumen, Restaurant und einem Pool; sehr freundliche und hilfsbereite Rezeption. Die meisten Stellplätze für Wohnmobile liegen leider nahe einer Straße, die in ein Wohngebiet führt. Am Abend war dies etwas störend, aber nachts haben wir keinen Verkehr gehört. **Lage/Anfahrt:** am westlichen Ortsrand von der Küstenstraße D559 im Kreisverkehr nach Norden auf die Av. du Golf und im nächsten Kreisverkehr erste Ausfahrt auf den Boulevard de l'Hubac du Bleu; **Preiskat.:** €€€€; **Geöffnet:** April–Oktober; **Adresse/Kontakt:** 468 Boulevard de l'Hubac du Bleu, Cavalière, 83980 Le Lavandou, Tel. 0494057441, https://vacances-andretrigano.com/camping/var/les-mimosas-le-lavandou.

355pr-rh

CAVALAIRE-SUR-MER UND LA CROIX-VALMER

Cavalaire-sur-Mer (nicht zu verwechseln mit dem nahegelegenen Cavalière) und die Nachbarstadt La Croix-Valmer sind ebenfalls beliebte Badeorte ohne viel Charakter – nur größer als Cavalière und mit ausufernden Feriensiedlungen, Sandstränden und einem großen Jachthafen. Beide haben durch ihre Nähe zu Saint-Tropez in den letzten Jahrzehnten einen Bauboom erlebt, der die ursprünglichen Orte wie eine Lawine überrollt hat. Für Wohnmobilisten haben beide – außer einigen Campingplätzen – nicht viel zu bieten. Zwischen den Orten befindet sich jedoch eine gute Ver-/Entsorgungsstation und in deren Nähe findet man auch einen ruhigen Parkplatz.

Information

- **Office de Tourisme Cavalaire-sur-Mer,** 50 Rond-Point Saint Exupéry, 83240 Cavalaire-sur-Mer, Tel. 0494019210, www.cavalairesurmer.fr
- **La Croix Valmer Tourisme,** 287 Rue Louis Martin, 83420 La Croix-Valmer, Tel. 0494551212, www.lacroixvalmertourisme.com/de

Ver- und Entsorgung

- **La Croix-Valmer,** GPS 43.1950, 6.5474, 145 Chemin des Essarts, 83240 Cavalaire-sur-Mer. Gute EuroRelais Station in ruhiger Lage bei der Kläranlage; reichlich Platz zum Manövrieren. Der Parkplatz ist nicht für Übernachtungen zugelassen und auch nicht sonderlich schön.

148 Stellplatz Ramatuelle

GPS 43.2111, 6.6621

Eine wahre Wohnmobil-Siedlung, aber durchaus ganz nett, wenn man eine größere Gesellschaft mag. Der weitläufige Schotterplatz, gesäumt von Bäumen und Schilf, liegt recht ruhig und nur etwa 100 m vom Strand entfernt (Plage Pampelonne). Ein beliebter Platz, der auch in der Nebensaison noch sehr voll ist.

Lage/Anfahrt: von Ramatuelle via D61 und D93 nach Osten; dann rechts auf die Route de Bonne Terrasse, die einmal scharf nach rechts und dann wieder nach links knickt, ehe man den Platz erreicht; **Platzanzahl:** ca. 100; **Preiskat.:** €€; **Max. Stand:** unbegrenzt, aber nur in Blöcken zu je 2 Tagen zu reservieren: **Geöffnet:** ganzjährig; **Adresse/Kontakt:** 1550 Route de Bonne Terrasse, 83350 Ramatuelle; **Hinweis:** Im Sommer kommt gegen 8.30 Uhr der Bäcker. Im nördlichen Teil des Strandes erstreckt sich ein FKK-Bereich.

400pr-rh

Parken

P 121 Friedhof, GPS 43.1972, 6.5481. Hinter dem Friedhof findet man einen großen, ruhigen Parkplatz unter hohen Bäumen.

In La Croix-Valmer lohnt es sich, die D559 zu verlassen, um der D93 in Richtung **Ramatuelle** zu folgen. Aber Achtung: Das kleine Sträßchen ist zwar wunderschön und führt durch eine paradiesische Landschaft, in der die alten Fischer- und Ferienhäuschen noch nicht alle vom Tourismus vernichtet wurden, aber es ist schmal und höchst kurvenreich. Mit größeren Reisemobilen und in der Hauptsaison hält sich der Genuss sicher in Grenzen, aber wir sind die Strecke schon mal in der Nachsaison an einem Sonntagmorgen gefahren, solange alles noch schlief oder beim Frühstück saß – und wir waren wirklich begeistert!

Bei Ramatuelle stößt man auf die etwas breitere D61, der man in Richtung Küste folgen kann, um dann rechts abzubiegen und nahe dem langgestreckten Sandstrand **Plage de Pampelonne** einen der größten Wohnmobilstellplätze 148 der ganzen Côte d'Azur zu finden. Er ist sicher nicht nach jedermanns Geschmack, aber immerhin ein richtiger Wohnmobilplatz in Strandnähe und damit so ziemlich das Beste, was die gesamte Côte d'Azur Wohnmobilisten zu bieten hat.

La Croix-Valmer: Blick auf den Plage du Débarquement

SAINT-TROPEZ

(44 im – km 95)

Fährt man von Ramatuelle auf der D61 weiter nach Norden, so gelangt man bald wieder zur Küste und stößt dort auf die D98A. Jetzt heißt es, sich zu entscheiden: rechts nach Saint-Tropez oder links die Fahrt entlang der Küste fortsetzen und Saint-Tropez einfach links (nein, rechts!) liegen lassen? In der Hauptsaison würde sich uns die Frage gar nicht erst stellen. Und selbst außerhalb der Saison wird man sich schwertun, einen Parkplatz für sein rollendes Zuhause zu finden, denn die größeren Plätze sind alle mit Verbotstafeln ausgestattet. Andererseits: die Côte d'Azur besuchen und dann nicht in Saint-Tropez gewesen sein? Wer sich den legendären Ferienort nicht entgehen lassen will, entscheidet sich vielleicht für einen Kompromiss: Er kann sich auf einem (relativ) nahen Campingplatz einquartieren – etwa bei Port Grimaud 149 – und dann per Fahrrad, Bus oder Fähre nach Saint-Tropez gelangen. Wer allerdings darauf hofft, dort allerlei Promis zu begegnen, der wird vermutlich enttäuscht sein, denn den Stars und Sternchen ist der Trubel offensichtlich auch zu viel und was man von ihnen sieht, sind meist nur die dicken Jachten.

Gewiss lebt „Saint-Trop" bis heute überwiegend von Filmstars und der High Society, von Mythen und Klischees. Aber die Stadt besteht nicht nur aus Glitzer-Partys und Nobel-Boutiquen. Noch vor Brigitte Bardot und Louis

357pr-as©Aleh Varanishcha

Der Mythos von „Saint-Trop"

Das einst verschlafene Fischerdorf wurde – wie so oft – zunächst von den Künstlern entdeckt. 1892 kam Paul Signac, begeistert vom Licht und dem Blau des Meeres, und entwickelte hier den (heute würde man sagen „etwas verpixelten") Pointillismus. Ihm folgten Manguin, Matisse, Bonnard und später auch Picasso, aber auch Schriftsteller wie Le Cocteau, Colette und Françoise Sagan, Modemacher, erste Filmstars wie Erol Flynn und die aus den USA ausgewiesene Anarchistin Emma Goldmann – ein recht illustrer Haufen, der eine Atmosphäre von Bohème und Freizügigkeit schuf, aber bis dahin weitgehend „unter sich" blieb.

Alles änderte sich 1956, als Roger Vadim mit seinem Filmteam hier abstieg, um den Film „Et Dieu… créa la femme" („Und immer lockt das Weib") zu drehen, der seine Frau Brigitte Bardot zum Weltstar und Sexsymbol machte und Saint-Tropez den Ruf eines sittenlosen Sündenbabels eintrug. Ein Ruf, der – wen wundert es? – das Hafenstädtchen erst recht zum Magneten machte. 1964 wurde am Strand von Pampelonne der Bikini zum ersten Mal als „Einteiler" getragen (also „oben ohne") und Saint-Tropez entwickelte sich zum Partytreff der Reichen und Schönen.

Weitere Filme setzten auf dieser neuen Freizügigkeit auf – mit Louis de Funès, der als „Gendarm von Saint-Tropez" über die Leinwand tobte, um dem sittenlosen Nacktbaden Einhalt zu gebieten. Die Gendarmerie von Saint-Tropez ist inzwischen geschlossen und beherbergt das Musée de la Gendarmerie et du Cinéma mit zahlreichen Erinnerungsstücken an die burlesken Gendarme-de-Saint-Tropez-Filme. Und davor kann man Brigitte Bardot in nackter Schönheit bewundern – als Bronzestatue mit Aphrodite-Anspielung.

Diese Filme taten ein Übriges, um auch breitere Massen in den Badeort zu locken – was andererseits die Hautevolee für einige Zeit vergraulte. Inzwischen ist Saint-Tropez aber auch bei den Promis wieder „in". Heutzutage lassen sie sich hier aber lieber auf ihren Jachten bewirten – und dabei manchmal vom Kai aus bestaunen.

de Funès war Saint-Tropez ein Künstler-Treff und die Stadt beherbergt nach wie vor eine Reihe sehenswerter Museen wie das Musée de l'Annonciade. Die Lage der Stadt bewahrt auch ohne Filmglanz den Charme, der die Maler und Schriftsteller damals angelockt hat. Und in ruhigeren Zeiten zeigen die Gassen und Plätze ein ganz anderes Gesicht.

Information

› **Saint-Tropez Tourisme,** 8 Quai Jean Jaurès, 83990 Saint-Tropez, Tel. 0494974521, www.sainttropeztourisme.com

Sehenswertes

› **Musée de l'Annonciade,** 2 Place Georges Grammont, 83990 Saint-Tropez, Tel. 0494178410, www.saint-tropez.fr/culture/musee-de-lannonciade, Di.–So. 10–18 Uhr (in der Hauptsaison), 6 €. Die ehemalige Kapelle zeigt Werke aus dem 19. und 20. Jh. mit Schwerpunkt auf Künstlern, die in Saint-Tropez gearbeitet haben.

› **Musée de la Gendarmerie et du Cinéma,** 2 Pl. Blanqui, 83990 Saint-Tropez, Tel. 0494559020, Jan.–Okt. 10–18 Uhr, Nov./Dez. 10–17 Uhr, 5 €. Das filmhistorische Museum in der ehemaligen Polizeistation ist in erster Linie den Funès-Filmen gewidmet, die hier spielen, befasst sich aber auch mit der Geschichte des Kinos in Saint-Tropez.

Essen

› **Café Sénéquier,** 29 Quai Jean Jaurès, 83990 Saint-Tropez, Tel. 0494972020, www.senequier.com. Traditionsreiches Café seit 1887 und eine Institution in Saint-Tropez, berühmt für seinen weißen Nougat und mit guter französischer Küche (Fisch- und Fleischgerichte) zu eher gehobenen Preisen.

› **Le Gorille,** 1 Quai Suffren, 83990 Saint-Tropez, Tel. 0494970393. Neben dem Sénéquier gelegen mit schönem Blick auf den Hafen und ebenfalls eine Legende, seitdem Brigitte Bardot es zu ihrem bevorzugten Bistro erwählte.

◁ *Im Hafen von Saint-Tropez versammeln sich die Luxusjachten*

Aktivität

› **Strandwanderung:** Startet man vom Hafen von Saint-Tropez nach Osten, so passiert man den Cimetière Marin (Seemannsfriedhof) und erreicht nach etwa 30 bis 40 Minuten die Baie des Cannebiers. Von dort aus führt der „Sentier Littoral" (Küstenpfad) am Meer entlang bis zum Plage de Tahiti am Nordende des langgestreckten Plage de Pampelonne. Für die gesamte Strecke sind etwa 3 bis 4 Stunden zu rechnen.

Der Nachbarort **Port Grimaud** am Ende der Bucht bietet einige Strände und Campingplätze und eignet sich als Basis für einen Besuch von Saint-Tropez. Aber auch das dortige **„Kleinvenedig aus der Retorte"** lohnt einen Bummel, obwohl die künstliche Lagunenstadt mit ihren Brücken, Kanälen und pastellfarbenen Häusern eher als Zweitwohnsitz für Jachtbesitzer aus dem Boden (oder eher aus dem Wasser?) gestampft wurde. Der Architekt François Spoerry hat hier in den 1960er-Jahren an einem rund 5 km langen Labyrinth künstlicher Kanäle an die 2000 Ferienhäuser geschaffen, die meist direkt am Wasser liegen und einen eigenen Anlegesteg besitzen. Das Ensemble krönt ein Gotteshaus im Stil einer Wehrkirche mit Fenstern von Victor Vasarély. Man mag von solchen Ferienanlagen halten, was man will, aber es gibt zweifellos weit weniger gelungene. Inzwischen hat sich dieses künstliche Venedig zur eigenen Attraktion entwickelt und so eine Art „Sekundär-Tourismus" ausgelöst: Touristen, die kommen, um zu sehen, wie andere Touristen wohnen. **Achtung:** Die von manchen Publikationen empfohlene **Aire Municipale von Port Grimaud** (GPS 43.2797, 6.5779) existiert nicht. Dort befindet sich ein Parkplatz mit Höhenbegrenzung. Auch sonst war aktuell kein Stellplatz zu entdecken. Der nächste befindet sich bei Saint Maxime 150.

Information

› **Office de Tourisme de Port Grimaud,** 667 Rue de l'Amarrage, 83310 Grimaud, Tel. 0494554383, www.visitgrimaud.de

149 Camping De la Plage ★★★, Port Grimaud

GPS 43.2819, 6.5862
Komfortabler, sauberer und angenehm naturnaher Campingplatz am Golf von Saint-Tropez mit Restaurant, Laden, Spielplatz und Freizeitaktivitäten. Nur einen Spaziergang entfernt von der Lagunenstadt und der Anlegestelle der Fähren nach Saint-Tropez. Seine teils bis zu 200 m² großen Stellplätze liegen entweder direkt am Meer oder auf der anderen Straßenseite im schattigen Pinienwald. Beide Teile sind durch eine Fußgänger-Unterführung verbunden. **Lage/Anfahrt:** direkt an der Küstenstraße D559; **Preiskat.:** €€€€; **Geöffnet:** 8.4.–17.10.; **Adresse/Kontakt:** Route du Littoral 2226, 83310, Grimaud; Tel. 0494563115, www.camping-de-la-plage.de; **Tipp:** Fährverbindungen nach Saint-Tropez vom Anleger nahe der Capitainerie (30 Min. Fahrtdauer, 9 €). Preisgünstiger wäre die Buslinie 7801 (3 €, Fahrtdauer 12 Min.), doch die Haltestelle südlich der Lagune ist weit vom Campingplatz entfernt.

Essen

› **La Table du Mareyeur,** 10–11 Rue des Artisans, 83310 Grimaud, Tel. 0494560677, www.mareyeur.com. Wo es viele Segler gibt, gibt es meist auch gute Küche. Dieses Restaurant am Jachthafen und gleich gegenüber des großen Parking du Port beweist es einmal mehr. Hier sind natürlich besonders Fischgerichte sowie Krusten- und Schalentiere angesagt – aber es gibt auch einige ausgezeichnete Fleischgerichte wie das Filet de Bœuf de Montbéliard. Als Vorspeise sind die Moules gratinées zu empfehlen. Die Preise sind nicht niedrig, aber für diese Gegend durchaus angemessen.

Sainte-Maxime an der Nordseite der Bucht, gegenüber von Saint-Tropez, ist mehr ein

150 Stellplatz Sainte-Maxime

GPS 43.3172, 6.6302
Eine relativ großer, stadtnaher Parkplatz. Nicht sonderlich schön und mit viel Verkehrslärm (nachts soll es besonders im hinteren Teil überraschend ruhig sein). Trotzdem ist der Platz auch in der Nachsaison meist sehr voll, denn in dieser Gegend darf man nicht wählerisch sein. **Lage/Anfahrt:** die Stadt auf der D25 durchqueren und nahe dem nördlichen Stadtrand im Kreisverkehr links nach Westen abbiegen; **Platzanzahl:** ca. 40; **Preiskat.:** €€; **Max. Stand:** unbegrenzt; **Geöffnet:** ganzjährig; **Adresse/Kontakt:** Rondpoint de Neuenbürg; **Hinweis:** Es wird kein Campingverhalten toleriert.

358pr-rh

Badeort für Familien und der einzige im Umkreis, der einen „echten“ Wohnmobil-Stellplatz besitzt.

Information

› **Office de Tourisme de Sainte-Maxime,** 21 Pl. Louis Blanc, 83120 Sainte-Maxime, Tel. 0494557555, www.sainte-maxime.com

Schon ab Saint-Tropez kommt man eigentlich aus besiedelten Gebieten überhaupt nicht mehr heraus. Eine Ortschaft geht in die andere über und ohne gelegentliche Ortstafeln wüsste man gar nicht mehr, in welcher man sich gerade befindet. Die D559 zieht sich an der hier etwas flacheren Küste entlang, die Platz für Bebauung lässt. Man passiert zahlreiche verlockende Sandstrände, die man aber leider nur durch das Fenster bewundern kann, weil die zugehörigen Parkplätze für Wohnmobile gesperrt sind. Dies betrifft vor allem strandnahe Parkplätze, während andere Parkplätze für Wohnmobile zugelassen sind, die zwar nicht direkt am Strand liegen, aber teilweise trotzdem einen schönen Meerblick bieten.

Die miteinander verwachsenen Küstenorte **Les Issambres** und **Saint Aygulf** sind beliebte Ferienzentren ohne besonderes Flair. Wenn Sie hier das Strandleben genießen wollen, sind Sie auf Campingplätze angewiesen, denn offenbar hat man ab Saint-Tropez für Wohnmobilisten noch weniger übrig als dies an der ganzen Côte d'Azur ohnehin schon der Fall ist. Auf der gesamten Strecke bis nach Nizza gibt es nur einen wirklichen Stellplatz – und das ist der private Platz Chez Marcel (151). Eine Reihe weiterer Stellplätze, die teils in anderen Publikationen noch empfohlen werden, existieren nicht mehr oder wurden für Reisemobile abgeriegelt. Man kann viel Zeit damit verlieren, sie zu finden und es ist immer ärgerlich, wenn man sich durch lange Staus quält oder kreuz und quer durch die Straßen einer Innenstadt windet, nur um dann vor einer Barriere zu stehen oder vor einem Abstellplatz für Baufahrzeuge.

(151) Aire Privée Chez Marcel, Roquebrune-sur-Argens

GPS 43.3660, 6.7117

Professionell geführter, privater Top-Stellplatz mit viel Komfort und allem, was man sich wünscht. „Marcel“ heißt tatsächlich Jacky und versteht sein Geschäft perfekt. Gemessen am Komfort und verglichen mit anderen Plätzen ist der Preis günstig. Backwarenangebot. Sehr zu empfehlen. **Lage/Anfahrt:** von der Küstenstraße D559 links auf die Cor des Issambres und dann gleich rechts; wenn man die Einfahrt verpasst, vor der man schlecht parken kann, dann steht man wenig weiter gleich vor dem Campingplatz; **Platzanzahl:** ca. 70; **Service:** Waschmaschine; **Preiskat.:** €€€; **Max. Stand:** unbegrenzt; **Geöffnet:** ganzjährig; **Adresse/Kontakt:** 4439 Corniche des Issambres, 83380 Roquebrune-sur-Argens; **Hinweis:** Strand, Geschäfte und Restaurants sind ganz in der Nähe; zudem gibt es einen guten Radweg, der direkt vor dem Platz vorbeiführt.

359pr-rh

FRÉJUS UND DIE ESTEREL-KÜSTE

(36 km – km 131)

Viele Städte an der Côte d'Azur gehen auf römische Gründungen zurück, doch ist in keiner die römische Vergangenheit so greifbar wie in Fréjus. Zu ihrer Blütezeit um Christi Geburt zählte die Stadt bereits ungefähr 40.000 Einwohner (fast ebenso viele wie heute!), ihre über 2 m starke Stadtmauer war rund 3,5 km lang und ihr Hafen groß genug für über 300 Galeeren.

Zu den heute noch erhaltenen Resten der Römerzeit zählt vor allem das **Amphitheater** mit Platz für rund 12.000 Zuschauer, das im Mittelalter als Steinbruch ausgeplündert wurde, aber seit seiner Restaurierung wieder als Bühne für verschiedenste Veranstaltungen dient. Weiterhin sind noch einige Sitzreihen des römischen Theaters zu sehen, Reste der Thermen und der Stadtmauer sowie einige Bögen des Aquädukts.

Aber auch wenn man sich nicht für römische Ruinen interessiert, ist ein Bummel durch die Gassen der **Altstadt** zu empfehlen. Sie ist von einer entspannten Atmosphäre geprägt – ganz im Gegensatz zum Trubel der Badeorte – und besitzt mit der imposanten, um 1200 errichteten Kathedrale eines der ältesten Sakralgebäude Frankreichs.

Wer mit Kindern unterwegs ist, wird sich eventuell schon vor Erreichen der Stadt zu einem Halt gezwungen sehen, denn dort lockt direkt an der D559 (und nur schwer zu übersehen) **Aqualand,** einer der größten Wasserparks des Landes mit einem gigantischen Wellenbad, spektakulären Wasserrutschen, einer Abenteuerlagune und zahlreichen anderen Attraktionen.

Malpasset – die hausgemachte Katastrophe

Der Staudamm von Malpasset wurde 1954 als Wasserreservoir für die Küstenorte fertiggestellt. Die Mauer war rund 100 m hoch und der Stausee fasste etwa 50 Mio. m³ Wasser. Leider hielt das Bauwerk nur fünf Jahre lang. Als der Stausee nach starken Regenfällen nahezu randvoll war, wurde in der Nacht des 2. Dezember 1959 gegen 21 Uhr nahezu die komplette Staumauer durch den Druck weggerissen und eine anfangs etwa 50 m hohe Flutwelle raste mit fast 80 km/h zu Tal. Die Weiler Malpasset und Bozon wurden komplett weggefegt und vernichtet. Etwa 20 Minuten später erreichte die Flutwelle mit immerhin noch 3 m Höhe Fréjus und begrub weite Teile der Stadt unter Schlamm. Insgesamt hat die Katastrophe über 420 Menschenleben gekostet und Schäden in Höhe von fast 100 Mio. Euro verursacht. Das damals bereits weitgehend ausgegrabene Amphitheater von Fréjus wurde binnen Minuten komplett von der Schlammlawine verschüttet und musste ein zweites Mal freigelegt werden.

Information

- **Office de Tourisme,** 249 Rue Jean Jaurès, 83600 Fréjus, Tel. 0494518383, https://frejus-tourismus.de

Sehenswertes

- **Amphitheater,** 296 Rue Henri Vadon, 83600 Fréjus, Tel. 0494518383, Jan.–März und Okt.–Dez. Di.–Sa. 9.30–12 und 14–16.30 Uhr; April–Sept. Di.–So. 9.30–12.30 und 14–18 Uhr, an Feiertagen geschlossen, 3 €, Fréjus-Pass für vier Sehenswürdigkeiten 6 €
- **Kathedrale,** 1. Sept.–27. Apr. Di.–So. 10–13 und 14–17 Uhr, 28. Apr.–31. Aug. Di.–So. 10–18 Uhr, 6 €, www.cloitre-frejus.fr/en
- **Aqualand,** Camp de l'Abbé, 462 Route départementale 559, 83600 Fréjus, Tel. 0494518251, www.aqualand.fr/frejus, GPS 43.4194, 6.7285, Mitte Juni–Anf. Sept. tgl. 10–18 Uhr, Mitte Juli–Mitte Aug. bis 19 Uhr, Erw. 32 €, Kinder (4–10 J.) 25 €, Parkplatz 4 €

Das mit Fréjus zusammengewachsene **Saint-Raphaël** ist ein beliebtes und belebtes Seebad, hat aber keine kulturhistorischen Attraktionen und auch für Reisemobilisten nicht viel zu bieten. So ist man eher froh, wenn man den dichten Verkehr und die Ampeln endlich hinter sich hat.

Am Meer entlang und hinter dem Cap Dramont vorbei, erreicht man den noch zu Saint-Raphaël gehörenden Badeort **Agay** mit einigen schönen Campingplätzen und einem ersten Blick auf die roten Felsen des Esterel-Gebirges.

Information

› **Office de Tourisme,** Place Charles Giannetti, 83530 Saint-Raphaël, Tel. 0494820185, www.saint-raphael.com/de (die französische Seite bietet deutlich mehr Informationen)

Essen

› Besonders zu empfehlen ist das Restaurant des Camping Agay-Soleil 152.

152 Camping Agay-Soleil **, Agay/Saint-Raphaël

GPS 43.4331, 6.8685

Kleiner, eher einfacher, aber sehr sympathischer und familiärer Platz in perfekter Lage direkt am Meer. Der Stellplatz hat eine lange Tradition und eine sehr angenehmer Atmosphäre. Man steht hier mit bestem Meerblick. Direkt am Platz gibt es ein ausgezeichnetes Restaurant. Einer unserer Lieblingsplätze in weitem Umkreis. Im Juli und August hundefrei.; **Lage/Anfahrt:** Einfahrt im östlichen Ortsteil direkt von der Küstenstraße D559; **Preiskat.:** €€€€; **Geöffnet:** 20.3.–5.11.; **Adresse/Kontakt:** 1152 Boulevard de la Plage RD559, 83530 Agay, Tel. 0494820079, www.camping-agay-soleil.com/de; **Tipp:** Das ausgezeichnete Restaurant lohnt einen Besuch, auch wenn man nicht auf dem Platz übernachtet! Von seiner Terrasse genießt man einen traumhaften Blick auf das Meer und die Fischgerichte und Meeresfrüchte sind so köstlich, dass auch die Einheimischen zum Essen hierher kommen.

360pr-rh

Vom Parkplatz Togo in Agay Plage blickt man auf die roten Felsen des Esterel-Gebirges

Parken

P 122 **Parkplatz Togo, Agay Plage,** GPS 43.4331, 6.8567. Schlichter Parkplatz hinter dem Bahndamm. Nicht sonderlich schön, aber recht ruhig (solange kein Zug fährt), nahe dem Strand und mit Blick auf die rote Felsen des Esterel-Gebirges. Lage/Anfahrt: von der Küstenstraße D559 im Kreisverkehr links auf die D100, unter der Bahnlinie hindurch und gleich wieder links; Platzanzahl: ca. 40; Service: keiner; Preise: kostenlos; Max. Stand: unbegrenzt; Geöffnet: ganzjährig; Adresse/Kontakt: Rue Agathonis.

Hinter Agay erheben sich die leuchtend roten Felsen des **Esterel-Gebirges** aus dem Meer – der landschaftlich mit Sicherheit schönste Abschnitt der gesamten Côte d'Azur. Das 250 Millionen Jahre alte Gebirgsmassiv besteht aus vulkanischem Porphyrgestein, dessen kräftiges Rot sich malerisch vom Blau des klaren Wassers abhebt. Dass der Fels so eindrucksvoll hervortritt, verdankt er verheerenden Waldbränden, die in den letzten Jahrzehnten die einst üppigen Kork- und Steineichenwälder weitgehend vernichtet haben und nur nacktes Gestein zurückließen.

Die Küstenstraße zieht sich hoch über dem Meer durch die schroffen Klippen, gegen deren Fuß das Meer brandet. Immer wieder gibt es kleine Parkplätze, um die wilde Schönheit in Ruhe zu bewundern. Außerhalb der Saison findet man dort fast immer ein Plätzchen und selbst in der Saison hat man den Vorteil, dass nur wenige Fahrzeuge dort länger parken – außer einigen Wohnmobilisten, die auf diesen Felsbalkonen gerne Kaffee trinken.

Siedlungen gibt es entlang der rauen Küste kaum und auch nur wenige kleinere Straßen, die in die Berge hinaufführen. Aber um den Zauber der Felslandschaft mit ihren Türmen, Zinnen, Grotten und Naturbrücken zu genießen, sollte man spätestens hier einmal die Wanderstiefel aus dem Staukasten holen und die Berge einige Stunden zu Fuß erkunden – allerdings besser nicht während einer zu heißen Tages- oder Jahreszeit.

361pr-as©lukaszimilena

Aktivität

› **Wandern:** Von Agay führt die gut ausgebaute D100 (Av. des Golfs) nach Norden das Tal hinauf. Knapp 2 km weiter weist ein Schild nach rechts den Weg zum „Massif de l'Esterel". Ab hier folgt man nur noch schmalen, recht abenteuerlichen Sträßchen in eher rauem Zustand, die für größere Reisemobile nicht zu empfehlen sind. Außerdem muss man spätestens um 21 Uhr zurück sein, denn ab hier darf man zwischen 21 und 6 Uhr weder fahren noch parken. Entlang der Rue du Gratadis, die zum gleichnamigen Forsthaus führt, passiert man einige schöne Picknickplätze. Bei der Gabelung vor einem kleinen See geht es links hinauf zum **Parkplatz im Col de Belle Barbe,** von wo man nach Osten (Wegweiser) zu der malerischen Schlucht **Mal Infernet** wandern kann. Fährt man an der Gabelung rechts und dann wieder scharf rechts, so gelangt man durch schroffe Berglandschaft mit Pinien und Steineichen zum **Parkplatz Roc Barthélémy** mit einem schönen Ausblick. Ab dort ist die Straße gesperrt und nur noch per Fahrrad weiter zu erkunden. Wer gut zu Fuß ist, kann auf steinigen Wegen bis zum 453 m hohen Pic du Cap Roux hinaufsteigen, um den Panoramablick zu genießen (hin und zurück ca. 2½ Stunden). Eine weitere sehr schöne Wanderung (mittelschwer, 4,5 km, ca. 2 Std.) führt vom **Parking de la Sainte Baume** mit weitem Ausblick über Felsen und Meer zum **Cap Roux** (454 m). Details dazu siehe https://circuits.esterel-cotedazur.com/itineraire/randonnee-le-tour-du-cap-roux.

123 Col de Belle Barbe, GPS 43.4565, 6.8686

124 Roc Barthélémy, GPS 43.4454, 6.8908

125 Parking de la Sainte Baume, GPS 43.4590, 6.8969

Malerisch: Bucht bei Fréjus

CANNES UND ANTIBES

(51 km – km 182)

Mit Cannes beginnt die „Hardcore"-Côte d'Azur: Städte wie Antibes, Nizza und Monaco sind für manchen der Grund, hierher zu kommen – und für andere der Grund, die Gegend lieber zu meiden. Als Wohnmobilist wird man eher zu den „anderen" gehören. Es sei denn, man gibt sich damit zufrieden, da „einfach mal durchzutuckern", um diese mondänen Upperclass-Badeorte wenigstens durch die Windschutzscheibe besichtigt zu haben. Denn viel mehr ist nun mal nicht drin. Wohnmobile können und dürfen in Cannes schlichtweg nicht anhalten. Die andere Option: Reservieren Sie rechtzeitig eine Parzelle auf einem Campingplatz – z. B. dem Camping du Pylône 153 – und erkunden Sie die Edel-Metropolen mit Bahn und Bus.

Cannes war schon zu Zeiten von Stéphen Liégard, dem „Erfinder" der Côte d'Azur, der wohl exklusivste Badeort der Welt und Treffpunkt gekrönter Häupter. Seither hat der Massentourismus zwar auch vor diesen heiligen Hallen nicht ganz Halt gemacht, doch es wird immer noch das „etwas Besonderes" gepflegt und großer Wert auf Etikette gelegt. Die Promenade Croisette hat ganz offensichtlich nicht nur während der Filmfestspiele Hochkonjunktur bei Stars und Starlets oder solchen, die sich dafür halten. Großartige Sehenswürdigkeiten gibt es nicht. Nach Cannes kommt man wegen des Flairs – und um zu sehen und gesehen zu werden.

Achtung: Der von manchen Publikationen empfohlene Stellplatz Krlsparc zwischen Cannes und Pegomas bei GPS 43.5767, 6.9342 existiert nicht. Dort befindet sich nur noch ein öder Parkplatz für Lastwagen und Baufahrzeuge.

Information

› **Office de Tourisme,** 1 Blvd de la Croisette, 06400 Cannes, Tel. 0492998422, www.cannes-destination.fr (es ist sicher kein Zufall, dass sich das Fremdenverkehrsamt im Festspielhaus befindet)

Anders als Cannes hat das etwas mehr abseits gelegene **Antibes** eine entspanntere Atmosphäre, eine durchaus reizvolle Altstadt, einen Jachthafen (in dem ebenfalls die Millionärsjachten ankern) und das sehenswerte Picasso-Museum im Grimaldi-Schloss zu bieten. Auch der farbenfrohe provenzalische Markt (Di.–So. vormittags) in den offenen Hallen unterhalb der Festung lohnt einen Besuch. Parkplätze sind allerdings auch hier Mangelware. Selbst der große Parkplatz am Jachthafen und an der Peripherie gelegene Parkplätze sind für Wohnmobile nicht zugelassen. Sofern man nicht außerhalb der Saison und mit einem Koffer voll Glück unterwegs ist, fährt man am besten gleich auf einen Campingplatz, um sich unnötigen Stress zu ersparen.

Cannes war schon immer einer der exklusivsten Badeorte der Welt

Nördlich der Stadt gibt es zwar einen Wohnmobil-Stellplatz 154 mit Strom und Ver- und Entsorgung, aber der teure und wenig einladende Platz ist allenfalls eine Notlösung.

Information

› **Office de Tourisme,** Pl. Guynemer, 06600 Antibes, Tel. 0422106010, www.antibesjuanlespins.com

Sehenswertes

› **Musée Picasso,** Grimaldi-Schloss, Place Mariejol, 06600 Antibes, Tel. 0492905428, 16.9.-14.6. Di.-So. 10-13 und 14-18 Uhr, sonst durchgehend 10-18 Uhr, Eintritt 8 €

153 Camping du Pylône ★★, Antibes

GPS 43.6115, 7.1235

Relativ kleiner, familiärer Platz in perfekter Lage 200 m vom Meer und doch nur wenige Schritte von Bahnhof und Busstation entfernt. Großer Pool, einfaches Restaurant. Einen recht großen Teil des Platzes nehmen inzwischen Mobilhomes und dergleichen in Beschlag und es bleiben nur ungefähr 20 Stellplätze für Camper, sodass eine zeitige Reservierung zu empfehlen ist. **Lage/Anfahrt:** südlich des Zentrums von Antibes, nahe der Mündung des Flüsschens La Brague von der D6007 nach Westen auf die Av. Du Pylone; **Preiskat.:** €€€€; **Geöffnet:** April-September; **Adresse/Kontakt:** 189, Avenue du Pylône, La Brague, Tel. 0493335286, www.campingdupylone.com; **Tipp:** Ideal als Basis für Ausflüge mit Bus oder Bahn nach Cannes, Nizza und Monaco.

Picasso in Antibes

Dass Antibes heute ein renommiertes Picasso-Museum besitzt, verdankt die Stadt einem früheren Kurator und seiner Aufgewecktheit. Als er erfuhr, dass Pablo Picasso im nahen Golf Juan in einem für seine Zwecke viel kleinen Haus arbeitete, lud er ihn kurzerhand ein, sein Atelier in die weitläufigen Räume des Grimaldi-Schlosses zu verlegen. Picasso arbeitete dort zwar nur von September bis November 1946, schuf aber in dieser kurzen Zeit zahlreiche Werke, Skizzen und Gemälde, darunter „Les Clés d'Antibes" („Die Schlüssel von Antibes"), das eine ganze Wandfläche einnahm. Als er nach Paris zurückzukehrte, hinterließ er dem Museum 23 Gemälde und 44 Skizzen. Seither haben zahlreiche Keramiken aus der Zeit von 1947/1948, verschiedene Schenkungen und Ankäufe sowie die 1991 von Jacqueline Picasso überlassenen Depotstücke die Picasso-Sammlung des Museums erheblich bereichert.

362pr-rh

154 Stellplatz Marineland, Antibes

GPS 43.6149, 7.1206

Für Wohnmobile reservierter Bereich links auf dem großen, ebenen, aber zeitweise nicht sehr ruhigen Parkplatz P1 vom Themenpark Marineland. Wenig sauber und nicht wirklich empfehlenswert, aber eben der einzige Stellplatz in weitem Umkreis. **Lage/Anfahrt:** Zufahrt über die D4 zum Kreisverkehr direkt vor dem Parkplatz; bei der Einfahrt links halten; **Platzanzahl:** ca. 40; **Sicherheit:** Videoüberwachung; **Preiskat.:** €€€; **Max. Stand:** unbegrenzt; **Geöffnet:** ganzjährig; **Adresse/Kontakt:** 464 Route Départementale, 06600 Antibes.

364pr-as©saiko3p

NIZZA (NICE)

(34 km – km 216)

Nizza (Nice) ist die Hauptstadt des Départements Alpes-Maritimes und mit 350.000 Einwohnern die mit Abstand größte Stadt an der Côte d'Azur. Als lebendige Großstadt und Badeort zugleich hat die Metropole eine Menge zu bieten: eine verträumte Altstadt mit malerischen Gassen, eine endlose Auswahl an Geschäften und Boutiquen, den berühmten Blumenmarkt und die noch bekanntere Promenade des Anglais. Außerdem besitzt sie einen breiten Badestrand an der Baie des Anges, den (Paris jeweils ausgenommen, versteht sich) größten Flughafen des Landes und mehr Museen als irgendeine andere Stadt Frankreichs. Aber eines hat diese wunderbare Stadt eben nicht – und das ist ein Wohnmobilstellplatz. Und mit Parkplätzen für Wohnmobile sieht es leider auch nicht viel besser aus. Die besten Chancen hat man vielleicht noch auf dem großen Parkplatz am Kongresszentrum (GPS 43.7069, 7.2816). Wer also unbeschwert und ohne Stress durch die Gassen und über die Promenaden flanieren will, der sollte sich besser in der Umgebung einquartieren und mit dem Zug anreisen (z. B. ab Antibes, s. S. 267). Dann entfällt nicht nur die Parkplatzsuche, sondern man ist gleich vor dem Bahnhof schon mitten im Geschehen.

Information

- **Office de Tourisme,** 5 Prom. des Anglais, 06000 Nice, Tel. 0492144614, https://de.nicetourisme.com

Sehenswerter

- **Musée des Beaux Arts,** 3 Av. des Baumettes, Tel. 0492152828, www.musee-beaux-arts-nice.org, Di.–So. 10–18 Uhr. Die Sammlungen von Gemälden und Skulpturen umfasst fünf Jahrhunderte: italienische Kunst des 15. und 16. Jh., französische und italienisch-flämische Malerei des 17. und 18. Jh. sowie französische Skulpturen und Malerei des 19. und 20. Jh. mit Werken von Vanloo, Fragonard, Dufy, Chéret, Bronzino, Gustave-Adolphe Mossa und Rodin.
- **Musée d'Art Moderne et d'Art Contemporain,** Place Yves Klein, Tel. 0497134201, www.mamac-nice.org, Di.–So. 10–18 Uhr. Das Museum für moderne und zeitgenössische Kunst zeigt rund 1300 Werke der Neuen Realisten (César, Arman, Niki de Saint-Phalle), der Pop-Art (Andy Warhol, Wesselmann), der Fluxus-Gruppe (Ben Vautier), der Minimal- oder Konzeptkunst und der Schule von Nizza.
- **Musée National Marc Chagall,** 36 Av Docteur Ménard/Ecke Blvd de Cimiez, Tel. 0493538720, Mi.–Mo. 10–18 Uhr (Nov.–April nur bis 17 Uhr), 8 €. Diese Dauerausstellung ist eine der größten öffent-

Am mondänen Stadtstrand von Nizza

Nizza

Autobahn
Chagall-Museum, Matisse-Museum
Archäologisches Museum
GARE THIERS
Hauptbahnhof
Rue Reine Jeanne
Bd. Gambetta
R. Abbé Grégoire
Avenue Thiers
Rue de Belgique
Rue d'Alsace Lorraine
Rue de Suisse
Rue d'Italie
Avenue Georges Clémenceau
Avenue Durante
Rue Paganini
Rue de Russie
Rue d'Angleterre
Rue Paul Déroulède
Bd. Raimbaldi
Rue Assalit
Rue Lamartine
Rue Miron
Rue Pertinax
Rue de Paris
Av. Desambrois
Rue de Lépante
Avenue Notre Dame
R. E. et Ph. Tiranty
Avenue Maréchal Foch
Rue Biscarra
Rue Deudon
Rue Lamartine
Rue Galléan
Boulevard
Einkaufszentrum „Nice Étoile"
JEAN MÉDECIN
Avenue Jean Médecin
Rue G. Deloye
R. Blacas
Rue Pastorelli
Rue Alberti
R. A. de Grasse
R. Louise Ackerman
Rue Guiglia
Rue Rossini
Rue Berlioz
Rue Gounod
Av. Aubert
Rue Rossini
Rue Verdi
Av. Emilia
R. Kosma
Rue Herold
Rue Berlioz
Av. Baquis
Rue Verdi
ALSACE LORRAINE
Boulevard Victor Hugo
Rue du Congrès
Rue Macarani
Rue Grimaldi
Rue Alphonse Karr
Boulangerie Multari
Rue du Maréchal Joffre
Rue Dalpozzo
Rue Cronstadt
Passage Merlanzone
Rue de Rivoli
Rue Meyerbeer
Rue de la Buffa
Place Grimaldi
Rue de la Liberté
Pl. Magenta
Rue Masséna
R. Paradis
R. S. Guitry
Rue Chauvain
Rue
MASSÉNA
Place Masséna
Rue de France
Rue de France
R. Royale
Rue Massenet
Av. de Suède
Rue Halevy
R. Gustave V
Av. de Verdun
Jardin Albert I.
Boulevard
Rue Alexandre Mari
Av. des Phocéens
R. Saint François de Paule
Palais Masséna
126
Promenade des Anglais
Sporting Plage
Lido Plage
Ruhl Plage
Galion Plage
Plage du Centenaire
Opéra Plage
Sonstiger Stellplatz
126 Stellplatz Francis Teisseire, St-Laurent-du-Var
BAIE DES ANGES
MITTELMEER

0 200 m
© Reise Know-How 2024
Autobahn
Palais des Expositions
Franziskaner-Kloster
Cimiez
Rond Point d'Ostende
Av. de Normandie
Montée de Cimiez
Avenue des Arènes de Cimiez
Rue El-Nouzah
Voie Malraux
R. J. Allegré
Bd. J.-B. Verany
Bd. Pierre Sola
Avenue d'Alsace
Avenue de Picardi
Avenue Emile Bieckert
Avenue Mantegna
Vieux Chem. de Cimiez
C. Cimiez
Boulevard Carabacel
Montée de l'Hermitage
Avenue Paulliani
Avenue Gallieni
Esplanade Kennedy
Avenue de la République
R. Léotardi
R. Maraldi
Bd. du Général Louis Delfino
Rue Barberis
Acropolis
Kongresszentrum Acropolis
Promenade des Arts
Rue Ed. Béri
R. P. Devoluy
Rue Dubouchage
Rue Delille
Rue Tonduti
Rue Gioffredo
Rue Defly
Rue de l'Hôtel des Postes
Sq. D. Durandy
Durandy
Av. Jean Baptiste
Av. Saint-Sébastien
Rue de Roquebillière
R. Beaumont
Rue Georges Ville
R. Smolett
Rue Ribotti
Rue Auguste Gal
Scaliero
R. de Orestis
Rue Caïs Pierlas
Rue Barla
Rue Papon
Garibaldi
Place Garibaldi
Place J. Toja
Rue de la Gubernatis
Rue Foncet
R. Alfr. Mortier
R. d. Niel
Rue du Lycée
Gioffredo
Musée d'Art Moderne et d'Art Contemporain
Gredis le Château
Rue Cassini
R. Bover
R. Seytour
Rue Em. Philibert
Rue François guisol
Rue Bonaparte
Rue Lascaris
Rue Bavastro
R. Fodéré
Rue Arson
Bd. Lech Walesa
Avenue Félix Faure
Promenade du Paillon
R. Sincaire
Rue Catherine Ségurane
R. M.
Cathédrale-Vieille Ville
Kirche Notre-Dame-du-Port
Jean Jaurès
Opéra-Vieille Ville
Rue Raoul Bosio
Pl. du Palais de Justice
Musée de la Photographie Charles Nègre
Rue de la Préfecture
R. A Gauthier
Pl. Île de Beauté
Port Lympia
Musée de Préhistoire de Terra Amata
Quai Cassini
Bd. Carnot
Marché aux Fleurs
Pl. Pierre Gautier
Rue Barillerie
Cours Saleya
Cours J. Chirac
Quai des Etats-Unis
Colline du Château
Q. Papacino
Hafen
Bassin Lympia
Q. des Docs
Quai des Deux Emmanuel
Boulevard de Stalingrad
Av. J. Martin
Montée Cdt. Oktobon
Bd. Franck Pilatt
Rue de Foresta
Quai Lunel
Quai Amiral-Infernet
Castel Plage
Place du 8 Mai 1945
Quai Rauba Capeu
Place Guynemer
Quai du Commerce
Bassin du Commerce
Quai Île de Beauté

lichen Marc-Chagall-Sammlung. Sie umfasst über 400 Werke des Malers – darunter zahlreiche Werke zu Themen des Alten Testaments, ergänzt durch weltlich und weitere religiös geprägte Werke.

- **Musée de la Photographie Charles Nègre,** 1 Place Pierre Gautier, Tel. 0497134220, www.museephotographie.nice.fr, Di.–So. 10–18 Uhr (Galerie 10–12.30 und 13.30–18 Uhr). Das heute wieder mitten in der Altstadt von Nizza angesiedelte Museum bietet monografische Sonderausstellungen der bedeutendsten Namen der Fotografie und präsentiert verschiedene Entstehungsarten von alter Fotografie bis zum Digitalbild.
- **Musée de Préhistoire de Terra Amata,** 25 Blvd Carnot, Tel. 0493555993, www.musee-terra-amata.org, Mi.–Mo. 10–18 Uhr (Nov.–April nur bis 17 Uhr). Das Museum zeigt ein 400.000 Jahre altes Mammutjäger-Camp und Rekonstruktionen prähistorischer Behausungen.
- **Museumspass:** Mit einem 4-Tage-Museumspass für 15 € können Sie zehn städtische Museen und Galerien besuchen. Der Pass ist in den teilnehmenden Institutionen erhältlich.
- **French Riviera Pass:** Dieser Pass umfasst neben kostenlosem Eintritt zahlreiche weitere Angebote wie Aktivitäten, Exkursionen und Serviceleistungen in Nizza und der weiteren Umgebung. 24 Std. für 28 €, 48 Std. für 40 € und 72 Std. für 59 €, Details unter https://de.frenchrivierapass.com.

Stell- und Campingplätze

Nizza selbst hat keinen Stellplatz für Wohnmobile zu bieten. Der manchmal empfohlene Parkplatz am Ufer des Var (Chemin de la Digue) existiert nicht mehr – falls er je existiert hat. Verschwenden Sie keine Zeit mit der Suche!

Und auch in der weiteren Umgebung von Nizza findet man absolut nichts Brauchbares. Die Aire Municipale an der Route des Pugets von St. Laurent du Var ist geschlossen und der einzige überhaupt noch existierende Platz **Parking F. Teisseire** (s. unten) beschränkt sich auf vier enge Parkbuchten. Daher können wir den ruhigen kleinen Campingplatz nur wenig außerhalb der Stadt als Übernachtungsmöglichkeit empfehlen.

Sonstiger Stellplatz

S 126 Stellplatz Francis Teisseire, St-Laurent-du-Var, GPS 43.6664, 7.1957. Offizieller Stellplatz der Stadt mit vier für Wohnmobile reservierten, engen Parkbuchten in einem lauten Winkel zwischen der A8, der Bahnlinie und einem Industriegebiet. Lage/

365pr-rh

155 Camping Val Fleurie ★★★, Cagnes-sur-Mer

GPS 43.6870, 7.1557

Lassen Sie sich von der Anfahrt durch das Tal nicht täuschen, das eher wie eine Mischung aus Baustelle und Gewerbegebiet aussieht. Es erwartet Sie ein sehr einladender, angenehmer und sauberer kleiner Campingplatz, der von einem sympathischen Ehepaar betrieben wird. Gesäumt von grünen Hängen bietet er Stellplätze unter schattigen Bäumen und einen gepflegten kleinen Pool. Da kann man auch über die paar Moskitos hinwegsehen. **Preiskat.:** €€€€; **Geöffnet:** 1.5.–26.9.; **Adresse/Kontakt:** 139 Chem. du Vallon des Vaux, 06800 Cagnes-sur-Mer, Tel. 0493312174, www.campingvalfleuri.fr.

367pr-rh

Anfahrt: etwas mühsame und komplizierte Zufahrt von der N98 auf die D6007, die man kurz vor der Brücke über den Var nach Süden verlässt, um unter der Straße hindurch nach Norden und dann nach Osten zu fahren und schließlich via Rue L. Anfossi parallel zum Fluss wieder nach Norden; Platzanzahl: max. 4; Service: nicht vorhanden; Preise: kostenlos; Max. Stand: von 17 bis 10 Uhr; Geöffnet: ganzjährig; Adresse/Kontakt: Avenue Francis Teisseire; Hinweis: Die Mühe lohnt sich kaum, denn die Plätze sind meist durch andere Fahrzeuge belegt.

Achtung: Die von manchen Publikationen empfohlene **Aire Municipale** an der Route des Pugets in **St. Laurent du Var** (GPS 43.6855, 7.1851) ist kein Stellplatz mehr. Dort befindet sich nur ein kleiner Pkw Parkplatz mit einer 2,10-m Schranke, der für Wohnmobile nicht zugänglich ist.

Verlässt man das Straßengewirr von Nizza in Richtung Osten, so geht es auf der Avenue Bella Vista (M6007) hoch oben am Hang entlang – mit weitem Ausblick über das glitzernde Meer voller Jachten, prachtvolle subtropische Vegetation an den steilen Hängen und dazwischen geschmiegten, luxuriösen Villen. Und immer wieder findet sich tatsächlich sogar ein Parkplatz, auf dem man anhalten und diesen Panoramablick in Ruhe genießen kann.

Mit etwas Glück wird man vielleicht sogar auf den kleinen Plätzen vor und nach dem **Felsendorf Eze** kurz anhalten können, das eng an den steilen Fels geklammert mit mittelalterlichen Gassen und steilen Treppen zu den Hauptattraktionen zwischen Nizza und Monaco zählt und zudem den wohl schönsten Ausblick über die Côte d'Azur bietet. Ein steiler Pfad führt hinunter in den 430 m tiefer gelegenen **Badeort Eze-sur-Mer.** Er wird auch „Chemin de Nietzsche" genannt, denn beim Aufstieg über seine steilen Stufen soll das Genie weite Teile seines „Zarathustra" gedichtet haben. Kein Wunder also, dass er Zarathustra zu Beginn des dritten Teils verkünden lässt: „Ich bin ein Wanderer und ein Bergsteiger. Ich liebe die Ebenen nicht."

Wenig weiter verschluckt der Erdboden die Straße und ihre Fahrzeuge und spuckt sie erst nach einer fast 360-Grad-Runde durch den teils an eine Tiefgarage erinnernden Tunnel Albert II wieder aus: ins Fürstentum Monaco.

Das Felsendorf Eze

MONACO – ZWERGSTAAT DER EXTREME

(22 km – km 238)

Monaco mit dem Wohnmobil? Ja muss man da nicht ganz verrückt sein?! Nein. Ganz nicht. Ein bisschen reicht schon. Man muss ja nicht gleich so vermessen sein, dort auch noch parken zu wollen!

Es ist ganz interessant, zu sehen, welch skurrile Blüten die menschliche Baukunst treibt, wenn der Platz knapp und das Geld im Überfluss vorhanden ist. Man kommt da nach einer weiten, unterirdischen Schleife ans Tageslicht und landet in Monaco, das sich mangels Fläche in der Vertikalen konstruiert. Straßen, Parkplätze, Kaufhäuser und mehr werden mehrere Etagen tief unter die Erde verlegt – und die Bewohner gut 20 Schichten hoch darüber aufgestapelt.

Aber was will man machen, wenn der ganze Staat kaum mehr als 2 km² Land besitzt – von denen auch noch 20 % erst unlängst durch Aufschüttungen an der Küste entstanden sind? Damit ist das Fürstentum zwar immer noch etwas größer als der Vatikanstaat (und folglich nur das zweitkleinste Land der Welt), aber trotzdem ein wahrer Winzling. Und in diesem Zwergstaat sind rund 40.000 Menschen unterzubringen – pro Quadratkilometer fast fünfmal mehr als in München! Damit ist Monaco neben Macau das Land mit der weltweit größten Bevölkerungsdichte. Kein Wunder also, dass man hier etwas stapeln muss!

Doch tatsächlich sind von den rund 40.000 Einwohnern des Fürstentums nur etwa 20 % „echte“ Monegassen, der Rest setzt sich zu einem großen Teil aus Steuerflüchtlingen aus aller Welt zusammen. Nimmt man die extreme Bevölkerungsdichte und multipliziert sie mit einigen Tausend Steuerflüchtlingen, die durch die Bank Millionäre bis Multimilliardäre sind, dann erhält man vielleicht eine Ahnung davon, wie hoch hier die Kapitaldichte sein muss. Nirgends sonst in der Welt kann sie auch nur annähernd diesen Grad erreichen.

Aber das war nicht immer so. Noch Mitte des 19. Jh. zählte das Ländchen zu den

369pr-as©saiko3p

ärmsten Winkeln Europas. Der karge Boden gab nicht viel her und mit dem Nachbarn Frankreich war das Monaco nur durch Maultierpfade verbunden. Seinen kometenhaften Aufstieg (nicht bloß vom Tellerwäscher zum Millionär, sondern vom Hungerleider zum Multimilliardär!) verdankt Monaco dem Franzosen Francois Blanc, dem der Fürst 1863 die Konzession für eine Spielbank erteilte. Blanc errichtete nicht nur eines der nobelsten Casinos der Welt mitsamt Hotels, Gärten und Parks, sondern sorgte auch für den Anschluss an das französische Bahnnetz. Denn eines war klar: Die Kundschaft für das Casino würde nicht auf Maultieren anreiten wollen!

Das Konzept war ein unvorstellbarer Erfolg. Frankreich, Italien und Deutschland taten dem armen Fürsten den Gefallen, das Glücksspiel zu verbieten, und so strömten alle gekrönten Häupter und Industriemagnaten, die zu viel Geld hatten, in Scharen nach Monaco, um dort zu verprassen, was zu Hause ihre Untertanen und Arbeiter mühevoll erwirtschaftet hatten. Geld lockte noch mehr Geld an und heute ist der Zwergstaat ein Wirtschaftsunternehmen mit einem Jahresumsatz von rund 10 Milliarden Euro – von denen aber inzwischen nur noch ein kleiner (und schrumpfender) Anteil aus den Casino-Einnahmen stammt.

Wer diesen Zwergstaat der Extreme mit dem Wohnmobil besucht, wird sich in der Regel damit zufriedengeben, auf der einen Seite hinein und auf der anderen wieder hinauszufahren – und die Eindrücke unterwegs durch das Fenster auf sich wirken zu lassen. Aber es gibt tatsächlich eine Möglichkeit, mit dem Wohnmobil anzureisen und trotzdem einen Stadtbummel zu machen. Natürlich können Sie nicht einfach irgendwo an der Straße parken. Selbst wenn Sie tatsächlich eine Lücke fänden, hätten Sie schneller eine Parkkralle am Rad, als Sie irgendwo einen Kaffee trinken können, denn der Stadtstaat hat – neben anderen Dichte-Rekorden – sicher auch die weltweit höchste Dichte an Gesetzeshütern! Aber es gibt eine Monaco-typische Lösung: die wohl einzige **Tiefgarage für Wohnmobile!** Sie sollten Ihren Stellplatz jedoch zeitig reservieren, denn nur einfach so vorbeikommen kann man sicher nicht!

368pr-rh

☐ *In Monaco müssen selbst Wohnmobile in einer Tiefgarage parken*

☐ *Mit nur 2 km² Landfläche hat Monaco fast die fünffache Bevölkerungsdichte von München*

Information

› **Office de Tourisme de Monaco,** 2 Bd des Moulins, 98000 Monaco, Tel. +377 92166166, www.visit-monaco.com/de

Sehenswertes

Wer sich Zeit für die Besichtigung des Stadtstaates nimmt, wird vermutlich vor allem durch die Straßen der Altstadt schlendern, über den Markt La Condamine und entlang der Hafenpromenade bummeln, den Fürstenpalast gesehen (am besten 5 Minuten vor Mittag zur Wachablösung) und das Casino besucht haben wollen (zumindest von außen, innen nur mit Krawatte). Und zum Abschluss wird man vielleicht auf einer Terrasse den teuersten Kaffee seines Lebens trinken und dem monegassischen Leben und den Luxusautos zusehen. Außerdem gibt es einige Museen zu besichtigen, die überwiegend den Hobbies der Fürsten gewidmet sind.

› **Fürstenpalast,** Place du Palais, Tel. +377 93251831, www.palais.mc, 10 €, 10–18 Uhr (letzter Einlass 17.30 Uhr), Juli/August 10–19 Uhr (letzter Einlass 18.30 Uhr). Der Palast des Fürsten von Monaco ist ein Privatwohnsitz, von dem einige der prachtvollen Gemächer während einiger Monate im Jahr besichtigt werden können.

› **Meereskundemuseum,** Avenue Saint-Martin, Tel. +377 93153600, https://musee.oceano.org, 19 €, Januar–März und Oktober–Dezember 10–18 Uhr, April/Mai/Juni/Sept. 10–19 Uhr, Juli/August 9.30–20 Uhr. Eines der bedeutendsten Museen für Ozeanographie. Als Vorreiter der Meereskunde leitete Fürst Albert I. persönlich 28 wissenschaftliche Kampagnen und widmete den Großteil seines Lebens der Meeresforschung. Zur Förderung dieser Wissenschaft, die damals noch in den Kinderschuhen steckte, gründete er 1906 das Ozeanographische Institut.

› **Automobilmuseum,** Terrasses de Fontvieille, Tel. +377 92052856, www.mtcc.mc, tgl. 10–18 Uhr (letzter Einlass 17.30 Uhr), 10 €. Der Autoliebhaber Rainier III. begann Ende der 1950er-Jahre damit, Oldtimer zu sammeln. Da ihm seine Garage bald zu klein dafür wurde, ließ er diese Ausstellung einrichten, die rund 100 verschiedene Luxus-Fahrzeuge

aller großen Marken zeigt. Zudem sind sechs Staatskarossen aus dem Besitz von Fürst Rainier III. von Monaco und allerlei Rennwagen zu sehen, welche die Rallye von Monte-Carlo und den Großen Preis von Monaco geprägt haben.

Parken

P 127 Parkplatz des Ecoles, Monaco, GPS 43.7262, 7.4176. Das Parkhaus hinter dem Stadion ist wahrscheinlich die einzige legale Möglichkeit für Wohnmobile, um in Monaco zu parken. Und selbst hier kann es passieren, dass alles belegt ist. Reservierung ist zu empfehlen. Andererseits: Selbst wenn die Tafel „belegt" anzeigt, kann es sich lohnen, trotzdem in der Einfahrt zu halten und zu fragen. Wir haben es schon probiert und es gab tatsächlich noch einen Platz. Höhenbegrenzung: 3,40 m – da müsste fast jedes Wohnmobil reinpassen; Lage/Anfahrt: den Schildern zum Stadion folgen und daran vorbei auf die Av. des Guelfes fahren; Service: Toilette; Sicherheit: Videoüberwachung; Preise: bis 30 Min. kostenlos, 24 Std. 41 € (Übernachtung im Parkhaus ist nicht gestattet); Max. Stand: unbegrenzt; Geöffnet: ganzjährig; Adresse/Kontakt: 3 Av. des Guelfes, 98000 Monaco; Tipp: Ins Zentrum gelangt man mit den Buslinien 5 und 6.

371pr-as©Boris Stroujko

MENTON

(10 km – km 248)

Nur wenige Kilometer von Monaco entfernt und bis 1848 selbst Teil des Fürstentums zeigt Menton doch ein völlig anderes Gesicht. Dem Besucher, der auf der D6007 anreist, präsentiert sich die Stadt so schön wie keine andere der Côte d'Azur – denn man passiert sie nicht hinten herum, sondern auf der Küstenstraße und genießt den prachtvollen Blick von der Meerseite her.

Malerisch verschachtelt stehen die pastellfarbenen Häuser am Hang, gesäumt von hohen Mauern und Palmwedeln auf der Meerseite und überragt von den Türmen der Kirchen. Eine stark italienisch geprägte Hafenstadt mit dem nostalgischen Flair eines Badeorts vergangener Zeiten. Eine relativ ruhige und beschauliche Stadt – soweit ein Badeort eben ruhig und beschaulich sein kann. Das Publikum ist eher etwas älter, auf Glitzer wird hier kein Wert gelegt und Schickimicki-Partys wie in Saint-Tropez gibt es kaum. Dafür kann man einen schönen Spaziergang auf der von Palmen gesäumten **Promenade du Soleil** unternehmen und durch prachtvolle alte Gärten und Parks spazieren, besonders im östlichen Ortsteil **Garavan,** in dem noch zahlreiche schmucke Villen der Belle Époque erhalten geblieben sind. Viele der Gärten sind Privatbesitz und der Öffentlichkeit nicht zugänglich. Es gibt aber auch einige prachtvolle Beispiele, die man besichtigen kann.

Information

› **Office de Tourisme Office de Tourisme Menton Riviera & Merveilles,** 8 Av. Boyer, 06500 Menton, Tel. 0483937020, www.menton-riviera-merveilles.fr

⌃ *Malerisch verschachtelt ziehen sich die pastellfarbenen Häuser von Menton den Hang hinauf*

⌃ *In den Gassen von Menton*

Parken

In dieser Hinsicht ist Menton leider nicht besser als andere Städte der Côte d'Azur. Im Sommer haben selbst Pkw-Fahrer Probleme, eine Lücke zu finden, und für Wohnmobile ist es auch außerhalb der Saison nicht einfach. Das Parken im Stadtbereich ist für alle bewohnbaren Fahrzeuge reglementiert und stark eingeschränkt (Details: www.menton.fr/-stationnement-menton-.html). Am ehesten Glück hatten wir im Port Garavan auf dem Parkplatz neben U-Express (GPS 43.7823, 7.5137). Dort ist man nicht weit vom Strand entfernt und nahe den Parks von Garavan und kann am Meer entlang mit schönem Blick zur Altstadt spazieren. Allerdings sind weite Teile des Parkplatzes zeitweise durch Veranstaltungen blockiert oder durch eine Höhenbegrenzung abgeriegelt.

Feste

- **Zitronenfest.** Jedes Jahr ab Mitte Februar wird in Menton zwei Wochen lang das Zitronenfest (Fête du Citron) gefeiert – mit prachtvollen Umzügen und zahlreichen Veranstaltungen (siehe Exkurs S. 280). Nähere Informationen: www.fete-du-citron.com.

Sehenswertes

- **Musée Jean Cocteau,** Bastion du Vieux Port, Quai Napoléon III, Tel. 0489815250, www.museecocteaumenton.fr, Mi.–Mo. 10–12.30 und 14–18 Uhr, kostenlos. Die 1636 errichtete Bastion am Hafen wurde restauriert und von Cocteau selbst gestaltet, um seine Werke zu präsentieren. Die Treppe, der Wandteppich, das Kieselsteindekor, alles hat der Künstler selbst geplant. Übrigens hat der Meister auch den Hochzeitssaal im Rathaus (Hôtel de Ville) prachtvoll ausgemalt.
- **Jardin du Val-Rameh,** Avenue Saint-Jacques, Tel. 0493358672, www.jardinbotaniquevalrahmehmenton.fr, Nov.–März Mi.–Mo. 9.30–17 Uhr, April–Okt. Mi.–Mo. 9.30–18 Uhr, 7 €, Führungen 11 €. Der Garten ist Eigentum des Musée National d'Histoire Naturelle und beherbergt 1700 Pflanzenarten. Sein tropischer Charme versetzt den Besucher in eine exotische Welt.
- **Le Jardin du Palais de Carnolès,** 3 Avenue de la Madone, Tel. 0489815270, nur an Wochenenden geöffnet, Besuch kostenlos, Führung 6 €. Der zwei Hektar große öffentliche Garten ist ganz den Zitrusbäumen gewidmet.

Östlich von Menton erreicht man die Grenze zu Italien und kann seine Reise entlang der italienischen Riviera fortsetzen, falls man von Strand und Badeleben noch nicht genug hat. Aber nach all den Kilometern entlang der Côte d'Azur wird mancher vielleicht gern etwas ruhigere Gegenden ansteuern und entlang der nachfolgenden Route 8 zurück in die Provence reisen. Eine wahrhaft fantastische Berglandschaft erwartet ihn – und das perfekte Kontrastprogramm zu mediterranem Küstentrubel.

373pr-as©monticellllo

Menton und die Zitrone

„Kennst du das Land, wo die Zitronen blüh'n?", heißt es in dem Gedicht „Mignon" von Goethe, das zu den berühmtesten der deutschen Sprache zählt. Der Meister spricht von Italien, aber er könnte ebenso gut oder noch treffender Menton damit meinen, denn im einzigartig milden und sonnigen Mikroklima dieser Region wachsen die besten Zitronen der Welt.

Durch die Meeralpen vor kalten, nordischen Luftmassen geschützt, erlebte der Zitrusanbau in Menton im 17. und 18. Jahrhundert einen enormen Aufschwung. Die Blütezeit des Zitronenanbaus dauerte von der Mitte des 18. bis zur Mitte des 19. Jahrhunderts. Damals wurden jährlich 35 Millionen Früchte exportiert. Nach einer Flaute hat man den Anbau in den 1990er-Jahren wiederbelebt und 2015 erhielt die Zitrone von Menton eine geschützte Herkunftsbezeichnung, so wie man sie vom Wein kennt. Die Menton-Zitrone unterscheidet sich von anderen Sorten durch ihre elliptische Form, ihr Aroma, ihren milden Säuregehalt, die Dicke ihrer Schale und ihre je nach Jahreszeit wechselnde Farbe. Sie wird nach alter Tradition von Hand geerntet und danach weder chemisch behandelt noch mit Wachs beschichtet.

Seit 1934 findet jedes Jahr in der zweiten Februarhälfte das international berühmte Zitronenfest von Menton statt. Das auch als „Karneval von Menton" bekannte Ereignis bringt rund um ein jährlich wechselndes Motto jedes Jahr 250.000 Menschen zusammen. Dabei werden 180 Tonnen Zitronen (fast eine Million Früchte) nach Plänen eines eigens dafür engagierten Designers zu prachtvollen Kunstwerken gestaltet. Doch die Zitronen dafür stammen nicht aus Menton (dafür wären die AOC-Köstlichkeiten zu schade), sondern aus spanischen und italienischen Billigimporten. Nach dem Fest werden sie versteigert und zu Likör oder Gelee verarbeitet.

Beim Zitronenfest von Menton verwandeln sich 180 Tonnen Zitrusfrüchte in gigantische Skulpturen

372pr-as©magspace

ROUTE 8

DIE SEEALPEN: AUF DER ROUTE DES GRANDES ALPES ZURÜCK IN DIE PROVENCE

376pr-as©spiral_eye

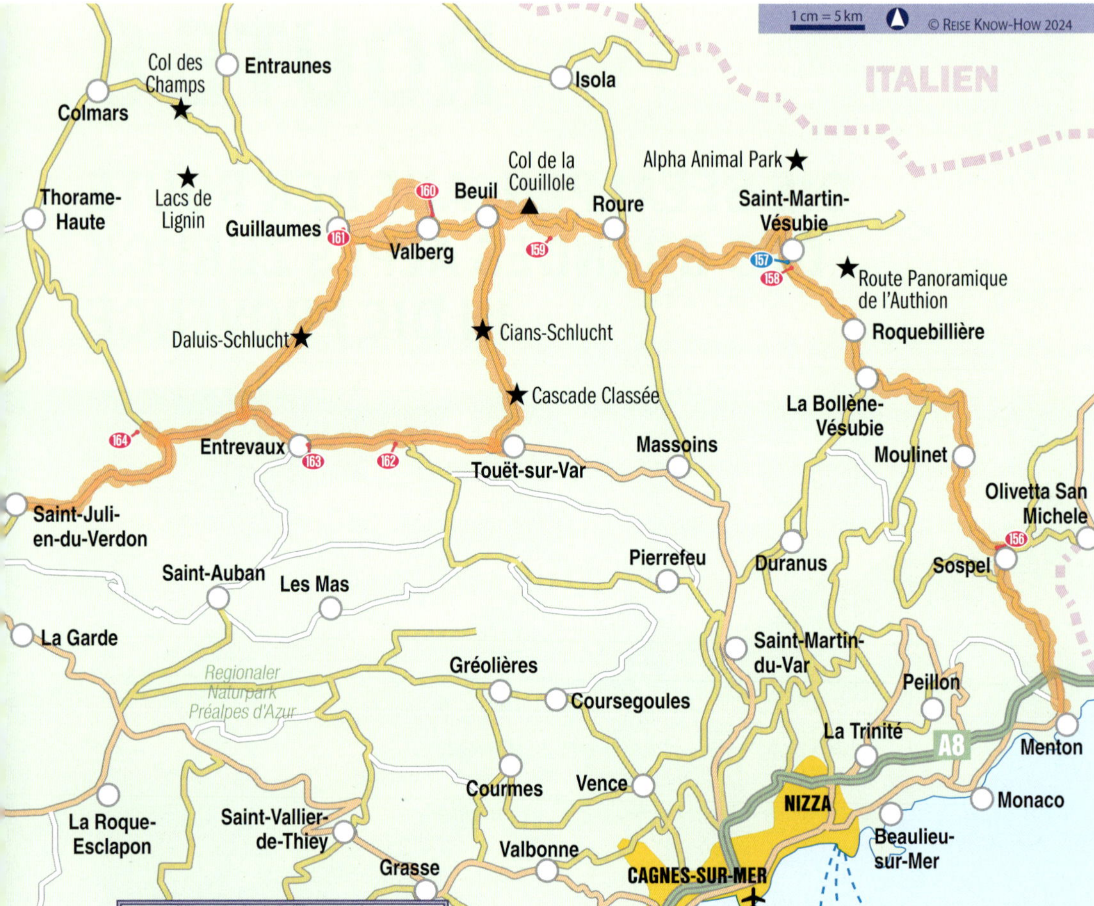

Strecke:
Menton (s. S. 278)– **Sospel** (20 km, s. S. 284) – **Saint-Martin-Vésubie** (52 km, s. S. 287) – **Col de la Couillole** (Roubion, Beuil 53 km, s. S. 291) – **Valberg** (7 km, s. S. 292) – **Guillaumes** (14 km, s. S. 293) – **Touët-sur-Var** (45 km, s. S. 295) – **Entrevaux** (31 km, s. S. 295) – **St. Julien du Verdon** (20 km)

Streckenlänge:
242 km

Vorseite: Die Route des Grandes Alpes bietet ein atemberaubendes Kontrastprogramm zum Trubel an der Côte d'Azur

Für Wohnmobilisten bieten sich in den Seealpen immer wieder traumhafte Panoramablicke

401pr-rh

ROUTENÜBERSICHT

Nach all den Küstenkilometern und Palmenpromenaden bilden die Seealpen (Alpes-Maritimes) ein wahrhaft atemberaubendes Kontrastprogramm. Enge Täler, durch die Wildflüsse tosen, steile Passstraßen, die sich in eine grandiose Bergwelt hinaufwinden, alpine Vegetation von urigen Schluchtwäldern bis hinauf zu blumenübersäten Bergwiesen, malerisch an den Fels geklammerte Bergdörfer mit alpiner, teils italienisch geprägter Architektur, steinalte Bogenbrücken und wuchtige Festungstürme – und dahinter hoch in das Blau des Himmels aufgetürmt: die weite Wildnis des Mercantour-Nationalparks.

Wo man sich unten an der Küste mühsam durch das Gedränge gewunden hat und vor lauter Urlaubern fast erstickt wäre – hier oben erwartet einen die Weite und Einsamkeit einer stillen Bergnatur. Und wo man im Tal Stunden vergebens nach einem halbwegs passablen Platz für die Nacht gesucht hat, findet man hier oben wieder traumhafte Stellplätze in zauberhafter Bergkulisse und abgelegene Parkplätze, auf denen man ungestört (und ohne zu stören) eine erholsame Nacht in völliger Einsamkeit verbringen kann. Am Morgen erwacht man zum Zwitschern der Vögel und in der Nacht hört man vielleicht die Hirsche röhren.

Wenn man am Meer nicht wusste, welchen Weg man wählen sollte, weil alles von Autos überflutet war – hier oben hat man die Qual der Wahl und auf den kleinen Alpenstraßen wird man nur selten andern Urlaubern begegnen. Die vorliegende Route haben wir nach unserem Geschmack und nach dem Angebot an offiziellen Stellplätzen zusammengestellt, und es ist sicher kein Zufall, dass sie fast durchgehend der Route des Grandes Alpes (s. S. 284) folgt, aber man kann auch nahezu jede andere Route wählen und wird von fast allen tief beeindruckt sein.

Eigentlich könnte man einen ganzen Urlaub nur hier verbringen und ein ganzes Buch mit diesen Bergen füllen, so viel gibt es hier zu entdecken, zu erleben, zu genießen. Wenn Sie die Zeit haben, dann zögern Sie nicht, von der beschriebenen Route abzuweichen und sich von den Eindrücken überraschen zu lassen, die hinter dem nächsten Pass oder schon hinter der nächsten Wegbiegung auf Sie warten!

Man verlässt Menton auf der D2566 in Richtung Norden und hält sich im Kreisverkehr kurz vor dem Autobahn-Viadukt links (3. Ausfahrt), um dann im nächsten Kreisverkehr, nachdem man die Autobahn unterquert hat, wieder rechts in Richtung Sospel zu biegen. Die etwas schmale, aber gut ausgebaute und durchgehend zweispurige Straße ist auch mit größeren Wohnmobilen problemlos zu befahren.

Route des Grandes Alpes

Die Route des Grandes Alpes ist eine 720 km lange touristische Straße, die die französischen Alpen von Norden nach Süden durchquert. Die 1909 auf Anregung des französischen Touring Clubs geplante Route führt von Nizza bzw. Menton am Mittelmeer bis nach Thonon-les-Bains am Genfer See und überquert dabei 26 Pässe, von denen sieben über 2000 m hoch sind.

Die in diesem Buch beschriebene Route 8 folgt der Route des Grandes Alpes von Menton über Sospel, Saint-Martin-Vésubie und Valberg bis nach Guillaumes. Der nördliche Teil der Alpenstraße zwischen Barcelonnette und Saint-Martin-d'Entraunes über den Col de la Cayolle ist in der Route 3 (s. S. 133) beschrieben.

Beachten Sie, dass die Straßen teils sehr schmal und kurvenreich sein können. Sie sind in sehr unterschiedlichem Zustand, manche Passstrecken können von Dezember mit Mitte Mai gesperrt sein und es kann sogar vorkommen, dass sie mitten im Sommer durch plötzliche Schneefälle oder Erdrutsche vorübergehend geschlossen sind. Wer die anspruchsvolleren Passstraßen fahren will, sollte sich vorher über ihren Zustand informieren, sein Wohnmobil gut einschätzen können und es soweit beherrschen, dass er nicht ins Schwitzen kommt, falls er bei Gegenverkehr an Engstellen einmal ein Stück zurücksetzen muss.

› ***Tipp:*** *Für eine bessere Einschätzung der Passstraßen kann Google Street View sehr hilfreich sein.*

› ***Info:*** *www.routedesgrandesalpes.com*

SOSPEL

(20 km – km 20)

Etwa 20 km nördlich von Menton und 350 m höher erreicht man Sospel, das bereits innerhalb der Grenzen des **Parc National du Mercantour** (s. S. 285) liegt. Wer hier ein unscheinbares Bergdorf mit ein paar Bauernhöfen erwartet, der wird verblüfft sein von der Postkarten-Silhouette, die ihn am jenseitigen Ufer des Flüsschens Bévéra erwartet: prachtvoll pastellfarbene Häuser, dicht an dicht gedrängt mit schmucken, schmiedeeisernen Balkongeländern und kunstvoll bemalten Fassaden. Hinüber in den Ort führt eine doppelt geschwungene Steinbrücke, überragt vom einstigen Zollturm. Die Brücke geht auf einen Bau aus dem 11. Jh. zurück,

375pr-rh

Sospel: kunstvoll bemalte Fassaden mit schmiedeeisernen Balkongeländern

wurde aber – ebenso wie die Häuserfassaden – nach dem Zweiten Weltkrieg fast von Grund auf erneuert. Dem Turm, der Mautbrücke und ihrer Lage am Kreuzpunkt mittelalterlicher Handelsstraßen verdankt die Stadt ihren Wohlstand und ihre stattlichen Bauwerke. Heute wirkt sie zwar eher verschlafen – aber dadurch nur um so attraktiver und authentischer.

Information

› **Office de Tourisme,** 1 Place Saint-Pierre, 06380 Sospel, Tel. 0483939570, www.menton-riviera-merveilles.de

156 Camping-Car Park, Sospel

GPS 43.8788, 7.4427

Ruhiger, ebener und sehr gut gepflegter Stellplatz der Kette Camping-Car Park. Es gibt sowohl schattige als auch schattenlose Plätze auf verschiedenem Untergrund (Asphalt/Schotter/Wiese). Bäcker, Restaurants und Einkaufsmöglichkeiten sind fußläufig gut zu erreichen. **Lage/Anfahrt:** am westlichen Ortsende, wo die Straße wieder ansteigt, rechts ab in Richtung Sportplatz, dann links um die Sporthalle herum; **Platzanzahl:** 31; **Sicherheit:** Videoüberwachung; **Preiskat.:** €€; **Max. Stand:** unbegrenzt; **Geöffnet:** ganzjährig; **Adresse/Kontakt:** 1 Place Saint-Pierre, Cramaia, 06380 Sospel, Tel. 022167784176 (deutschsprachiger Kundenservice), www.campingcarpark.com.

377pr-rh

Parc National du Mercantour

Der 1979 geschaffene und nach dem gleichnamigen Gebirge benannte Mercantour-Nationalpark umfasst eine Fläche von über 1800 km² (davon 679 km² in der besonders streng geschützten Kernzone, in der nicht übernachtet werden darf, und 1122 km² in der Angliederungszone, die auch bewohnte Gebiete umfasst). Er grenzt auf 33 km an den italienischen Naturpark Alpi Marittime, mit dem die Parkverwaltung eng kooperiert, um ein großes, europäisches Schutzgebiet zu erhalten.

Seine zwei großen Gebirgsmassive (im Nordwesten ein Kalk- und Schiefermassiv, im Südosten ein kristallines Massiv) umfassen unterschiedliche natürliche Biotope, deren Vielfalt er den besonderen Reichtum seiner Fauna und Flora verdankt. Im Park sind mehr als 2000 verschiedene Pflanzenarten bekannt, von denen 234 als geschützte Arten gelten. Gämsen, Steinböcke, Hirsche, Rehe, Mufflons und Wildschweine zählen zu den großen Säugetieren dieses Gebiets, aber auch verschiedene Adler- und Geierarten (darunter der seltene Bartgeier) sind hier heimisch.

Im Juli 1992 sind von Italien her die ersten Wölfe aus den Apenninen in diesen französischen Teil der Alpen zurückgekehrt und haben sich seither über alle Gebirgsregionen Frankreichs ausgebreitet.

› ***Informationen:*** *Parc national du Mercantour, 23 Rue d'Italie, CS 51316, 06006 Nice Cedex 1, Tel. 0493167888, www.mercantour-parcnational.fr*

Essen

› **Le Cerf,** 7 Pl. Saint-Nicolas, Tel. 0493799762. Ein etwas gewöhnungsbedürftig, aber sehr originell eingerichtetes Restaurant mit schöner Terrasse unter Steinbögen. Traditionelle Küche mit guter Auswahl und besten Zutaten zu angemessenen Preisen. Der Service ist freundlich und sehr engagiert.

Von Sospel führt die D2566 zum 1607 m hohen **Col de Turini** hinauf. Die Straße ist noch etwas schmaler als die bis Sospel und man muss hier ohne eine Mittellinie auskommen. Trotzdem ist sie auch für größere Fahrzeuge bis zu 3,50 m Höhe befahrbar, wenn man mit entsprechender Vor- und Rücksicht unterwegs ist. Und die Mühe lohnt sich, denn die Serpentinenstrecke zählt zu den schönsten Bergstraßen in den Seealpen. Wer hingegen an solch schmalen, kurvenreichen Bergrouten keine Freude hat, sondern eher mit Schweißausbrüchen oder erhöhtem Blutdruck reagiert, der kann von Sospel über die D2204 zurück in Richtung Nizza fahren und dann auf der breit ausgebauten D6202 das **Var-Tal** aufwärts, wo er kurz hinter dem malerischen Bergdorf **Touët-sur-Var** (s. S. 295) wieder auf die hier beschriebene Route stößt.

Parken

128 **Wanderparkplatz Col de Turini,** GPS 43.9773, 7.3917. Ebener Asphaltparkplatz auf der Passhöhe vor zwei Hotels mit Gaststätten und Außenterrasse. Am Tag oft recht betriebsam, nachts relativ ruhig.

P 129 **Maison Forestière La Croisette,** GPS 43.9685, 7.3720. Ein schönerer und ruhiger gelegener Parkplatz befindet sich 2,5 km weiter westlich des o. g. Wanderparkplatzes via D2566 beim Maison Forestière La Croisette.

Einkaufen

› **Délices Provençaux,** Tel. 0684275433, www.facebook.com/delicesprovencaux. Am Col de Turini gibt es einen kleinen Laden mit Produkten der Region, Backwaren und einer Teestube.

Vom Col de Turini geht es auf der M70 (ebenfalls ohne Mittelstreifen und mit einigen Serpentinen, aber gut fahrbar) hinunter ins **Tal**

Das Roya-Tal

Das Tal der Roya, die östlich des Col de Tende entspringt und nahe der italienischen Grenze nach Süden bis Ventimiglia fließt, war schon im Mittelalter eine bedeutende Handelsroute. Das an der Küste zwischen Hyères und Toulon gewonnene Salz wurde auf Saumpfaden über den Col du Tende bis ins italienische Piemont transportiert. Der lukrative Salzhandel hat den im oberen Roya-Tal gelegenen Städten Breil-sur-Roya, Saorge und Tende einen für solch abgelegene Bergtäler ungewöhnlichen Reichtum gebracht, von dem noch heute kunstvolle Bauwerke und kostbare Kunstwerke zeugen.

Eines der beeindruckendsten Beispiele ist die kleine Wallfahrtskirche ***Notre-Dame-des-Fountaines*** *in einen kleinen Seitental vier Kilometer hinter La Brigue. Die von außen eher unscheinbare Kirche ist über und über mit prachtvollen Fresken von Giovanni Canavesio ausgeschmückt und zählt daher zu den kunstgeschichtlich bedeutendsten Kirchen der gesamten Provence.*

Der vom Gesamtbild her schönste Ort im Roya-Tal ist ***Saorge*** *mit seinen eng an den Felshang geklammerten Häusern und einem malerischen Gewirr von Gassen. In* ***Tende*** *lohnt das* ***Musée des Merveilles*** *(Av. du 16 Septembre 1947, 06430 Tende, Tel. 0489045700, Mi.–Mo. 10–17 Uhr, Eintritt frei) einen Besuch, das sich mit den rätselhaften Felsbildern der ligurischen Urbevölkerung befasst, für die das Vallée des Merveilles berühmt ist.*

Das Roya-Tal kann man auf der gut ausgebauten D6204 erkunden. Ein besonderes Erlebnis ist jedoch eine Fahrt mit der ***Tendabahn,*** *einer Normalspurbahn über zahlreiche Brücken und durch Tunnel, die von Nizza über Sospel bis nach Tende führt und dann durch einen 8 km langen Tunnel weiter nach Italien.*

379pr-fh

des Flusses Vésubie, der durch ein extremes Hochwasser im Oktober 2020 (Sturm Alex) in die Schlagzeilen geraten ist.

Alternativ kann man auch über die zu Beginn deutlich breitere D2566 talwärts fahren und dann weiter über die D73 in Richtung Lantosque. Dabei verlässt man den Mercantour-Nationalpark und quert Hänge mit mehr mediterraner Bergvegetation.

Bei dem malerischen Städtchen **Lantosque** gelangt man auf die breite und gut ausgebaute M2565, der man durch das Vésubie-Tal nach Norden folgt.

SAINT-MARTIN-VÉSUBIE

(52 km – km 72)

Dort, wo das Tal sich gabelt und aus den zwei Bergflüssen Boréon und Madone die Vésubie entsteht, liegt das 1400 Einwohner zählende Ferienstädtchen Saint-Martin-Vésubie, das bei Wintersportlern und Sommerurlaubern gleichermaßen beliebt ist. Und gleich dahinter erheben sich die mächtigen Gipfel und Felswände des Mercantour-Massivs. Diese besondere Lage hat jedoch auch ihren Preis. Wiederholt wurde der Ort durch Hochwasser und Geröll beschädigt und während des Sturms Alex haben die Wassermassen im Oktober 2020 zahlreiche Häuser mitgerissen und verheerende Schäden angerichtet.

Das malerische Bergstädtchen Lantosque

Route Panoramique de l'Authion

Am Col de Turini weist ein braunes Schild den Weg zur Route Panoramique de l'Authion. Folgt man ihr, so passiert man nach knapp 2 km das ***Camp d'Argent*** *mit Parkplatz und erreicht nochmals etwa 2 km weiter eine Gabelung mit einem weiteren, sehr schön gelegenen Parkplatz. Ab dort führt die D68 als* ***einspurige Rundstrecke*** *durch die traumhafte Bergwelt des* ***Mercantour*** *und erschließt wahrhaft atemberaubende Panoramablicke. Auf der etwa 10 km langen Strecke ist die Straße einspurig und teils in schlechtem Zustand, aber da es keinen Gegenverkehr gibt, kann man sie durchaus auch per Wohnmobil befahren. Bei GPS 43.9980, 7.4279 findet man einen traumhaft gelegenen Parkplatz, von dem aus man über die Bergwiesen zu einigen Ruinen spazieren kann (ca. 1,5 km hin und zurück).*

P 130 Route Panoramique de l'Authion, GPS 43.9980, 7.4279

Meist führt die Strecke durch eine offene Almlandschaft, aber teils auch an steilen Hängen ohne Absicherung entlang und stellenweise ist sie von Lärchen gesäumt, die durch niedrige Äste Probleme bereiten können. Zudem ist zu bedenken, dass man auf der Einbahnstraße nicht einfach umkehren kann, falls einem die Bedingungen doch zu heikel werden sollten. Wir würden die Route daher nur kleineren, kompakten Reisemobilen wie Vans empfehlen – und am besten auch nur bei schönem Wetter.

Information

› **Office de Tourisme,** Place du Général de Gaulle, 06450 Saint-Martin-Vésubie, Tel. 0493032128, www.saintmartinvesubie.fr

157 Camping à la Ferme Joseph ★★

GPS 44.0646, 7.2571

Kleiner, familiärer und recht einfacher, aber überaus sympathischer und idyllischer Campingplatz auf einem ökologischen Bauernhof, wo man noch auf der Wiese zwischen den Obstbäumen steht und unter sich den Bergbach rauschen hört. **Lage/Anfahrt:** unmittelbar südlich von Saint-Martin-Vésubie gleich westlich der Route de la Vésubie (M2565); **Preiskat.:** €€€; **Geöffnet:** Juni–September; **Adresse/Kontakt:** Quartier Saint Joseph, 06450 Saint-Martin-Vésubie, Tel. 0670519014, www.camping-alafermestjoseph.com; **Tipp:** Aus den vielfältigen Früchten ihre Obstgartens bereitet Sarah köstliche Konfitüren und Nicolas bietet hausgemachte Eisspezialitäten. Von Nov. bis Mai verkauft er im Dorf (208 Allée de Verdun) auch selbstgemachte Schokolade.

Sehenswertes

Nahe der 8 km nördlich der Stadt gelegenen Siedlung Le Boréon befindet sich auf etwa 1500 m Höhe der **Wolfspark Alpha,** der über die Rückkehr des Wolfs in den Mercantour-Nationalpark informiert. Die Besucher können hier von Verstecken aus drei verschiedene Wolfsrudel in natürlicher Umgebung beobachten – insgesamt etwa 20 Wölfe, die in einem großen Gehege vor allem während der Fütterung gut zu sehen sind. Der Park wurde durch den Sturm Alex im Jahr 2020 schwer beschädigt, hat aber seit Juli 2023 seine Tore wieder geöffnet.

› **Wolfspark Alpha,** GPS 44.1131, 7.2882, Le Boréon, 06450 Saint-Martin-Vésubie, Tel. 0493022111, www.alpha-loup.com, Feb.–Nov. 10–17 Uhr, 14 €.

158 Aire Municipale, Saint-Martin-Vésubie

GPS 44.0607, 7.2597

Ebener und relativ ruhig gelegener Asphaltparkplatz vor dem südlichen Ortseingang. **Lage/Anfahrt:** südlich der Ortschaft unmittelbar rechts der M2565 (Route de la Vésubie); **Platzanzahl:** ca. 10; **Preiskat.:** Stellplatz kostenlos, Ver-/Entsorgung kostenpflichtig; **Max. Stand:** unbegrenzt; **Geöffnet:** ganzjährig; **Adresse/Kontakt:** Route de Nice, 06450 Saint-Martin-Vésubie; Office de Tourisme, Pl. du Général de Gaulle, 06450 Saint-Martin-Vésubie, Tel. 0493032128; **Achtung:** Bedingt durch die Hochwasserkatastrophe im Oktober 2020, bei der der Ort teilweise zerstört wurde, dient der Platz heute zeitweise als Park- und Lagerplatz für Baufirmen, die an Wiederaufbau und Hochwasserschutz arbeiten. Die Ver-/Entsorgungsstation im hinteren Teil kann genutzt werden; Übernachten ist möglich, aber nicht sehr empfehlenswert. Weit schöner und ruhiger gelegene Rastplätze findet man etwas weiter südlich entlang der Straße nach Saint-Martin-Vésubie.

380pr-rh

Wölfe in Frankreich

1992 ist der Wolf von Italien aus nach Frankreich zurückgekehrt und wieder heimisch geworden. Die ersten Wölfe sind im Parc National du Mercantour unweit von Saint-Martin-Vésubie aufgetaucht. Sie sind auf natürliche Weise eingewandert und nicht – wie manche behaupten – hier ausgesetzt worden. Seither haben sie sich über nahezu alle Bergregionen des Landes ausgebreitet. Offiziell wird ihre Zahl derzeit mit etwa über 1100 angegeben, die sich auf etwa 160 Rudel verteilen. Aber jedes Jahr werden inzwischen rund 20 % der Population zum Abschuss freigegeben. Dazu kommen erhebliche Verluste durch Wilderei und den Straßenverkehr.

Kern eines Rudels ist das Alpha-Paar, das gemeinsam mit seinen Nachkommen ein nicht scharf umgrenztes Territorium bewohnt. Die Größe eines Rudels kann stark schwanken, da jeden Winter ein Teil der Jungtiere abwandert und gleichzeitig Zuzügler aus anderen Rudeln aufgenommen werden (weit häufiger als bisher angenommen).

Da Schätzungen zufolge pro Jahr über 10.000 Schafe von Wölfen gerissen werden (wobei ungewiss ist, welcher Anteil davon auf das Konto wildernder Hunde geht!) haben die Wölfe in Frankreich zu heftigen Konflikten geführt. Schäfer und Jäger fordern, die Rudel radikal zu dezimieren. Doch hohe Abschusszahlen führen nicht immer zu einem Rückgang der Angriffe auf Haustiere, da sie die Rudel destabilisieren und die Wölfe dann vermehrt auf einfache Nahrungsquellen zurückgreifen.

Bei der Jagd auf Hirsche und Rehe scheitern gut 90 % der Versuche und selbst bei einem Erfolg können die Wölfe meist nur eines der Tiere reißen, weil die übrigen danach weit außer Reichweite sind. Schafe hingegen bleiben nach einer kurzen Flucht stehen und provozieren so zu immer neuen Attacken. Es kann daher durchaus vorkommen, dass bei einem einzelnen Wolfsangriff ein Dutzend oder mehr Schafe getötet oder verletzt werden. Die Verluste werden den Schäfern vom Staat ersetzt. Zudem hat sich die Zahl der gerissenen Schafe durch verschiedene subventionierte Maßnahmen (Elektrozäune, Schutzhunde) inzwischen stabilisiert bzw. ist stellenweise sogar rückläufig.

Menschen haben von Wölfen absolut nichts zu befürchten (viel gefährlicher sind Hütehunde und die Hunde anderer Wanderer), denn sie sind extrem scheu und man muss schon ein sagenhaftes Glück haben, um einen von ihnen zu Gesicht zu bekommen. Aber vielleicht wird man ja eines Nachts irgendwo auf einem abgelegenen Parkplatz in der Nähe ein Rudel heulen hören …

› ***Buchtipp:*** *Fred Vargas, „Bei Einbruch der Nacht“. Der hervorragend geschriebene Roman dreht sich um angebliche Angriffen eines Wolfs auf Menschen im Mercantour-Gebirge. Die perfekte Lektüre, falls Sie sich auf einem einsamen Stellplatz nachts etwas gruseln wollen.*

Um die Route fortzusetzen, biegt man am nördlichen Stadtrand von Saint-Martin-Vésubie scharf links ab und folgt der M2565 hinauf zum **Col Saint-Martin.** Im Winter ist **Valdeblore** als Skigebiet sehr beliebt, im Sommer findet man hier verschiedene, teils traumhaft schöne Park- und Übernachtungsplätze mit Blick auf das Mercantour-Massiv sowie vielfältige Wandermöglichkeiten und eine Reihe außergewöhnlicher Aktivitäten.

Information

› **La Colmiane,** 06420 Valdeblore, Tel. 0493232590, www.colmiane.com, https://valdeblore-la-colmiane.stationverte.com

Parken

P 131 Parkplätze La Colmiane, Valdeblore, GPS 44.0705, 7.2229. Ruhiger, ebener Asphaltparkplatz mit schönem Ausblick auf der Passhöhe beim Office de Tourisme. Lage/Anfahrt: direkt im Pass gegenüber einem großen Asphaltparkplatz nach links abbiegen in eine kleine, kaum befahrene Straße; Platzanzahl: ca. 5; Service: kein Service; Preise: kostenlos; Max. Stand: unbegrenzt; Geöffnet: ganzjährig; Adresse/Kontakt: Le Suc, 06420 Valdeblore; Office de Tourisme, La Colmiane, Tel. 0493232590, www.colmiane.com.

P 132 Talstation Sesselbahn, GPS 44.0650, 7.2269. Fährt man am Office de Tourisme vorbei und bis zur Talstation der Sesselbahn, so findet man dort einen riesigen und abends meist leeren Parkplatz mit rauem Kiesgrund, der einen traumhaften Ausblick auf die Berge bietet und absolute Ruhe – außer röhrenden Hirschen im Herbst und vielleicht gar dem Heulen eines Wolfsrudels (s. Exkurs S. 289); Essen: Direkt am Parkplatz befindet sich die Green Ecolodge (Tel. 0493030000) mit einem verlockenden Restaurant.

Aktivitäten

› **La Tyrolienne de La Colmiane,** Tel. 0493028354, www.colmiane.com/tyrolienne-valdeblore.html. Im Skigebiet von La Colmaine gibt es neben einer Reihe anderer Aktivitäten die längste Tyrolienne (Seilrutsche) Frankreichs: 1879 m lang mit 13,5 % Gefälle! Nicht mal fliegen ist schöner – denn hier fliegen Sie tatsächlich!

Bei der Talstation der Sesselbahn von Valdeblore steht man absolut ruhig und vor einer prachtvollen Bergkulisse

ZUM COL DE LA COUILLOLE

(bis Roubion und Beuil 53 km – km 125)

Nach dem 1500 m hohen Col Saint-Martin geht es auf der Route de la Vésubie (M2565) weiter, die etwas sanfter und durch offenere Almlandschaft am Rand des Mercantour-Nationalparks entlang zur breiten und gut ausgebauten M2205 hinunterführt. Ihr folgt man durch das offene, sonnige Flusstal der Tinée. Bei **Saint-Sauveur-sur-Tinée** geht es dann links ab auf die M30, die unter dem klangvollen Namen „Route des Grandes Alpes" in Richtung **Col de la Couillole** (1678 m) und **Valberg** führt.

Tipp: Anschlussroute

- Folgt man der M2205 weiter nach Norden, so fährt man quer durch den Mercantour-Nationalpark bis nach Barcelonnette an seinem nördlichen Ende, wo man Anschluss an den „Bonus-Track" von Route 3 hat (s. S. 127).

Die M30 überquert den Fluss und entpuppt sich rasch als ein gutes, aber recht schmales Passsträßchen, das überwiegend einspurig daherkommt. Gewichts- oder Höhenbeschränkungen konnten wir keine erkennen, aber hier sollte man schon etwas Gefühl für sein Fahrzeug mitbringen und bei Gegenverkehr notfalls auch einmal zurücksetzen können. Es geht stellenweise an steilen, teils überhängenden Felswänden entlang und durch mehrere Tunnel ohne Höhenangabe (Min. 3,10 m, geschätzt 3,50 m).

Nach etwa 12 km zweigt in einer Serpentine die D230 ab, die 0,5 km weit bis nach **Roubion** führt. Falls Sie ihr folgen, müssen Sie das Glück haben, auf dem kleinen Parkplatz am Ortseingang eine Lücke zu finden – oder wenigstens genügend Platz, um zu wenden, denn in den Ort hineinfahren sollten Sie mit dem Wohnmobil auf keinen Fall. Aber den schönsten Blick auf das malerische Bergdorf hat man ohnehin auf der weiteren Strecke hinauf zum Pass und nahe dem **Stellplatz von Roubion** (159). Wenige Kilometer danach erreicht man auf der nun breiteren Straße durch herrliche Lärchenwald die Passhöhe auf 1678 m.

Das Bergdorf Roubion sollte man nicht mit dem Wohnmobil ansteuern, sondern lieber vom Stellplatz (159) aus bewundern

384pr-rh

385pr-rh

(159) Stellplatz Roubion

GPS 44.0838, 7.0426

Ruhiger, ebener und wunderschön gelegener Asphaltparkplatz mit Picknicktischen zwischen Wald und Bergen in einem kleinen Skigebiet. Einer der schönsten Plätze in weitem Umkreis. **Lage/Anfahrt:** Les Buisses, Roubion; am Ende einer kleinen, kaum befahrenen Straße zu den Skihängen. Von der M30 in der Haarnadelkurve zwischen Roubion und Le Villars nach Süden abbiegen. Die Passstraße M30 zum Col de la Couillole ist fast durchgehend sehr schmal; **Platzanzahl:** ca. 12; **Service:** Ver-/Entsorgung im Winter außer Betrieb; **Preiskat.:** Stellplatz und Ver-/Entsorgung kostenlos; **Max. Stand:** 5 Tage; **Geöffnet:** ganzjährig; **Kontakt:** Office de Tourisme, Roubion, Hotel de Ville, Tel. 0493021030, www.roubion.com.

387pr-rh

VALBERG

(7 km – km 132)

Jenseits des Passes geht es auf der weiterhin breiten und gut ausgebauten D30 durch lichten Lärchenwald und an Almwiesen vorbei hinunter nach **Beuil,** wo man an der Einmündung in die D28 die unseres Wissens einzige Tankstelle im weiteren Umkreis findet. Ab Beuil kann man direkt in Richtung Süden durch die imposante **Cians Schlucht** *(Gorges Supérieures du Cians)* fahren. Im Tal des Var stößt man auf die breite D6202, auf der es nach Westen weiter in Richtung **Puget** und **Entrevaux** geht (s. S. 295). Von Beuil in Richtung Westen erreicht man über die D28 (Route des Launes) nur etwa 7 km weiter das beliebte **Skizentrum Valberg** auf etwa 1700 m Höhe, das auch einen außergewöhnlich schön gelegenen und gut angelegten **Stellplatz** (160) für Wohnmobile bietet. Im Sommer locken schöne Rad- und Wanderwege, ein Schwimmbad und eine Sommerrodelbahn. Der Ort ist ganz und gar vom Skitourismus geprägt, ein historisches Ambiente darf man hier nicht erwarten.

160 Aire le Lagopède, Valberg

GPS 44.0963, 6.9370

Ein traumhaft gelegener Platz inmitten der Bergnatur mit großartigem Panoramablick, großzügigen Stellplätzen und Picknicktischen. Die Plätze können und sollten(!) reserviert werden. **Lage/Anfahrt:** Route de Rouya; von der D528 bei Erreichen der Ortschaft scharf rechts abbiegen; **Platzanzahl:** 21; **Untergrund:** Asphalt, eben; **Preiskat.:** €€; das Geld bitte in einen Umschlag mit Ihrer Adresse stecken und in den Kasten werfen; die Adresse soll dazu dienen, dass Ihnen eine Quittung zugeschickt werden kann; **Max. Stand:** 5 Tage; **Geöffnet:** ganzjährig; **Kontakt für Reservierung:** Tel. 0670676646, dragons@valberg.com.

386pr-rh

Information

› **Office de Tourisme de Valberg,** Place Charles Ginésy, 06470 Valberg, Tel. 0493232425, www.valberg.com/office-de-tourisme-valberg.html

GUILLAUMES

(14 km – km 146)

In Valberg hat man die Qual der Wahl: Man kann die Reise entweder über die D28 oder über die D29 fortsetzen, um weiter westlich nach Guillaumes zu gelangen. Beides sind gleichermaßen schöne Bergsträßchen, die durch eine malerische Alpenlandschaft führen. Beide nicht sehr breit und reich an Serpentinen, aber beide sind problemlos zu befahren. Was nun? Wir haben dem Problem ein Schnippchen geschlagen und beide zu einer Rundstrecke verbunden. Das hat den kleinen Nachteil, dass man die kurze Strecke zwischen Valberg und Beuil ein zweites Mal fährt (was leicht zu verkraften ist) und den zusätzlichen Vorteil, dass man ab Beuil durch die wildromantische **Cians-Schlucht** weiterfahren kann. Andererseits hat natürlich auch die Fahrt durch die Felsschlucht des **Colorado Niçois** zwischen Guillaumes und Daluis, die man bei der Entscheidung für die Rundstrecke verpassen würde, fraglos ihren Reiz.

Das beschauliche, etwas abseits des Touristentrubels gelegene Städtchen Guillaumes im Tal des Var bietet im Gegensatz zu Skizentren wie Valberg ein reizvolles, historisches Stadtbild mit einer Mischung aus farbenfroher provenzalischer und alpenländisch geprägter Architektur. Hoch überragt wird das 600-Seelen-Städtchen von den Ruinen des 1235 errichteten Château de la Reine Jeanne. Außerdem besitzt es einen ruhigen und lauschigen **Stellplatz** 161 direkt am Var.

Information

› **Office de Tourisme Guillaumes,** Pl. de Provence, 06470 Guillaumes, Tel. 0493055776, www.guillaumes.fr/office-de-tourisme-de-guillaumes

◁ *Das beliebte Skizentrum Valberg*

⑯ Stellplatz Guillaumes

GPS 44.0885, 6.8529

Am Ortsrand und direkt über dem Ufer des Var gelegener, schattiger und ruhiger Parkplatz mit hohen Bäumen und Picknicktischen; empfehlenswert. **Lage/ Anfahrt:** von der D2202 am südlichen Ortseingang gleich nach der Brücke bei der Apotheke links den steilen Weg hinunter; **Platzanzahl:** ca. 20; **Untergrund:** Schotter/Gras, uneben; **Preiskat.:** Stellplatz kostenlos, Ver-/Entsorgung kostenpflichtig; **Max. Stand:** 7 Tage; **Geöffnet:** ganzjährig; **Adresse/Kontakt:** Avenue du Conté de Nice, 06470 Guillaumes; **Hinweis:** nur wenige Schritte vom mittelalterlichen Ortskern mit Geschäften, Bäckerei und Restaurants (eine gute Küche bietet beispielsweise das Restaurant Central) entfernt.

DIE CIANS- UND DALUIS-SCHLUCHT

Zwischen Beuil und dem Tal des Var führt die D28 (Route de Nice) durch eine tief eingeschnittene Schlucht, die der Wildbach **Cians** in den weinrot gefärbten Fels gegraben hat. Teils in Tunneln, teils direkt am tosenden Wasser entlang geht es auf der rund 20 km langen Strecke fast 1000 Höhenmeter zu Tal. Oben in Beuil ist die Höhe der Tunnel mit 3,10 m angegeben, tatsächlich müssen sie jedoch höher sein – und am unteren Ende der Schlucht weisen die Schilder denn auch 3,50 m aus. Zudem ist die Straße breit und sehr gut ausgebaut, sodass man sie mit Wohnmobilen aller Art bedenkenlos befahren kann.

Ähnlich beeindruckend ist die als „Colorado Niçois" (Colorado von Nizza) bekannte **Daluis-Schlucht** (Gorges de Daluis), die der Var zwischen Guillaumes und Daluis durch die leuchtend roten und perfekt geschichteten Felsen gefräst hat, sodass man sich stellenweise tatsächlich an den Grand Canyon des Colorado versetzt fühlt! Die wild zerrissene Schlucht ist über 900 m tief in das 280 Millionen Jahre alte vulkanische Sedimentgestein eingeschnitten, dessen hoher Eisengehalt ihm durch Oxidation seine kräftig weinrote Farbe verleiht. Auf der D2202 durchquert man die Schlucht teils in schwindelerregender Höhe wie auf einem Felsbalkon, teils durch Tunnel und über eine weitgespannte Bogenbrücke, von der sich im Sommer die Bungee-Springer stürzen.

Die Gorges de Daluis ist das erste regionale Naturschutzgebiet in den Alpes-Maritimes. Es umfasst mehr als 1000 Hektar und verfügt über eine reiche Flora und Fauna. Beide Schluchten kann man zu einer Rundstrecke verbinden.

Weitere Infos: www.gorgesdedaluis.fr.

▷ *Die spektakuläre Cians-Schlucht ist auch mit größeren Wohnmobilen problemlos zu meistern*

TOUËT-SUR-VAR

(45 km – km 191)

Kommt man aus der Cians-Schlucht ins Tal des Var, so lohnt es sich, auf der D6202 zunächst kurz nach links zu biegen und etwa einen Kilometer flussab zu fahren, um das pittoreske, mittelalterliche Felsenstädtchen Touët-sur-Var zu bewundern, das hoch über der Talsohle wie ein Schwalbennest an der Bergwand klebt. Wegen seiner hohen Mauern an der Talseite und den wie Bauklötzen übereinander gestapelten Häusern gilt es als eines der schönsten „Villages Perchés“ der Region und wird gern als **„Village tibétain“** (tibetisches Dorf) bezeichnet. Wer sich die Mühe macht, hinaufzusteigen, um durch die steilen Gassen und über gepflasterte Stufen zu spazieren, der wird feststellen, dass die Häuser einen offenen Dachboden besitzen. Dieser hat früher dazu gedient, die Feigen zu trocknen. Eine Besonderheit bietet auch die Kirche Saint-Martin am oberen Ende des Dorfes: Sie wurde über einem Bach erbaut, dessen tosendes Wasser man durch ein Gitter unter dem Kirchenschiff hindurchfließen sieht.

ENTREVAUX

(31 km – km 222)

Anschließend geht es das Var-Tal aufwärts über **Puget** und Entrevaux nach **Annot.** Jede der drei Ortschaften hat einen eigenen Wohnmobil-Stellplatz, aber es lohnt sich, nicht gleich auf dem ersten zu bleiben, denn der jeweils nachfolgende ist auch der jeweils schönere!

Einen Besuch lohnt vor allem das mittelalterliche 800-Seelen-Städtchen **Entrevaux** („Zwischen den Tälern“), das der berühmte Festungsbaumeister Vauban 1693 zu einem Bollwerk gegen das benachbarte Herzogtum Savoyen ausgebaut hat. Hinter der steinernen Bogenbrücke über den Var beschützt die Porte Royale mit zwei dickbauchigen Rundtürmen den Zugang zum Gewirr der Gassen. 156 m über dem Dorf und auf einem steilen Pflasterweg im Zickzack-Kurs zu erreichen, thront die fast im Originalzustand erhaltene Zitadelle (Eintritt 3 €), die heute ein Museum birgt und einen weiten Ausblick über das Tal des Var eröffnet. Selbst die Kathedrale Notre Dame de l'Assomption wurde von Vauban in die Festungsanlage integriert und wirkt mit ihrem von Zinnen gekrönten Turm eher wie eine Burg. Doch in ihrem Inneren überrascht sie mit gotischer Architektur und einer prachtvollen Barock-Dekoration.

Information

› **Office de Tourisme Intercommunal,** Porte Royale du Pont Levis, 04320 Entrevaux, Tel. 0493054673, www.verdontourisme.com/le-verdon/nos-villages/villages-de-caractere/entrevaux-cite-vauban

389pr-rfh

162 Stellplatz Puget-Theniers

GPS 43.9533, 6.8995

Ein am Ortsrand direkt am Fluss Var gelegener und (bis auf Hundegebell) ruhiger Parkplatz mit etwas Schatten (manche beschweren sich allerdings über Straßenlärm von der anderen Flussseite und die Geräusche eines Gebläses des nahen Krankenhauses). Ein Teil des Platzes ist für Pkw reserviert, ein Teil ist von Dauergästen belegt. Insgesamt hat der Platz eine wenig einladende Atmosphäre. **Lage/Anfahrt:** von der D6202 nach Süden und auf der Brücke über den Var; dann gleich links bis zum Complex Sportif; **Platzanzahl:** ca. 10; **Untergrund:** Asphalt, eben; **Preiskat.:** €; **Geöffnet:** ganzjährig; **Adresse/Kontakt:** La Condamine, 06260 Puget-Théniers, Tel. 0493050505.

163 Stellplatz Entrevaux

GPS 43.9490, 6.8148

Großer, einfacher, aber recht ruhiger (bis auf gelegentliche Züge) und schattiger Asphaltparkplatz beim Bahnhof, gegenüber der Stadt auf der anderen Flussseite. **Lage/Anfahrt:** am Bahnhof von der D4202 links abbiegen und parallel zur Hauptstraße auf einer kurzen, schmalen Zufahrt auf die andere Seite der Schienen; problemlose Zufahrt, aber in der engen Kurve auf die Hinterachse achten; **Platzanzahl:** ca. 10–20; **Untergrund:** Asphalt, eben; **Preiskat.:** Stellplatz und Ver-/Entsorgung kostenlos; **Geöffnet:** ganzjährig; **Adresse/Kontakt:** La Gare, 04320 Entrevaux, Tel. 0493053410.

Kurz nach Entrevaux verlässt man das Tal des Var und folgt der N202 (Route de Grenoble) nach Westen. Nach etwa 23 km durch eine schöne Berglandschaft erreicht man bei **Saint-Julien-du-Verdon** den Lac de Castillon, wo man auf die Route 3 (s. S. 107) stößt und über Castellane zur **Verdon-Schlucht** fahren kann.

390pr-rh

164 Aire Municipale, Annot

GPS 43.9630, 6.6642

Einfacher, aber sehr sympathischer, reizvoll gelegener und ruhiger Stellplatz mit hohen Bäumen und schönem Blick auf die Felsen – für uns eindeutig der schönste der drei Plätze hier in der Gegend. **Lage/Anfahrt:** von der D908 beim Office de Tourisme nach links (Westen) auf den Place de Germe, über den Bach und via Chemin des Granges und Chemin de Colle Basse ziemlich geradeaus nach Südwesten fahren; **Platzanzahl:** ca. 25; **Untergrund:** Schotter, Gefälle; **Preiskat.:** Stellplatz und Ver-/Entsorgung kostenlos; **Max. Stand:** 7 Nächte; **Geöffnet:** 15.2.–15.11. (außer bei Schnee); **Adresse/Kontakt:** Pré Martin, 04240 Annot, Tel. 0492832209; **Beachten:** Um Pfingsten ist der Platz für eine Woche gesperrt.

ANHANG

402pr-rh

WOMO-WÖRTERLISTE DEUTSCH – FRANZÖSISCH

A

Abblendlicht	*feux de croisement*
abdichten	*étanchéifier*
Ablassschraube	*écrou de vidange/ bouchon du carter*
abschleppen	*remorquer*
Abschleppseil	*câble de remorquage*
Anlasser	*démarreur*
Antenne	*antenne*
Antriebswelle	*arbre de transmission*
Antriebsräder	*roues motrices*
Armaturenbrett	*tableau de bord*
Auffahrt	*bretelle d'accès*
Auspuff	*tuyau d'échappement*
Außenspiegel	*rétroviseur extérieur*
austauschen	*changer*
Autoschlüssel	*clé de voiture*

B

Batterie (laden)	*(charger la) batterie*
befahrbar	*praticable/ carrossable*
Benzin	*essence*
Benzinpumpe	*pompe à essence*
beschädigt	*en panne/abimé*
Blech	*tôle*
Blinker	*clignotant*
Bremsbelag	*plaquette de frein*
Bremse	*frein*
Bremsflüssigkeit	*liquide de frein*

C, D

Chemietoilette	*WC chimique*
defekt	*en panne*
dicht	*étanche*
Dichtung	*joint*
Diesel	*diesel, gasoil*
Differenzial	*différentiel*
Druck	*pression*

E

Einbahnstraße	*rue à sens unique*
Einspritzanlage	*système à injection*
Einspritzpumpe	*pompe à injection*
Einstellschraube	*vis de réglage/ du ralenti*
Einstellung	*réglage*
entleeren	*vider, vidanger*
Ersatzrad	*roue de secours*
Ersatzteil	*pièce de rechange*

F

Fahrtrichtung	*sens de la marche*
Felge	*jante*
Feder	*ressort*
Fernlicht	*feux de route/phares*
Feuerlöscher	*extincteur*
Frostschutz	*antigel*
Flüssigkeit	*liquide*
Führerschein	*permis de conduire*
Fühler	*capteur/sonde*

G

Gang	*vitesse*
Garantie	*garantie*
Gaspedal	*accélérateur*
Gebläse	*ventilateur*
gebrochen	*cassé*
Gebühr	*taxe*
Gelenk	*joint, charnière*
Geschwindigkeit	*vitesse*
gesperrt	*fermé, barré*
Getriebe	*boîte de vitesses*
Gewinde	*filetage*
Gewicht	*poids*
Glühbirne	*ampoule*
Glühkerze	*bougie de préchauffage*
Gurt	*ceinture*
Grauwasser	*eaux usées*

H

Handbremse	*frein à main*
Hebebühne	*plate-forme élévatrice/ pont élévateur*
Hebel	*levier*
Heizung	*chauffage*

Hinterachse	*essieu arrière*
Hupe	*klaxon*

K

Kabel	*câble*
(Benzin-)Kanister	*bidon (d'essence)*
Kardanwelle	*arbre à cardan*
Karosserie	*carrosserie*
Keilriemen	*courroie trapézoïdale*
Klimaanlage	*climatisation*
Kfz-Kennzeichen	*plaque d'immatriculation*
Kolben	*piston*
Kugellager	*roulement à billes*
Kühler	*radiateur*
Kühlwasser	*eau de refroidissement*
Kühlschrank	*frigidaire, frigo*
Kupplung	*embrayage*
Kurzschluss	*court circuit*

L

Ladedruck	*pression de l'alimentation*
Ladung	*chargement*
Lager	*coussinet*
Leck	*fuite*
Leerlauf	*point mort/ralenti*
Lenkung	*direction*
Lenkrad	*volant*
Lenkradschloss	*serrure antivol*
Lichtmaschine	*générateur/dynamo*
Luftfilter	*filtre à air*
Lüftung	*ventilation*

M

Massekabel	*câble de masse*
Messstab	*jauge*
Motor	*moteur*
Motoröl	*huile de moteur*
Mutter	*boulon/écrou*

N

Nabe	*moyeu*
niedrig	*bas*
Nockenwelle	*arbre à cames*
Notrufsäule	*borne de détresse*

O

Oktanzahl	*indice d'octane*
Öl	*huile*
Ölfilter	*filtre à huile*
Ölverlust	*perte d'huile*
Ölwanne	*cuvette à huile/carter*
Ölwechsel	*vidange*

P

Panne	*panne*
Parkplatz	*place de parking/ parking*
Parkscheinautomat	*horodateur*
Plattfuß	*pneu dégonflé*
Profil	*profil du pneu*
Propangas	*GPL (gaz propane liquide)*
Prüflampe	*lampe de contrôle/ voyant lumineux/ lampe témoin*
Pumpe	*pompe*

R

Rad	*roue*
Radkappe	*enjoliveur*
Radkreuz	*clé en croix*
Radmutter	*boulon*
Radwechsel	*changement de roue*
Rahmen	*châssis*
Rastplatz	*aire de repos*
Reflektor	*réflecteur*
Regelung	*réglage*
Reifen	*pneu*
Reifendruck	*pression des pneus*
Reifenpanne	*crevaison*
Relais	*relais*
reparieren	*réparer*
Reserverad	*roue de secours*
Rohr	*tuyau*
Rücklicht	*feu arrière*
Rückspiegel	*rétroviseur*
Rückwärtsgang	*marche arrière*

S

Schalter	*interrupteur*
Scheibenbremse	*frein à disque*
Scheibenwischer	*essuie-glace*
Scheinwerfer	*phares*
Schlauch	*chambre à air*
Schlüssel	*clé*
Schneeketten	*chaînes à neige*
Schraube	*vis*
Schraubenschlüssel	*clé*
Schraubenzieher	*tournevis*
Sicherung	*fusible*
Starthilfekabel	*câble de démarrage*
Stecker	*prise mâle/fiche*
Steckdose	*prise femelle*
Stoßstange	*pare-chocs*
Stoßdämpfer	*amortisseur*
Straße	*rue/route*
Strom	*courant électrique*

T

Tank	*réservoir*
tanken	*prendre de l'essence*
Tankstelle	*station d'essence/ station service*
Tempolimit	*limitation de vitesse*
Trommelbremse	*frein à tambour*
Turbolader	*chargeur turbo*

U

Überbrückungskabel	*câble*
undicht	*non étanche*
Umwälzpumpe	*pompe de circulation*
Unfall	*accident*
Unterdruck	*dépression*
Unterlegscheibe	*rondelle*

V

Ventil	*valve*
Ventilator	*ventilateur*
Ver-/Entsorgung	*eau/vidange*
Versicherung	*assurance*
Verschleiß	*usage*
volltanken	*faire le plein*
Vorderachse	*essieu avant*

W

Wagenheber	*cric*
Warnblinker	*feu de détresse*
Wartung	*entretien*
Wassertank	*réservoir d'eau*
Werkstatt	*garage/atelier automobile*
Werkzeug	*outil*
Windschutzscheibe	*pare-brise*
Wohnmobil	*camping-car*
Wohnmobilstellplatz	*aire (de camping-car), aire naturelle*

Z

Zahnrad	*pignon/roue dentée*
Zahnriemen	*courroie crantée*
Zündfunke	*étincelle d'allumage*
Zündkabel	*câble d'allumage*
Zündkerze	*bougie*
Zündschlüssel	*clé de contact*
Zündspule	*bobine d'allumage*
Zündung	*allumage*
Zündverteiler	*distributeur d'allumage*
Zylinder	*cylindre*
Zylinderkopf	*culasse/ tête de cylindre*

DIE WICHTIGSTEN SÄTZE FÜR WOHNMOBILISTEN

AUF DEM CAMPINGPLATZ

Haben Sie noch einen Stellplatz frei?	*Est-ce que vous avez un emplacement libre?*
Kann ich hier parken?	*Est-ce que je peux me garer ici?*
Wir brauchen einen ...	*Il nous faut ...*
... Stromanschluss.	*... un branchement électrique.*
... Wasseranschluss.	*... un branchement d'eau.*
... Anschluss an die Kanalisation.	*... un branchement d'égout.*
Was kostet ein Stellplatz pro Tag?	*Combien coûte l'emplacement par jour?*
Wo sind bitte die Toiletten?	*Où sont les toilettes?*
Wann wird nachts das Tor geschlossen?	*Quand est-ce que l'entrée sera fermée pour la nuit?*
Gibt es auf dem Campingplatz ...	*Est-ce qu'il y a sur le camping ...*
... einen Supermarkt?	*... un supermarché?*
... ein Restaurant?	*... un restaurant?*
Machen Sie bitte die Rechnung fertig?	*Pourriez-vous préparer la facture s'il vous plaît?*
Wir reisen morgen früh ab.	*On partira demain matin.*

IN DER WERKSTATT

Gibt es hier eine Werkstatt?	*Est-ce qu'il y a un garage ici?*
Können Sie mich abschleppen?	*Est-ce que vous pouvez me remorquer?*
Ich habe ein Problem mit …	*J'ai un problème de …*
Können Sie sofort reparieren?	*Pouvez-vous réparer tout de suite?*
Wie lange dauert die Reparatur?	*La réparation durera combien de temps?*
Was kostet die Reparatur?	*Combien coûte la réparation?*

IM NOTFALL

Rufen Sie bitte schnell ...	*S'il vous plaît appelez vite ...*
... die Polizei.	*... la police/les gendarmes.*
... einen Krankenwagen.	*... une ambulance.*
... die Feuerwehr.	*... les pompiers.*

REGISTER

D

E

F

M

N

O

P, Q

R

S

T, U

V

W

Z

434pr-sh

DIE AUTOREN

Jennifer und Stefan Höh, beide 1988 geboren, lieben das gemeinsame Reisen und Entdecken. Jennifer ist Sozialarbeiterin mit der Zusatzqualifikation zur Erlebnis- und Umweltpädagogin. Das Reisen mit dem Camper und dem Wohnmobil entdeckte sie durch ihren Ehemann Stefan. Stefan Höh ist mit und in Wohnmobilen aufgewachsen. Bei der ersten Reise im Alter von kaum zwei Jahren war sein „Bett" noch ein Pappkarton. Auch seine weitere Kindheit über war er mehrmals pro Jahr mit den Eltern im Wohnmobil unterwegs. Danach hat er eine Lehre als LKW-Mechatroniker gemacht, verschiedene Fahrzeuge (meist T3 Syncro-Busse) selbst ausgebaut und damit zusammen mit seiner Frau ausgedehnte Reisen in Europa unternommen – überwiegend in Skandinavien, aber auch bis Portugal und Kroatien, in die Karpaten und ins Baltikum.

2020 sind sie gemeinsam auf eine Langzeitreise gestartet (www.unserhoehenweg.com). Nachdem sie sich im ersten Jahr coronabedingt auf Europa konzentrierten, erkundeten sie im Folgejahr Nordamerika.

Beide wirkten bereits bei den letzten Aktualisierungen der Reise Know-How Tourguides „Bretagne" und „Kroatien" sowie beim „Wohnmobil-Handbuch" mit und übernahmen 2023 schließlich die Titel von Rainer Höh beim Reise Know-How Verlag.

131pr-rh

Traumhafter Parkplatz in den Alpilles bei Les Baux

IMPRESSUM

Rainer, Jennifer und Stefan Höh

Die schönsten Routen durch die PROVENCE

8., neu bearbeitete und aktualisierte Auflage 2024

ISBN 978-3-8317-3792-5

Printed in Germany

Druck und Bindung: mediaprint solutions GmbH, Paderborn

Herausgeber: Klaus Werner
Layout: amundo media GmbH (Inhalt), Wayan Rump (Umschlag)
Lektorat: amundo media GmbH
Routenkarten: world mapping project
Ortspläne: amundo media GmbH, Ingenieurbüro K. Wendler, der Verlag
Kontakt: Osnabrücker Str. 79, 33649 Bielefeld, info@reise-know-how.de
Anzeigenvertrieb: KV Kommunalverlag GmbH & Co. KG, Alte Landstraße 23, 85521 Ottobrunn, Tel. 089 928096-0, info@kommunal-verlag.de

Bildnachweis: Umschlagvorderseite: Rainer Höh | Umschlagrückseite: Rainer Höh (oben), stock.adobe.com©cge2010 (unten)
Soweit ihre Namen nicht vollständig am Bild vermerkt sind, stehen die Kürzel an den Abbildungen für die folgenden Fotografen, Firmen und Einrichtungen. Rainer Höh: rh | Stefan Höh: sh | fotolia.com by Adobe: fo | Klaus Werner: kw | stock.adobe.com: as

407pr-rh

408pr-rh

409pr-rh

406pr-rh

ROUTENATLAS

ÜBERSICHT DER STELL- UND CAMPINGPLÄTZE

Die **GPS-Koordinaten der Stell- und Campingplätze im Buch** können auf der Verlags-Website www.reise-know-how.de von der Artikelseite dieses Buches als Waypoint-Liste heruntergeladen werden.

ANREISE

1 Stellplatz Baume-les-Dames S. 13
2 Aire Municipale de Belfort S. 14
3 Aire Municipale Cuiseaux S. 15
4 Aire Musée des Maisons Comtoises, Nancray S. 15
5 Aire Salin les Bains S. 16
6 Aire Arbois, Mesnay S. 16
7 Stellplatz Cousance S. 17
8 Aire Municipale de Bourg en Bresse S. 17
9 Aire Communale Aspres sur Buëch S. 18
10 Aire Municipale Plan d'Eau, Veynes S. 19
11 Aire Municipale, Laragne-Monteglin S. 19
12 Aire Municipale, Mison S. 20

ROUTE 1

13 Weingut „Dôme d'Elyssas", Les Granges-Gontardes S. 50
14 Camping-Car Park, Valréas S. 50
15 Les Escargots de l'Enclave, Valréas S. 51
16 Stellplatz Montbrison S. 51
17 Domaine des Lauribert, Visan S. 52
18 Domaine de Lumian, Valréas S. 52
19 Domaine de Lucéna, Visan S. 52
20 Domaine de Rocheville, Nyons S. 54
21 Aire Communale, Nyons S. 54
22 Aire Communale, Montbrun-les-Bains S. 58
23 La Mouregenusse, La Penne-sur-l'Ouvèze S. 60
24 Domaine du Chêne Blanc S. 61
25 Aire Communale, Mirabel S. 61
26 Aire de Toronne, Clansayes S. 62
27 Stellplatz, bei Donzère S. 62
28 Centre Leclerc, Bollène S. 62

Die Provence ist insbesondere für Genussmenschen ein Paradies

ROUTE 2

29 Camping du Théâtre Romain, Vaison-la-Romaine S. 68
30 Aire Communale „Le Colombier", Vaison-la-Romaine S. 68
31 Weingut Domaine du Parandou, Sablet S. 70
32 Camping Municipal de Roquefiguer, Beaumes-de-Venise S. 73
33 Parking des Amandiers, Carpentras S. 74
34 Domaine des Dominicains, nahe Carpentras S. 74
35 Camping Le Bosquet, Malaucène S. 76
36 Camping-Car Park, Malaucène S. 76
37 Camping Le Pastory, Bédoin S. 78
38 Camping-Car Park, Bédoin S. 78
39 Camping Municipal La Pinède, Bédoin S. 80
40 Camping Domaine de Belezy, Bédoin S. 80
41 Camping du Defends, Sault S. 81
42 Stellplatz Sault S. 81
43 Camping Coucourelle, Pernes-les-Fontaines S. 85
44 Camping La Sorguette, L'Isle-sur-la-Sorgue S. 86
45 Camping-Car Park, Fontaine-de-Vaucluse S. 87
46 Parking René Cassin, Gordes S. 89
47 Camping Le Colorado, Rustrel S. 95
48 Camping-Car Park, Apt S. 96
49 Camping Les Cèdres, Apt S. 97
50 Super-U, Puyvert S. 99
51 Camping Le Vallon du Luberon S. 101
52 Aire Communale, Oppède-le-Vieux S. 103

ROUTE 3

53 Camping Les Prés-Hauts, Sisteron S. 111
54 Aire Municipale Bahnhof, Sisteron S. 111
55 Aire Municipale, Sisteron S. 111
56 Aire Communale, St.-Etienne-les-Orgues S. 114
57 Aire Communale, Banon S. 114
58 Aire Communale, Reillanne S. 118
59 Aire Communale de Forcalquier S. 119
60 Camping-Car Park, Sainte Tulle S. 120

405pr-as©jeremie78

ROUTE 4

ROUTE 5

ROUTE 6

ROUTE 7

ROUTE 8

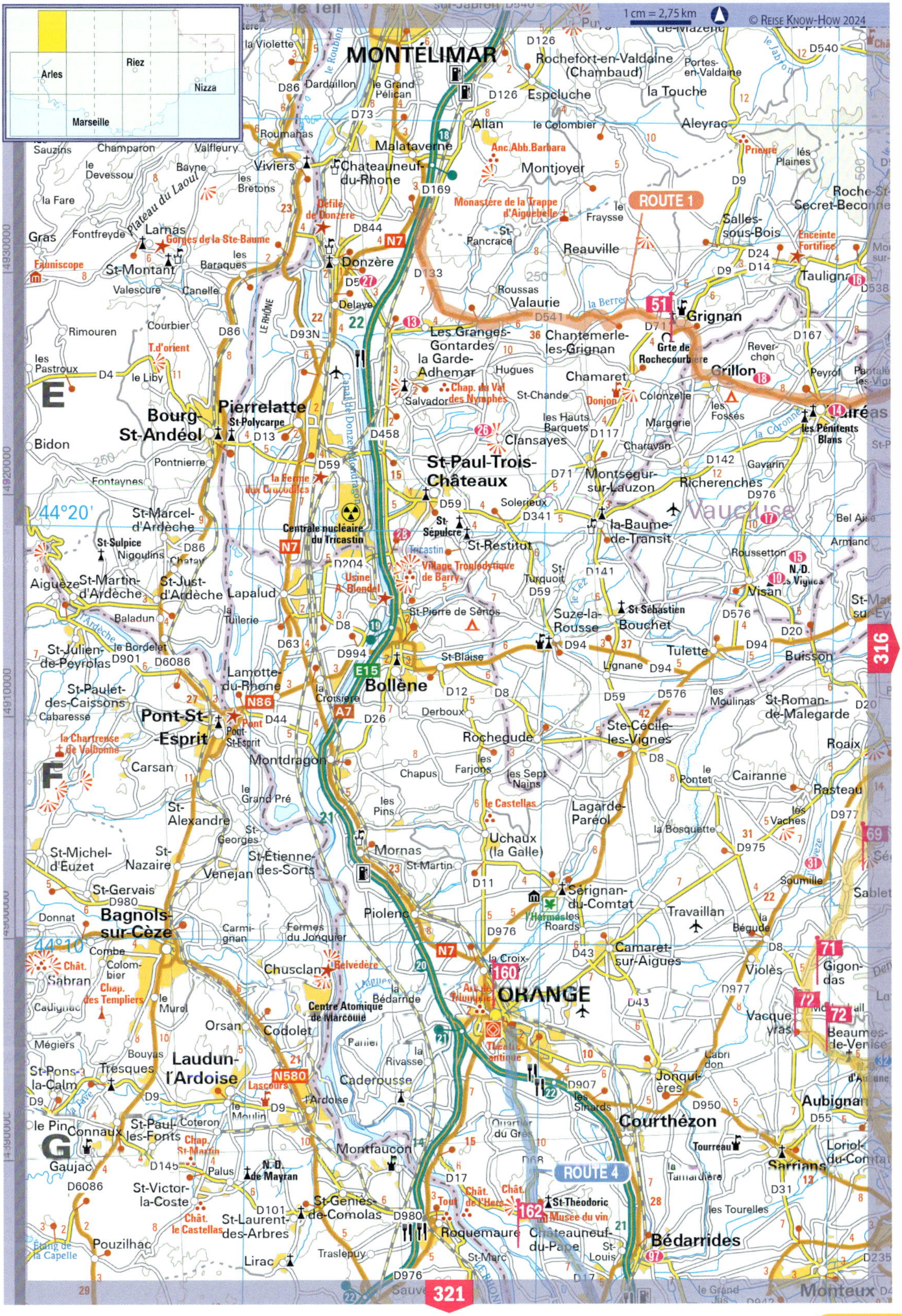
1 cm = 2,75 km
© Reise Know-How 2024
Arles
Riez
Nizza
Marseille
MONTÉLIMAR
Rochefort-en-Valdaine (Chambaud)
Espeluche
la Touche
Allan
Aleyrac
Malataverne
Montjoyer
Viviers
Châteauneuf-du-Rhône
ROUTE 1
Monastère de la Trappe d'Aiguebelle
Salles-sous-Bois
Défilé de Donzère
Gorges de la Ste-Baume
Fauniscope
St-Montant
Donzère
Reauville
Taulignan
Valaurie
Grignan
Les Granges-Gontardes
Chantemerle-les-Grignan
la Garde-Adhemar
Grillon
Pierrelatte
Bourg-St-Andéol
Clansayes
St-Paul-Trois-Châteaux
Montségur-sur-Lauzon
Richerenches
Vaucluse
44°20'
St-Marcel-d'Ardèche
Centrale nucléaire du Tricastin
St-Restitut
la-Baume-de-Transit
Village Troglodytique de Barry
Visan
Aiguèze
St-Martin-d'Ardèche
St-Just-d'Ardèche
Lapalud
Suze-la-Rousse
Bouchet
Tulette
Buisson
St-Julien-de-Peyrolas
Lamotte-du-Rhône
Bollène
St-Paulet-des-Caissons
Pont-St-Esprit
Rochegude
Ste-Cécile-les-Vignes
St-Roman-de-Malegarde
la Chartreuse de Valbonne
Montdragon
Cairanne
Rasteau
Carsan
Lagarde-Paréol
St-Alexandre
Uchaux (la Galle)
Mornas
St-Michel-d'Euzet
St-Nazaire
St-Étienne-des-Sorts
Venejan
Sérignan-du-Comtat
St-Gervais
Piolenc
Travaillan
Bagnols-sur-Cèze
44°10'
Camaret-sur-Aigues
Chusclan
Orange
Violès
Gigondas
Sabran
Centre Atomique de Marcoule
Vacqueyras
Beaumes-de-Venise
Orsan
Codolet
Laudun-l'Ardoise
Tresques
St-Pons-la-Calm
Caderousse
Jonquières
Courthézon
Aubignan
Connaux
St-Paul-les-Fonts
Montfaucon
ROUTE 4
Sarrians
Loriol-du-Comtat
Gaujac
St-Victor-la-Coste
St-Geniès-de-Comolas
St-Théodoric
Musée du vin
St-Laurent-des-Arbres
Roquemaure
Châteauneuf-du-Pape
Bédarrides
Pouzilhac
Lirac
Monteux
Étang de la Capelle
316
321
E
F
G

Le Poët-Laval
Châtl des Hospitaliers
Jeannot
Lombards
Orcinas
Dieulefit
Beau-Vallon
Pracoutel
Vesc
Tanville
Montjoux
la Paillette
Guisand
Bouvieres
D335
D173
Chamauche
Gumaine
Chamauche
Bellegarde-en-Diois
Montlahuc
Ferme du Rif
Establet
St-Dizier-en-Diois
D538
D70
Chaudebonne (Les Nauds)
Arnayon (Berlieres)
LaMotte-Chalancon
la Valdoule
St-Antoine
Rottier
La Charce
Pradier
Valouse
Brezil
D173
Cornillon-sur-l'Oule
D61
Ste-Marie
Teyssieres
les Burnonins
Montbrison-sur-Lez
le Célas
les Chaudrons
Villeperdrix
l'Adret
Pommerol
Prieuré
les Rabassières
les Gorges de Trente-Pas
Cornillac
Ste-Anne
le Pègue
les Audries
St-Ferreol-Trente-Pas
le Monestier
D61
Rousset-les-Vignes
ROUTE 1
St-Pons
Eyroles
St-May
56
Rémuzat
Novezan
les Cognets
Sahune
la Fromagère
St-Pantaléon-les-Vignes
D541
Condorcet
Montreal-les-Sources
Tête du Mouret 1010
Hautes-Alpes
D538
Venterol
les Faviers
D70
D94
les Granges
la Combe Hameau
Chatusse
Moydans
Rosans
Valréas
Aubres
la Bonte
Curnier
Pelonne
Verclause
St-Pierre
20
le Devès
les Pilles
le Poet-Sigillat
52
Nyons
le Trou de Pontias
Arpavon
les Millets
St-André-de-Rosans
les Estangs
21
Perdigons
Montaulieu
D64
Tarendol
Bellecombe-Tarendol
Montferrand-la-Fare
Lemps
Garde Grosse 944
Rochebrune
Ste-Jalle
N.-D. de Beauvert
Vieux Village
Vinsobres
l'Archis
les Fayssès
D64
St-Sauveur-Gouvernet
Roussieux (Bardin)
le Pont de Mirabel
Chateauneuf-de-Bordette
Gouvernet
la Batie Verdun
les Viarrands
D94
Mirabel-aux-Baronnies
les Prades
Besignan
D64
Chauvac Laux-Montaux
St-Maurice-sur-Eygues
D538
Piegon
Beauvoisin
Autanne
Ste-Euphemie-sur-Ouveze
le Pouzet
Benivay-Ollon
les Jonchiers
D546
Vercoiran
315
Villedieu
Ferme de Champ Jullian
Gorges d'Ubrieux
St-Auban-sur-Ouveze
Rioms (Fontenouille)
Montguers
Pontillard
Merindol-les-Oliviers
59
la Roche-sur-le-Buis
le Combe
les Palls
Propiac
Buis-les-Baronnies
la Rochette-du-Buis
D20
St-Romain-en-Viennois
Puymeras
les Aires
30
la Penne-sur-l'Ouveze
le Poet-en-Percip
St Quenin
Théâtre
66
Vaison-la-Romaine
Faucon
23
D5
Cost
la Saffrette
les Sias
les Granges
29
St-Marcellin-les-Vaison
Pierrelongue
D546
Châtl
D4
Eygaliers
Mevouillon
Gresse
le Col
Mollans-sur-l'Ouveze
Châtl
D5
Montagne de Blaye
Plaisians
les Flaux
Aulan
le Farette
69
Crestet
D54
Entrechaux
Hameau de Pierlevon
Clue de Plaisians
Aiguieres
Villefranche-le-Château
Séguret
D13
Veaux
le Toulourenc
Col de Fontaube 755
la Gabelle
Montagne du Buc
D938
St-Leger-du-Ventoux
D40
Vergol
Sablet
Romane
Hameau des Valettes
Brantes
la Retranche
Boucoule Ferme
77
Mont Serein 445
Mont Serein
Dentelles de Montmirail
35
Malaucène
36
Beaumont-du-Ventoux
les Alazards
Belv.
Col des Tempêtes 1841
79
58
Barret-de-Lioure
75
Suzette
N.-D. du Groseau
D974
MONT VENTOUX
Savoillan
D72
Montbrun-les-Bains
Monastère
St-Jean
1912
Reilhanette
22
la Roque-Alric
76
Gour des Oules
Lafare
la Madeleine
le Chalet Reynard
Pierravon
Vaucluse
Belv.
D942
Ferrassière
Beaumes-de-Venise
Barroux
Belv.
D19
37
D164
les Crottes
Aurel
St-Hippolyte-le-Graveyron
lesBaux
32
40
Ste-Colombe
D974
Caromb
Crillon-le-Brave
39
Bédoin
les Michouilles
Aubignan
38
St-Estève
D950
Modène
Flassan
Verdolier
41
St-Trinit
D55
St-Pierre-de-Vassols
la Loge
80
Sault
D938
ROUTE 2
Loriol-du-Comtat
34
Caire
Serres
D974
les Gaps
D1
D1
la Gabelle
42
Mormoiron
38
D30
Villes-sur-Auzon
Monieux
73
Synagogue
33
Mazan
Cim.
Gorges de la Nesque
82
Rocher du Cire
les Roumigières
Carpentras
St-Estève
D942
St-Jean
D235
les Buissonnades
les Garrigues
les Molières
Brouville
D34
D49
Blauvac
322
St-Christol

1 cm = 2,75 km
© Reise Know-How 2024
Arles
Riez
Nizza
Marseille
St-Pierre-d'Argençon
Aspres-sur-Buëch
Veynes
Furmeyer
Manteyer
Freissinous
la Bâtie-des-Fonts
St-Marcellin
Chateauneuf-d'Ozc
Céüse 2000
Durandons
1827 Montagne de Céüse
Riougras
Fonteille
Oze
44°30'
Thuoux
l'Échaillon
Station de Valdrôme
la Piarre
Aspremont
le Pont de Chabestan
St-Auban-d'Oze
Col des Guérins 1312
Mianes
les Fontettes
Bruis
Chabestan
Sigoyer
le Forest
le Saix
Villauret
Esprèaux
Montagne de Laup
le Vissac
Sigottier
Montmorin
la Bâtie-Montsaléon
Esparron
les Combes
la Montagne
Chatusse Haute
leSarret
Vitrolles
Barcillonnette
l'Armanenche
le Rosas
Serres
Savournon
Alpes
Ribeyret
l'Epine
Montclus
le Bersac
Plan-de-Vitrolles
Base de loisirs de Germanette
les Amauds
Rousset
Prieuré
E
Montagne de St-Genis
Pibert
Sorbiers
Vaucluse-Basse
les Courtilles
Mereuill
Montrond
Monêtier-Allemont
St-Genis
Claret
Ventavon
Montjay
Colombe
l'Écluse
Sironne
la Tuilière
le Grand Pre
Melve
Chanousse
Trescléoux
Eyguians
Lazer
Chapaisses
Lagrand
Saléon
Arzeliers
Col de Lèbre -Cuech
44°20'
Autoroute du Val de Durance
la Montagne
Laragne-Montéglin
Villebois-les-Pins
Etoile St-Cyrice
Upalx
Sigoyer
Thèze
Montau
Nossage-et-Bénévent
le Laux
Orpierre
Chevalet-le-Haut
les Bègues
T.d'orient
le Plan
le Poët
Châteauneuf-de-Chabre (Quartier-de-l'École)
Ruissas
Laborel
Barret-le-Haut
les Fourniers
Vaumeil
1302 Col de Perty
Ste-Colombe
Montauban-sur-l'Ouvèze (Bagnols)
Barret-sur-Méouge
Gges de la Méouge
Montagne de Chabre
Antonaves
Valernos
Izon-la-Bruisse
Ballons
F
Mison
St-Pierre-Avez
la Silve
Pelleret
Eygalayes
Salérans
le Verger
Ribiers
Défilé de la Pierre Écrite
Vers-sur-Méouge (le plan)
Lachau
Rougnouse
l'Adrech
Pré Rond
Plan de laBaume
N.-D. de Calma
les Peyres
la Flogère
St-Jaume
Séderon
Eourres
les Charles Franchironnette
le Plan du Château
le Durban
les Chabanons
Citad.
le Vieux Noyers
Aurbard
Sisteron
les Anières
Curel
St-Vincent-sur-Jabron
Noyers-sur-Jabron
Bevons
Montagne dAlbion
Omergues
Montfroc
Lange
la Grangeotte
le Couvent
Clot de Moune
44°10'
la Tuilière
Châteauneuf-Miravail (les Curniers)
Valbelle
Peipin
Forrassières-de-Barret
Sommet de Lure 1826
Aubignosc
Alpes-de-Haute-Provence
Tinette
Station de Lure
MONTAGNE DE LURE
le Forest
les Morands
les Girons
Redortiers (le Contadour)
Vière
Saumane
Châteauneuf-Val-St-Donat
ROUTE 3
Anc Abb de N.-D.de Lure
le Jonquet
l'Hospitalet
Revest-du-Bion
Plateau d' Albion
Mallefougasse-Augès
la-Rochegiron
Cruis
G
Montfort
St-Étienne-les-Orgues
Montlaux (les Jacons)
St-Donat
Grand Débat
Lardiers
Mardaric
Banon
St Pierre
St-Christol
le Rocher d'Ongles
le Revest
Martrons
323
318
112
110

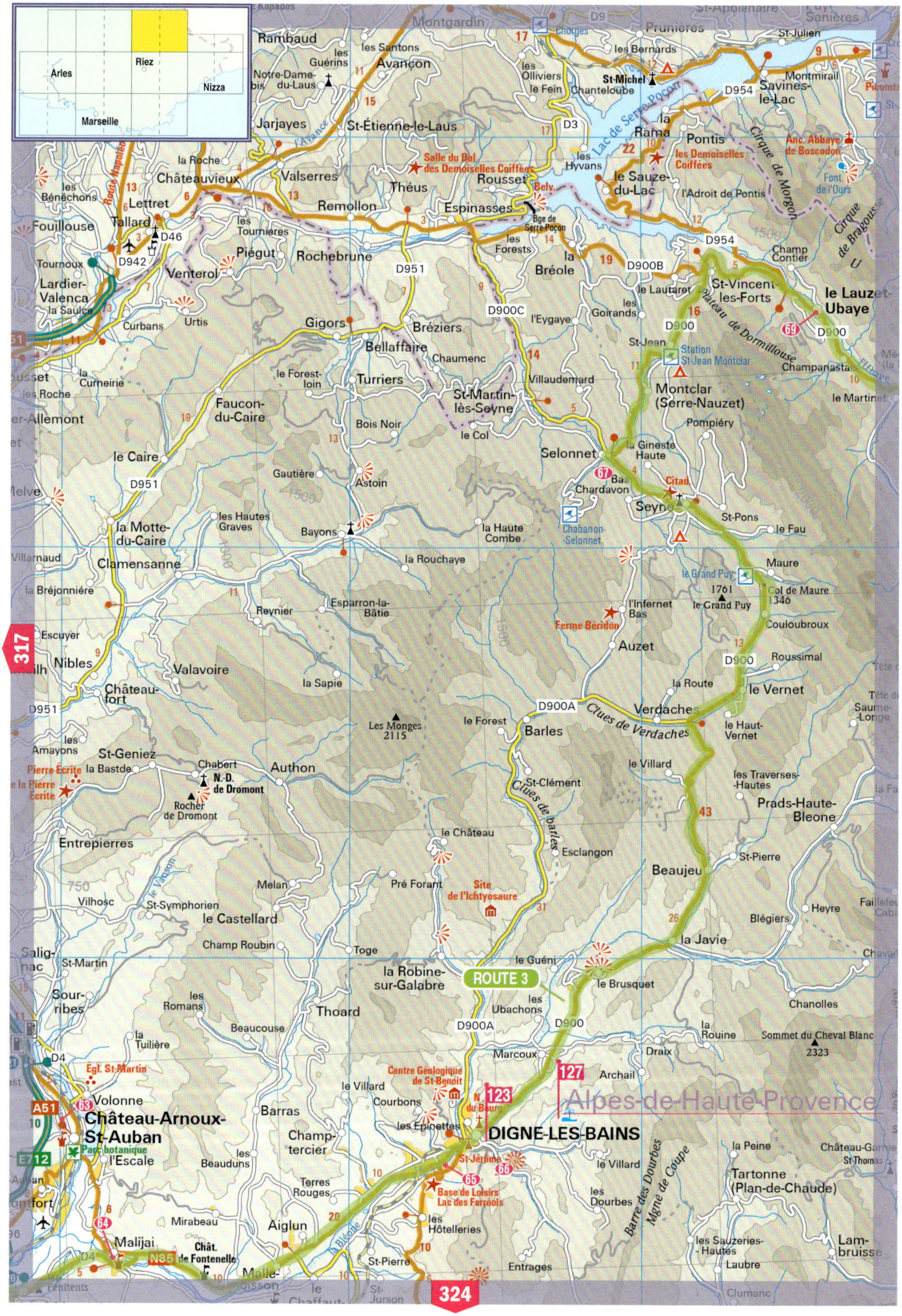
Arles
Riez
Nizza
Marseille
Rambaud
les Santons
Guérins
Avançon
Notre-Dame-du-Laus
Montgardin
Chorges
Prunières
St-Apollinaire
St-Julien
les Bernards
Savines-le-Lac
Montmirail
St-Michel
Chanteloube
les Olliviers
le Fein
Lac de Serre-Ponçon
Jarjayes
St-Étienne-le-Laus
la Rama
Pontis
Cirque de Morgon
Anc. Abbaye de Boscodon
Salle du Bal des Demoiselles Coiffées
les Demoiselles Coiffées
les Hyvans
le Sauze-du-Lac
l'Adroit de Pontis
Font. de l'Ours
Cirque de Bragousse
la Roche
Châteauvieux
Valserres
Théus
Rousset
Belv.
les Bénéchons
Lettret
Route Napoléon
Remollon
Espinasses
Bge de Serre-Ponçon
Fouillouse
Tallard
D46
les Tournières
les Forests
la Bréole
D954
Champ Contier
Tournoux
D942
Piégut
Rochebrune
D951
D900B
St-Vincent-les-Forts
le Lauzet-Ubaye
Lardier-Valenca
Venterol
le Lautaret
les Goirands
la Saulce
Urtis
Curbans
Gigors
D900C
l'Eygaye
Plateau de Dormillouse
D900
Bréziers
Bellaffaire
St-Jean
Station St-Jean Montclar
Champanastais
Chaumenc
Curneirie
le Forest-loin
Turriers
Villaudemard
Montclar (Serre-Nauzet)
les Roche
St-Martin-lès-Seyne
le Martinet
Faucon-du-Caire
Bois Noir
le Col
Pompiéry
er-Allemont
Selonnet
la Gineste Haute
le Caire
Gautière
Astoin
Bas Chardavon
Citad.
D951
Seyne
Chabanon-Selonnet
St-Pons
les Hautes Graves
Bayons
la Haute Combe
le Fau
la Motte-du-Caire
Villarnaud
la Rouchaye
Maure
le Grand Puy
1761
Col de Maure 1346
Clamensanne
la Bréjonnière
Reynier
Esparron-la-Bâtie
l'Infernet Bas
Ferme Béridon
Couloubroux
Escuyer
Auzet
Nibles
la Sapie
D900
Roussimal
Valavoire
la Route
le Vernet
Château-fort
D900A
Verdaches
D951
Les Monges 2115
le Forest
Barles
Clues de Verdaches
le Haut-Vernet
les Amayons
St-Geniez
Chabert
N.-D. de Dromont
Authon
le Villard
Pierre Écrite
la Bastide
la Pierre Écrite
Rocher de Dromont
St-Clément
les Traverses-Hautes
Prads-Haute-Bleone
Clues de Barles
Entrepierres
le Château
Esclangon
Beaujeu
St-Pierre
Vilhosc
le Vançon
Melan
Pré Forant
Site de l'Ichtyosaure
St-Symphorien
le Castellard
Heyre
Blégiers
Champ Roubin
Toge
la Javie
Salignac
St-Martin
la Robine-sur-Galabre
le Guéni
ROUTE 3
le Brusquet
Sourribes
les Romans
Thoard
les Ubachons
D900A
D900
Chanolles
Beaucouse
la Tuilière
la Rouine
Sommet du Cheval Blanc 2323
D4
Marcoux
Draix
Égl. St-Martin
Centre Géologique de St-Benoît
le Villard
N.-D. du Bourg
Archail
Volonne
Courbons
Alpes-de-Haute-Provence
A51
Château-Arnoux-St-Auban
Barras
les Épinettes
DIGNE-LES-BAINS
Parc botanique
l'Escale
Champtercier
St-Jérôme
la Peine
Château-Garnier
St-Thomas
les Beauduns
le Villard
Barre des Dourbes
Mgne de Coupe
Tartonne (Plan-de-Chaude)
Terres Rouges
Base de Loisirs Lac des Ferréols
les Dourbes
Mirabeau
Aiglun
la Bléone
les Hôtelleries
Malijai
Chât. de Fontenelle
N85
St-Pierre
les Sauzeries-Hautes
Laubre
Lambruisse
Mallemoisson
le Chaffaut
St-Jurson
Entrages
Clumanc
317
324

1 cm = 2,75 km
© Reise Know-How 2024
Embrun
Baratier
St-Sauveur
Crots
l'Osselin
les Sallettes
Pisomtal
St-Jean
les Orres
le Château
Pramouton
Station des Orres
la Montagne
Col de Vars
2108
Cheminées de Fées
Pas de la Reysssole
St-Paul-sur-Ubaye
Grande Serenne
les Prats
Pont du Châtelet
Fouillouse
Refuge du Chambeyron
Brec de Chambeyron
3389
3017
Monte Cervet
2984
Rocca Blanca
3196
Tête de la Courbe
3089
Tête de Sautron
3165
Chiappera
Saretto
SP263
le Grand Parpaillon
2990
Tête de Vallon Claous
2945
Tournoux
D902
Redoute de Berwick
Fort de Tournoux
Meyronnes
St-Ours
Forts
Ste-Anne la Condamine
la Condamine-Châtelard
Larche
Auto Vallonasso
2885
Tête de Moïse
3104
D900
Col de Larche
1991
Colle della Maddalena
L. della Maddalena
Grangie
Argentera
l'Aupillon
2916
Grand Bérard
3046
la Pare
Fort
Jausiers
Base de loisirs
les Sanières
Lans
la Frache
Basse Chalanche
Batalier
la Romeyere
Rioclar
Méolans-Revel (la Fresquière)
les Prats
Miraval
Tato
Faucon-de-Barcelonnette
St-Pons
Méolans
les Thuiles
Clot Meyran
la Maure
Barcelonnette
la Conche
l'Aupillon
Enchastrayes
Pra-Soubeiran
le Sauze
le super-Sauze
D209
Pra-Loup
les Molanès
Uvernet-Fours
les Besses
les Clarionds
Tête de l'Enchastraye
2955
2868
Rocher des Trois Evêques
Grande Séolane
Col de Restefond
2680
Col de la Bonette
2728
CIME DE LA BONETTE
2860
T. d'orient.
Bousièyas
le Pra
Refuge de Vens
Station des Agneliers
D908
le villard d'Abas
Gorges du Bachelard
D902
Fours-St-Laurent
Refuge de Bayasse
Refuge de Sestrière
M64
Col d'Allos
2247
Refuge du Col d'Allos
la Foux d'Allos
Foux d'Allos 1800
T. d'orient.
le Cimet
3020
Bouden
St-Dalmas-le-Selvage
M2205
les Trois Evêchés
2818
Tête de l'Estrop
2961
Tête de l'Auriac
2639
Tête de Chabrières
2888
Saume-Longe
la Foux
MONT PELAT
3050
Refuse de la Cayolle
2962
le Trou de l'Aigle
Col de la Cayolle
Couvent
St-Étienne
la Baumelle
Bouchier
le Verdon
le Super Allos
Allos
Mourre Gros
2652
le Seignus Bas
Val d'Allos 1500
le Seignus-Haut
N.-D. de Valvert
Ref. du Lac d'Allos
Lac d'Allos
Estenc
Refuse du La Cantonnière
Pointe Côte de l'Âne
2916
Refuse de Gialorgues
Vallon de Demandols
Vacherie de Demandols
Auron
M39
Drogon
la Favière
D908
l'Autapie
2424
Chaumie Haut
Chaumie Bas
Clignon Haut
D2202
Cime de Pal
2818
las Donnas
2474
Roya
St-Sébastien
Faillefeu Haut
Cabane
Chasse
Colmars
D2
Casc. de la Lance
Entraunes
les Tourres
Chavailles
Villars-Colmars
la Gardivole
Montagne de l'Alp
2439
D78
Val Pelens
Sommet de la Frema
2747
St-Barnabé
Pra Pelet
St-Martin-d'Entraunes
la Combe
le Pont de la Seree
Barels
la Baumotte
Mgne de Coste Longue
Valette
2085
Mgne de Chamatte
Beauvezer
Villars Heyssier
Sussis
D2202
Villeneuve-d'Entraunes
Châteauneuf-d'Entraunes
le Parc
Péone
Ondres
Enaux
Bouchanières
le Villard
les Amigons
Valberg
Thorame-Haute
le Moustier
St-Jean
le Grand Coyer
2053
le Var
Guillaumes
Sauze
St-Brès
Croix de Valberg
D28
ROUTE 3
Thorame-Basse
les Selves
D908
Mont St-Honorat
2520
la Bâtie
Mgne de Cordeil
2115
Peyresq
Villeplane
Villetalle-Basse
Tête de la Colombière
2065
ROUTE 8
Raton
2075
Cime du pra
Gorges de Daluis
Thorame-Haute Gare
la Colle St-Michel
Aurent
la Pinée
D2202
Dôme de Barrot
2136
Argens
Argenton
St-Martin
Daluis
Liouc
325
328
293
292
294
161
160
70
71
68
22
52
58
82

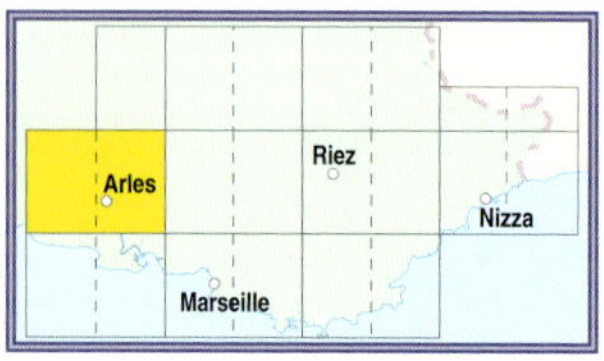
Arles
Riez
Nizza
Marseille

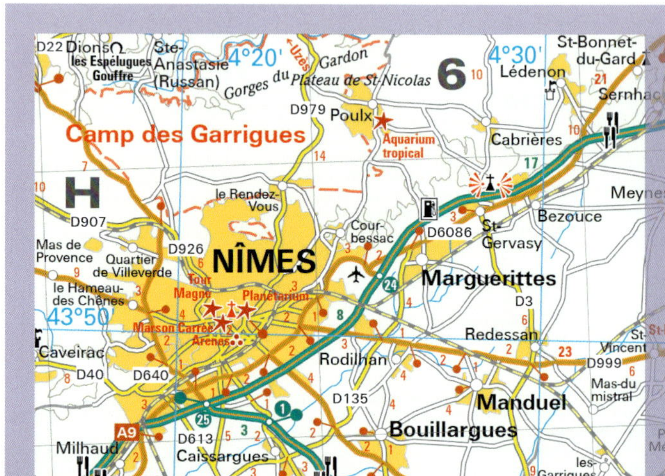

Dions
les Espélugues
Gouffre
Ste-Anastasie (Russan)
4°20'
Gorges du Gardon
Plateau de St-Nicolas
6
4°30'
Lédenon
St-Bonnet-du-Gard
Sernhac
D979
Poulx
Aquarium tropical
Camp des Garrigues
Cabrières
H
Meynes
le Rendez-Vous
D907
Bezouce
Cour-bessac
D6086
St-Gervasy
Mas de Provence
Quartier de Villeverde
D926
NÎMES
Marguerittes
le Hameau-des Chênes
Tour Magne
Planétarium
Maison Carrée
Arènes
43°50'
Redessan
Caveirac
Rodilhan
St-Vincent
D999
D40
D640
Mas-du-mistral
Manduel
D135
A9
Bouillargues
Milhaud
D613
Caissargues
les-Garrigues
D135
D6113
D3
D13
Mas St-Louis
D38
Junas
D1
Boissières
Bernis
Garons
4
Aubais
4°10'
5
E15
D262
Aubord
Boisseron
Uchaud
Nîmes-Alès-Camargue-Cévennes
Bellegarde
D34
Aigues-Vives
Vergèze
E80
Sautebraut
Christol
St-Sériès
Villetelle
Mus
N113
Vestric-et-Candiac
Codognan
D135
D42
A54
Générac
E80
Bellevue
Saturargues
Pont Ambroix
Gallargues-le-Montueux
Chât. de Candiac
D139
Beauvoisin
Vérargues
D979
D38
E80
D6313
Gard
D14
Lunel-Viel
D34
D6572
Vauvert
D135
Lunel
Aimargues
la Cassagne
N13
le Cailar
St-Gilles
Truchet
Abb.
D572
Valergues
D34
Marsillargues
la jasse de Barry
Petite
St-André
la Furanne
St-Just
D24
Chât. de Teillan
Mas de Mourgues
D6572
Saliers
D979
Franquevaux
Figarès
St-Nazaire-de-Pézan
Mas de Bony
Mas Bousquet
Mas de Valescure
Espeyran
D37
Petit Mas de Vert
Gallician
Écluse de St-Gilles
Tartuguière
Mas de Carthagène
St-Laurent-d'Aigouze
Canal
Étang du Charnier
Étang de Scamandre
Candillar-gues
Mas de Barbut
D979
D779
D570
D61
Mas Psalmody
Centre du Scamandre
Ste-Cécile
Musée de la Camargue
Abb.
Mas des Iscles
Albaron
Taman-guieres
Mas de Terre de Port
Camargue
ROUTE 4
Tour Carbonnière
Mas Grand St-Jean
D58
199
Aigues-Mortes
Quatret
Marais de la Gr
Tour de Constance
Mont-calm
D179
le Party de la Trinité
Mas d'Agon
D62
D62
Domaine de Méjanes
Remparts
D62A
Grande-Motte
D979
Chât. d'Avignon
Étang de
D58
D38C
Cuvette du Lairan
NATUREL RÉG
le Grau-du-Roi
Salins-du Midi
Mas Sénébier
Golfe d'Aigues-Mortes
Étang de Caitives
le Canet
D62B
Aquarium
Port-Camargueue
Mas de Jarras-Listel
Château d'Astouin
Pioch Badet
Réserve
PARC
Zoologique
D570
328

315
1 cm = 2,75 km
© Reise Know-How 2024
Sorgues
Monteux
Entraigues-sur-la-Sorgue
Rochefort-du-Gard
Villeneuve-lès-Avignon
Vedène
AVIGNON
Le Thor
Remoulins
Châteaurenard
Noves
Cavaillon
Beaucaire
Tarascon
St-Rémy-de-Provence
Les-Baux-de-Provence
Maussane-les-Alpilles
Eyguières
Fontvieille
Paradou
Mouriès
ARLES
St-Martin-de-Crau
Bouches-du-Rhône
Miramas
St-Chamas
Plaine de la Crau
ROUTE 4
322
329

316
321
330
Pernes-les-Fontaines
Venasque
Blauvac
Malemort-du-Comtat
Méthamis
St-Didier
N.-D. de Vie
la Roque-sur-Pernes
le Beaucet
St-Gens
la Rouvière
PLATEAU DE VAUCLUSE
ROUTE 2
Lagarde-d'Apt
Sarraud
St-Hubert
St-Lambert
Cantarel
les Vergiers
Réserve Naturelle Géologique du Luberon
Murs
Lioux
Falaise de la Madeleine
St-Saturnin-lès-Apt
les Grands Cléments
Marinier
Velleron
St-Antoine
l'Isle-sur-la-Sorgue
Saumane-de-Vaucluse
Fontaine-de-Vaucluse
Notre-Dame-de-Sénanque
Gordes
Joucas
Clavaillan
les Barbiers
la Croisière
Rés. Natur. Géologique du Luberon
Rustrel
Villars
Bouvène
Village des Bories
Caves du Palais St-Firmin
Roussillon
Carrière d'ocre
Cabrières-d'Avignon
Lagnes
Mln des Bouillons
les Bartagnons
St-Pantaléon
Gargas
Carr. d'ocre
Blace
Caseneuve
Musée du verre et du vitrail
le Petit Palais
Coustellet
N.D. de Lumières
Goult
Castellet
le Chêne
Apt
Saignon
Maison du Parc
Abb. St-Eusèbe
le Boisset
Eyssaniades
Maubec
Robion
Beaumettes
Oppède (les Poulivets)
St-Véran
Pont Julien
Roquefure
les Tourettes
les Agnels
Buoux
Taillades
Oppède le Vieux
Ménerbes
Peyrière
Anc. Abb. St-Hilaire
Lacoste
Bonnieux
Prieuré de St-Symphorien
le Fort
Moulin-Clos
Sivergues
Auribeau
Castellet
Mourre Nègre 1125
Grand Luberon
Cheval-Blanc
la Canebière
MONTAGNE DU LUBERON
PARC NATUREL RÉGIONAL DU LUBERON
Petit Luberon
Tour-Philippe
Vaugines
Cucuron
Cabrières-d'Aigues
la Motte-d'Aigues
Sannes
Gorges de Régalon
Mérindol
les Borrys
Puget
Puyvert
Chât. de la Colette
Lourmarin
les Patins
Lauris
Cadenet
Ansouis
Sénas
Brame-Jean
Mallemort
Abbaye de Silvacane
Charleval
Pont-Royal
la Roque-d'Anthéron
Villelaure
le Val de Joanis
le Castellas
Grtes de Calès
Lamanon
Alleins
Cazan
Ste-Anne-de-Goiron
ROUTE 5
St-Christophe
St-Estève-Janson
les Regrets
Village
Vernègues
St-Césaire
Chât.-Bas
Temple romain
Chaîne des Côtes
Caire-Val
la Bastide Blanche
le Puy-Ste-Réparade
les Cabanes
Aurons
St-Michel
Rognes
SALON-DE-PROVENCE
St-Jean-de-Bernasse
Pélissanne
Suès
Chât. de la Barben
Lambesc
Jas Blanc
la Cride
Chât. de Fonscolombe
le Ménage Neuf
Empéri
St-Laurent
Pont du Pélican
la Barben
Parc animalier
l'Étape
St-Cannat
Chât. de Cabanne
St-Canadet
Grans
les Armieux
Village des Automates
le Grand St-Jean
la Touloubre
Couteron
Venelles
les Logis
le Pont de Rhaud
St-Croix
Petit Pommier
Lançon-Provence
Val de Sibourg
Lignane
Trévaresse
Font Rousse
Puyricard
les Logissons
Miramas-le-Vieux
les Grandes Bastides
Cornillon-Confoux
la Fare-les-Oliviers
Coudoux
Éguilles
Montjustin
Calade
Célony
Chât. de la Gaude
la Mignarde
Tr. de César
Jaumegarde
Oppidum d'Entremont
Pont Flavien
les Baisses
la Lauve
la Bastide Bertin
Ventabren
les Figons
AIX-EN-PROVENCE
Beau Rivage
Roche
les Banjaquets
Aqueduc de Roquefavour
Fondation Vasarely
les Granettes
Bouffan
E714
E80
A8
A7

317
1 cm = 2,75 km
© Reise Know-How 2024
St-Christol
Plan
Chavonnet
Pierre
Banon
le Rocher d'Ongles
Ongles
le Revest
Martrons
Peyruis
Montsalier
Haut Cheyran
D950
les Vallettes
Fontienne
Revest-St-Martin
Ganagobie
D13
D5
D51
44°
Sigonce
Prieuré de Ganagobie
les Pierras
les Bourbons
Limans
Carniol
Simiane-la-Rotonde
Revest-des-Brousses
ROUTE 3
les Tourettes
Dabisse
St-Honorat
Valsaintes
Ybourgues
118
Forcalquier
St-Pierre
Lurs
les Bronzets
D30
Anc. Abb de Valsaintes
D14
59
Pierrerue
les Pourcelles
D950
D4100
D12
N.-D. des Anges
le Castellet
Vachères
Châteauneuf
N.-D. de Salagon
Mane
Niozelles
D4096
D51
Oppedette
Canyon d'Oppedette
la Brillanne
D22
Gignac
Ste-Croix-à-Lauze
Aubenas-les-Alpes
117
Haute Provence
St-Michel-l'Observatoire
Chât. de Sauvan
Brama-fam
Oraison
D33
Chât.
St-Maime
D4
St-Amas
Viens
ROUTE 2
la Fare
D5
121
D13
Villeneuve
62
134
H
D4100
Dauphin
les Buissonnades
les Fayssés
Lincel
St-Martin-les-Eaux
le Val-d'Asse
58
Reillanne
D14
D5
Volx
D33
le Petit Carluc
St-Martin-de-Castillon
Villemus
le Bars
A51
Céreste
Montjustin
D907
D5
119
E712
la Bégude
D4096
Glorivette
les Frances
43°50'
Chât.
Montfuron
Manosque
Tour du Mont d'Or
la Combe
D6
Valensole
les Peyres
St Elzéard
St-Pancrace
les Chabrands
Vitrolles-en-Luberon
D907
la Cavalerie
Pierrevert
18
L U B E R O N
D956
D6
St-Grégoire
la Bastide-des-Jourdans
les Picottes
D8
la Savoye
St-Pancrace
D27
Cabrières-d'Aigues
Peypin-d'Aigues
Bernadine
60
Ste-Tulle
D4
D82
134
St-Martin-de-Brômes
324
la Motte-d'Aigues
D27
St-Léger
de Laval
St-Martin-de-la-Brasque
le Cafeton
Pontoise
Chât. des Templiers
Grambois
Corbières
Gréoux-les-Bains
I
Parc animalier
75
D956
D554
N.-D. des Oeufs
la Tour-d'Aigues
Ste-Marie
Beaumont-de-Pertuis
D996
le Hameau
D952
Pigette
136
D9
74
D8
Esparron-de-Verdon
Chât.
le Pré Fleury
Chât. de Cadarache
les Maurras
76
Lac d'Esparron
Vinon-sur-Verdon
Défilé de Mirabeau
17
D35
Malaurie
l'Eclou
les Rouvières
Pertuis
D973
la Bastidonne
Mirabeau
Ste-Madeleine
61
St-Julien
St-Pierre
St-Paul-lès-Durance
Centre d'etudes nucléaires
la Dévention
43°40'
Ginasservis
D554
D96
N.-D. de Consolation
D11
Bourdas
A51
E712
les Seis
Bèdes
Jouques
D23
la Verdière
D30
Meyrargues
Peyrolles-en-Provence
D3
l'Espagne
D96
le Camp Chinois
Trempasse
D561
la Vicarie
Font Claire
D554
St-Julien
D561
Varages
Concors 781
Rians
ROUTE 5
Artigues
St-Martin-de-Pallières
Esparron
la Campane
K
D3
St-Marc-Jaumegarde
le Puits de Rians
Vauvenargues
209
Claps
Barrage du Bimont
N.-D. de la Victoire
Montagne Ste-Victoire
Pic des Mouches 1011
Basses-Selves
Oppidum Pain de Munition
Arles
Riez
Nizza
Marseille
Croix de Provence
Ermitage
Puyloubier
Chât. du Général
331

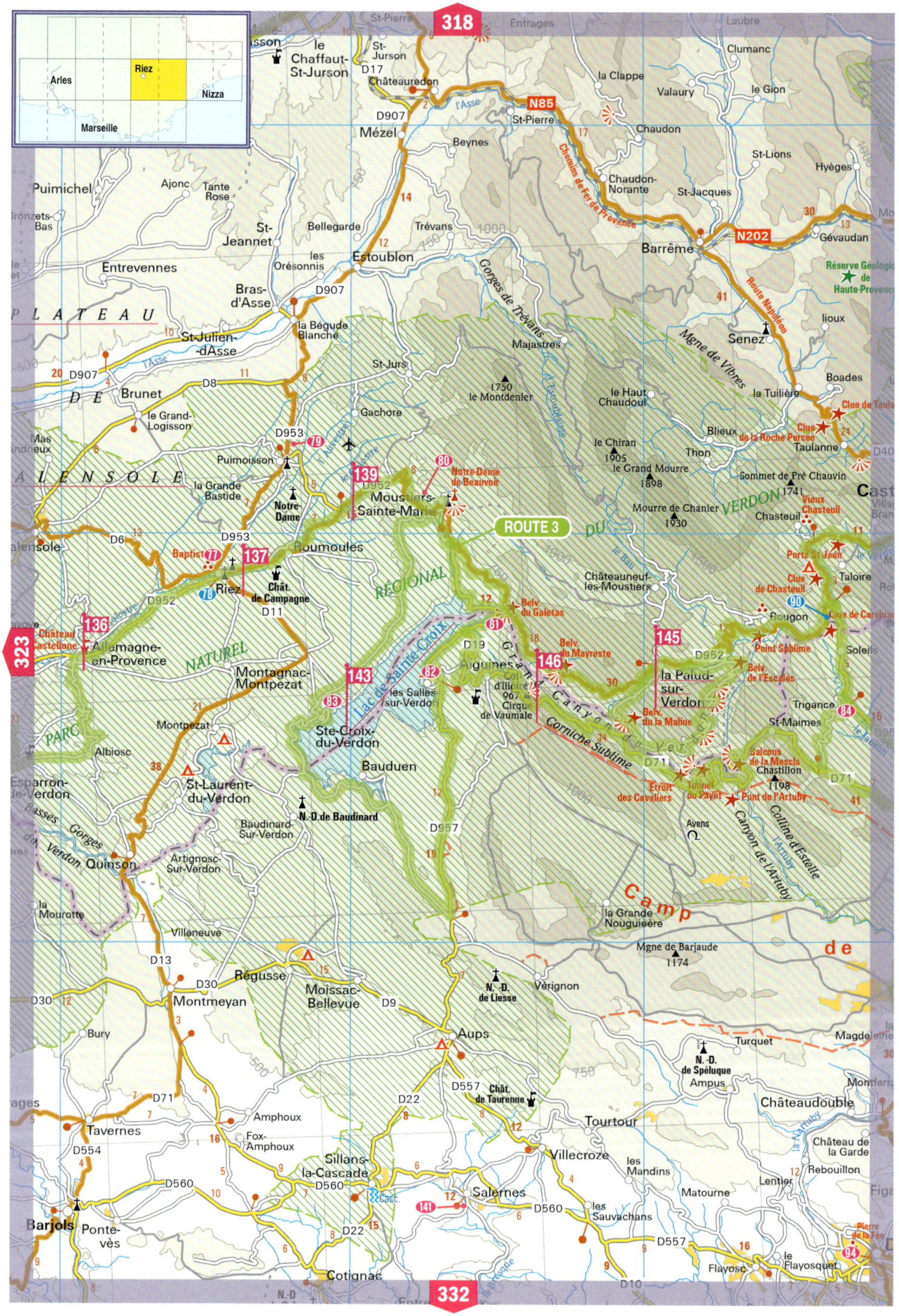
318
332
323
Arles
Riez
Nizza
Marseille
le Chaffaut-St-Jurson
Châteauredon
Mézel
Beynes
St-Pierre
Clumanc
la Clappe
Valaury
le Gion
Chaudon
St-Lions
Hyèges
Chaudon-Norante
St-Jacques
Chemins de Fer de Provence
Barrême
Gévaudan
Réserve Géologique de Haute-Provence
Route Napoléon
Senez
Mgne de Vibres
Puimichel
Ajonc
Tante Rose
St-Jeannet
Bellegarde
Trévans
Estoublon
Entrevennes
Bras-d'Asse
les Orésonnis
Gorges de Trévans
PLATEAU
la Bégude Blanche
St-Julien-d'Asse
Majastres
DE
Brunet
le Grand-Logisson
St-Jurs
le Montdenier
le Haut Chaudoul
la Tuilière
Boades
Clue de Taulane
Clue de la Roche Percée
Taulane
Gachore
le Chiran
Blieux
Thon
Puimoisson
le Grand Mourre
Sommet de Pré Chauvin
VALENSOLE
la Grande Bastide
Notre-Dame
Notre-Dame de Beauvoir
Moustiers-Sainte-Marie
Mourre de Chanier
VERDON
Chasteuil
Vieux Chasteuil
ROUTE 3
DU
Valensole
Baptistère
Roumoules
Porte St-Jean
Riez
Chât. de Campagne
RÉGIONAL
Châteauneuf-lès-Moustiers
Clue de Chasteuil
Taloire
Belv. du Galetas
Rougon
Clue de Carejuan
Château Castellane
Allemagne-en-Provence
Belv. du Mayreste
Point Sublime
Soleils
NATUREL
Aiguines
Grand Canyon du Verdon
la Palud-sur-Verdon
Belv. de l'Escalès
Montagnac-Montpezat
Lac de Sainte-Croix
les Salles-sur-Verdon
Col d'Illoire
Cirque de Vaumale
Trigance
Montpezat
Ste-Croix-du-Verdon
Corniche Sublime
Belv. de la Maline
St-Maimes
PARC
Albiosc
Balcons de la Mescla
Chastillon
Bauduen
Étroit des Cavaliers
Tunnel du Fayet
Pont de l'Artuby
Esparron-de-Verdon
St-Laurent-du-Verdon
N.-D. de Baudinard
Baudinard-Sur-Verdon
Avens
Canyon de l'Artuby
Colline d'Estelle
Basses Gorges du Verdon
Quinson
Artignosc-Sur-Verdon
la Mourotte
Camp
la Grande Nouguière
de
Villeneuve
Mgne de Barjaude
Régusse
Moissac-Bellevue
Montmeyan
N.-D. de Liesse
Vérignon
Bury
Aups
Turquet
N.-D. de Spéluque
Ampus
Magdeleine
Amphoux
Chât. de Taurenne
Tourtour
Châteaudouble
Tavernes
Fox-Amphoux
Villecroze
Château de la Garde
Sillans-la-Cascade
les Mandins
Rebouillon
Salernes
Matourne
Lentier
Barjols
Pontevès
les Sauvachans
Pierre de la Fée
Cotignac
Flayosc
le Flayosquet
Entrages
Laubre
N85
N202
D907
D17
D8
D953
D952
D6
D11
D19
D957
D13
D30
D9
D22
D557
D71
D554
D560
D10

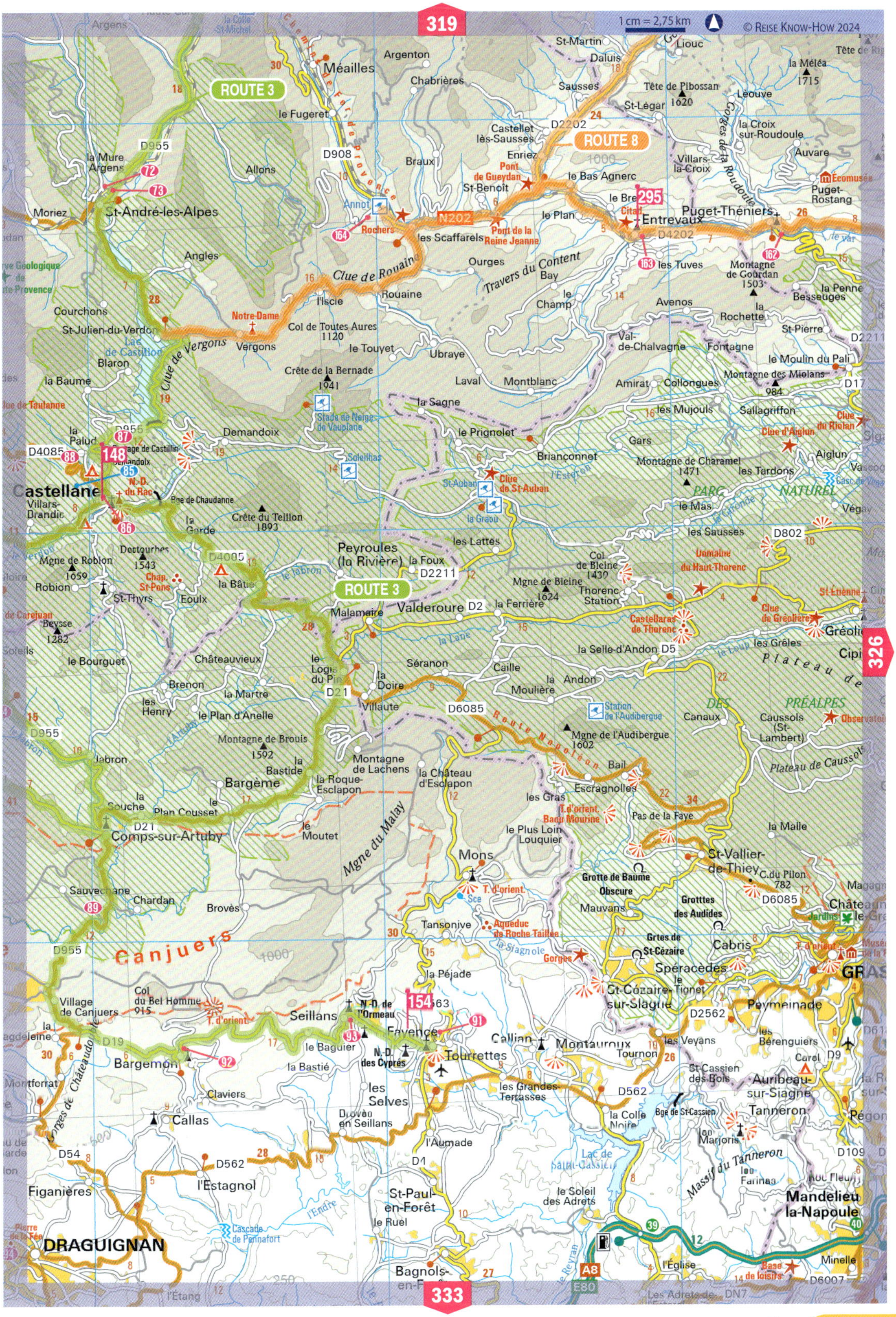
319
1 cm = 2,75 km
© Reise Know-How 2024
ROUTE 3
ROUTE 8
Méailles
Argenton
Chabrières
St-Martin
Daluis
Sausses
Tête de Pibossan
1620
St-Légar
Liouc
la Méléa
1715
Léouve
Gorges de la Roudoule
la Croix sur-Roudoule
Auvare
Écomusée
Puget-Rostang
le Fugeret
Castellet lès-Sausses
D2202
Villars-la-Croix
Enriez
Braux
Pont de Gueydan
St-Benoît
le Bas Agnerc
295
Citad.
Entrevaux
Puget-Théniers
D4202
N202
le Plan
Pont de la Reine Jeanne
les Scaffarels
Rochers
Annot
D908
la Mure Argens
D955
St-André-les-Alpes
Allons
Moriez
Angles
Clue de Rouaine
Rouaine
l'Iscle
Ourges
Travers du Content
Bay
le Champ
les Tuves
Montagne de Gourdan
1503
la Penne
Besseuges
Avenos
la Rochette
St-Pierre
Courchons
St-Julien-du-Verdon
Notre-Dame
Col de Toutes Aures
1120
Vergons
le Touyet
Ubraye
Val-de-Chalvagne
Fontagne
le Moulin du Pali
Lac de Castillon
Clue de Vergons
Blaron
la Baume
Crête de la Bernade
1941
Laval
Montblanc
Amirat
Collongues
Montagne des Miolans
984
la Sagne
Stade de Neige de Vauplane
les Mujouls
Sallagriffon
Clue du Riolan
Clue d'Aiglun
Aiglun
la Palud
Demandoix
le Prignolet
Gars
Montagne de Charamel
1471
les Tardons
Briançonnet
D4085
148
Castellane
Villars-Brandis
N.-D. du Roc
Bge de Chaudanne
Soleilhas
Clue de St-Auban
St-Auban
la Graou
PARC NATUREL
le Mas
les Sausses
D802
Domaine du Haut-Thorenc
la Garde
Crête du Teillon
1893
les Lattes
Col de Bleine
1430
Mgne de Robion
1659
Destourbes
1543
Chap. St-Pons
Robion
St-Thyrs
Eoulx
la Bâtie
D4085
Peyroules (la Rivière)
la Foux
D2211
Mgne de Bleine
1624
Thorenc Station
St-Etienne
Clue de Gréolières
Gréolières
Beysse
1282
Malamaire
Valderoure
D2
la Ferrière
Castellaras de Thorenc
la Selle-d'Andon
D5
les Grèles
Cipières
326
le Bourguet
Châteauvieux
le Logis du Pin
Séranon
Caille
Andon
Moulière
Plateau de Calern
Brenon
la Martre
D21
la Doire
Villaute
D6085
Route Napoléon
Station de l'Audibergue
Mgne de l'Audibergue
1602
Canaux
Caussols (St-Lambert)
PRÉALPES
Observatoire
les Henry
le Plan d'Anelle
Montagne de Brouis
1592
Jabron
D955
Bastide
Bargème
la Roque-Esclapon
Montagne de Lachens
le Château d'Esclapon
Bail
Escragnolles
Plateau de Caussols
la Souche
Plan Cousset
les Gras
T. d'orient. Baou Mourine
Pas de la Faye
la Malle
D21
Comps-sur-Artuby
le Moutet
Mgne du Malay
le Plus Loin
Louquier
St-Vallier-de-Thiey
C.du Pilon
782
Mons
Grotte de Baume Obscure
T. d'orient
Sce
Mauvans
Grotttes des Audides
D6085
Châteauneuf
le Gréolières
Jardins
Sauvechane
Chardan
Brovès
Tansonive
Aqueduc de Roche Taillée
la Siagnole
Cabris
Gorges
Grtes de St-Cézaire
Spéracèdes
Grasse
Canjuers
D955
la Péjade
St-Cézaire-sur-Siagne
le Tignet
Peymeinade
D2562
Village de Canjuers
Col du Bel Homme
915
T. d'orient
Seillans
N.-D. de l'Ormeau
154
Fayence
Callian
Montauroux
Tournon
les Veyans
les Bérenguiers
D9
D19
la Bastie
le Baguier
N.-D. des Cyprès
Tourrettes
St-Cassien des Bois
Auribeau-sur-Siagne
Bargemon
Claviers
les Selves
les Grandes-Terrasses
D562
la Colle Noire
Bge de St-Cassien
Tanneron
Montferrat
Gorges de Châteaudouble
Callas
Brovès en Seillans
l'Aumade
Lac de St-Cassien
les Marjoris
Massif du Tanneron
D109
D54
D562
D1
les Farinas
Figanières
l'Estagnol
St-Paul-en-Forêt
le Soleil des Adrets
Mandelieu la-Napoule
Cascade de Pennafort
le Ruel
l'Endre
DRAGUIGNAN
Bagnols-en-Forêt
A8
E80
l'Eglise
Base de loisirs
Minelle
D6007
l'Étang
333
Les Adrets-de-
DN7

328
325
ROUTE 8
ROUTE 8
ROUTE 7
Gorges du Cians
Pierlas
Clot de Marre
Mont Fracha 1784
Pointe des Quatre Cantons 1804
Pra d'Astier
Lieuche
Rigaud
Montagne de Mayola 1596
Thiéry
la Madone
Pointe de la Gardette 1231
Malic
Touët-sur-Var
Notre-Dame
Villars-sur-Var
Tournefort
Massoins
Malaussène
Chemins de Fer de Provence
Rourebel
le Pin de Noguier
Ascros
Espouvare
Mont Brune 1518
St-Antonin
Sauma Longa 1005
Mt Long 1063
Cuébris
Roquesteron
Roquesteron-Grasse
Pierrefeu
Sigale
St-Sébastien
Clue de la Peguière
Clue de Bouisse
Conségudes
les Ferres
le Villars
Vescous
Revest-les-Roches
Tourrette-du-Château
Toudon
Mont Vial 1541
Bairols
Clans
St-Antoine
Marie
M2205
Roussillon
la Tour
Gorges de la Mescla
Défilé du Chaudan
D6202
D6102
le Chaudan
Bonson
Gilette
Ste-Marguerite
la Clave
Bouyon
le Broc
Bézaudun-les-Alpes
Carros
Carros-le-Neuf
Gattières
St-Jeannet
Bastide de Vescagne
Coursegoules
Montagne du Cheiron
Cime du Cheiron 1778
St-Pons
Greolières les Neiges
RÉGIONAL
St-Barnabé
Col de Vence 963
Bramafan
Courmes
Casc. de Courmes
Gourdon
Pont du Loup
Tourrettes-sur-Loup
le Bar-sur-Loup
les Bergières
Vence
Chap. du Rosaire
St-Martin
Baou des Blancs
la Gaude
St-Paul-de-Vence
la Colle-sur-Loup
le Castellaras
Roquefort-les-Pins (le Plan)
le Rouret (St-Pons)
Opio
Châteauneuf-Grasse
Pré du Lac
Magagnosc
GRASSE
Musée Internat. de la Parfumerie
Plascassier
Valbonne
le Plan de-Grasse
Mouans-Sartoux
Mougins
la Roquette-sur-Siagne
Pégomas
Pibonson
LE CANNET
Vallauris
le Pezou
Golfe-Juan
Juan les Pins
Super Cannes
CANNES
le Suquet
C. de la Croisette
Fort Ste-Marguerite
île Ste-Marguerite
la Napoule
Biot
Sophia Antipolis
Villeneuve-Loubet
CAGNES-SUR-MER
Cros de Cagnes
les Bouches du Loup
Villeneuve-Loubet-Plage
Zoo Marin Marineland
Plaine de la Brague
ANTIBES
Fort Carré
Chât. Grimaldi
la Garoupe
Batterie du Graillon
Cap d'Antibes
St-Laurent-du-Var
NICE
Nice-Côte d'Azur
Baie des Anges
CÔTE D'AZUR
CORNICHES DE LA
Ajaccio 6h30
Calvi 6h00
Île Rousse 6h00
Bastia 5h30
Villefranche-sur-Mer
Beaulieu-sur-Mer
St-Jean-Cap-Ferrat
Cap Ferrat
Mont Boron
Èze
Cap-d'Ail
la Turbie
la Trinité
Drap
Falicon
St-André-de-la-Roche
Colomars
Aspremont
Mont Chauve d'Aspremont 853
Cantaron
Castagniers
St-Martin-du-Var
la Roquette-sur-Var
Levens
Coaraze
Contes
Bendejun
Tourrette-Levens
Châteauneuf-Villevieille
Peillon
Peille
Blausasc
l'Escarène
Touët-de-l'Escarène
Lucéram
Col de Braus 1002
Duranus
Utelle
Madone d'Utelle
Belv. du Saut des Français
St-Jean-la-Rivière
le Suquet
Figaret
Pélasque
Lantosque
Loda
Camari
St-Colomban
Roquebillière
Roquebillière Vieux
Belvédère
Mont Tournairet 2086
les Granges de la Brasque
Quinson
la Bollène-Vésubie
Col de Turini
Peïra-Cava
Moulinet
le Piaon
Gorges du Piaon
A8
E74
E80

329
1 cm = 2,75 km
© Reise Know-How 2024
FRANCE
ITALIA
MONACO
MENTON
Ventimiglia
Bordighera
Sospel
Breil-sur-Roya
Saorge
Fontan
Bergue Inférieur
Dolceacqua
Rochetta-Nervina
Roquebrune-Cap-Martin
Cap Martin
Beausoleil
Monte-Carlo
Ospedaletti
Coldirodi
Castellar
Mortola
Jardin Hanbury
Capo Mortola
Capo Sant'Ampeglio
Punta di Migliarese
RIVIERA DU PONANT
LA RIVIERA
ROUTE 8
ROUTE 7
284
278
274
43°50'
43°40'
44°
Arles
Riez
Nizza
Marseille

Arles
Riez
Nizza
Marseille
35000
36000
37000
Punta Maladecia
Monte Aver
Cima Moravacciera
Cime de la Lombarde
Col de la Lombarde
Isola 2000
Cima Valrossa Nord
Cima Valrossa Sud
Monte Matto
Rifugio Bianco
Sant'Anna di Valdieri
Terme di Valdieri
IL PARCO REGIONALE DELL'ARGENTERA
Réserve de Chasse de Valdieri
Cima Sud Argentera
Rifugio Morelli
Cima del Lausetto
Cima della Vagliotta
Monte Ray
Trinità
San Giovanni
Monte Aiera
Cima della Valletta
Punta Ciamberline
Cima di Brocan
Refuge Ellena Soria
Punta della Siula
Cime du Gélas
Mt.Clapier
Refuge de Nice
la Blache
Isola
Vieux clocher
M97
M2205
Cime de Tavels
Rifugio Questa
Tête des Portettes
Testa di Bresses
la Madre Dio
Cima di Fremamorta
Cima Ghilie
At-Sauveur
Molliers
Mont Mounier
PARC NATIONAL DU MERCANTOUR
Valabre
Refuge de Longon
Vignol
la Tinée
Gorges de Valabres
Tiecs Granges
Rougios Granges
Refuge des Adus
Réserve de Chasse du Mercantour
Refuge la Cougourde
Parc Alpha
le Boréon
Refuge Saladin
Refuge de la Madone de Fenestre
Colle
l'Oustallet
Cougne
Beuil
D30
Roubion
St-Sébastien
St-Bernard
M30
Roure
St-Sauveur-sur-Tinée
Vachetie des Millefonts
le Villars
les Clos
M94
Vallon de la Madone de Fenestre
Alpes-Maritimes
St-Martin-Vésubie
les Launes
St-Ginié
le Villars
Liberture
St-Sebastien
Bergians
D28
le Planet
Rimplas
Abéliéra
M2565
Valdeblore (la Roche)
St-Dalmas
Col St-Martin
la Colmiane
Valdeblore
Ste-Claire
le Touron
Venanson
ROUTE 8
St-Grat
Tête de Giarons
les Clots
Gorges Sup. du
Mt Viroulet
Cime de Colmiane
Libaret
Berthemont-les-Bains
la Vésubie
Grange du Colonel
Ilonse
Pierlas
Marie
Mont Tournairet
319
326
287
294

320
Pointe de l'Espiguette
St-Roman
Mourgue
Pin-Fourcat
Mas-d'Icard
D570
Maison du Parc
Parc Ornithologique de pont de Gau
Cacharel
les-Frignants
Zoologique
188
la-Capelude
le Grand Radeau
191
ROUTE 4
Stes-Maries-de-la-Mer
Golfe des Saintes-Maries ou de Beauduc
Pointe de Beauduc
Arles
Riez
Nizza
Marseille

1 cm = 2,75 km
© Reise Know-How 2024
Vernante
SS20
E74
24
25
26
7°30'
7°40'
44°10'
Monte Testa
1952
Monte Bussaia
2451
Folchi
Sottana
Pallanfrè
Monte Vecchio
1920
Limone Piemonte
Punta Miraudà
2157
Certosa di Pesio
Parco Naturale Alta Valle Pesio e Tanaro
Monte Jurin
2192
Cima Durand
2092
Monte Mondolè
2382
Cima Cars
2204
Monte Grosso
2046
Rifugio Garelli
Rifugio Havis de Giorgio
Monte Garbella
2306
Riserva Naturale
2261
2148
Bec Matlas
San Giovanni
Monte Colombo
Limonetto
Cima della Fascia
2495
Monte delle Carsene
Cima delle Saline
2612
Cima delle Colme
2407
Colle de la Boaire
2012
Monte del Frisson
2037
2318
Cima Plisser
2807
Monte Carbone
Col de Tende
1871
Cima di Pertega
2404
Carnino Superiore
Cima del Sabbione
2610
Cima della Scandeiera
2705
D6204
Valle d'Upega
Upega
Cima di Piano Cavallo
1896
Viévola
Refuge de Valmasque
Val Castérino
Vallon de Castérino
Granges de Pont Riche
le Salse
Vallée des Merveilles
St-Sauvur
Musée des Merveilles
Tende
Morignole
Bens
Mont Bégo
2872
Gravures rupestres
Manesi
Refuge des Merveilles
St-Dalmas-de-Tende
la Brigue
N.-D. des Fontaines
Monte Frontè
2153
Verdeggia
Granile
Bergue-Supérieur
Realdo
1522
Monte Pellegrino
Bergue-Inférieur
327

321
1 cm = 2,75 km
© Reise Know-How 2024
Tour de Vazel
Sambuc
la Bayanne
St-Sulpice
218
Oppidum Castellan
ISTRES
le Retour des Aires
ROUTE 5
N1569
Mas de Fiélouse
Tour du Valat
Grand Manusclat
Grand Boisviel
Rassuen
Camargue
Salin-de-Badon
la Porcelette
le Radeau
Mas des Bannes
D5
219
Peaudure
St-Christone
le Grand Plan du Bourg
N569
Chap. St-Blaise
219
Varage
St-Mitre-les-Remparts
Phare de la Gacholle
Badon
les Carabins
la Saladelle
Site Archéologique de Saint-Blaise
D36
Campane Mas
Fos-sur-Mer
Roseron
ROUTE 4
195
Ponsard
Phare de St-Gervais
N568
les Arcades
330
Colin de-Giraud
D268
Pouané
195
Beauduc
Tourvieille
Faraman
D35
Port-de-Bouc
197
Malebarge
Port-St-Louis-du-Rhône
196
Fort de Bouc
Golfe de Fos
Vieux Rhône
Domaine de la Palissade
Lavéra
Lauron
Couronne
Carro

322
Ventabren
Velaux
Roquefavour
Aqueduc de Roquefavour
Fondation Vasarely
Châl. de la Pioline
Cath. St-Sauveur
Fontaine
St-Pons
la Mérindolle
les Milles
Luynes
Meyreuil
Palette
Roman
D8N
Beau Rivage
Roche
St-Estève
Étang de Berre
218
N.-D. de Caderot
le Clos
D21
Berre-l'Étang
Étang de Vaïne
les Barjaquets
D20
le Jas d'Arbaud
Château de la Tour d'Arbois
Rognac
D113
221
VITROLLES
ROUTE 5
Magenta
les Hermès
Rvoir de Réaltor
D543
D9B
Calas
Châl. de l'Enfant
Turin
D7
Bouc-Bel-Air
Châl. Albertas
Domaine de la Salle
Gardanne
D58
D6C
Biver
D8
St-Mitre-les-Remparts
la Caudière
D5
N.-D. des Marins
220
MARTIGUES
Marseille-Provence
MARIGNANE
Étg de Bolmon
la Mède
Grand Léou
D9
St-Victoret
Gignac-la-Nerthe
les Pinchinades
D9
les Pennes-Mirabeau
Cabriès
le Verger
le Plan de Campagne
Aquacity
Simiane-Collongue
les Putis
Mimet
les Peyrets
les Frères
Mérentiers
Pilon du Roi 710
Savournin
D368
A55
D568
E714
les Cadeneaux
Septèmes-les-Vallons
la Rougière
la Grande Étoile 590
Chaîne de l'Étoile
N.-D. des Anges
Châteauneuf-lès-Martigues
St-Michel
le Rove
la Nerthe
les Bas Cadeneaux
Notre-Dame
Verduron
l'Estaque
329
les Ventrons
St-Julien
St-Pierre
D49
Chaîne de l'Estaque
le Douard
le Mas
D568
Ensuès-la-Redonne
la Vesse
Mourepiane
Borel
Château Gombert
le Logis Neuf
la Batarelle
Plan-de-Cuques
N.-D. du Château
Allauch
Habitation Néolithique
223
224
226
Couronne
Carro
les Rouges
D49
Sausset-les-Pins
Carry-le-Rouet
le Rouet
la Redonne
les Figuières
Niolon
St-Louis
la Calade
St-Joseph
Ste-Marthe
D4
St-Mitre
la Croix Rouge
St-Jérôme
les Olives
Châl. de Fontvieille
Ste-Croix
Cap Couronne
221
CÔTE BLEUE
MARSEILLE
A7
Montolivet
Beaumont
les Trois Lucs
St-Barnabé
Valentine
Mucem
Pharo
A50
D8N
Hôp. Caroline
Île Ratonneau
Châl. d'If
Endoume
N.-D. de la Garde
St-Loup
Barasse
la Millière
St-Giniez
Ste-Marguerite
Châl. Borély
Cité le Corbusier
Île Pomègues
Îles du Frioul
la Panouse
Mont Carpiagne 645
Vaufrèges
Col de la Gineste
D559
la Pointe Rouge
Mazargues
le Redon
Montredon
la Madrague
les Baumettes
Domaine de Luminy
Mt Puget 565
Montagne de Marseilleveyre 432
la Cayolle
Cap Croisette
les Goudes
Callelongue
Sormiou
Morgiou
Grotte Cosquer
Île Maïre
Île de Jarre
le Calanques
ROUTE 6
PARC NATIONAL DES CALANQUES
Île Riou
Annaba (Algérie) 22h00
Oran (Algérie) 24h00
Alger (Algérie) 20h00
Béjaïa (Algérie) 20h00
Ajaccio 12h00
Bastia 13h
11
12
5°20
5°30
Arles
Riez
Nizza
Marseille

323
1 cm = 2,75 km
© Reise Know-How 2024
ROUTE 5
ROUTE 6
Croix de Provence
St-Antonin-sur-Bayon
Puyloubier
Châteauneuf-le-Rouge
Rousset
Pourrières
Trophée de Marius Tombeau
Seillons-Source-d'Argens
Source d'Argens
Brue-Auriac
Ollières
Pourcieux
Trets
Peynier
Fuveau
Belcodène
Gréasque
Basilique Ste-Marie-Madeleine
St-Maximin-la-Ste-Baume
243
Ermitage de St-Jean du Puy
Montmorin
Valjancelle
Tourves
Châ. de Valbelle
Cadolive
Peypin
Valdonne
la Bouilladisse
St-Zacharie
Rougiers
Nans-les-Pins
Auriol
Roquevaire
la Destrousse
Parc du Moulin Blanc
N.-D. d'Orgnon
Pas de Peyruis
Mazaugues
Nazareth
Hôtellerie
Chap. des Parisiens
Plan-d'Aups-Ste-Baume
240
Chaîne de la Ste-Baume
Riboux
Signes
Méounes-lès-Montrieux
332
Gémenos
AUBAGNE
Vallon de St-Pons
Abb.
Parc de St-pons
Cuges-les-Pins
138
Bouches-du-Rhône
Circuit Automobile Paul Ricard
le Camp
Montrieux-le-Vieux
Chartreuse Montrieux-le-Jeune
Carnoux-en-Provence
Roquefort-la-Bédoule
233
Cassis
Ceyreste
le Castellet
le Beausset
Notre Dame
La Cadière-d'Azur
Aqualand
St-Cyr-sur-Mer
LA CIOTAT
Sémaphore du Bec l'Aigle
N.D. de la Garde
13
43°10'
5°40'
Bandol
Sanary-sur-Mer
SIX-FOURS-LES-PLAGES
Aquarium
Île des Embiez
Ollioules
Évenos
la Valette-du-Var
Le Revest-les-Eaux
Mont Caume
804
LA SEYNE-SUR-MER
230
TOULON
Nécropole Nationale
St-Mandrier-sur-Mer
N.-D. de la Garde ou du Mai
Cap Sicié
O
M
L

324

331

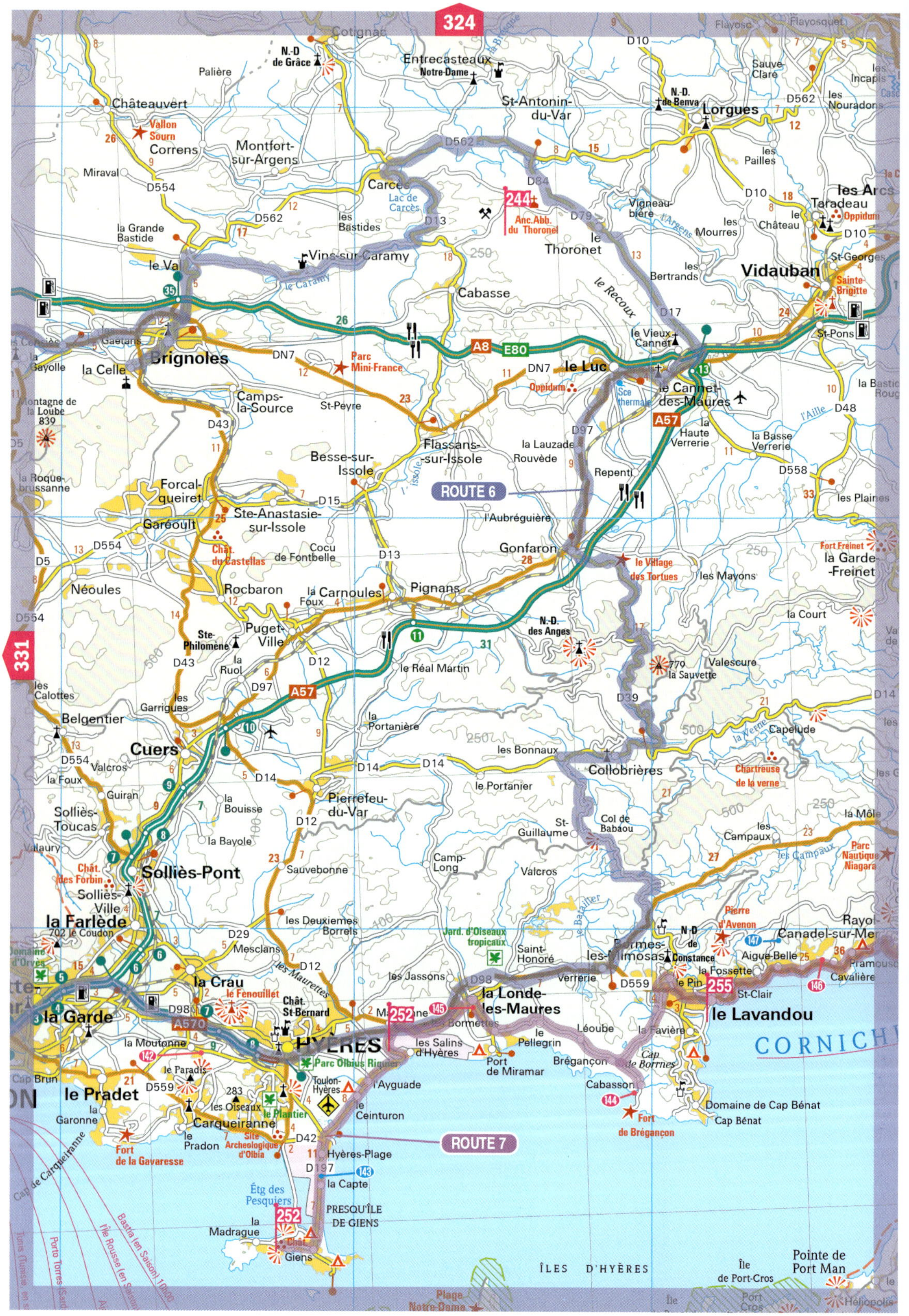
Cotignac
N.-D de Grâce
Entrecasteaux
Notre-Dame
Palière
Châteauvert
Vallon Sourn
Correns
Montfort-sur-Argens
St-Antonin-du-Var
N.-D. de Benva
Lorgues
Flayosc
Flayosquet
Sauve-Claire
les Incapis
les Nouradons
les Pailles
Miraval
D554
D562
Carcès
Lac de Carcès
244
Anc.Abb. du Thoronet
le Thoronet
Vigneau-bière
les Mourres
le Château
les Arcs
Taradeau
Oppidum
la Grande Bastide
les Bastides
Vins-sur-Caramy
Cabasse
les Bertrands
Vidauban
St-Georges
Sainte-Brigitte
le Val
le Recoux
le Vieux-Cannet
St-Pons
Brignoles
la Celle
Parc Mini-France
A8
E80
le Luc
DN7
Oppidum
le Cannet-des-Maures
Sce thermale
A57
Montagne de la Loube 839
Camps-la-Source
St-Peyre
Flassans-sur-Issole
la Lauzade
Rouvède
Haute Verrerie
la Basse Verrerie
D558
les Plaines
la Roquebrussanne
Besse-sur-Issole
ROUTE 6
Repenti
Forcalqueiret
Ste-Anastasie-sur-Issole
l'Aubréguière
Garéoult
Cocu de Fontbelle
Gonfaron
Fort Freinet
la Garde-Freinet
Chât. du Castellas
le Village des Tortues
les Mayons
Néoules
Rocbaron
la Carnoules
Pignans
Foux
la Court
N.-D. des Anges
Ste-Philomène
Puget-Ville
la Ruol
le Réal Martin
779 la Sauvette
Valescure
les Calottes
Garrigues
A57
Belgentier
la Portanière
Capelude
Cuers
les Bonnaux
Collobrières
Chartreuse de la verne
Valcros
la Foux
Guiran
Solliès-Toucas
la Bouisse
Pierrefeu-du-Var
le Portanier
Col de Babaou
St-Guillaume
la Môle
les Campaux
Parc Nautique Niagara
la Bayole
Valaury
Chât. des Forbin
Solliès-Pont
Solliès-Ville
Sauvebonne
Camp-Long
Valcros
la Farlède
702 le Coudon
les Deuxiemes Borrels
Jard. d'Oiseaux tropicaux
Saint-Honoré
Bormes-les-Mimosas
N.-D. de Constance
Pierre d'Avenon
Canadel-sur-Mer
Rayol
Aigue-Belle
la Fossette
Cavalière
Domaine d'Orves
Mesclans
les Jassons
Verrerie
le Pin
la Crau
le Fenouillet
Chât. St-Bernard
la Londe-les-Maures
St-Clair
le Lavandou
la Garde
A570
la Moutonne
Hyères
les Salins d'Hyères
le Pellegrin
Léoube
la Favière
CORNICHE
Parc Olbius Riquier
Port de Miramar
Brégançon
Cap de Bormes
Cap Brun
le Pradet
le Paradis
Toulon-Hyères
l'Ayguade
Cabasson
Fort de Brégançon
Domaine de Cap Bénat
Cap Bénat
la Garonne
les Oiseaux
le Plantier
le Ceinturon
Fort de la Gavaresse
Carqueiranne
le Pradon
Site Archéologique d'Olbia
ROUTE 7
Hyères-Plage
la Capte
Étg des Pesquiers
PRESQU'ÎLE DE GIENS
la Madrague
Giens
ÎLES D'HYÈRES
Île de Port-Cros
Pointe de Port Man
Héliopolis
Plage Notre-Dame
Port Cros
Cap de Carqueiranne

325
1 cm = 2,75 km
© Reise Know-How 2024
Trans-en-Provence
la Motte
le Muy
N.-D. de la Roquette
Palayson
St-Pierre
Roquebrune-sur-Argens
Rocher de Roquebrune
N.-D. de Pitié
Puget-sur-Argens
Les Adrets-de-l'Esterel (le Planestel)
Mont Vinaigre
le Safari de l'Esterel
Mosquée
Chât. Aurelien
Nécropole Nationale des Guerres en Indochine
Pagode bouddhique
Arènes
Théâtre
FRÉJUS
Valescure
St-Raphaël
Villeneuve
Aqualand
Fréjus-Plage
Boulouris
Nécropole Nationale
le Rastel d'Agay
Agay
Anthéor
Dramont
Cap du Dramont
Sémaphore
Pic de l'Ours
Pic d'Aurelle
le Trayas
264
CORNICHE DE L'ESTÉREL
Var
la Rouvière
les Petits Maures
St-Aygulf
les Terrasses
Vieux Revest
les Pierrons
ROUTE 7
les Ricards
les Hauts des Issambres
Val d'Esquières
les Issambres
le Plan-de-la-Tour
la Moure
Vallaury
Couloubrier
Préconil
la Nartelle
Pointe des Sardinaux
Sémaphore
Ste-Maxime
la Croisette
Beauvallon
les Mores
Golfe de St-Tropez
259
St-Tropez
Port Grimaud
Musée naval
Rabiou
la Moutte
les Salins
Ste-Anne
Grimaud
Cogolin
Bouillabaisse
Moulin
Pinet
Val de Rian
Pampelonne
Gassin
la Croix-Valmer
Ramatuelle
Moulins de Paillas
Cap Camarat
Camarat
Col de Collebasse
l'Escalet
la Bastide Blanche
258
Cavalaire-sur-Mer
CapTaillat ou Cap Cartaya
Cap Lardier
256
CORNICHE DES MAURES
CÔTE D'AZUR
MEDITERRANEAN SEA
Île du Levant
le Grand Avis
Arles
Riez
Nizza
Marseille

LEGENDE DER IM ROUTENATLAS VERWENDETEN SYMBOLE

Symbol	Bedeutung	Bedeutung	Symbol
E15	Europastraßennummer European road number Numéro de route européenne Número de carretera intereuropea Номер автодороги европейской классификации	Sperrgebiet Restricted area Zone interdite Zona prohibida Запретная зона	
A7 N86 D4	Straßennummer in Frankreich Road number in France Numéro de route en France Número de carretera francesca Номер автодороги Франции	Internatl. Flughafen / Flughafen / Flugplatz Intl. airport / Airport / Airfield Aéroport int. / Aéroport / Aérodrome Aeropuerto int. / Aeropuerto / Aeródromo Международный аэропорт / Аэропорт / Аэродром	
	Autobahn mit Anschlussstelle Motorway with junction Autoroute avec échangeurs Autopista con conexión Автобан с примыканием	Nationalpark / Naturpark National park / Nature reserve Parc national / Parc naturel Parque nacional / Reserva natural Национальный парк / Природный парк	
	Gebührenpflichtige Straße Toll road Route à péage Carretera de peaje Платный участок дорога	Leuchtturm / Bergwerk Lighthouse / Mine Phare / Mine Faro / Mina Маяк / Шахта	
	Schnellstraße mit Anschlussstelle Expressway with junction Voie rapide avec échangeurs Autovía con conexión Скоростная автомагистраль	Zoo / Botanischer Garten / Naturdenkmal Zoo / Botanical garden / Natural feature of interest Zoo / Jardin botanique / Autre curiosité Zoo / Jardín botánico/ Curiosidad natural de interes Зоопарк / Ботанический сад / Природный памятник	
	Fernstraße / Nebenstraße Major road / Secondary road Route à grande circulation / Route secondaire Carretera nacional / Carretera secundaria Автострада / Основный проезд	Aussichtspunkt Viewpoint Point de vue Mirador Пункт обзора	
	Sonstige Straße Other road Autre route Otra carreter Прочий проезд	Windmühle / Sehenswürdigkeit Windmill / Place of interest Moulin à vent / Curiosité Molino de viento / Lugar de interés turístico Ветряная мельница	
	Fahrweg / Pfad Track / Path Voie étroite / Chemin Pista sin asfaltar / Vereda Проезд / Тропа	Berghütte / Höhle Mountain hut / Cave Refuge / Grotte Refugio de montaña / Cueva Горная хижина / Пещера	
4 4	Entfernung in Kilometern Distance in kilometres Kilométrage Distancia en kilómetros Расстояние в километрах	Skigebiet / Campingplatz Ski resort / Campsite Station de sports d'hiver / Camping Estación de esquí / Camping Лыжный курорт / Кемпинг	
	Eisenbahn / Tunnel Railway / Tunnel Voie ferrée / Tunnel Vía ferrea / Túnel Железная дорога / Туннель	Thermalbad / Quelle / Wasserfall Spa / Source / Waterfall Station thermale / Source / Cascade Baño termal / Fuente / Cascada Термальный источник / Источник / Водопад	
	Fähre / Kanal Ferry / Canal Bac / Canal Transbordador / Canal Паром / Канал	Burg, Schloss / Ruine sehenswert Castle / Ruin of interest Château / Ruine exceptionnels Castillo / Ruina de interés turístico Замок / Руины достопримечательный	
	Fluss / Damm, Wehr River / Dam, weir Rivière / Barrage, digue Río / Presa Река / Дамба, пруд	Kloster sehenswert Monastery of interest Cloître exceptionnels Monasterio de interés turístico Монастырь достопримечательные	
	Salzpfanne Salt pan Marais salants Pantano salodo Соляные разработки	Kirche / Ruine sehenswert Church / Ruin of interest Eglise / Ruine exceptionnelles Iglesia / Ruina de interés turístico Церковь / Руины достопримечательный	
	Sumpf Swamp Marais Pantano Болото	Museum sehenswert Museum of interest Musée exceptionnel Museo de interés turístico Музей достопримечательный	
	Sand Sand Sable Arena Песчаная отмель	Archäologischer Fundort / UNESCO Welterbe Archeological site / UNESCO world heritage Site archéologique / Patrimoine mondial de l'UNESCO Yacimiento arqueológico / Patrimonio de la Humanidad (UNESCO) Археологический памятник / Мировое наследние ЮНЕСКО	
3020 le Cimet 2728	Berg (Höhe in m) / Höhenpunkt (Höhe in m) Mountain (height in m) / Spot elevation (height in m) Mont (altitude en mètres) / Sommet (altitude en mètres) Montaña (altitud en metros) / Cima (altitud en metros) Вершина (высота в метрах) / Всотная отметка (высота в метрах)	Atomkraftwerk Nuclear power plant Central nucléaire Central nuclear Атомная электростанция	
	Staatsgrenze / Regionengrenze International boundary / Regional boundary Frontière nationale / Frontière régionale Frontera internacional / Límite administrativo Государственная граница / Региональная граница	Touristeninformation Tourist information Office du tourisme Información turística Информация для туристов	i
	Besiedeltes Gebiet Populated area Zone habitée Zona poblada Заселеная область	Autobahnraststätte / Tankstelle Restaurant / Petrol station Restaurant d'autoroute / Station-service Área de servicio / Gasolinera Ресторан у автобана / Автозаправочная стация	

Der in diesem Buch abgedruckte Routenatlas beruht auf dem Faltplan **„Provence"** 1 : 250.000 aus dem world mapping project™, herausgegeben vom Reise Know-How Verlag.

Liebe Leserin, lieber Leser,

ein unabhängiger Verlag für unabhängig Reisende – das sind wir, der Reise Know-How Verlag aus Bielefeld, eines der letzten Familienunternehmen in der Branche. Obwohl wir zu den größten Reiseführerverlagen Deutschlands gehören, ist der familiäre Umgang miteinander in allen Bereichen des Verlagslebens zu spüren: In der Geschäftsführung in zweiter Generation, in einer wertschätzenden Arbeitsatmosphäre, in der Nähe zu unseren frei arbeitenden Autorinnen und Autoren, im engen Austausch mit unseren Leserinnen und Lesern – und auch in der Zusammenarbeit mit Druckereien in Deutschland, in denen wir ausschließlich und regional unsere Bücher produzieren. Die sollen schließlich erst mit Ihnen auf große Reise gehen.

Alles, was wir in unsere Bücher und Landkarten stecken, soll Ihnen eines ermöglichen: Auf Ihre ganz eigene, individuelle Weise die Welt zu entdecken. Wir wünschen Ihnen viel Freude und unvergessliche Erlebnisse mit diesem Wohnmobil-Tourguide.

Es grüßen herzlich
Peter Rump & Wayan Rump

10 km
30 km
S. 315
MONTÉLIMAR
S. 316
Châteauneuf-du-Rhône
Valréas
Villeperdrix
L'Épine
Claret
Nyons
Mirabel-aux-Baronnies
Buis-les-Baronnies
Bollène
Vaison-la-Romaine
Malaucène
Sisteron
Orange
Vacqueyras
Le Barroux
Sault
Connaux
Carpentras
Les Mées
S. 320
Sorgues
S. 322
Venasque
Simiane-la-Rotonde
Uzès
Remoulins
Forcalquier
Lurs
AVIGNON
Gordes
Rustrel
Villeneuve
Apt
NÎMES
Cavaillon
Céreste
Beaucaire
Bonnieux
Manosque
Les Baux
Grambois
Lamanon
Saint-Gilles
ARLES
Cadenet
Lambesc
Aigues-Mortes
Jouques
SALON-DE-PROVENCE
Miramas
AIX-EN-PROVENCE
Vauvenargues
S. 328
Istres
S. 330
Rognac
Trets
Tourves
MARTIGUES
Cabriès
Saint-Zacharie
Saintes-Maries-de-la-Mer
Allauch
Gémenos
Mazaugues
Carry-le-Rouet
MARSEILLE
Cuges-les-Pins
Cassis
Les Lecques
TOULON
Le Brusc